L'Etat royal

De Louis XI à Henri IV
(1460-1610)

pierre faucheux **apf** / 1re cv : portrait de Louis XI. École française XVe. Coll. part. USA.
Documentation Wildenstein Institute.
4e cv : photo John Foley.

Collection *Pluriel* fondée par Georges Liébert
et dirigée par Pierre Vallaud

EMMANUEL LE ROY LADURIE

L'Etat royal

De Louis XI à Henri IV
(1460-1610)

HISTOIRE DE FRANCE HACHETTE

Le présent volume de cette série sur la France, et le suivant *L'Ancien Régime, de Louis XIII à Louis XV (1610-1774)* traitent de la période dite « moderne » de notre passé, autrement dit post-médiévale, et pré-contemporaine. Ces ouvrages définissent, à eux deux, une longue époque : elle commence avec la mort de Charles VII (1461), celle-ci mettant le point final, *post festum*, aux gigantesques crises des guerres de Cent Ans (l'adjectif pour une fois n'est pas trop fort). La même époque « moderne » sera close, vers l'aval, par le trépas de Louis XV (1774). Au-delà de cette fin de règne va commencer en effet, sous les auspices du malheureux Louis XVI, une « Révolution française » fort allongée, que François Furet mènera de Turgot à Gambetta (de 1775 à 1880 environ). L'unité des trois grands siècles qui nous sont dévolus (1461-1774) leur vient des remarquables permanences d'une royauté qui désormais se sent assez sûre d'elle-même (malgré les provisoires secousses qu'occasionne la Ligue anti-capétienne, autour de 1590). Ainsi s'impose la « monarchie classique », sur laquelle on trouvera, ci-après, un exposé d'ensemble, et d'ordre préjudiciel, pour les années qui d'un seul souffle vont de Louis XI à Louis XV.

Cet exposé préalable va former « porche » par rapport au présent tome et au suivant, dans leur homogénéité triséculaire. D'où l'inévitable reprise de certains thèmes, vus cependant à chaque fois sous l'angle d'une chronologie différente : on les rencontrera pleinement développés dans la présente introduction. On les retrouvera ensuite, et presque immédiatement, dans le chapitre ultérieur de portée démographique, économique et sociale, intitulé « Une Renaissance » (*infra* pp. 57 à 92) ; ce chapitre étant strictement concerné, lui, par les années 1460-1560.

S'agissant néanmoins de la vaste période triséculaire qu'on vient d'évoquer (de la Renaissance aux Lumières), disons que l'unité de nos deux tomes, en très longue durée, surgit aussi de la relative consolidation d'une démographie, d'une société, d'une économie qui, si « chahutées » qu'elles puissent être à l'occasion, ne sont plus en proie, dorénavant, aux phénomènes d'apocalypse désintégratrice qui étaient intervenus jadis entre la Peste noire et les temps difficiles de Jeanne d'Arc ou du jeune Charles VII.

L'histoire strictement étatique n'est pas l'alpha et l'oméga, tant s'en faut, de notre contribution : celle-ci est concernée aussi par le devenir proprement social du royaume des derniers Valois, puis des Bourbons. L'évolution particulière de l'État justifie néanmoins, *in situ*, la périodisation qui va donner sens au partage de notre apport en deux volumes successifs. Le premier d'entre eux, intitulé *L'État royal*, envisage l'époque qui va de Louis XI à Henri IV, au cours de laquelle l'appareil du gouvernement et de la « fonction publique » (le mot existe) fonctionne encore et surtout, chancelier en tête, comme un État justicier, un État de croissante « ouverture » aussi, expression qui n'implique pas certes que les systèmes mis en cause soient nécessairement équitables pour tous les sujets ! Le tome suivant, de 1610 à 1774, se place dans la perspective de ce qu'on appelle souvent d'un terme expéditif, l'« absolutisme »; ce pourrait être simplement, au gré d'un vocabulaire balzacien, une royale « recherche de l'absolu », pas toujours couronnée de succès. Pendant les cent soixante-cinq années, qui s'écouleront ainsi du geste régicide de Ravaillac à la petite vérole terminale de Louis XV, le royaume sera confié d'abord à un État militaire, celui de Louis XIII et surtout des deux cardinaux ministres, Richelieu, puis Mazarin ; il sera placé ensuite sous la responsabilité d'une monarchie administrative, voire absolue, dont les fortunes seront diverses, depuis Colbert jusqu'au triumvirat d'Aiguillon, Maupeou, Terray.

INTRODUCTION

La monarchie classique

La notion de monarchie classique commande le devenir politique des pays français entre 1450 et 1789 : elle correspond à un Ancien Régime très « allongé » qui s'écoule, et puis qui s'écroule, en paix ou fureur, depuis la fin des guerres de Cent Ans jusqu'au déclin du règne de Louis XVI. Pendant ces trois gros siècles, plusieurs « systèmes » pourraient illustrer le concept général de monarchie. Outre la dynastie française des derniers Valois et des Bourbons, ils incluraient, dans un esprit comparatif, les royautés au nom desquelles sont gouvernés divers États d'Allemagne et d'Italie, l'Espagne, l'Angleterre des Stuarts et des premiers Hanovriens. Hors d'Europe, le shôgunat japonais de l'époque Tokugawa (XVIIe-XIXe siècle) pourrait fournir, à titre purement externe, d'utiles repères.

Un premier trait « central » met en valeur le caractère sacré de l'institution monarchique. Les cérémonies du sacre (exaltées dès le Moyen Age pour faire pièce à l'Empire) et le toucher royal des écrouelles, avec son effet guérisseur ou miraculeux en sont l'expression connue. Ce toucher incorpore un vaste ensemble de rites. A Versailles, des faits aussi différents que l'attouchement des scrofuleux, la quête pour les pauvres, et le déshabillage vespéral du monarque à la lueur d'une bougie, font figure de *soins* respectivement corporels ou monétaires. Ils sont administrés aux malades et aux pauvres par le roi, ou appliqués par le premier valet de chambre au corps de Sa Majesté. Ces soins sont inséparables de pratiques religieuses : le toucher des écrouelles est précédé par la communion du roi, évoquant (de loin) l'Eucharistie sous les deux espèces, celles-ci en principe étant réservées aux prêtres. Le déshabillage royal s'accompagne d'une prière du soir que prononce l'aumônier de service, etc. Ces diverses procédures impliquent le choix de certains compagnons, momentanément élus, que le roi distingue à l'occasion desdits rites parmi les aristocrates de haut rang. Ainsi se conjuguent en vertu d'un vieux schéma ternaire, autour de l'être même du souverain, conçu comme synthèse, les cérémonies cultuelles, la mise en avant d'une suprême noblesse à vocation guerrière, et enfin les soins donnés au corps, populaire ou royal, dont découle métaphoriquement la fécondité, y compris économique, d'un plus vaste ensemble.

Les sacralités souveraines ont d'autres effets, moins cérémoniels et plus dramatiques : le roi, à l'occasion de son sacre, fait serment d'éradiquer l'hérésie dans son royaume. La monarchie classique, en France et ailleurs, est donc (du moins en principe) intolérante au plan religieux, même si s'impose, de temps à autre et pour une assez longue durée, tel phénomène de coexistence limitée avec l'hétérodoxie ; et par exemple, à divers moments des guerres de Religion, ou durant la période qui va de l'édit de Nantes (1598) à sa Révocation (1685). Les tendances au monopole religieux sont persistantes : elles se targuent des apophtegmes du XVIe siècle : « Une loi, une foi, un Roi » et encore *cujus regio, ejus religio* (la religion du royaume, c'est aussi celle des sujets). L'intérêt bien compris ou apparemment bien compris du Prince l'incite à maintenir une certaine conformité de foi parmi les régnicoles. Il obtient ainsi, pour lui-même, le salut éternel. L'État établit à cette fin l'unité religieuse ; il conclut un pacte d'ordre social dans tous les sens du terme[1] avec l'Église établie. Les conséquences désastreuses qui résultent parfois de ces comportements monopolistes ne se révèlent pas de prime abord à la masse des contemporains aveuglés. Machiavel, en dépit ou à cause de son cynisme, prêcha tout le premier la conversion forcée des non-conformistes. Sur ce point les rois célèbres en tant que persécuteurs (Louis XIV, par exemple) n'ont pas une conduite spécialement atroce, quand on les compare à leurs collègues. L'Espagne de la Renaissance expulse ses Juifs et ses Morisques ; l'Angleterre, à partir d'Élisabeth, sous prétexte de lois pénales, se livre à la discrimination contre les papistes et pas seulement quand ils sont Irlandais. Le lointain Japon extermine sa minorité chrétienne à l'époque de notre Louis XIII. L'exemple de la tolérance hollandaise ne suscitera de disciples en France qu'au temps de Bayle ou Voltaire ; les effets pratiques se feront attendre bien plus longtemps.

L'essence sacrée de la monarchie s'inscrit d'autre part, à l'intérieur d'un système d'entités symboliques et de fonctions. La Renaissance les clarifie : elles incluent les notions de dignité royale et de justice, celle-ci fondamentale par rapport à l'institution souveraine en son ensemble. Cette justice et cette dignité sont immortelles, ou du moins survivent à la personne éphémère des rois successifs. Elles vérifient les maximes du XVIe siècle : « Le roi, la couronne, et la justice ne

1. Ce pacte implicite se situe en effet dans l'ordre du social ; il contribue aussi, en un sens prosaïque, au maintien de l'ordre social, dorénavant assis sur un loyalisme total des fidèles, simultanément politique et religieux.

meurent jamais » ; ou encore « la justice ne cesse pas ». Pour mieux figurer cette perpétuité de l'office royal, les juristes anglais de l'époque élisabéthaine ont proposé la théorie des deux corps du roi : l'un est mortel, comme celui d'un chacun. L'autre est immortel, qui incarne l'institution monarchique ; il est transmis régulièrement du roi prédécesseur au successeur. En France (texte de 1538) le monarque a deux anges gardiens, l'un pour sa personne privée, l'autre pour sa dignité officielle. Quand François Ier meurt, la pérennité de l'office suprême est figurée par l'effigie du défunt, mannequin grandeur nature ; il ressemble à s'y méprendre au cher disparu ; le pantin est vêtu de rouge à l'image de ses parlementaires justiciers ; il défile debout et surélevé, poupée gigantesque, en bonne place dans le cortège funèbre du feu roi. Les membres du Parlement en robe écarlate accompagnent la majestueuse marionnette ; ils se conforment ainsi aux usages qui furent observés lors de la fin des règnes précédents, tant pour l'effigie du monarque que pour la parade des accompagnateurs. L'absence de deuil ou de tenue noire est soulignée par la vêture éclatante que portent les magistrats ; mieux qu'un discours elle rappelle que la justice ne meurt jamais, comme membre principal de la couronne, ou comme corps extérieur et impérissable du roi. Ainsi se déploient les divers aspects de la première fonction, pour nos anciens chefs d'État : sacralité, justice, et bientôt souveraineté. Jean Bodin définira celle-ci en 1576 dans les six livres de la *République*. Le port de l'épée de France, par le grand écuyer caracolant sur son cheval aux avant-postes de l'effigie du défunt monarque évoque la seconde fonction, guerrière, inhérente à l'office royal.

Le XVIIe siècle, à la mort d'Henri IV, maintient l'élément justicier : le lit de justice du Parlement, convoqué dès l'assassinat du Béarnais, intronise la régente Marie et le petit Louis XIII, juste après le meurtre (1610). L'absolutisme cependant est en plein essor au temps des premiers Bourbons. On souligne désormais pour la circonstance, au détriment de l'impersonnelle dignité des rois, la prégnance biologique et purement familiale de leur sang, transmis de père en fils ; en d'autres termes, la mystique du sang. Ce n'est plus, comme au temps de François Ier, l'inhumation du roi mort qui marque la véritable fin d'un interrègne, même bref et réduit à quelques semaines. La transmission des pouvoirs est censée se faire au moment même du décès du *De cujus* : le mort saisit le vif, et le nouveau prince comme soleil ou phénix, émerge en sa royauté, sans attendre, dans les minutes qui suivent le trépas de son géniteur ou de son ascendant. L'astre du jour n'a été voilé que quelques instants par les nuages de la mort. Le règne de Louis XIII voit ainsi coexister l'affirmation purement dynastique de la qualité « sanguine » du souverain absolu avec le maintien et l'épanouissement d'un État de justice que caractérisent dorénavant l'augmentation du nombre des officiers et la pérennisation héréditaire de leurs charges. Sous Louis XIV et Colbert, la fonction financière à son tour affirme une force et une autonomie spécifiques par rapport aux rôles proprement justiciers qu'avaient soulignés les périodes antérieures. La chancellerie, incarnation de la loi et de l'équité (en principe), conserve sa préséance ; mais elle perd de ses pouvoirs par rapport au Contrôle général des finances dont le titre à soi seul vaut tout un programme, et dont l'important détenteur sera Colbert.

Sacralité, équité, souveraineté, bellicosité, fiscalité n'excluent pas, royalement parlant, la « popularité ». Soyons précis : le roi reste semi-presbytéral et revendique une élection divine, ou du moins une délégation du Très-Haut ; mais l'idée d'un lien de l'institution monarchique avec le peuple, la « nation », avec le royaume en tout cas, demeure vivante, même si elle n'acquiert pas encore l'éclat contractuel que lui donnera sur le tard Jean-Jacques Rousseau. « Un roi au comble de sa puissance, écrit Saint-Simon, ne doit pas oublier que sa couronne est un *fidéicommis*[1] qui ne lui appartient pas en propre, et dont il ne peut disposer, qu'il l'a reçue de main en main de ses pères à titre de substitution, et non pas de libre héritage (je laisse à part les conditions abrogées par la violence et le pouvoir souverain devenu despotique) ; conséquemment qu'il ne peut toucher à cette substitution ; que venant à finir par l'extinction de la race légitime dont tous les mâles y sont respectivement appelés par le même droit qui l'en a revêtu lui-même, ce n'est ni à lui (au roi précité) ni à aucun d'eux à disposer de la succession qu'ils ne verront jamais vacante ; que le droit en retourne à la nation, de qui eux-mêmes ont reçu la couronne solidairement avec tous les mâles de leur race, pendant qu'il y en aura de vivants ; que les trois races [mérovingienne, carolingienne et capétienne] n'ont pas transmis la couronne par simple édit et par volonté absolue de l'une à l'autre ; que si ce pouvoir était en eux,... chaque roi serait maître de laisser la couronne à qui bon lui semblerait, à l'exemple de Charles VI... » (exemple détestable pour Saint-Simon puisque ce roi fou avait déshérité son fils au profit du souverain d'Angleterre). La tradition française et européenne, du XVe au XVIIIe siècle, tient donc fermement, tout comme Saint-Simon (par ailleurs si conservateur), pour certains droits du peuple, des trois ordres, ou comme on dira plus tard de la nation, vis-à-vis du souverain. Les formules varient : au XVe siècle, il est question d'un corps civil ou mystique de tout le royaume, corps auquel appartient la monarchie, et dont elle dépend. Le XVIe siècle, plus pot-au-feu, évoque les noces du monarque avec le royaume ; la dot apportée par celui-ci (autrement dit le domaine royal) est inaliénable, quoique veuille ou fasse le

1. « Don ou legs que celui qui reçoit la libéralité doit remettre plus tard à une autre personne » (Littré).

souverain régnant, tout comme la dot d'une femme est sacrée pour son époux. Le modèle ecclésiastique dans ces divers cas est essentiel, qu'il s'agisse du corps mystique du royaume, analogue à celui de l'Église ; ou des noces mystiques du roi avec ses sujets, comparées aux épousailles d'un évêque avec son église diocésaine. Au XVIIe siècle des penseurs non conformistes comme Claude Joly (anti-Mazarin) et Pierre Jurieu (huguenot contestataire) vont plus loin ; ils parlent d'un contrat, d'un pacte entre le roi et son peuple.

Sans adopter de telles extrémités, les juristes français les plus officiels ont toujours rappelé que la légitimité royale s'accompagne inévitablement d'une légalité des institutions et des coutumes, à laquelle le monarque ne peut toucher. Et si l'on affirme la règle *Princeps legibus solutus est* (le Prince est délié des lois), c'est moins pour soumettre les sujets à l'arbitraire d'un seul, que pour affirmer, faute de mieux face à l'immobilisme des Parlements, le droit du souverain à l'initiative en matière de pouvoir législatif, telle que l'exigent les besoins quotidiens du changement social, même modéré. Mais d'arbitraire tyrannique, point. Du moins dans le principe. En droit, les gouvernés ont leur mot à dire dès lors qu'ils ne sortent pas du cadre de la loi ; il leur suffit d'exalter celle-ci, pour la défense de leurs droits et de leurs biens.

Concrètement, les diverses formes de participation nationale s'incarnent dans les institutions représentatives des trois ordres du royaume, *alias* États Généraux ; ils furent souvent réunis aux XVe et XVIe siècles. Après 1614, ils ne seront plus convoqués jusqu'en 1789. Mais leur être vivra encore dans la mémoire collective, comme source de légitimité toujours possible. L'assemblée nationale des trois ordres, malaimée des Bourbons et qui sur le tard leur sera fatale, se complète en province d'une pyramide d'assemblées représentatives. On peut contester le caractère démocratique de celles-ci. Nul ne niera néanmoins qu'elles incarnent les membres des divers *Estats*, présents dans telle ou telle région. Évoquons les États de Languedoc où siègent les barons, les vingt-deux évêques de cette province et les représentants des villes : sous ces États méridionaux, fonctionnent régulièrement les *assiettes* ou assemblées micro-régionales dans chacun des vingt-deux diocèses de la région. Elles sont composées de même manière que l'assemblée générale de la province ; elles regroupent les clercs, les barons, et les consuls des cités et bourgades. D'autres pays « périphériques » (Provence, Bretagne, Normandie) jouissent eux aussi d'assemblées particulières : dans le cas normand, elles ne se réunissent plus depuis la seconde moitié du XVIIe siècle, du fait des processus « centralisateurs » qui prennent place sous Mazarin et Louis XIV. Dans la péninsule ibérique, les Cortès d'Aragon, de Castille et de Portugal fonctionnent de façon similaire et survivent largement à leurs homologues français. Le Parlement anglais est issu de réunions du même type, Communes et Lords. Sa prodigieuse fortune historique, en tant que modèle pour les institutions représentatives dans le monde entier, ou comme mère des Parlements, ne saurait masquer son origine : en un style particulier, il procède lui aussi d'un système de Cortès ou d'États Généraux, mais convoqués de façon infiniment plus régulière que ce n'est le cas pour la France. On évoquera enfin sous les auspices d'un monarque de carton, la Diète polonaise avec son *liberum veto* : le moindre magnat pouvait user de cette procédure pour faire obstacle aux vœux de l'assemblée, serait-elle quasi unanime.

En ce qui concerne la France, malgré la façade absolutiste, qui va progressivement se lézarder au XVIIIe siècle, l'Ancien Régime demeure (entre autres) société d'ordres ou d'*Estats*. Au long de la grande chaîne des êtres, le roi et les États Généraux ou provinciaux sont les portions émergées d'un conglomérat beaucoup plus vaste ; il est fait de communautés, corporations, institutions représentatives. A défaut de réunion effective des États Généraux, depuis Richelieu jusqu'à Louis XVI, les Parlements, et spécialement celui de Paris s'érigent en instances à vocation nationale. Ils participent à la résurrection du corps mystique du royaume, remis en selle de 1715 à 1788..., et démystifié dès 1789.

La monarchie sous sa forme classique se lie au fonctionnement d'une Cour, centrée autour du souverain. Itinérante au temps des Valois. Fixée à Paris, Fontainebleau, Versailles surtout, sous les Bourbons. Entre autres buts, l'institution « curiale » vise à neutraliser les magnats. Dans le Japon des Tokugawa, les *daimyo* sont de grands seigneurs régionaux, doués d'un pouvoir effectif sur leur province respective. Or ils se rendent régulièrement à Edo (Tokyo) pour y faire en principe leur cour au *shôgun*. Celui-ci s'assure de la sorte un contrôle fréquent et répétitif sur ces potentats décentralisés ; leur déplacement curial les transforme en otages périodiques. En France, Louis XIV s'attache les grands seigneurs et les rend dociles par un octroi de pensions qui implique la résidence à Versailles, à temps partiel pour le moins. Système coûteux, mais rentable en termes de paix intérieure du royaume. Désormais « les nobles sont groupés autour du trône comme un *ornement* et disent à celui qui y prend place ce qu'il est ». En dépit de cette évolution ornementale, les seigneurs ne deviennent pas pour autant les esclaves du Roi-Soleil. Tout au plus les marionnettes ! Leur réunion à Versailles permet à Sa Majesté de tenir en main les fils arachnéens d'une toile clientéliste : les grands aristocrates (Harcourt, Condé, Villeroy) sont à la tête d'un réseau pyramidal de relations déférentes. Elles les unissent à leurs amis, à leurs vassaux et fermiers, aux paysans dont ils sont les seigneurs. La Cour se superpose à toutes ces trames, comme principe dominant et central. Seigneurie à la base, monarchie dans les sommets. Celle-ci s'assujettit la lourde épée des chevaliers, mais aussi la crosse et le goupillon des prélats : les évêques en effet, tout comme les seigneurs, font la navette entre Cour et province. Même pieux et volontiers résidents au diocèse, ils se doivent d'apparaître de façon régulière aux alentours immédiats du monarque, sous peine d'encourir à la longue sa défaveur. Or tenir les évêques, ainsi convoqués à la Cour, c'est manipuler par leur intermédiaire, les dizaines de milliers de vicaires et de curés. A défaut d'une bureaucratie spécialisée, qui serait établie sur place, ceux-ci se font les subdélégués naturels du pouvoir, sans se faire prier.

En France, mais aussi en Espagne et à Vienne, la Cour s'érige en lieu géométrique des hiérarchies. Elles sous-tendent le système monarchique ou sont sous-entendues par lui. Elles ne furent jamais aussi apparentes qu'à l'avant-veille de leur extinction révolutionnaire. L'esprit hiérarchique tient en quelques aspects : subdivision toujours plus poussée des rangs, au long d'un axe vertical, qui descend de la famille royale aux simples gentilshommes en passant par les ducs et pairs. Référence aux distinctions entre le sacré et le profane ; et aussi entre le pur et l'impur, le bâtard et le légitime. Division de la cour en cabales ou factions, qui bourgeonnent autour des différentes branches et générations de la famille royale. Contre-phénomènes de renoncement chrétien vis-à-vis de la Cour ou du monde, d'une part. Et faits d'hypergamie féminine d'autre part : les femmes, grâce au mariage, obtiennent, par le biais d'une grosse dot, des maris plus distingués qu'elles-mêmes, et un rang plus élevé que celui de leur naissance. Elles grimpent ainsi comme des truites tout au long de la cascade des mépris. Venues de niveaux relativement modestes, mais bien rentés, elles accèdent de façon régulière aux étages les plus haut perchés de la Cour.

Hors de la Cour et du site gouvernemental, la

monarchie classique se distingue par un système d'administration qui n'est que partiellement, parfois faiblement centralisé. En Angleterre, une gentilhommerie de province *(gentry)* détient souvent l'essentiel du pouvoir local par le moyen des *justices of the peace*. En France, les gouverneurs de province ou leurs lieutenants généraux jouissaient localement d'un pouvoir qui leur venait du roi, mais ils disposaient aussi, jusqu'au début du XVIIe siècle, d'une situation de grands seigneurs, autonomes ou semi-indépendants. Ils se constituaient une clientèle locale, avec ou sans la permission du monarque. Les choses vont changer, sans doute, lors de la généralisation des intendants : peu à peu instaurés au XVIe siècle, multipliés par Henri IV, Louis XIII et surtout Richelieu, ils s'installent partout à poste fixe (après leur collapsus de la Fronde) par ordre de Louis XIV et Colbert. A une échelle considérable pour l'époque, mais encore modeste au gré de nos critères contemporains, ces intendants de généralités ou commissaires régionaux apparaissent comme les ancêtres des préfets et super-préfets dont le pouvoir ne s'effritera vraiment (?) qu'avec la loi de décentralisation de 1981. Le réseau des intendants d'autrefois sera donc présenté par Tocqueville, non sans motifs, comme l'incarnation du centralisme. Pourtant quand on les voit fonctionner dans leurs villes chefs-lieux, sous Louis XIV quadragénaire ou quinquagénaire, on réalise que la centralisation dans bien des cas n'est encore qu'en germe. Prenons l'exemple, à cette époque, de la généralité d'Alençon, ni trop proche, ni trop éloignée de la capitale. L'intendant y apparaît surtout comme un arbitre, un négociateur ; il passe son temps à louvoyer entre les pouvoirs locaux, ou nationaux : administration des tailles, fermes des aides et des gabelles ; communautés de villes, contrôle général sis à Versailles ; armée royale, mise au repos dans son quartier d'hiver en Normandie, et dont les soldats désargentés se font quelques revenus par le faux-saunage ; évêques, tribunaux de bailliages... Les mafias urbaines, les détenteurs d'offices qui les uns et les autres, préexistaient à l'intendance, continuent à détenir le plus gros des pouvoirs qui dans leur cas ne méritent pas techniquement l'épithète de « centraliste ». Vis-à-vis d'eux, l'intendant ne fait pas figure de maître impérieux, obéi à coup sûr ; il joue davantage un rôle de médiateur, modérateur et bien sûr coordinateur ; il participe ainsi à l'opération de rapprochement et regroupement entre les diverses élites, qui constitue l'un des traits du règne de Louis XIV. Certes ce monarque et même ses successeurs ou subordonnés ont prétendu par moments à la toute-puissance. Mais malgré le culte de la personnalité qui entoure les souverains et compense *de facto* les réelles faiblesses de leur pouvoir, la monarchie classique reste objectivement et subjectivement décentralisée, en tout cas nettement moins centralisée que les systèmes politiques qui lui succéderont au XIXe siècle ; elle est *a fortiori* moins tentaculaire que ne le sont de nombreux régimes du XXe siècle ; ils s'ingèrent en bien des cas dans la sphère des intérêts privés, et dans les domaines spécifiques de la société civile.

Le terme même de société civile nous amène à dire quelques mots sur certaines « substructures » profondes, par rapport à la monarchie classique, du XVe au XVIIIe siècle. Parmi celles-ci, on placera tout simplement la démographie et même la famille.

La monarchie classique est inséparable d'abord d'un certain type de démographie, résumé dans une conjoncture longue. Disons qu'elle concerne pour l'essentiel une période approximative de trois siècles et demi (1450-1789), au cours de laquelle les catastrophes abondent, certes ; mais elles n'ont plus le caractère désintégrateur ou ultra-traumatisant qu'elles avaient revêtu au cours des périodes antérieures. N'évoquons que pour une brève réminiscence, au cours du premier millénaire après le Christ, les invasions barbares, la régression économique et démographique qui les accompagne ou qui les suit, le retour en force des forêts sur l'emplacement des anciens champs cultivés et, de façon corrélative, l'effondrement des anciennes structures impériales à jamais mises en déroute (malgré leur partielle résurrection carolingienne en des temps ultérieurs). Pour trouver derechef un écroulement comparable, quoique d'amplitude un peu moindre, il faut descendre le cours du temps jusqu'aux XIVe et XVe siècles, jusqu'à la Peste noire et aux guerres de Cent Ans : entre 1340 et 1450, la population française tombe de moitié, de vingt millions d'âmes à dix millions grosso modo dans le cadre conventionnel de l'hexagone d'aujourd'hui. S'agissant de l'État proprement dit, l'arbre monarchique se trouve entaillé jusqu'au cœur. La royauté connaît alors une crise qui sur le moment peut paraître (à tort) irrémédiable. Les lignées anglaise et française se prétendent toutes deux légitimes ; elles s'affrontent sur le territoire du royaume. Au terme de cette épreuve, après 1453, l'unité territoriale s'est à peu près reconstituée ; la reprise économique et démographique est assurée ; la construction de la monarchie classique peut commencer ou se poursuivre dans de meilleures conditions. Ainsi se révèle progressivement l'unité de la période au cours de laquelle on voit vivre, croître et finalement décliner cette grande institution, des années 1450 aux années 1780. Les caractères originaux de la longue époque ainsi mise en cause se ramènent à ceci : elle n'est plus interrompue par une catastrophe géante dans le genre des pestes bas-médiévales ou des guerres de Cent Ans, et qui diviserait par deux, ne serait-ce que pour quelques dizaines d'années, l'effectif de la population globale du pays. Certes on traverse des périodes difficiles, guerres de Religion, Fronde, famines louis-quatorziennes (1694, 1709...). Les unes et les autres peuvent faire baisser le peuplement de la France, au grand maximum, d'un dixième de ses effectifs globaux. C'est assez pour faire souffrir le plus grand nombre ; ce n'est plus suffisant pour inverser la croissance de l'appareil étatique. Et du reste, la *masse* française n'est plus remise en cause : d'un siècle à l'autre, elle fournit aux entreprises du Prince une base qui ne se dément plus. Même remarque pour l'Angleterre, en pleine expansion démographique du XVIe au XVIIIe siècle. Notation analogue pour l'Espagne, malgré le tassement modéré des effectifs humains dans la péninsule autour de 1600. Au Japon la population bondira, puis se stabilisera, ni plus ni moins, du XVIIe au XIXe siècle, après l'unification pacifiante qu'ont réalisée les Tokugawa. L'exemple de l'Allemagne, *a contrario*, est fort éclairant : dans cette grande aire ethnique et culturelle, la monarchie classique, à l'âge moderne, n'est point parvenue à son épanouissement « normal », de type français, anglais, espagnol ; et cela malgré d'importantes réalisations, en Autriche, Prusse, Bavière, etc. Or, on constate, et le fait est d'autant plus remarquable qu'au cœur de la Germanie, précisément, intervient entre 1620 et 1650 une catastrophe démographique : elle ressemble fort (en plus bref) à celle qu'avait connue l'Occident tout entier, aux XIVe et XVe siècles. Les pertes dans les régions situées entre Oder et Vosges atteindraient 40 % de la population totale. L'absence d'un État central et solide en Allemagne, susceptible d'écarter ou de dissuader les armées étrangères est évidemment l'une des causes de ce désastre (qui à son tour découragera pour longtemps la création dudit État unifié). Les armées, pendant cette guerre de Trente Ans ont pu dans de telles conditions s'en donner « à cœur joie »; elles pratiquèrent des cruautés sanglantes ; les soldats et les réfugiés errants disséminèrent un peu partout le germe épidémique ; la soldatesque envahissante répandit l'insécurité, réquisitionna les chevaux de labour, compromit les récoltes et augmenta les périls de famine. Contre des risques aussi graves, la

France, l'Angleterre et l'Espagne s'étaient vaccinées ou prémunies en se dotant après le « temps des troubles » (XIVe-XVe siècle) de monarchies classiques relativement fermes, dont les forces militaires étaient susceptibles de « sanctuariser » le territoire national. L'existence de ces armées permanentes, et la construction de forteresses frontalières conduisent à des résultats fort appréciables : Paris ne connaît plus d'occupation par les troupes ennemies jusqu'en 1814. Cependant cette sanctuarisation comporte un prix et l'on peut parler à ce propos, d'une externalisation des coûts[1]. Généralisons ce qui vient d'être dit à propos de l'Allemagne : les peuples qui ne bénéficient pas de la protection d'une monarchie classique, ni d'un État fort, doté d'une armée permanente, sont en butte de façon fréquente aux dangereuses promenades qu'organisent sur leurs territoires ouverts aux quatre vents les chefs militaires, surgis des monarchies voisines. Le coût de ces incursions guerrières est parfois dévastateur ; nos voisins d'outre-Vosges et d'outre-Rhin ont donc expérimenté au second quart du XVIIe siècle, une démographie toboggan et une situation d'apocalypse avec saignée des effectifs humains, à la moitié ou au tiers, telle que les autres pays occidentaux, favorisés désormais par un certain taux d'unification monarchique, n'en ont plus connu après 1450 ou 1500. On en dira autant de la Pologne. A une époque qui en chronologie française correspond à la fin de Mazarin et au début de Colbert, ce pays s'écroule démographiquement, dans des proportions catastrophiques, qui évoquent les désastres plus précoces de l'Allemagne des guerres de Trente Ans. Les carences d'un État polonais qui n'évolue nullement vers la monarchie classique sont à mettre en cause pour la circonstance, à côté d'autres facteurs parmi lesquels figure au premier chef l'encerclement

1. Externalisation des coûts : report des coûts d'une entreprise sur des entités ou des populations qui lui sont extérieures.

du pays par les ethnies russe, scandinave, et bientôt germanique. D'un point de vue purement institutionnel en tout cas, l'introduction de la pratique du *liberum veto* en 1652 prévoit que toutes les décisions de la Diète seront prises à l'unanimité. Cet acte contredit aux structures pour le moins semi-autoritaires de nos monarchies classiques. Il précède de peu la destruction démographique de la Pologne par les guerres et invasions russes et suédoises (1654-1667.) Vice versa, la monarchie classique s'accompagne, à travers les siècles qui la voient fleurir, du maintien continu d'un minimum d'intégrité démographique. Elle implique même diverses phases d'essor du peuplement sur les territoires qu'elle contrôle.

La démographie ne se ramène pas simplement à la célèbre formule : *« Comptez, comptez vos hommes ; comptez, comptez-les bien. »* Elle inclut aussi quelque considération pour les structures familiales. Or celles-ci ne sont pas indifférentes à l'institution monarchique. La maisonnée royale en tout temps, et aussi à l'époque classique, se comporte en « famille élargie », au sens le plus vaste du terme. Elle abrite sous le toit d'un grand palais, le monarque, son épouse, sa maîtresse éventuelle, ses enfants et petits-enfants ; ainsi que les conjoints des uns et des autres et leur progéniture respective. A tout le moins ces différents personnages, ainsi que la reine mère quand elle survit, viennent-ils régulièrement au « Château » pour y effectuer des visites ou séjours plus ou moins longs, afin de faire leur cour au souverain. En outre la vaste bâtisse abrite de façon permanente ou momentanée, un grand nombre de domestiques et courtisans.

Cette espèce de famille « hyperlarge » et dirigée par un prestigieux patriarche, en la personne du tenancier du trône, correspond, terme à terme, à des types de ménages similaires, quoique plus modestes, au sein de la société globale. Bien entendu, les foyers des simples sujets et sujettes, que nous évoquons de la sorte, disposent, en chaque unité, d'effectifs humains beaucoup plus réduits que ce n'est le cas pour l'immense *familia* qui séjourne à Blois, Fontainebleau ou Versailles. Ce point admis, constatons qu'en France du Sud, au XVIIIe siècle encore, la famille élargie, avec docile co-résidence d'un enfant marié, flanqué de sa progéniture, et qui vit incrusté au domicile de ses vieux parents demeure extrêmement répandue et même canonique ; du moins dans les milieux ruraux et montagnards. En France du Nord par contre, la famille patriarcale est surclassée par les ménages simplement composés des parents et des enfants, un point c'est tout. Et cependant, même dans ces régions septentrionales, un certain nombre de foyers disposent (en plus du père, de la mère et des petits) d'un ascendant ou d'un collatéral à domicile ; sans parler bien sûr des servantes et des serviteurs, ceux-ci nombreux dans les manoirs des gentilshommes. Le pourcentage de telles « familles élargies » peut atteindre 10 % du nombre total des ménages dans la région de Valenciennes sous l'Ancien Régime, et même 17 % à Longuenesse dans le bailliage de Saint-Omer. De plus, une famille peut avoir congénitalement vocation à l'élargissement, et n'être pas « large » à l'instant précis qui voit passer les agents recenseurs ou les curés compteurs d'âmes. Tout ménage élargi, qui comporte la présence au foyer d'enfants, d'une mère, d'un père et de sa vieille mère veuve, a « commencé » en effet par être nucléaire (quand l'homme était tout jeune célibataire, et quand la future veuve habitait avec ce grand fils non marié et son propre époux encore vivant dans la maison mise en cause). Du reste, après le décès de la veuve, cette même famille redeviendra nucléaire pour quelque temps et ainsi de suite. C'est un cycle familial ; mais de toute manière, l'élargissement ultérieur ou spasmodique de la maisonnée demeure constamment présent selon les perspectives de ses membres, même quand il n'est pas encore ou n'est plus réalisé dans les faits.

Il y a donc effet de miroir : la monarchie forme système patrimonial et patriarcal ; il se fonde notamment sur le vaste élargissement du foyer souverain. Il reflète à sa manière l'arrangement plus simple, mais complexe encore, des centaines de milliers de « ménages larges » (un foyer sur dix en France) où le chef de famille règne non seulement sur femme et enfants, mais aussi sur des collatéraux, ascendants, petits-enfants, domestiques, etc. La légitimité du pouvoir monarchique vient aussi de ce que les sujets l'identifient aisément aux liens hiérarchiques qu'ils expérimentent chaque jour dans leur cadre familial et privé. Puissance de la coutume...

Autre substructure, indispensable aux assises monarchiques : la communauté paysanne ou de village. Elle est infiniment plus ancienne que nos royautés. Elle les précéda. Elle leur survivra. Surgie d'une lointaine et tacite protohistoire, ou bien née, par seconde origine, de telle confrérie religieuse et locale qui fut formée *in situ* au Moyen Age (par exemple la confrérie du Saint-Esprit dans les villages et bourgades du Sud-Est français), la communauté paysanne s'est transformée, le moment venu, en instrument précieux, parmi les pouvoirs sur lesquels s'appuient le roi et les siens. Pour percevoir l'impôt, les souverains sont en effet mal lotis, s'ils ne peuvent compter que sur les seigneuries territoriales qui constellent par milliers la superficie du royaume. Les seigneurs qui dirigent celles-ci sont tentés de conserver pour eux-mêmes l'argent qu'ils devraient normalement verser au Trésor royal. L'Empire romain, lors de sa décadence, avait beaucoup souffert de tels procédés, de la part des propriétaires des grands domaines. D'où l'autre solution gouvernementale, dont l'histoire confirmera la fécondité : s'adresser non point aux seigneurs, mais aux communautés ; court-circuiter les nobles maîtres du sol et, de cette manière, prélever l'impôt « à la source ». Ce faisant, l'État rehausse le rôle et la dignité des communautés ; et puis, paradoxalement, par retour du bâton, il leur ouvre les voies ultérieures de la révolte antifiscale. Bref une relation d'amour-haine se noue entre État monarchique et communautés ; elle se traduit par quelques slogans fameux des révoltes antifiscales : vive le roi sans taille et sans gabelle, ou vive le roi quand même. De toute manière, et du fait même de ce rapport privilégié avec le village, les représentants du pouvoir, et surtout, en fin de parcours, les intendants tiendront à s'immiscer dans les affaires intérieures, et principalement comptables, du « commun » rural. Ils empêcheront ainsi les villageois de dépenser trop pour leurs petites affaires municipales, ou pour le paiement des intérêts des dettes de la commune. Car dans l'hypothèse d'un pur et simple laisser-faire, Sa Majesté risquerait d'être privée d'une partie des recettes du fisc, puisque les paysans seraient décidément trop pauvres pour faire face à deux lourdes séries de prélèvements simultanés : l'un local, l'autre étatique. Cette ingérence du pouvoir central dans les délibérations courantes des collectivités campagnardes sera typique, en France, des années 1660-1680, dites colbertiennes ; néanmoins, en l'absence de contrôleurs et de percepteurs des contributions, qui seraient nommés par l'État, la communauté paysanne de l'Ancien Régime paradoxalement conserve des pouvoirs plus considérables que ceux qui seront détenus par nos municipalités contemporaines, dans les campagnes. Elle demeure chargée, en effet, de l'assiette et de la collecte des impôts.

Après les villages, les villes. Après les pions, les grosses pièces, sur l'échiquier monarchique. Certes, l'Europe méditerranéenne ou germanique a su développer des réseaux de villes libres : Machiavel a dépeint les cités allemandes « en grande liberté, qui obéissent à l'empereur quand il leur plaît, ne craignent nul de leurs voisins, d'autant qu'elles ont toutes fossés et murs suffisants, de l'artillerie en grande quantité, et toujours dans leurs magasins publics de la nourriture, de la boisson et du bois à brûler pour un an ». En Allemagne, sous la Renaissance, la vie urbaine implique donc, au gré de l'auteur florentin, de gros murs, garants de l'indépendance communale. Par contre, la *bonne ville*, en France et peut-être ailleurs, caractérise les grands États proprement monarchiques au XVIe siècle ; ils oublieront le nom, mais conserveront la chose lors des époques suivantes. Vis-à-vis de la bonne ville, le Prince, individuel ou collectif, est nettement plus interventionniste en notre pays que ne l'est, ailleurs, le faible Empire germanique. Protégées des invasions par l'armée royale, nos cités apprendront graduellement à se passer de remparts, au gré d'une évolution qui se généralisera durant les Lumières. Cette démilitarisation des périphéries citadines transformera les murs épais en grands boulevards : elle naîtra de la sécurité accrue que répandront, sur le territoire de l'État, les initiatives monarchiques. Le budget urbain épargnera de cette manière des frais importants de maçonnerie tant pour construire que pour réparer les murailles.

Au plan politique, la bonne ville ou simplement la ville classique est un mixte de pouvoir royal et de puissance communale, « une société mixte ». Compromis logique. Deux entités coexistent, étatique et citadine : le roi dans ces conditions ne saurait étouffer ni même anémier tout à fait les notables des cités. Il a besoin d'eux, autant qu'ils ont besoin de lui. Les monarques Bourbons interviendront de plus en plus dans les élections des édiles, échevins et autres consuls ; l'oligarchie locale, auparavant, les avait contrôlées davantage. L'interférence royale va nécessairement croître ; la collaboration entre élites urbaines et pouvoir monarchique devient partie prenante des structures normales du royaume. Même dans ce cas, néanmoins, le gouvernement central n'annule pas, à terme, les notables citadins. Les hommes *du* pouvoir royal sont aussi des hommes *de* pouvoir local.

Soit l'exemple de Domfront, au début du XVIIIe siècle : le sieur de Surlandes est maire, et lieutenant de police, mais il est aussi subdélégué de l'intendant, et beau-frère du receveur des tailles. Représentant simultané de la ville et du roi, il est immergé jusqu'au cou dans les affaires, parfois louches, de la cité, de la mairie et des campagnes environnantes. Compte tenu du grand nombre de personnages qui se trouvent dans le même cas, on peut considérer que le pouvoir de l'intendance (autrement dit du monarque présent dans la province) ne se conçoit pas sans l'appui des « mafias » urbaines dont ces puissants font partie. Elles sont capables de se faire respecter ; intimidantes et postées aux chaînons stratégiques du social, elles renforcent du même coup l'administration monarchique, dont elles forment officieusement le bras séculier. L'intendant d'Alençon est trop heureux d'utiliser les services de toutes sortes que peut lui rendre un Surlandes. Ces chaînes de complicités urbaines contribuent à tisser les réseaux d'autorité qui subordonnent la ville à l'État et la campagne à la ville.

Pour que de tels liens et tant d'autres puissent s'établir, un minimum de population urbaine est indispensable : le bon fonctionnement de la monarchie classique et des autres institutions dirigeantes (Église, etc.) à partir de la fin du XVe siècle requiert objectivement qu'au moins 10 % de la population du royaume soit concentré dans les villes, où sont situés les principaux organismes de pouvoir, de négoce, de domination religieuse, etc. Du reste, ce minimum incompressible sera progressivement dépassé au cours des siècles, et de beaucoup : vers 1725, 16 % des « Français » vivent dans des villes de plus de 2 000 habitants. Et les pourcentages peuvent dépasser 45 %

dans les trois généralités (Lyonnais, Forez et Beaujolais) que dominent parmi de nombreuses petites villes, les grandes cités de Lyon et de Saint-Étienne.

A elles toutes, les villes françaises comptaient à peine plus de 10 % de la population « nationale » au début du XVIe siècle ; elles montent à près de 20 % vers 1788-1789. Cette croissance est particulièrement forte pour la capitale politique : Paris atteignait tout juste les 300 000 habitants à la veille des guerres de Religion. Mais l'ensemble formé par Paris et Versailles, où sont concentrés les services centraux de la monarchie, dépasse déjà le demi-million de personnes à la fin du règne de Louis XIV.

Une telle masse humaine engendre nécessairement des effets d'excitation ou d'« induction » considérables, par quoi la monarchie classique embraie indirectement sur tout ou partie de l'économie nationale. Wrigley et Hayami, historiens des XVIIe et XVIIIe siècles, en ont fait la démonstration respectivement, pour Londres et Tokyo. Mais Paris-Versailles et notre réseau de chefs-lieux régionaux ou sub-régionaux ne sont pas en reste : une noblesse de service ou d'oisiveté se concentre en ville, aboutissant à une dé-féodalisation du plat pays. Les consommations de luxe ainsi stimulées multiplient le nombre et la qualification des artisans dans le secteur urbain. Paris crée autour de soi les cercles d'une économie-monde, par impact ou ricochet du politique sur la production : tant le Bassin parisien à l'époque des Bourbons est progressivement remodelé par la demande de vin, bois, viande et blé, qu'exerce la capitale à la marge des fermes, par ailleurs autosuffisantes[1].

Paradoxalement, plus faible est la productivité agri-

1. La plupart des fermes, surtout les petites, se consacrent d'abord à nourrir la famille de l'exploitant et le village proche ; elles ne peuvent contribuer que « marginalement » au ravitaillement des villes.

cole, plus nombreuses sont les exploitations rurales qui sont concernées par la demande centralisée de nourriture, boissons, combustible, etc. Il faut bien que les citadins mangent, s'habillent, se chauffent. Le primitivisme agricole n'éteint pas, il exacerbe au contraire l'effet de marché, quoi qu'en pensent nos économistes distingués. Un « zoning », ou système d'auréoles, se dessine ; des aires partiellement concentriques voient s'implanter des jardins et des vignobles de masse dans l'actuelle banlieue, des emblavures en Beauce, des herbages bovins en basse-Normandie[1]. Ainsi se matérialise la demande ou l'appel d'une très grande ville, d'une double ville, Paris et Versailles. Rien de tout cela n'eut été pleinement concevable si ne s'était manifestée d'abord dans cette conurbation jumelée, une essence politique et premièrement royale : la monarchie classique en France, c'est aussi la prairie du pays d'Auge ou le grand vignoble d'Argenteuil au temps de Louis XV. Des phénomènes d'entrepôt ou de « terminal » se produisent au long des fleuves qui ravitaillent de près ou de loin la capitale : Rouen sur la Seine, Orléans sur la Loire accomplissent cette fonction transitaire. Un flot croissant d'informations parcourt depuis les marchés d'Ile-de-France le territoire national et commence d'ajuster les uns aux autres les mouvements régionaux des prix agricoles. De bien d'autres manières, la grande ville souveraine rétroagit sur ses campagnes : le couple Paris-Versailles, puissamment peuplé, développe dans les zones céréalières du Bassin parisien, qui ravitaillent en grain la double cité, un groupe d'entrepreneurs agricoles : gros laboureurs et receveurs de seigneuries. Ils n'ont plus grand-chose à voir avec le paysan traditionnel « mulet de

1. Ces grands « vignobles de masse » (pour la production des vins courants) font contraste avec les vignobles de qualité qu'on trouve déjà en Bourgogne, etc. Le gras herbage à bœufs en Normandie est techniquement « en avance » sur les maigres pâtures traditionnelles.

l'État », dont parlait volontiers Richelieu. Ce docile animal était censé produire tout au plus sa subsistance et celle de sa famille. Pour le reste, il était fermement prié de payer ses impôts sans trop se plaindre, et de ne pas faire autrement parler de lui. En fait dès l'époque du ministre-cardinal, le groupe des grands fermiers des pays de limon, branchés sur les marchés frumentaires de la capitale, fonctionnait déjà de façon efficace. L'image du « mulet de l'État », pertinente peut-être pour d'autres régions, était largement dépassée, à propos de cette élite fermière (une telle remarque serait encore plus vraie, s'agissant des riches *farmers* du bassin de Londres : ils travaillent eux aussi pour les besoins d'une métropole ; ils sont même plus avancés, au point de vue technique, et plus fournis en capital que ne sont leurs homologues français). Nouvel avatar de la « main invisible »[1] ; la monarchie classique façonne, sans le vouloir, un nouveau type rural d'*homo oeconomicus* ; le gros paysan économiquement motivé se situe dorénavant par-delà les purs et simples besoins de la subsistance et de l'impôt ; il prolifère au-dessus de la plèbe campagnarde, dans les bassins sédimentaires et fertiles qui environnent les capitales d'Occident.

Au vu de tels phénomènes, le concept de monarchie classique doit s'incorporer les effets induits qu'il engendre hors de son propre domaine et dans le champ économique ou social. Ces effets se répercutent à leur tour sur les structures politiques du pouvoir local, diffuses dans l'ensemble de la société : elles sous-tendent le fait étroit des institutions monarchiques. Soit la communauté villageoise déjà envisagée : dans l'aire du Bassin parisien, elle se modernise à sa manière. Les

1. La « main invisible » d'Adam Smith (*Richesse des nations*, IV, 2) est la résultante de forces involontaires qui, dans le domaine du marché, de l'économie, etc., produisent d'heureux effets pour la population.

laboureurs, marchands, artisans que stimulent la croissance monarchique de la capitale et l'essor corrélatif du marché, forment plus que jamais l'ossature vigoureuse du corps politique des municipalités, décisif au plan micro-territorial.

La monarchie, par ce biais comme par celui du fisc (voir *supra*), est donc multiplicatrice de pouvoir local, paralogisme qui n'est qu'apparent, s'agissant d'un pouvoir souverain qu'on dépeint trop vite comme centraliste envers et contre tout. En fait, par l'excitation qu'il provoque à l'égard des échanges, l'État infuse un sang nouveau dans la communauté paysanne ; elle est pilotée maintenant par des villageois plus « mercantiles », dont les attitudes ne sont plus tout à fait celles de leurs ancêtres. Elle demeure, pour les gens du roi, interlocutrice auto-déterminée et privilégiée.

Une autre espèce de communauté fonctionne également vis-à-vis de l'État royal comme faire-valoir et même comme partie prenante. C'est la guilde, négociante ou artisanale ; la corporation, communauté ou jurande, voire confrérie de métier : la prise en considération des divers groupements professionnels permet d'aller au-delà du simple truisme selon lequel la monarchie classique ne peut se développer convenablement que dans un milieu social où grands marchands et petits artisans se rencontrent nombreux.

Les guildes se développent beaucoup en France depuis la phase de renaissance qui fait suite à la guerre de Cent Ans. Vaches à lait de la puissance monarchique ! Elle leur soutire des taxes variées, sous prétexte d'amendes, cotisations, octroi initial des statuts, etc. Simultanément, le monarque offre aux jurandes et guildes une légitimité en contrepartie de la prestation financière qu'elles lui assurent. Elles en tirent prestige et cohésion dans la ville, parcourue à date fixe, en bon ordre, par la procession civique et religieuse des maîtres d'échoppe et de boutique. Une fois de plus, la monarchie n'étouffe point dans ce cas, mais accroît jusqu'au fond des provinces la créativité multiple, communautaire et foisonnante des métiers jurés, qui seront longtemps facteurs de croissance. Ils ne deviendront que plus tard les freins malthusiens, qui seront dénoncés comme tels par Turgot.

En bref, la monarchie ne se conçoit point sans un mât tripode et communautaire au sommet de quoi elle se juche : elle fédère en faisceau les communautés de village, de ville, de métier.

Après ces quelques données sur les « substructures » de l'institution monarchique, je voudrais ouvrir la boîte noire et décrire non point le détail des mécanismes, mais l'économie générale des rouages et des ressorts : ils font mouvoir l'institution et lui donnent prise sur la société globale. Distinguons les modes d'appropriation ou de jouissance du pouvoir monarchique, et d'autre part le style de travail de ses organismes.

Parmi les modes d'appropriation et de jouissance, s'individualisent les offices, les fermes, et enfin l'usage des commis salariés qui annoncent nos bureaucrates modernes.

L'office, écrit Roland Mousnier, permet à son détenteur de remplir à la décharge du roi « des fonctions essentiellement liées aux juridictions et à l'administration de celles-ci ». L'office existe en vertu d'un édit ou de « lettres de provision ». Il ne peut être créé que par le roi ou par ses agents dûment mandatés. (Dans certains cas, néanmoins, il peut émaner d'une grande seigneurie, hors de la stricte puissance du souverain.) L'office confère honneur et privilèges, y compris éventuellement la noblesse et l'exemption d'impôts. Il est rémunéré par épices et par gages : ceux-ci, faibles, peuvent ne correspondre qu'à 2 % de la valeur en capital de la charge qu'ils stipendient. L'office est stable : le roi ne peut destituer l'officier qu'assez difficilement, et cela limite d'autant l'arbitraire de la monarchie dite absolue. L'office « arrête le pouvoir par le pouvoir ». Il évoque à l'avance le rôle d'autres institutions judiciaires ou para-judiciaires qui feront obstacle à l'exécutif et au législatif dans nos modernes démocraties : action de la Cour suprême et plus généralement des tribunaux aux États-Unis ; inamovibilité des juges, arrêts du Conseil d'État et décisions du Conseil constitutionnel dans la France contemporaine.

Au faîte de sa carrière historique (XVIIe-XVIIIe siècle), l'office, de façon légale, peut être acheté en toute propriété par celui qui deviendra son titulaire, puis il sera revendu, ou légué, hérité... La création d'une taxe annuelle appelée *Paulette*, régularise depuis 1604 ces transmissions héréditaires. Les besoins d'argent de la monarchie pendant les guerres du XVIIe siècle et par-delà celles-ci assurent la longue survivance dudit droit annuel. Offices et officiers se multiplient en France entre le début du XVIe siècle et l'époque de Colbert. Cette prolifération peut s'envisager sous l'angle opportuniste des besoins de l'État : de Louis XIII à Louis XIV, il crée et brade sans cesse de nouveaux fragments de puissance publique. Il les lotit à des candidats acquéreurs, afin de remplir ses coffres. Simultanément se posent des questions de principe : ce qui se poursuit de la sorte, c'est la croissance de l'État monarchique, et l'encadrement toujours plus poussé de la société par celui-ci. Il y a au minimum 4 041 officiers, en fait 5 000 au total dans le royaume en 1515. Mais 46 047 officiers en 1665, un quasi-décuplement. L'abolition des offices, décrétée par le despotisme éclairé de Frédéric II en Prusse, sera manquée en France par les réformes sans lendemain des années 1770 ; elle sera finalement réussie par la Révolution de 1789. Au XVIIe siècle l'office, autant et plus que la manufacture, fut l'un des grands terrains d'investissement de la bourgeoisie française.

Très tôt, le système des offices s'est diversifié, du

moins dans ses sommets : à Paris (flanqué sur le tard par Versailles), on trouve une robe du Parlement, peuplée d'officiers de la haute magistrature ; et une robe du Conseil[1] formée d'officiers eux aussi, mais qui sont largement engagés dans le groupe suprême de la Décision ; on les appelle maîtres des requêtes ; ils forment avec les conseillers d'État, les ministres et secrétaires d'État, et les intendants des provinces l'essentiel du pouvoir souverain directement émané de la majesté royale. Pierre Goubert a parlé en ce qui les concerne d'une classe politique, et Pierre Chaunu, d'une technostructure ; cette expression vaut, pour autant que les « décideurs » ne s'en remettent pas dans les faits à de simples commis ou clercs, pour le gros des tâches d'exécution, même et surtout quand celles-ci concernent l'essentiel.

Après l'office, vient le réseau des *fermes*. Disons en paraphrasant Roland Mousnier qu'aux termes de celles-ci, « le roi afferme le revenu de ses impôts principalement indirects et de ses domaines à des fermiers ». Remarquons au passage le mot « domaine »: le monarque, au départ, s'est simplement comporté à l'image des grands seigneurs et propriétaires fonciers d'Ancien Régime, au Nord de la France ; ceux-ci trouvent normal de donner leurs droits et surtout leurs terres en bail à un ou plusieurs fermiers pour s'épargner les soucis de l'exploitation directe. De ce point de vue, la monarchie adopte une conduite *patrimoniale* (selon l'expression de Max Weber). Donc le roi « concède son droit fiscal ou domanial pour un temps limité *(bail)*, en échange d'un loyer annuel et forfaitaire. La différence entre la somme que le souverain reçoit de ses fermiers et le revenu que ceux-ci perçoi-

1. On est confronté ici au contraste entre le Parlement, tribunal suprême dans une vaste région (parisienne en l'occurrence) et le Conseil du roi cristallisé autour du Conseil d'en haut, précurseur de notre actuel Conseil des ministres.

vent effectivement des contribuables et redevables, diminué des frais de perception incompressibles, « constitue le profit propre desdits fermiers ». C'est précisément celui-ci qui les incite à se lancer dans une telle opération. L'État est donc déchargé des soucis et dépenses de recouvrement des impôts, mais il est souvent volé par ses fermiers, contre lesquels il sévit de temps à autre par le biais d'une banqueroute ou d'un tribunal exceptionnel appelé chambre de justice. Les fermiers émettent, en anticipation de leurs recettes, des billets négociables : ceux-ci favorisent le développement du crédit, menacé de temps à autre par les banqueroutes précitées. L'émiettement de ces « fermes » françaises au XVIe siècle est peut-être préjudiciable à la bonne rentrée de l'impôt. Dès 1559, on tente un regroupement des fermes financières du roi, sous la forme d'une « ferme générale ». Ces tentatives anciennes se concrétisent au temps d'Henri IV avec les « cinq grosses fermes » de Sully, suivies par d'autres « amalgames » à l'époque de Louis XIII et de Colbert. Les fermes embrassent les vastes secteurs de l'impôt du sel (*gabelle*) ; des *traites*, autrement dit douanes intérieures et extérieures ; des *aides*, ou taxes de consommation sur les vins, cidres et eaux-de-vie ; du *domaine* royal, lui-même divisé en domaine corporel (terres, seigneuries, forêts) et incorporel (droit de timbre et, à partir de la fin du XVIIe siècle, contrôle des actes des notaires). Aux fermiers qui prennent en charge ces entreprises il faut ajouter les traitants et partisans, qui se chargent d'affaires dites extraordinaires (ventes d'offices, refontes de monnaies...). Elles sont destinées à renflouer les recettes « budgétaires » de Sa Majesté en temps de guerre. Ajoutons enfin, avec Roland Mousnier les simples, mais substantiels *prêteurs d'argent* qui à l'occasion se mettent au service de l'État momentanément obéré. Et puis, les « donneurs d'avis » : ceux-ci conçoivent l'idée d'une nouvelle taxe ; elle est destinée à faire rentrer du numéraire ou du crédit dans le « Trésor » royal. En cas d'acceptation et de succès de leur démarche, ils sont rémunérés d'une façon ou d'une autre par les agents du monarque. L'ensemble desdits personnages (fermiers, traitants, partisans et donneurs d'avis) forme ce qu'on appelle le groupe des financiers ; ils sont beaucoup plus liés à l'État que ne le seront aujourd'hui leurs homonymes. Les financiers d'Ancien Régime s'organisent autour du système de la Ferme, en anneaux concentriques, sans se confondre tout à fait avec lui.

Daniel Dessert a détruit l'image d'Épinal du financier ou du fermier général « sorti de rien », enfant de valet ou petit laquais lui-même en ses débuts, puis devenu richissime, et resté vulgaire au suprême degré ; en fait, les financiers sont souvent nés de personnages qui furent eux-mêmes anoblis, eux ou leurs ascendants, au service du roi ; à défaut de telles origines, les financiers ne se privent pas d'acquérir de bonne heure, au cours de leur carrière, un statut noble, par l'achat d'un office *ad hoc*. Loin d'être riches à millions, ils sont maintes fois endettés, à l'exemple de Fouquet. Certes ils voient passer entre leurs mains d'énormes sommes destinées au roi ou à ses fournisseurs ; mais elles leur filent entre les doigts. Ils ne pratiquent pas nécessairement l'accumulation primitive du capital, même s'ils la souhaitent. Ils sont simplement partie prenante, et plus d'une fois partie perdante au grand système du débit-crédit qui caractérise les affaires fiscales. Daniel Dessert voit dans cette haute finance un des quatre ou cinq « piliers » qui soutiennent l'édifice monarchique. Parmi eux, la grande aristocratie de cour et d'épée ; la haute fonction publique des « décideurs » (robe du Conseil) ; les magistrats les plus huppés (robe du Parlement) ; et la finance. Ces divers groupes sont alliés les uns aux autres par des mariages, conclus selon le principe (majoritaire, pour le moins) de l'hypergamie féminine. (Substantiellement dotées, les filles de financiers épousent des fils de magistrats ;

et les filles de magistrats convolent avec de jeunes aristocrates, bien placés sur l'échelle sociale.) L'alliance entre milieux dirigeants fleurit aussi dans le marché commun de l'épiscopat[1]. S'y retrouvent les pieux messieurs voués au célibat, qui naquirent de ces diverses fractions des classes dominantes.

Le quadripartisme (approximatif) de l'élite, ainsi mise à plat sous les regards de l'historien, ne saurait faire oublier certains stéréotypes dépréciateurs : au gré de l'estime publique, un magistrat de « vieille roche » représente plus qu'un financier ; et un seigneur de la cour pèse davantage qu'un magistrat important, du moins jusqu'à la fin du XVIIe siècle.

Ce dédain vise les grands robins, éventuellement snobés par la noblesse de Cour. Il vaut *a fortiori* pour les financiers, destinataires d'une estime sociale qui s'avère moindre encore : *Il faut du fumier sur les meilleures terres*, disait Madame de Grignan à propos des noces de son fils, qui épousait la fille richement dotée d'un fermier général. Quant à la duchesse de Chaulnes, elle déclarait à son fils, duc de Picquigny, qui venait de convoler avec la fille de l'opulent financier Bonnier : « Bon mariage, mon fils (...). Il faut bien que vous preniez du fumier pour engraisser vos terres. » Cette fois, s'agissant de financiers, la mésestime sociale va jusqu'à évoquer le caractère fécal de leur richesse, comme manipulateurs du fisc et du crédit royal. Épithètes excrémentielles ou de fumure, également infligées aux bâtards. Sans aller aussi loin dans le mépris, on admettra que classer ou taxinomiser, c'est hiérarchiser. Distinguer parmi les serviteurs ou les suppôts de la monarchie entre les grands

1. L'épiscopat, à l'échelle nationale, constitue en effet une réserve de postes prestigieux et lucratifs où se donnent rendez-vous les rejetons, d'abord ordonnés prêtres, des quatre fractions de l'élite dirigeante (noblesse de cour et d'épée, robe du Conseil, robe des cours souveraines, et finance).

aristocrates, les officiers et les financiers, c'est aussi situer les uns et les autres au long d'une échelle des valeurs à laquelle se rallient les contemporains. Celle-ci peut s'appuyer sur des anecdotes plus ou moins exactes et s'inscrire néanmoins au plus profond des mentalités de l'époque. La France, de ce point de vue, n'est pas seule en cause : les attitudes « antifinancières » en Angleterre, Espagne ou Autriche n'étaient guère différentes des nôtres.

Géographiquement, les fermes d'impôts sont à l'œuvre en plus d'un royaume. Historiquement, leur force, en France, grandit au rythme même de la croissance de l'État : sous Mazarin, les impôts indirects font moins du quart ou moins du cinquième des recettes de l'État. Sous Colbert, et par la suite, ils atteignent et quelquefois dépassent la moitié de celles-ci.

A certains égards, le roi qui distribue fermes et offices fait penser, répétons-le, à un grand propriétaire foncier de type semi-seigneurial. Ce hobereau donne à gros bail court (la « ferme ») une partie de ses terres. Il lotit à tenures perpétuelles ou à plusieurs vies, moyennant finances, une autre portion de son bien, quitte à ce que ses descendants récupèrent plus tard, et non sans mal, les nombreuses tenures ainsi parcellisées, après plusieurs générations d'emphytéotes[1]. Fermiers agricoles et tenanciers autour des gros agrariens. Fermiers généraux et officiers dans l'environnement des monarques successifs...

Après ces officiers, fermiers et financiers, mentionnons un troisième type, et de grand avenir, des serviteurs de la monarchie. Cette nouvelle catégorie, à

1. Les tenanciers d'un seigneur sont emphytéotes, dans la mesure où ils jouissent des petits héritages ou « tenures » que la famille dudit seigneur leur a concédés, à eux et à leurs descendants, pour une très longue durée, moyennant le versement, à son profit, d'une redevance généralement légère.

son tour est subdivisible : elle concerne les commissaires et les commis qui respectivement préfigurent nos hauts fonctionnaires et nos fonctionnaires (mais pour filer à nouveau la métaphore domaniale, on remarquera que les grands propriétaires seigneuriaux d'Ancien Régime qui viennent d'être évoqués, ont eux aussi à leur disposition des commis salariés, en plus de leurs tenanciers et fermiers).

Les commissaires royaux, comme leur nom l'indique, ont reçu du souverain, par lettres patentes, le pouvoir de s'acquitter de certaines tâches fonctionnelles, en vertu d'une « commission ». Parmi eux figurent les ambassadeurs, les conseillers d'État, les gouverneurs des provinces, leurs lieutenants généraux, et les intendants des généralités régionales. Certains de ces personnages, avant l'octroi de leur commission, jouissaient d'un statut d'officier. Il en va ainsi pour les intendants qui maintes fois émergent du vivier des maîtres des requêtes. Selon les cas, ils peuvent (ou non) cumuler les gages de leur office, et d'éventuels appointements, afférents à leur nouveau statut de commissaires. Les commis plafonnent en général à un niveau nettement inférieur par rapport à ceux-ci. (Mais il y a des exceptions : un Pecquet, qui fut commis aux Affaires étrangères sous Louis XIV et la Régence, fait figure de véritable décideur, certes moins important que ses patrons Torcy ou Dubois, mais nullement négligeable.) La situation des commis de la monarchie n'est pas très différente de celles des fonctionnaires aux XIXe et XXe siècles, à ceci près que leur titularisation, jusqu'à Louis XV et Louis XVI, reste de fait plutôt que de droit. « Ils reçoivent en effet des appointements hiérarchisés selon l'ancienneté, des gratifications annuelles, des gratifications exceptionnelles lorsqu'ils s'installent à Versailles, lorsqu'ils se marient ou marient leurs filles, des primes perçues à vie, franches de toutes impositions, pour leurs services. Leurs pensions de retraites sont parfois égales au traitement, et sont alors dénommées appointements conservés", avec réversibilité d'une partie sur la veuve et d'une autre sur les enfants. » Le système des commis répond déjà jusqu'à un certain point aux exigences spécifiques de la bureaucratie. Les intéressés, en effet, prennent place dans une hiérarchie de statuts : tel « premier commis », à Versailles, se détache nettement du reste du peloton. L'activité qu'ils exercent tient à leurs compétences techniques et juridictionnelles ; le recrutement tend à s'effectuer selon des critères en voie d'universalisation qui diminuent le rôle de la naissance nobiliaire et même du favoritisme. Les revenus sont de type salarial. Non pas prébendes, ni profits, mais traitements : ils permettent aux récipiendaires « de mener une vie honorable et décente en accord avec les exigences de leur rang ».

Il a paru légitime, ici, de classer ensemble les commis et commissaires, sous la rubrique du fonctionnariat en formation. Certes, la distance sociale pouvait s'avérer grande entre ceux-ci et ceux-là. Les intendants de généralités regardaient de haut les modestes commis, voire gratte-papier qui peinaient au plus bas de la pyramide, dans les bureaux administratifs, à Paris ou en province. Et pourtant, ces deux groupes étaient déjà modernes, par rapport aux structures officières et fermières, empreintes d'archaïsme institutionnel. Le Consulat de Bonaparte scelle rétrospectivement la communauté de destin entre commissaires et commis : il consacre la fin des offices et des fermes, décrétée par la Révolution. Il assure le triomphe d'une bureaucratie hiérarchisée de fonctionnaires salariés, issus des commis du vieux système. Il installe les préfets sur un piédestal qui sera biséculaire : ces hauts fonctionnaires prolongeront et accroîtront les rôles des commissaires intendants de généralités, tels qu'ils sévissaient déjà lors de la culmination d'une monarchie classique.

Celle-ci s'avère donc organisme composite, où se coudoient l'office, la ferme et le fonctionnariat. Le style de travail de la royauté, lui aussi, regarde vers un certain passé, davantage qu'il n'est porteur d'avenir. La monarchie classique aime les prises de décision qui s'effectuent au terme de sessions délibératives, dans le Conseil d'en haut et dans les autres *conseils* de gouvernement, parmi les compagnies des cours de justice ou des élus, etc. La société locale, qu'elle soit civile ou religieuse, n'est pas en reste. Voyez ses délibérations multiples : elles animent les conseils de ville, les chapitres de chanoines... En Espagne, le gouvernement par conseils est largement répandu : on y connaît en 1721 les conseils de Castille, des finances, des Indes, de la marine, des ordres, de la guerre, etc. En France, la Polysynodie de 1715 n'est pas innovation radicale, mais tentative d'extrapolation : les conseils qui déjà n'étaient pas rares, sont simplement multipliés, ouverts à l'aristocratie et accrus en pouvoir. Certes, en 1718, l'expérience polysynodique tournera court. Mais le pouvoir central (en principe...) demeurera acquis au traditionnel « Conseil du roi », avec ses subdivisions canoniques.

En époque monarchique, il existe pourtant un autre mode de décision, non collectif. Il règne dans l'armée, par chaînes de décisions individuelles et autoritaires ; elles tombent en chute raide, sur la pente verticale des grades et des commandements. Tout au plus voit-on les grands chefs et parfois le roi lui-même, à la veille d'une bataille, délibérer collectivement, le cul sur la selle, cependant que leurs chevaux forment cercle, croupe au dehors, mufle au dedans. Là aussi, on attendra souvent[1] la disparition de la monarchie d'Ancien Régime, pour qu'enfin le style solitaire de la décision franchisse les bornes de la soldatesque et contamine la puissance civile. Les liens de pouvoir

1. Mais pas toujours : le rapport de Richelieu aux intendants des généralités est déjà (à mainte reprise) basé sur le commandement autoritaire plus que sur la délibération collective.

que Bonaparte mettra en place, à travers les ministres, préfets, sous-préfets et leurs subordonnés rompront avec mainte habitude de direction collégiale. De haut en bas, elles répercuteront les décisions autoritaires de personnalités responsables, y compris dans le domaine non militaire.

En bref, la monarchie classique apparaît, au titre du pouvoir et de la souveraineté, comme une image hyperbolique de la société globale : comme un raccourci pédagogique de celle-ci, dans lequel les élites et en particulier la noblesse sont sur-représentées, au point d'éliminer les paysans et de mettre en minorité les bourgeois ou petits-bourgeois. Il va de soi que les créatures directes du monarque conservent dans les sommets de l'appareil royal, au prix de vastes frustrations chez autrui, maint levier essentiel. A cette restriction près, les nobles de service, d'épée, de cour, de finance, de plume, de magistrature et de prélature monopolisent ou peu s'en faut les étages supérieurs de l'institution. Ils collaborent sans trop de problèmes au sein de l'establishment officiel ou officieux avec une minorité de non-nobles qui sont de haut niveau, et cela à l'intérieur de spécialités diverses, telles que robe, plume et finance. Ces oligarques sont divisés entre eux quant aux buts stratégiques et à la culture. Ils n'obéissent pas seulement à d'étroits intérêts de classe qui seraient sottement calqués sur les besoins de l'aristocratie. Les services de base du système royal, d'autre part, sont assurés, notamment en province, par des agents maintes fois roturiers, qui ne sont pas simples exécutants. Leur pouvoir local s'avère considérable. Des conflits sociaux d'espèce variée se reproduisent *à l'intérieur* de l'appareil monarchique ; ils reflètent et interprètent à leur guise les contradictions qui divisent la collectivité générale, non étatique.

Jusqu'à présent, nous n'avons considéré la monarchie classique qu'en elle-même ou dans son rapport avec les sociétés qui l'environnent. Elle est liée aussi, et de façon étroite à la technologie de son temps, celle-ci à son tour étant inséparable des relations sociales. J'envisagerai ici trois domaines de la technique, intimement connectés aux institutions. D'abord les armes à feu, et inévitablement l'armée permanente. Ensuite les médias : papier (ancien) et surtout imprimerie (récente). Enfin les importations de métal précieux, or et argent ; elles impliquent une certaine ambiance technologique ; celle-ci concerne l'art des mines, euro-américaines ; et l'art de la navigation transatlantique, cependant qu'en aval apparaissent d'énormes répercussions au plan de la fiscalité, et des réactions hostiles qu'elle suscite.

Armes à feu et militarisation d'une partie de la société : les nouvelles méthodes du tir à tuer comme à détruire, et les masses d'hommes spécialement dressés qui les utilisent constituent de puissants atouts pour la monarchie classique à partir des XVe et XVIe siècles. La royauté espagnole leur doit pour une part la conquête du Mexique. Le Japon leur est peut-être redevable de son unité nationale, ou du moins shogûnale : celle-ci se réalisa progressivement pendant le second XVIe siècle à partir de combats qui très tôt mirent en jeu jusqu'à 10 000 arquebuses plagiées des modèles portugais. Pour la France, la corrélation est nette entre l'avènement de notre monarchie classique depuis la fin de Charles VII jusqu'au terme du XVe siècle et le développement d'une armée permanente, puissamment équipée de bouches à feu ; elles sont déjà fort efficaces sous Charles VIII. Augmentation de la puissance de tir, hausse des effectifs : au XIVe siècle, le noyau durable de l'armée royale *en temps de paix* comptait seulement 2 000 hommes ; mais 10 000 à 15 000 après 1450... et 135 000 au XVIIIe siècle (toujours pendant les périodes pacifiques). Les nombreux militaires désormais sont soldés à rythme régulier (en principe). Ces soldes sont hiérarchisées selon le grade, et non plus selon les statuts des officiers plus ou moins nobles. Des corps de spécialistes apparaissent dans l'artillerie, dans la fabrication des poudres, etc. Les dépenses militaires de la monarchie s'élèvent ; elles expliquent pour une grosse part l'accroissement des charges fiscales. Les frais d'armée, difficiles à chiffrer, atteindraient déjà un tiers du « budget » royal sous Henri IV, la moitié sous Louis XIV (et jusqu'à 70 % en temps de guerre). L'armée royale avec sa force de feu considérable, à base d'armes légères ou lourdes, s'élève à 300 000 hommes pendant une forte guerre (ainsi vers 1710) ; l'unité de base pour l'armée permanente d'une grande puissance européenne, même en paix, s'en tenait au millier d'hommes pendant le XIVe siècle, mais à la dizaine de milliers durant la Renaissance, et à la centaine de milliers au XVIIIe siècle. En temps de guerre, pendant les quelques grands conflits de la fin de Louis XIV et du règne de Louis XV, un adulte mâle et français sur six ou sept est régulièrement ou épisodiquement actif dans l'armée ; il y joue le rôle de soldat durable, ou de milicien, ou simplement de requis temporaire. D'un bout à l'autre de la période envisagée, le progrès technique est jalonné par les noms des grands administrateurs de l'artillerie comme Bureau (mort sous Louis XI), l'homme des canons de bronze, des couleuvrines et du lent déclin des forteresses médiévales. Et puis Gribeauval : au déclin de l'Ancien Régime, il donne au royaume les canons que l'Europe jalousera sous le Premier Empire.

Anciens et nouveaux médias. Autre série d'innovations technologiques, et dont l'incidence est forte vis-à-vis de la monarchie classique : les systèmes médiatiques. Ils apparaissent, non sans décalages, à la fin de l'époque médiévale : il s'agit du papier, et de l'imprimerie, bref la « galaxie Gutenberg ». Écrivassière, la royauté française l'était depuis le XIVe siècle, peu après l'introduction du papier. Dans la période suivante, les moulins à papier sont nombreux dans le bassin de Paris ; ils fournissent la matière première aux organismes d'État, ou apparentés : le Parlement et la Sorbonne sont consommateurs d'écritures et producteurs d'archives. L'imprimerie sous Louis XI vient d'outre-Vosges. Immédiatement elle est centralisante, ou plutôt « bi-centraliste »: elle fleurit à Paris bien sûr, où les organisations locales, qu'elles soient officières, étatiques ou universitaires, en font large usage. Simultanément, elle se développe à Lyon, porte du Sud ; elle inonde les terres occitanes d'impressions lyonnaises, donc francophones ; elle assure la conversion du Sud au langage officiel du pouvoir, bref au français. En cela, elle est plus efficace que les ordonnances royales, seraient-elles de Villers-Cotterêts. Le XVIIe siècle verra, surtout dans l'agglomération parisienne, le regroupement des imprimeurs, actifs et prestigieux ; ils renouvelleront ainsi l'union, souvent consommée, de leur métier avec l'État. De bonne heure, ce mariage a des aspects répressifs : dès la fin du XVIe siècle, on met en place une censure officielle ; on décrète, procédure à double tranchant, l'octroi de permissions, monopoles et privilèges royaux pour l'impression des livres ; les auteurs, de ce fait, sont à la fois protégés et brimés. Les nouveaux médias sous-tendent la diffusion d'un savoir universitaire, collégial, et même primaire ; il est indispensable pour la formation des officiers de haut vol ; et pour celle des agents modestes, aux ordres de l'État ou des communautés. Le nombre de ces hommes, aux divers niveaux, augmente beaucoup. La monarchie classique, porteuse et désireuse d'un minimum d'éducation, est contemporaine d'un peuplement dans lequel 10 % des mâles, au moins, sont capables de signer ; en soi ce pourcentage n'est qu'un symptôme ; il révèle l'initiale diffusion de quelques Lumières, même fuligineuses ou tamisées ; il implique une vogue croissante et sous-jacente de l'imprimerie. Cette proportion d'hommes éduqués grandit de façon assez constante, au fil des siècles ; elle approche en fin de parcours, au temps de Louis XVI, les 50 % d'adultes mâles sachant signer ; on entre alors dans une zone dangereuse, orageuse : la somme des frustrations qu'engendre la suréducation relative d'hommes trop bas placés dans l'échelle sociale tend à dépasser la somme des avantages que retire l'État de ce capital sans cesse accru d'instruction publique. La monarchie classique risque alors d'être engloutie par un maelström éducatif dont elle avait accepté, sinon encouragé la mise en place. La chose est à double détente : l'imprimerie et l'éducation vis-à-vis de l'État furent longtemps stimulatrices. Elles deviennent finalement déstabilisatrices. De toute manière, certains besoins sont incompressibles : la royauté, du XVIe au XVIIIe siècle, fait largement usage de l'affichette à nombreux exemplaires, de la circulaire et du formulaire administratif, tous trois sortis des presses et des ateliers. Pas de fonction publique, même et surtout royale, qui n'ait ses imprimeurs, officiels et officieux.

Métaux précieux. Après les armes à feu et les nouveaux médias, le troisième « bond en avant » dont bénéficie la monarchie classique, concerne les monnaies, disponibles en quantités beaucoup plus grandes. Il peut s'agir de l'usage élargi des nouveaux instruments créditeurs : les lettres de change seront fort utiles pour le transport d'une recette fiscale de la province à la capitale ; or elles existaient pour les besoins du commerce, dès le XIVe siècle. Elles connaîtront quelques perfectionnements supplémentaires du XIVe au XVIIIe. Les changements de base pourtant ne concernent pas la circulation du « papier » même bancaire, mais les masses de métaux précieux dans les trésoreries publiques et privées. Les contrastes de conjoncture longue et même ultra-longue sont capitaux à cet égard. Soit la crise des XIVe et XVe siècles, suivie d'une renaissance et d'une expansion qui s'épanouissent au beau XVIe siècle. On a souligné à ce propos la causalité démographique : dépopulation de 1348 à 1450, puis reprise et récupération jusque vers 1560. Mais les facteurs monétaires ont eux aussi leur importance.

L'essor de la monarchie classique, sur la base d'une fiscalité accrue et plus régulière à partir de la seconde moitié du XVe siècle, implique la fin des carences chroniques d'or et d'argent ; elles sont abolies sur le tard grâce à toute une panoplie d'initiatives partiellement technologiques. Une énorme crise des liquidités, grande famine monétaire, avait sévi entre 1395 et 1415. Les causes en étaient plus ou moins proches : le bilan commercial de l'Europe avec l'Orient depuis l'an mil fut toujours déficitaire par suite des achats d'épices, de soies et de perles, par suite aussi des pèlerinages, des croisades, des rançons ; cette mauvaise balance commerciale s'était effondrée plus bas encore vers 1400, du fait des désastres internes de l'Occident accompagnés, ce qui n'arrangeait rien, par les achats croissants d'épices, et par l'assèchement de l'or soudanais. En France, guère différente sur ce point de l'Angleterre, de l'Espagne, de l'Italie, de la Flandre et de la Bourgogne, la pire décennie, la plus désargentée, avait coïncidé avec les années 1392-1402. A Brioude, au cœur d'un Massif central profond et isolé, on en était réduit à frapper des monnaies de plomb vers 1423-1425 ! Pour la totalité de l'Europe occidentale, les stocks de métaux précieux se sont affaissés, chiffre approximatif, de 2 000 tonnes d'équivalent-argent vers 1340 à 1 000 tonnes vers 1465. Par contraste, l'essor qui suivra ces plongeons est extraordinaire ; il « pulvérise » tous les records antérieurs : l'Angleterre, à elle seule, aura 1 100 tonnes de stocks d'équivalent-argent en 1700 ; la France, où les premiers signes de reprise se sont nettement manifestés dès le règne de Louis XI, en sera à 2 500 tonnes vers 1700, dont 40 % seront recyclés annuellement dans le budget de l'État. Toute l'Europe en 1809 se tiendra à 50 000 tonnes d'équivalent-argent, soit cinquante fois plus qu'au pauvre XVe siècle et vingt-cinq fois plus que pendant le « riche » ou disons le moins pauvre XIVe siècle. L'argent allemand et hongrois, puis l'or des Antilles, successivement, ont ainsi « sauvé » l'Occident de 1460 à 1530 ; ce fut ensuite le tour de l'argent péruvien et mexicain entre 1560 et 1625. Puis, après quelques pannes au XVIIe siècle, moins graves qu'on ne l'a dit, l'or du Brésil et derechef l'argent mexicain prendront le relais dans les années 1720-1780. Tout cela ne se conçoit pas sans vastes progrès technologiques, sans « grandes découvertes » aussi, au sens usuel de ce terme : la technique des mines profondes s'améliore dès la première Renaissance ; les ingénieurs et publicistes allemands portent témoignage d'un tel progrès au XVIe siècle. Les explorations transocéaniques, d'autre part, et l'amalgame au mercure, rendent possible, dans les années 1500-1570, une première mise en perce des trésors du Nouveau Monde, notamment argentifères.

Ces données techniques et « métalliques » placent dans une perspective nouvelle le devenir de la fiscalité. Certes, celle-ci est fort ancienne, et l'on admettra que les États monarchiques, France incluse, « sont graduellement passés de l'impôt exceptionnel de guerre à l'impôt régulier de guerre, puis à l'impôt régulier de paix, *évolution pratiquement achevée en 1360* ». Mais de la proclamation d'un principe à la multiplication des moyens réels, la marge est grande. Elle ne sera réellement franchie que plus d'un siècle après cette date fatidique de 1360. Reprenons les choses d'assez haut : sous Philippe le Bel (1285-1314), avant même la grande mutation fiscale mais purement juridique des années 1350-1360, les revenus totaux de l'État atteignent 46,4 tonnes d'équivalent-argent dont 39 %

fournis par le domaine, le reste (déjà majoritaire) étant apporté par « l'extraordinaire », autrement dit par les impôts encore irréguliers de l'époque. En 1355-1356, les sommes votées par les assemblées d'États (non compris le domaine) atteindraient 24 tonnes. Dans les années 1430, la France mutilée de Charles VII donnerait 52,5 tonnes. Le royaume réunifié du même Charles VII, en fin de règne, se situe à 75 tonnes : le niveau « Philippe le Bel » est donc simplement amélioré (+ 60 %). La révolution fiscale n'est guère spectaculaire encore. Louis XI cependant dépasse les 100 tonnes d'équivalent-argent (135 tonnes en temps de guerre ; là-dessus, le domaine royal ne joue plus qu'un rôle négligeable ; l'impôt proprement dit fournit déjà presque tout). Henri II frise les 190 tonnes à la fin des années 1550. Henri IV pèse presque 200 tonnes au terme de son règne. Mazarin grimpe allégrement à 1 000 tonnes de dépenses engagées, chiffre qui restera à peu près canonique jusqu'au début du règne de Louis XVI, sauf en période de grands conflits (Succession d'Espagne, guerre de Sept Ans). Dans ces cas graves, on peut arriver à 1 600 tonnes de dépenses engagées (vers 1705-1710) puis à 1 800 tonnes (après 1760). Mais on ne se tient que brièvement à de tels plafonds qui sont fort coûteux. La véritable révolution fiscale avec doublement régulier du tonnage budgétaire ne s'engage donc point avec Jean le Bon et sa fameuse rançon au milieu du XIVe siècle, comme le soutiennent des historiens trop formalistes ; en fait, elle prend place à partir de Louis XI, d'Henri II et finalement des Bourbons, depuis Henri IV jusqu'au très jeune Louis XIV. C'est cela *aussi* la monarchie classique, ou du moins c'est l'un de ses aspects essentiels. Le ressentiment antifiscal, père des révoltes, se trouve accru par cet essor du prélèvement étatique.

Métaux précieux, imprimerie, canons : les prouesses

de la technologie des temps modernes affectent la monarchie classique en tout son être. Elles orientent et stimulent sa croissance, même et surtout quand celle-ci est grosse d'antagonismes extérieurs ou intérieurs...

PREMIÈRE PARTIE

LES VALOIS FLORISSANTS

I

Une renaissance

Le présent volume se veut, entre autres, histoire de l'État et surtout du Pouvoir, l'un et l'autre représentant divers groupes d'hommes, factions, cliques, etc. Pas d'État pourtant sans société civile, territoire, économie, religion, culture... L'espace français, losange au temps de Louis XI, hexagone à peine esquissé sous Henri IV, restait borné grosso modo, lors des années 1460, par les anciennes limites du traité « partageux » de Verdun. Celui-ci fut conclu, comme chacun sait, en 843 de notre ère, entre les petits-fils de Charlemagne. Et les frontières tracées dès cette époque au centre de l'Empire furent progressivement retrouvées, beaucoup plus tard, au terme d'une lente progression capétienne, étalée sur plusieurs siècles. A la mort de Charles VII (1461), le Rhône, la Saône et l'Escaut jalonnent ainsi les pointillés d'une ligne à la fois vivante et perméable. Seule déborde vers l'Est, et vers l'outre-Rhône, l'excroissance dauphinoise, acquise à titre d'apanage dès 1349. Les nouvelles avancées, post-médiévales, jusqu'à la fin du XVIe siècle, se situeront en Provence et aux confins de Lorraine. Simultanément, la Flandre, destinée sur le tard à former partie de l'actuelle Belgique, est perdue par la France, de façon définitive. Ces progressions et régressions évoquent la procédure patiente et grignoteuse que pratiquerait un notariat provincial. Sont-elles frappées d'insignifiance rétrospective ? Durant la même époque, ou ultérieurement, l'Espagne et le Portugal, puis la Russie et l'Angleterre s'apprêtent à s'emparer de subcontinents, vastes chacun comme quinze ou trente fois le pré carré de France : il s'agit des deux Amériques, de l'Australie, de la Sibérie... Mais ne sombrons pas dans l'anachronisme ! Si l'on s'en tient aux simples critères de la Renaissance, qui sont moins exigeants que les nôtres, l'espace français demeure gigantesque : l'homme moyen des années 1550, à supposer qu'il ne veuille point battre un record, met un mois pour traverser le pays du Nord au Sud, et trois semaines et demie d'Est en Ouest.

Le territoire total oscille donc entre les 425 000 km^2 du royaume de Charles le Chauve[1], dont Louis XI, héritier de quatre siècles d'efforts, récupère à peu près les contours ; et les 460 000 km^2 de la « France » du XVIe siècle final (contre 551 000 km^2 en 1987). De telles superficies s'accroissent aussi, quoique fort peu, pour des raisons purement naturelles : l'alluvionnement du Rhône et des courants marins place peu à peu dans l'intérieur des terres certains ports méditerranéens ou fluviaux comme Arles, Lattes, Montpellier, Narbonne ; ils avaient pourtant accueilli les gros navires en diverses périodes de l'Antiquité ou même du Moyen Age. Sur les côtes de l'Atlantique ou de la Manche, et sur les

1. Charles le Chauve (823-877) petit-fils de Charlemagne, partagea avec ses frères en 843, au traité de Verdun, l'Empire carolingien : la part qui lui échut sous le nom de *Francia occidentalis*, à l'ouest de l'Escaut, de la Meuse, de la Saône et du Rhône, correspond aux territoires historiques qui forment géographiquement les bases de la France traditionnelle.

rivières qui s'y jettent, des phénomènes analogues (ensablement, recul et envasement des surfaces liquides) affectent ou menacent Bayonne, Luçon, Niort, Brouage, Lillebonne, Harfleur et Abbeville : salée ou douce, l'eau recule — sous sa forme « normale ». Elle avance par contre, à partir de la seconde moitié du XVIe siècle, dès lors qu'elle est solidifiée en masses glaciaires. En Savoie (pas encore française), en Dauphiné, au cours des années 1590, les glaciers locaux vont jusqu'à culbuter quelques petits villages, à force de déborder. Ces phénomènes sont minces, au plan géologique. Ils incarnent pourtant une infime péjoration du climat. Porteuse d'étés pourris et de fortes gelées qui sont nuisibles aux récoltes, elle peut aggraver les famines ou les rendre plus fréquentes : c'est ce qui se produit au cours des décennies 1560 et 1570, ainsi qu'en 1709, et entre-temps pendant diverses périodes du long XVIIe siècle, notamment durant les froides années 1690.

La conscience « territoriale » ou « spatiale » de la France est lente à s'éveiller. Les nouvelles techniques issues de Gutenberg disséminent les premières cartes du royaume, floues, partielles ou médiocres. On les édite hors des frontières, à Ulm, Nuremberg et Florence, entre 1480 et 1500. La cartographie spécifiquement française est plus tardive ; elle donnera d'importants résultats avec les travaux d'Oronce Finé (mort en 1555), et surtout avec le *Guide des chemins de France* de Charles Estienne (1552).

Dénués ou pourvus de cartes, les rois et leurs agents ont une connaissance empirique des limites de leur domaine propre ; il tend à coïncider progressivement, par processus autophage, avec celles du royaume, au sens le plus large du terme. La monarchie espagnole est confédérale : elle unifie diverses couronnes : Aragon, Castille, etc. La royauté française est annexionniste : elle phagocyte plusieurs territoires, ci-devant princiers ; graduellement, ils tombent dans l'aire administrative où prévaut directement l'autorité souveraine. Le gaz épouse les contours du ballon : c'est ainsi qu'est récupérée la Bourgogne, dès 1477-1479, après le décès violent de Charles le Téméraire. De 1470 à 1486, le même sort advient à l'héritage d'Armagnac, comme aux terres du bon roi René, composées d'Anjou, Maine, pays de Mortain, et Provence. L'autophagie s'étend vers l'intérieur du royaume, et gomme peu à peu les grandes enclaves territoriales dont les maîtres, sur la lancée du XVe siècle, avaient cru pouvoir conserver longtemps une forte dose d'autonomie administrative, voire d'indépendance. Pendant un XVIe siècle « décalé », qui s'étend de 1515 au règne de Louis XIII, le comté d'Angoulême, la Bretagne, les terres d'oc et d'oïl du connétable de Bourbon (Auvergne, Bourbonnais, Beaujolais, etc.) et enfin le complexe héritage des Bourbon-Navarre, qui déborde largement l'Aquitaine, rentrent tour à tour dans le giron royal. Pour trouver encore de vivantes principautés, il faudra bientôt quitter la France et traverser le Rhin, au-delà de quoi elles seront légion jusqu'à l'âge classique. De ce côté-ci des Vosges, le domaine royal, au sens étatique du terme, couvrait 60 % du royaume lors des débuts de Louis XI ; il le contrôle presque à 100 % lors de l'avènement de Louis XIII.

La démographie s'inscrit dans les cadres conventionnels de l'hexagone des années 1700, qui est loin d'être entièrement réalisé au milieu du XVe siècle. Cette fiction territoriale est commode ; elle permet d'instituer, à longue distance de temps, les comparaisons en termes d'effectifs humains. La population « française » ainsi délimitée approchait les vingt millions de personnes vers 1330. De 1340 à 1440, une quadruple série de désastres (pestes, guerres, famines, et crises économiques ou démographiques en spirale, qui s'engendrent ou s'aggravent les unes les autres) déploie des conséquences anémiantes : le peuplement, pour des frontières comparables, tombe à une dizaine de millions d'âmes (ou moins ?) au plus sombre de

Charles VII. Jamais la France ne fut ni ne sera si dépeuplée, entre le XIIe et le XXe siècle. Ultérieurement, de 1450 à 1560, un « hypersiècle » s'intercale, de reprise lente, vigoureuse, ininterrompue. Les guerres, désormais, sont presque purement *extérieures*. Volontiers menées par les rois, elles coûtent relativement peu aux contribuables français ; elles ne sont pas encore en mesure de ruiner, voire de dépeupler (très modérément) le pays, comme elles feront plus tard sous Louis XIV, à coups d'impositions excessives. Vers 1560, on retrouve donc tout bonnement le « plafond » d'une vingtaine ou quasi-vingtaine de millions de personnes, qu'on avait déjà connu au début du XIVe siècle, avant les funèbres fauchaisons, pesteuses et guerrières, du temps des malheurs, lui-même initié aux années 1340. L'hexagone est plein d'hommes sous Philippe le Bel ; à demi-vide au temps de Jeanne d'Arc ; derechef plein comme un œuf dans les dernières années d'Henri II. Histoire immobile, ou plutôt pendulaire ? Métaphore à part, il y eut effectivement dans le très long terme, destruction partielle d'un peuplement, suivie de récupération pure et simple, ou peu s'en faut. On touche, une fois n'est pas coutume, à des structures profondes : de 1300 à 1715, cette population *plafonne* à peu près constamment, un peu plus un peu moins, aux environs de la vingtaine de millions de personnes. Quitte à s'effondrer aux dix millions, pendant l'exceptionnelle période des catastrophes (1340-1450). Quitte à remonter ultérieurement, dans le sens inverse, et selon le même rythme, jusqu'à la norme coutumière de vingt millions pendant le siècle qui suit (1450-1560). Quitte à se tenir ensuite à cette norme, non sans fluctuations, mais modestes et souvent positives, au cours du long XVIIe siècle (1560-1715).

Pour autant qu'on puisse en juger, la « règle » plus que quadriséculaire des vingt millions d'âmes tient aussi à des constantes écologiques : compte tenu des techniques agricoles (peu sophistiquées), compte tenu aussi d'une certaine régularité des agressions microbiennes pendant cette interminable époque, l'influence combinée de la misère, des disettes, du rationnement alimentaire *de facto*, des contagions meurtrières et du mariage éventuellement tardif, employé faute de mieux comme « arme contraceptive », est suffisamment forte pour écrêter ou même raboter tout dépassement substantiel du chiffre fatidique des « vingt millions d'âmes ». Au XVIIIe siècle, cette vieille barrière, qui parut longtemps infranchissable, est enfin levée. Dès lors, à partir de 1700-1715, le peuplement national connaîtra une vraie progression ; celle-ci n'étant plus seulement, comme jadis au XVIe siècle, récupération d'un ancien record. Les plafonds seront désormais percés. On s'acheminera allégrement, par montée à peu près continue, depuis la Régence jusqu'aux années 1815, vers les trente millions de Français. Mais de Louis XI à Louis XIV, on n'en est pas là ! Entre 1340 et 1560, une démographie-toboggan s'était mise en place : elle s'écrasait au sol puis rejaillissait ; le renversement de tendance prenait place vers 1450. Le second mouvement annulait progressivement le premier. S'agissant de la deuxième période, dite de remontée, reprise ou récupération (entre 1450 et 1560), trois facteurs sont susceptibles d'en rendre compte. Ce sont : fécondité plus forte ; nuptialité plus précoce (qui donc allongerait la période effectivement féconde des femmes mariées) ; mortalité moins intense. En fait, le premier élément n'a guère joué comme tel. Si l'on mesure approximativement la fécondité des femmes par l'intervalle entre deux naissances, le beau XVIe siècle n'est guère différent du morose XVIIe siècle. Sous François Ier comme sous Louis XIV, en l'absence de contraception bien développée, les jeunes épouses sont soumises à la règle de l'accouchement biennal. Un enfant tous les vingt-quatre ou trente mois : le temps de mettre au monde un bébé, de l'allaiter, puis de concevoir et de porter le suivant.

En revanche, du fait des incitations d'une économie momentanément plus stimulante ou par suite d'habitudes anciennes, le mariage était, semble-t-il, plus précoce sous François Ier qu'il ne sera au temps du Roi-Soleil. Les épouses normandes de la « Renaissance » convolaient à vingt et un ans en moyenne, au lieu de vingt-quatre ou vingt-cinq pendant le Grand Siècle. Ces quatre années de différence donnaient déjà deux bébés de plus. Un tel bonus n'était pas négligeable, à l'actif du boom démographique des soixante premières années du XVIe siècle.

La mort enfin fut, à l'époque envisagée, statistiquement moins cruelle qu'en d'autres temps. Il y eut en effet d'assez bonnes périodes entre 1455 et 1560, et notamment jusqu'en 1520. Au cours de celles-ci, pendant quelques années favorables, le taux de mortalité générale pouvait tomber au niveau relativement bas de 30 ou 31 % : de quoi accumuler massivement des excédents démographiques que les petits (?) malheurs des décennies suivantes (après 1520) ne parviendront pas à supprimer tout à fait. De 1460 à 1520, du fait des raisonnables demandes céréalières d'une population qui grâce à l'abondance des terres encore disponibles reste relativement clairsemée pendant une appréciable période, les famines sont assez rares. (Elles se multiplieront par la suite, avec l'occurrence d'un culmen démographique.) Les salaires, longtemps élevés, de la fin du XVe siècle, révèlent eux aussi un niveau de vie populaire qui demeure « correct ». Il favorise la « peuplade », et diminue certains risques de mort, la population étant relativement bien nourrie, moins vulnérable par conséquent à la misère physiologique et à la morbidité. Ultérieurement, les conditions salariales et alimentaires se détériorent, lors des disettes des années 1520 et suivantes. La conjoncture épidémique, en revanche, paraît s'être améliorée. La lèpre régresse décidément après 1536. Les catastrophes pesteuses interviennent toujours, mais se font moins fréquentes à partir de 1525. Cet espacement des pestes, sous François Ier et Henri II, s'explique peut-être par les mesures de quarantaine que prend désormais le monde urbain ; elles sont relativement efficaces, et les paysans en bénéficient par contrecoup.

Constatons donc, sans prétendre l'expliquer dans tous ses détails, la brillante récupération démographique entre les dernières années de Charles VII et le début de Charles IX. Il était normal, somme toute, qu'une remontée salutaire s'instaure (au-delà de 1450) après un siècle de dépeuplement approfondi (de 1340 à 1450).

Conséquences de cette reprise : les obsessions relatives au trépas, sans disparaître, cessent d'occuper les sommets de la culture, religieuse ou laïque. Heureux changement, par rapport au XVe siècle des danses macabres, des Transis, et des méditations morbides sur la pourriture du cadavre.

A un niveau moins glorieux, le mouvement brownien s'empare des populations. Multipliées, il n'est pas question pour elles de s'entasser simplement sur place. Elles ne sauraient plus où donner de la tête ! Elles se font gyrovagues. Les déplacements migratoires affectent des formes diverses : *poussée urbaine* ; *migrations de passage* (artisans, pèlerins, écoliers ou étudiants) ; *migrations de la misère* (mendiants et simples prolétaires débordent ou descendent en grand nombre depuis les terres pauvres de Bretagne et de Rouergue vers les bons pays de Languedoc, Vexin, Normandie) ; *repeuplement des campagnes ; immigration de reconquête*, enfin dans des régions souvent prometteuses, comme le Bordelais viticole : de nombreux villages, en Gironde, avaient été abandonnés à la suite des guerres anglaises ; les nouveaux colons venus des zones occitanes ou francophones y accourent avec d'autant plus d'énergie à partir de l'époque de Louis XI. Enfin, il y a parfois quelque émigration : la France (méridionale et centrale) peuple l'Espagne au moment même où l'Espagne peuple ou repeuple à son tour les Amériques indiennes nouvellement découvertes.

Il faut bien nourrir tout ce monde, et lui assurer le minimum vital, hors des années de disettes. Une agriculture de style traditionnel s'y emploie de son mieux. La production des grains récupère vivement, elle aussi, de 1450 à 1500. Cette alacrité céréalière s'explique par la facile remise en valeur des terres qui furent précédemment abandonnées pendant la guerre de Cent Ans ; leur simple débroussaillage ne pose pas d'obstacle insurmontable. Par la suite, les livraisons de blés s'accroîtront beaucoup plus lentement, jusqu'à plafonner vers 1550-1565. Car les dernières terres défrichables ou disponibles s'avèrent désormais marginales, peu fertiles, difficiles à mettre en valeur, ou éloignées des grandes voies de communication et de commercialisation ; d'où, au XVIe siècle, une forte hausse des prix du grain ; ils sont exaspérés par la demande croissante, et souvent insatisfaite : ils sont stimulés d'autre part du fait de la plus grande abondance d'or et d'argent (qui vient d'Europe centrale et puis, surtout, du Nouveau Continent). Cette cherté va culminer, de temps à autre, en grandes famines : derechef elles sont présentes après 1520. Pour le reste, la production végétale se diversifie, mais sans excès : le vignoble grandit près des ports exportateurs, comme Nantes, ou aux alentours des marchés de consommation, forts de dizaines ou de centaines de milliers de buveurs : Lyon, Paris... Le bétail est très demandé par les zones urbaines. Ailleurs, l'élevage demeure léthargique : l'herbage en effet est souvent sacrifié aux emblavures, dont on a le plus urgent besoin, puisque leur production, en année médiocre, suffit tout juste aux besoins nationaux, pour cause d'insuffisante productivité. La carence de l'élevage conduit au manque de fumures, qui, à son tour déprime la productivité céréalière. C'est le fameux cercle vicieux de l'ancienne agriculture, dont les Flamands (mais non pas les Français) commencent à s'extraire en ce temps-là, au nom d'un cercle vertueux. Enfin les forêts demeurent immenses vers 1550 ; il n'est pas exclu qu'elles couvrent encore *un tiers* du territoire national. A la longue, cette présence forestière est étouffante et pose, *a contrario*, des problèmes de subsistance : car l'homme ne vit pas que de bois. Les forges, les verreries, les besoins généraux de charpente et de combustible contribueront dans les siècles suivants à raréfier l'arbre ; par voie de conséquence, on élargira les terroirs ; on nourrira plus aisément les humains.

Au village, les groupes sociaux qui sont ainsi responsables d'une agriculture quelque peu inadéquate en goûtent diversement les fruits. Du Languedoc à l'Ile-de-France, les lopins ruraux sont captifs d'une vague de morcellement, et débités en parcelles toujours plus petites. C'est l'inéluctable effet de la montée démographique du « beau » XVIe siècle : elle divise à chaque génération les tenures rustiques, puisque les enfants qui survivent sont plus nombreux que les parents qui périssent. Les clauses d'héritage, issues des coutumiers locaux qu'on a compilés sous la Renaissance, tentent de favoriser l'un des fils, souvent l'aîné, aux dépens de ses frères et sœurs. Elles ne freinent qu'assez mal l'action du hachoir successoral. D'où un processus de paupérisation dont souffrent les petits exploitants et tenanciers : chacun d'eux a moins d'hectares ou de fraction d'hectares que ses prédécesseurs. De toute manière, pour des raisons d'immobilisme technologique, la productivité de chaque hectare ne s'accroît guère ; on ne compense donc point le déficit quantitatif des surfaces par l'amélioration qualitative des procédés agricoles, mis à part bien sûr telle ou telle situation locale, laquelle s'avère plus favorable, comme dans le cas de la viticulture nantaise. Les tendances à l'appauvrissement rural *per capita* s'aggravent du fait de la baisse des salaires réels : ceux-ci souffrent classiquement de la hausse des prix ; ils sont surtout victimes de l'offre accrue de main-d'œuvre qui, au vu d'opportunités d'emploi plutôt léthargiques, fait tomber la valeur des rémunérations du travail. Dans l'ensemble, cette double tendance à la paupérisation affecte les journaliers agricoles, domestiques de ferme et autres manouvriers, et d'autre part, les petits laboureurs ; ceux-ci voient se réduire, de père en fils, la poignée d'hectares ou de centiares dont ils disposent. Par contre, les fermiers importants, aristocrates de la charrue, sont emportés dans un flux de prospérité convenable : le marché leur est bien disposé ; les salaires réels qu'ils versent à leurs ouvriers sont en baisse ; la rente qu'ils doivent livrer au propriétaire du sol reste parfois stable ou en général augmente raisonnablement.

La classe propriétaire (nobles, officiers, seigneurs, haut clergé, marchands et bourgeois importants) tient environ la moitié du sol français (la moitié restante appartenant aux paysans) ; ce groupe dominant voit éventuellement cette part grandir, du fait de la politique d'achats fonciers que mènent les grands possédants, ou ceux qui aspirent à cette position. Le droit d'aînesse noble et la mainmorte cléricale[1] épargnent souvent à cette haute classe les affres du morcellement successoral et terrien. Elle perd de son revenu par la dévaluation des droits seigneuriaux, qui parfois tombent à presque rien ; mais elle récupère ce manque à gagner, et bien au-delà, grâce à la hausse fréquente des

1. Dans le cas de la mainmorte servile, l'héritage du serf décédé sans enfants légitimes revient à son seigneur. Dans le cas de la mainmorte cléricale, les biens de l'Église ne donnent pas lieu à héritage, puisqu'ils appartiennent à des personnes morales et perpétuelles qui sont censées ne jamais mourir (abbayes, archevêchés, etc.).

fermages réels ; grâce aussi à l'indexation des dîmes[1] ; celles-ci accompagnent, sans plus, les (modestes) progrès de la production agricole, en attendant d'être quelquefois menacées, dans les années 1530-1560, par les premières grèves[2] des paysans décimables ; ils sont travaillés de près ou de loin par l'influence huguenote. La seigneurie sait changer de registre ; elle passe de la prédominance des droits seigneuriaux[3] à la suprématie des rentes foncières, basées sur les fermages. Plus pilote que parasite, le système seigneurial joue souvent un rôle d'animateur pendant la reconstruction des campagnes et lors de la renaissance qui prolongera celle-ci, jusqu'au butoir des guerres de Religion.

La conjoncture des villes, du négoce et de l'industrie n'est pas fondamentalement différente de celle des campagnes et de l'agriculture. En chronologie, le parallélisme est frappant : démarrage urbain dès le milieu du XVe siècle, suivi d'un essor rapide ; décélération éventuelle vers 1515 ; mais celle-ci laisse place jusque vers 1560 à une fort honorable prospérité d'ordre commercial et manufacturier. Prospérité mal partagée !

1. La dîme prélevée par le clergé représente un pourcentage déterminé de la production agricole : 10 % en principe, quelquefois 9 %... De ce fait le volume de la dîme se modifie avec le temps, au même rythme que les productions agricoles elles-mêmes ; elle est « indexée » sur celles-ci.

2. Les grèves paysannes contre les dîmes dans le second tiers du XVIe siècle, consistent en ce que les « grévistes », tout en continuant le travail des champs, refusent de verser les grains de la dîme au clergé.

Elles diffèrent des premières grèves ouvrières, de type déjà classique, telles que les pratiquent les typographes de Lyon dès le XVIe siècle.

3. Droits seigneuriaux : la seigneurie terrienne se décompose en deux portions : le domaine proprement dit, loué (comme aujourd'hui) à un fermier, qui verse un loyer ou fermage ; et d'autre part, les droits seigneuriaux en nature ou en argent, prélevés sur les petites parcelles des paysans tenanciers qui environnent le gros domaine seigneurial.

L'essor démographique qui la sous-tend jette en effet sur le marché du travail une main-d'œuvre en excédent ; elle fait baisser les salaires réels. Cette paupérisation salariale accroît certes les profits des entrepreneurs, mais elle empêche dans le long terme qu'augmentent de façon spectaculaire la consommation des masses et donc la production de masse. (Les spécialités de luxe, en revanche, telles que soies et soieries, connaissent une forte expansion.)

Même bridé, l'essor des échanges, des villes et des ateliers n'aura qu'un temps. Les guerres de Religion se chargent de l'interrompre. Les premiers combats des années 1560-1565 sont assez bien supportés, mais à partir de 1567-1575, la grande animation de l'économie citadine n'est plus qu'un souvenir. Elle fait place au marasme ou à l'écroulement. Les diverses courbes dont on dispose (gabelles ou taxes du port de Marseille, trafic des épices à Lyon, exportation des vins de Bordeaux, pastel de Toulouse, revenus des péages de la Loire et du Rhône) ratifient cette périodisation : essor séculaire puis stagnation et baisse. La poussée générale de l'Occident, liée aux récupérations de toutes sortes, démographiques et autres, avait relancé à partir des années 1450 les activités des villes, des boutiques, des entrepôts, des échoppes. Dans cette affaire, le rôle des trésors venus d'Amérique, comme pourvoyeurs d'abondance monétaire, n'avait été que marginal (à partir de 1500). La grande poussée des importations argentifères du Pérou, plus précisément du Potosi, est en effet largement postérieure au début du XVIe siècle, et date de 1560 environ.

L'expansion du secteur non agricole, étalée sur plus d'un siècle (1450-1560), est-elle essentiellement récupération du haut niveau d'avant-Peste qu'on avait connu dès les années 1300-1340 ? Ou bien s'agit-il d'une croissance-fusée qui perce les plafonds et pulvérise les records d'autrefois, tels qu'ils s'étaient établis avant « le temps des malheurs »? Dans le domaine agricole, on l'a vu, les faits de récupération pure et simple l'emportent sur les phénomènes de vraie croissance. Le secteur urbain, en raison de sa souplesse, est *ipso facto* plus innovateur ; dans certains cas pourtant, la « reprise » n'y est même pas complète ; à Bordeaux par exemple, les exportations viniques du beau XVIe siècle demeurent bien inférieures malgré une remontée honorable, aux extraordinaires records du début du XIVe siècle : à cette époque, le grand port girondin expédiait régulièrement 850 000 hectolitres de vin par an vers les zones septentrionales, et particulièrement vers l'Angleterre. Il faudra attendre la seconde moitié du XVIIe siècle pour que ces records médiévaux soient atteints et enfin dépassés. Par contre, on assiste ailleurs à de véritables percées ; elles font pâlir les performances désormais dépassées du Moyen Age de l'avant-Peste : Rouen par exemple *extra* et *intra muros* a 35 000 habitants au XIIIe siècle, et peut-être 41 000 en 1347. Or le chiffre correspondant, dès 1560, se situe vraisemblablement à 70 000 personnes et se maintiendra à peu près à ce niveau, avec des hauts et des bas, jusqu'à la Révolution. On est là, du XIIIe au XVIe siècle, en présence d'un épisode de vraie croissance, de dérive multiséculaire et irréversible, où les ci-devant plafonds malthusiens, si écrasants dans le secteur agraire, ne jouent plus guère, ou œuvrent moins. Ces dépassements sans précédent sont nets, dans les domaines dynamiques, à forte élasticité : l'État, la culture... Mais n'exagérons pas leur importance, du moins quant aux villes : la France des années 1500 avec ses 10 % de population urbaine n'est pas encore sortie d'un certain sous-développement, même au regard des critères peu exigeants de l'époque. Par contraste, l'Espagne et le Portugal, en cette même période, prennent d'assaut les océans et les continents. Certains réseaux capitalistes, en grande partie peuplés d'Italiens, de Néerlandais, d'Allemands et d'Ibériques se mettent en place aux marges du royaume des Valois et font main basse sur la place de Lyon. Les régnicoles, eux, demeurent souvent timorés quant aux entreprises lointaines.

Le rôle de l'État et du bon gouvernement, en matière de développement industriel et commercial, ne doit pas être surestimé. Les premières tendances « mercantilistes » apparaissent sous Louis XI et prennent corps jusqu'en 1560, en attendant la suite ; elles se ramènent à un « nationalisme modéré des temps de prospérité ». Il s'agit d'attirer ou de conserver sur le territoire du royaume l'or et l'argent (métaux que l'Église, en revanche, avait tenus pour stériles depuis le Moyen Age, d'autant plus qu'ils engendraient l'usure, donc le péché). Il s'agit aussi de bannir le luxe et les étoffes d'or ou de soie ; à l'époque, elles sont synonymes d'importations qui font sortir et perdre les devises. Il s'agit enfin d'encourager les mines et les productions de l'industrie nationale, qu'on destine à l'exportation ou au marché intérieur ; on espère qu'elles feront rentrer lesdites devises ou qu'elles les empêcheront de quitter le royaume.

Charles VII était surtout un reconstructeur, non dénué d'habileté, Louis XI, le premier, conçut quelques-unes des mesures d'ordre économique, qui se voulaient protectrices des ressources et activités indigènes. Ce monarque en cela était bien de son époque, et fils d'une première Renaissance : il avait médité sans doute sur la carence de numéraire, patente depuis 1400. Les décisions qu'il fut amené à prendre pour la pallier (comme feront aussi ses successeurs), étaient plus symptomatiques ou homéopathiques qu'efficaces ; avec ou sans elles, l'essor de l'économie se serait déclenché de toute manière, tant il s'enracinait dans les profondeurs du démographique et du social. Quant aux buts de Louis XI ou de François Ier, en la matière, ils visaient à rendre plus saines les finances royales, grâce à l'éventuel enrichissement du pays. On évoquait par avance les richesses des nations, mais on pensait d'abord aux recettes du gouvernement ; on souhaitait accroître celles-ci, en toute innocence, par l'augmentation de celles-là.

Pour l'agriculture, en pleine phase de récupération, ce calcul étatique est pertinent ; mais en l'occurrence, la politique gouvernementale, vis-à-vis des villageois, se borne à l'absolu laisser-faire, sauf à confisquer par l'impôt une part des plus-values rurales (au fur et à mesure qu'émergent celles-ci grâce à la reprise de longue durée). Ainsi se développent, en divers siècles, les stratégies budgétaires et voraces de Louis XI et Richelieu. Il faudra attendre... les physiocrates des années 1760 pour que le ministère ait enfin une politique d'incitation agricole, et qui soit autre que purement fiscale.

Quant au commerce et à l'industrie, les velléités d'action gouvernementale tombent chez nous sur un terrain moins favorable que ce ne serait le cas parmi des peuples marchands, de type flamand ou nord-italien. Les grands négociants, en France, sont souvent d'origine étrangère : italiens à Lyon ; portugais ou flamands sur la côte Atlantique. Les commerçants français s'occupent surtout du trafic intérieur, ou *silent trade*, important certes, mais de faible envergure, et qui fait peu parler de lui. Malgré l'exceptionnel succès de la place lyonnaise (dû surtout aux Italiens, accessoirement aux Allemands) les filières canoniques de l'ascension sociale « déportent » rapidement le marchand qui a réussi, ainsi que ses fils et ses capitaux, vers l'achat d'offices et vers l'acquisition de la noblesse héréditaire : or, au gré de celle-ci, sauf exception maritime et certes substantielle, trafiquer c'est déroger.

De toute manière, le marché intérieur, s'agissant des spéculations les plus rentables, est étroit. Après 1500, les processus de paupérisation, par baisse des salaires réels, et par morcellement successoral des lopins, réduisent les possibilités de croissance de la consommation de masse (sans pourtant les anéantir). En revanche la hausse des revenus des possédants favorise la montée du luxe ; c'est un atout certes pour les lointains trafics, mais qui prescrit à l'expansion de ceux-ci des bornes peu franchissables. L'essor soutenu du « capitalisme » impliquerait en effet des achats populaires en état d'augmentation continue, comme ce sera le cas avec les cotonnades (par exemple) à partir de la révolution industrielle. Rien de semblable, au temps de la Renaissance.

Une vue d'ensemble du commerce extérieur donne une idée précise de ces limites étroites ; faisons abstraction, à ce propos, des « importations » d'or et d'argent : elles signalent simplement le caractère positif de la balance des paiements. Ce point étant posé, on constate que les importations françaises, en valeur, au cours des années 1551-1556 se composent pour 54,3 % de soie et draps de soie ! Ce pourcentage qui concerne des denrées de pur luxe, apparaît énorme ; il démontre le caractère marginal dudit négoce extérieur par rapport aux masses gigantesques et autarciques de la ruralité française. En fait, ce trafic international, pour plus de moitié, concerne une poignée de consommateurs privilégiés, qui sont amateurs de soieries ; il laisse de glace la majorité silencieuse des régnicoles. Au second poste importateur, après les soies et draps de soie, viennent les armes, la métallurgie, les métaux (à eux trois, 20,8 % des importations). Ce chiffre signale bien sûr l'une des faiblesses structurelles de la France, moins douée sous le rapport minéral que ne sont l'Allemagne ou l'Angleterre (quelques tentatives d'exploitation minière dans les Vosges et dans le Lyonnais argentifère, de Louis XI à Henri II, ne peuvent pas changer grand-chose à ces carences géologiques, dans un royaume qui dispose néanmoins, à ce point de vue, de ressources diverses, notamment ferreuses). Enfin le troisième poste importateur est celui des épices, du sucre et de l'alun, trois denrées qui elles aussi sont liées à la consommation élitiste : elles comptent pour 8,1 % des importations françaises et elles accentuent encore les caractères originaux de celles-ci, fort peu branchées sur la consommation populaire.

Importatrice de produits luxueux et chers, la France exporte en contrepartie des biens à faible valeur ajoutée : ils proviennent du secteur primaire (agriculture et salines) ou secondaire (industrie). Dans un style plus simple, ces sorties de marchandises tiennent surtout en cinq mots : grains, sel, vin, draps, toiles. Les vins et le sel filent vers le Nord. On envoie au Sud un peu de blé, et surtout des draps du Languedoc en direction du Levant. Les toiles de chanvre fabriquées en Bretagne et aux alentours du Lyonnais donnent des ailes aux navires, des chemises aux vivants et des linceuls aux morts ; elles vont vers l'Italie, le Moyen-Orient et de plus en plus vers l'Espagne. Tout cela n'est pas massif quand on songe que même avec une balance commerciale en excédent, les rentrées de devises ainsi procurées compensent pour une bonne part les sorties d'or et d'argent destinées à l'importation des produits de luxe, soieries et épices, dont l'achat n'intéresse qu'une faible minorité : le caractère relativement minuscule des importations certifie par jeu de miroir l'insignifiance des exportations, celles-ci étant comparées à l'énorme produit brut d'une agriculture autoconsommatrice dont vivent quasi directement les 80 % de la vaste population nationale. Bien sûr certaines industries de pointe et notamment l'imprimerie lyonnaise se développent en France, mais dans un pays encore fort illettré, elles sont quantitativement groupusculaires, tout en s'avérant décisives par leur effet de déstabilisation culturelle.

Sous l'angle financier, les performances du royaume

ne sont pas négligeables, en première analyse. Depuis 1475, le pays dispose d'une monnaie solide, l'écu d'or ; la livre tournois, monnaie de compte, ne se dévalue qu'assez lentement ; elle équivaut à 22 g d'argent en 1475 ; à 14 g pendant les années 1560. Il est vrai que l'argent métal qui fonde notre calcul de la valeur des monnaies tend lui-même à perdre forte part de son pouvoir d'achat, du fait de la hausse des prix des divers produits au XVIe siècle. N'épiloguons pas sur les causes de cette hausse (parmi celles-ci figurent l'effet inflationniste des arrivages d'argent américain et surtout la hausse démographique : celle-ci accroît la demande et stimule donc la montée des cours, face à une offre de biens de consommation, et principalement de produits alimentaires, qui demeure inadéquate). Constatons simplement que l'indice des prix parisiens passe du niveau 100 autour de 1510, à 606 autour de 1580. Soit un taux d'inflation de 2,6 % par an, déjà inhabituel et considérable, au gré de l'Ancien Régime ; il demeure nettement inférieur aux rythmes galopants de notre XXe siècle inflationniste, où les 10 % annuels de hausse des prix ne seront pas rares, en certains groupes d'années.

Inflation et expansion au total jouent dans des limites assez étroites : on le voit bien par le spectacle des frappes monétaires françaises au XVIe siècle : elles « frappent » justement... par leur modestie de fait. Exprimées en livres tournois, et calculées par périodes successives de cinq ans, elles dépassent les 2,5 millions de livres tournois autour de 1500, les 3,2 millions vers 1525 ; elles atteignent les 6 millions vers 1550, et dépassent les 7 millions vers 1575. Glorieuse ascension ! Mais si l'on purge ces chiffres de l'inflation du siècle, en les recalculant à prix constant, et en les ramenant par exemple à leur équivalent-froment, on observe un tableau moins gai : les mêmes quinquennats de frappe monétaire équivalent alors à 2 164 000 setiers[1] de froment vers 1500 ; 1 171 000 vers 1525 ; 1 544 000 vers 1550 ; 822 000 vers 1575. Le dernier chiffre correspond aux très mauvaises années des guerres de Religion, mais les trois autres, en temps de paix intérieure pourtant, n'indiquent pas de croissance nette, bien au contraire. Les frappes monétaires, effectuées de par le roi, matérialisent un contact entre l'État et l'économie. Leur relative léthargie pendant la Renaissance oblige à bannir tout triomphalisme, s'agissant de performances étatiques, économiques, et financières, à cette époque. Certes la banque est bien organisée, à Lyon ; un système original de paiement, aux foires de cette ville, permet d'éviter la plus grande partie des débours en métaux précieux ; les hommes d'affaires y règlent leurs dettes mutuelles par des jeux d'écriture. Lyon comme place de finance rayonne assez loin sur l'espace français au point d'être paradoxalement (avec Rouen et Bordeaux) l'une des capitales de nos assurances maritimes sous Henri II. Plus généralement, les obligations notariales (à la base) et les lettres de change (au sommet) tissent un vaste système de crédit rhodanien, qui permet aux marchands et aux producteurs de se passer des pièces sonnantes et trébuchantes. L'État lui-même fait appel à diverses catégories de prêteurs ; grands officiers tels que les trésoriers de France et généraux des finances ; bourgeois de Paris par l'intermédiaire des rentes sur l'hôtel de ville[2] (1522) ; financiers italiens et allemands de Lyon, à la fin de François Ier et sous Henri II. Les procès contre des représentants de fortes dynasties

1. Le setier de froment de Paris correspond à un volume de 1,56 hectolitre de grain.

2. Rentes sur l'hôtel de ville : capitaux prêtés au roi par des particuliers, mais dont les intérêts étaient payés au créditeur de façon relativement sûre. Ces intérêts étaient prélevés en effet sur des taxes parisiennes, qui frappaient la viande, le poisson, le vin, etc., et qui étaient administrées et garanties par l'hôtel de ville de la capitale.

financières (et qui dans le cas du surintendant Semblançay mènent l'intéressé jusqu'au gibet, en 1527), les faillites retentissantes comme celles du Grand Parti de Lyon (1558) permettent à l'État de se libérer périodiquement de la dette vis-à-vis des manieurs d'argent, quitte à les solliciter de nouveau quand s'apaise le fâcheux souvenir de la banqueroute. Les percées des banques privées vers le financement et vers la gestion des budgets relatifs aux villes, aux douanes, aux seigneuries, et aux églises ne sauraient dissimuler au total le relatif sous-développement de nos structures bancaires et financières, ou même leur absence pure et simple, Lyon et quelques autres cités de moindre calibre étant mises à part. Les Français ne prendront en main leur réseau fiduciaire, jusqu'alors tenu par des étrangers, qu'à partir de la fin du XVIe siècle.

Géographiquement, ce mixte d'activités de pointe (minoritaires) et d'arriération (majoritaire) qu'est le royaume se laisse assez bien définir : les pôles de la puissance sont dans une vaste zone septentrionale, qui inclut la Normandie, l'Ile-de-France, et le Nord de la Bourgogne (après l'annexion de celle-ci par Louis XI). Encore faut-il débloquer, désenclaver ce grand Nord-Est. La réouverture de l'isthme français du Nord au Sud et la recherche des mers chaudes accompagnent la nouvelle fortune de Lyon, stimulée par les transalpins. Ce sera même au XVIe siècle l'une des justifications, certes nébuleuse, des guerres d'Italie. Dès 1465, il y a déplacement stratégique, et d'importance : les Médicis transfèrent à Lyon leur succursale de Genève. En 1502, plus d'une quarantaine de firmes florentines sont à pied d'œuvre au confluent de la Saône et du Rhône. Lyon importe les soies et soieries d'Italie, les métaux et les toiles d'Allemagne, les draps d'Angleterre ; exporte le textile et la quincaillerie française ; travaille enfin sur place le livre et bientôt quelques étoffes de soie. Cette animation entraîne une hausse démographique qui s'avère bien plus que proportionnelle, par rapport au simple doublement de la population qu'on enregistre sur un plan plus général. Il y avait 20 000 Lyonnais sous Louis XI, mais 65 000 au temps de François Ier. L'entassement humain conduit à la prolétarisation, comme ailleurs en France urbaine et rurale. Le pouvoir d'achat du salaire lyonnais calculé en équivalent-blé passe de l'indice 110 vers 1510 à l'indice 85 vers 1560. Sur plus longue période, l'abaissement du pouvoir d'achat populaire serait de moitié entre 1505 et 1595.

Le bonheur lyonnais, c'est le moins qu'on puisse dire, est inégalement partagé. Il n'exclut pas le déplacement de certaines voies commerciales : « l'axe français » depuis la décadence des foires de Champagne court de Rouen et Paris vers Lyon et le Midi, par la Loire moyenne et supérieure, ou par la Savoie. Mais le Midi à son tour change d'assise et de définition géographique : il était occitan et de rive droite du Rhône ; donc centré sur Aigues-Mortes et sur les autres ports languedociens (Agde, Montpellier, Lattes) pour l'entrée des épices et pour la sortie des draps venus du Nord ou de Carcassonne. Avec l'inclusion de la Provence dans le royaume des Valois (1481), Marseille, englobé du même coup, devient l'ultime port d'attache des trafics Nord-Sud de la France, et dévalorise par contrecoup les ports languedociens. L'expansion du trafic portuaire était déjà fortement engagée à Marseille au milieu du XVe siècle : la croissance annuelle de l'impôt sur les transactions se situait en effet à 5,02 % de 1438 à 1465 pour se stabiliser à 1,03 % de 1465 à 1515 et 2,8 % de 1515 à 1540. La poussée démographique dans ces conditions est nettement supérieure à la moyenne nationale : 10 000 Marseillais vers 1500 ; mais 30 000 en 1554. La ville, comme on voit, ne devient pas gigantesque ; les Marseillais, qui n'ont point l'envergure de leurs amis ou concurrents italiens, s'installent à la petite semaine au Levant et en Afrique du Nord ; ils y trafiquent des grains, des peaux, et pratiquent la pêche au corail en eau profonde. Sur les bords du Lacydon s'affirme la fortune des Forbin, descendants d'un peaussier de Langres, venu en Provence à la fin du XIVe siècle : ils dominent l'hôtel de ville et la Canebière dès 1475-1484, en attendant de faire souche d'archevêques, d'amiraux et de chevaliers sous Louis XIV. Au total, les nouvelles fortunes de Marseille et de Lyon pourraient-elles tout à fait se comprendre, si l'on n'évoquait à leur propos l'annexion de la Bourgogne par Louis XI : elle ouvrit à la France l'héroïque trouée de l'axe Rhône-Saône.

La façade Atlantique, en principe, s'offre à des horizons plus vastes que ce n'est le cas pour l'axe continental Paris-Lyon-Marseille ; à première vue, ils paraissent presque infinis, au gré d'un XVIe siècle sans rivages. Malheureusement les ports occidentaux du royaume, à la différence d'Anvers, Lisbonne ou Séville, ne prennent pas leur juste part des nouveaux négoces transocéaniques. Soit Nantes : la mainmise française sur cette ville, en 1491 (dix ans après Marseille), donne le « coup de pouce » favorable à une conjoncture qui de toute manière était séculairement positive. Un arrière-plan national (vers le Val de Loire et les transbordements parisiens) devient plus ouvert encore aux Nantais. Leurs performances demeurent pourtant modestes. Le peuplement de cette ville portuaire, qu'on croirait prestigieuse, passe simplement de 15 000 habitants (fin du XVe siècle) à 25 000 (fin du XVIe). Les pestes y demeurent fréquentes jusqu'au début des années 1550. Elles gênent l'essor. Les négociants espagnols s'implantent sur les quais de basse-Loire, mais les 2 000 bateaux, généralement des coques de noix, qui fréquentent Nantes, se bornent, et c'est déjà beaucoup, à exporter du vin comme à importer du sel ou de la morue, dont l'iode marine atténue les goîtres des hommes. La fixation d'une chambre des comptes à Nantes au début du XVIe siècle ne change pas grand-chose à cette expansion de routine. Rien de bien remarquable à Bordeaux non plus. Là aussi, vin, sel, huile d'olive, pruneaux et pastel toulousain à la sortie ; morues à l'entrée, apportées par des pêcheurs basques que financent les capitaux de Gironde. Certes les contacts décisifs sont pris ou repris entre l'estuaire de la Garonne et l'Angleterre ou les Pays-Bas, mais les mutations structurelles de la ville sont encore à venir ; elles interviendront au XVIIIe siècle avec l'import-export des denrées coloniales, des eaux-de-vie, et des vins fins. Les Lumières bordelaises s'identifieront au mondialisme conquérant de Montesquieu, penseur et viticulteur ; la Renaissance girondine préférait s'en tenir, sur le tard, au scepticisme critique du seigneur de Montaigne.

Aussi bizarre que cela puisse paraître, en ce XVIe siècle français, le véritable Atlantique est dans la Manche. Les marchands rouennais en effet ressentent l'appel de l'Amérique et de l'Asie, mais ne seraient que mercantis d'arrière-boutique s'ils n'étaient soutenus, dans leur hinterland, par la forte influence du marché parisien, c'est-à-dire, en dernière analyse, par l'État proto-centralisé. Rouen, qui hélas étouffe dans sa cuvette, a 45 000 habitants vers 1510, et déjà 70 000 en 1560. Trois fois Nantes. Au XVe siècle finissant, et déjà prospère, les échanges rouennais restent classiques : blé et vin à la sortie ; hareng et sel à l'entrée. De 1475 à 1515, les importations de sel sont multipliées par six ! Mais très vite, l'essor quantitatif se double d'une diversification : en 1508, seize années seulement après la découverte de l'Amérique, les marins haut-normands s'intéressent à Terre-Neuve. En 1542, soixante bateaux quittent la basse-Seine pour cette grande île et pour la pêche morutière. Le Havre est fondé en renfort, quoique à d'autres fins, en 1517. La draperie de Rouen, grâce aux moulins à foulon, accroît sa productivité ; elle échange ses produits contre la laine castillane, l'alun d'Italie centrale, le poivre et le sucre venus de Lisbonne, Séville, Madère. Les marins de Rouen font venir la teinture rouge du Brésil. D'autres marchands rouennais iront jusqu'en Afrique, à Madagascar, à Sumatra. Leurs entreprises n'ont pas l'envergure anversoise, mais surclassent largement les tentatives de Nantes, Marseille ou Bordeaux.

Une histoire du Pouvoir, comme celle-ci, ne saurait définir le « socle » de son sujet, par la seule mise en cause des centres d'affaires et du monde rural, ou par l'étude des rapports entre économie et démographie, subsistances et population. Le réseau des villes, comme essaim social, doit être évoqué à son tour, sous divers points de vue : poids spécifique, sociabilité, culture de masse, liens au Politique.

La France dans ses limites de la Renaissance, inclut 1 200 « villes closes », donc fermées par de gros murs ; soit une ville close pour 10 000, et puis pour 15 000 campagnards, au fur et à mesure que s'étoffe la population du royaume ; parmi elles, on dénombre 500 sièges de tribunaux royaux ou chefs-lieux de judicature ; et puis, « coiffant » le tout, 300 bonnes villes ; soit, tous comptes faits, trois ou quatre bonnes villes en moyenne pour chacun de nos actuels départements ; en gros, une bonne ville par arrondissement (contemporain). Au nombre des traits particuliers des bonnes villes, on citera la force militaire, la présence de l'administration, l'activité d'un groupe d'hommes de loi, et enfin le « rayonnement » des marchands urbains vers les artisans-paysans du plat pays. En tête du réseau urbain, Paris dès la fin des années 1460 a retrouvé ses 150 000 habitants de la décennie 1400, par contraste avec les bas effectifs de cette ville, vers 1420-1430. La grande cité d'Ile-de-France se dirige graduellement, de génération en génération, vers un niveau « record » de 300 000 personnes : ce chiffre sera peut-être atteint aux alentours de 1560, puis on retombera aux 200 000 âmes à la fin des guerres de Religion. Charles VII, à l'orée de notre période, avait déserté Paris, dont il gardait mauvais souvenir depuis les complots anglo-bourguignons. A son exemple, les rois Valois de la Renaissance délaisseront souvent le Louvre pour résider sur les bords de la Loire ou à Fontainebleau. Cet abandon ne nuit guère, pourtant, aux dynamismes propres de Paris, qui demeure capitale administrative du royaume, à défaut d'être, dans tous les cas, siège de la décision politique.

Après ce « chef lieu » majeur, viennent les villes très grandes (50 000 habitants), grandes (20 000), moyennes (5 000 à 10 000) et petites (2 000) ; on ne négligera pas non plus les cités minuscules, les « puces ». Elles peuvent avoir, à l'extrême, moins de 1 000 habitants.

La fin des mécanismes de décroissance, à partir du milieu du XVe siècle, anémie paradoxalement quelques centres qui, forts d'une position stratégique et d'un détournement momentané des axes commerciaux à leur bénéfice, avaient prospéré... grâce aux guerres de Cent Ans. Ainsi Foix, Tarbes, Bayonne. Mais pour l'essentiel, le secteur urbain connaît l'expansion continue entre 1450 et 1560 ; cela n'exclut point « les nœuds et les ventres », autrement dit l'alternance des phases de forte et moindre croissance. L'expansion selon les cas récupère le niveau d'avant-Peste (Romans, Périgueux à la fin du XVe siècle) ou le dépasse assez largement (c'est le cas de Rouen au cours du XVIe siècle). En fin de période vers 1560, le nombre total des citadins (si on se limite aux localités de plus de 2 000 habitants) ne doit guère dépasser 2 millions de personnes ; ou 2,5 millions au maximum.

Les villes, où le mariage des filles est plus précoce qu'il ne sera aux XVIIe et XVIIIe siècles, peuvent grandir d'elles-mêmes si tant est que le leur permettent les coupes sombres des épidémies. Mais principalement l'immigration les gonfle, venue des campagnes ; elle provoque le bouleversement incessant du stock d'anthroponymie citadine[1], la « tourmente lignagère ». Les plus grands centres peuvent compter jusqu'à 30 % ou 40 % d'immigrés (généralement nés dans le royaume) au sein de leur population totale. Ce bonus démographique étoffe les ménages urbains : ils atteignent quatre, voire cinq personnes par feu (ainsi à Carpentras en 1473) au lieu de trois par foyer lors du nadir de 1420-1430. Le flux ascendant de la conjoncture irrigue par priorité les secteurs actifs de la vie urbaine : métiers de l'alimentation, domesticité, professions juridiques et légales... Certaines villes sont spécialement activées par la croissance des échanges, ou par une situation momentanée de capitale : Tours est dans ce cas, et connaît, dès Louis XI, une fièvre de spéculation foncière ou de lotissement. En certains domaines, on reste loin du compte : les ponts sur les grands fleuves (Seine, Garonne) avaient enorgueilli les XIIIe et XIVe siècles à Rouen, Agen, etc. Or, plusieurs parmi eux ne seront reconstruits qu'au XVIIIe siècle.

Un phénomène d'intégration accompagne l'essor urbain et limite, sans l'annuler, l'effet d'anarchie qu'il pourrait induire. Les métiers jurés ou corporations toujours plus nombreuses, stimulés par le pouvoir royal, encadrent les artisans : ceux-ci, par contre, au milieu du XVe siècle, bénéficiaient encore, dans bien des cas, de la liberté d'entreprendre. Le corporatisme est spécialement actif en France du Nord. Les « jurandes » ainsi formées versent au monarque, qui ne demande pas mieux, une redevance au titre du fisc. Après 1500, elles contribuent à freiner quelque peu la mobilité sociale... qui leur avait donné naissance : les compagnons accèdent plus difficilement aux postes de

1. La notion de « stock d'anthroponymie » est utile aux historiens des populations anciennes qui tentent de mesurer les migrations et fluctuations démographiques par le renouvellement des noms de famille au fil des décennies ou des générations.

patrons d'atelier. L'expansion de l'artisanat engendrera donc le gel corporatif, qui finira beaucoup plus tard par la gêner à son tour.

Vers 1500-1530, le dynamisme artisanal demeure néanmoins vivant : à côté des jurandes, d'essence théoriquement laïque, les confréries religieuses ou cultuelles s'établissent un peu partout. Elles jouissent du patronage d'un saint. Elles sont « spontanées ou suscitées, festives, professionnelles, dévotes, politiques, courtoises, théâtrales, hospitalières ou charitables ». Elles font preuve de liberté, voire de fantaisie. Elles cristallisent autour d'un métier, mais aussi à partir d'une paroisse, d'un quartier, d'un territoire. Ce grouillement cellulaire multiplie également les abbayes joyeuses, en forme de pseudo-clergés monacaux, ouverts aux seuls laïcs : elles disciplinent, par charivaris bien réglés, la protestation sauvage que formuleraient volontiers les jeunes gens contre l'ordre sexuel ou conjugal. Les « abbayes » drolatiques, sous le titre de *Bongouvert* ou *Maugouvert* encouragent la solidarité « diagonale ». Elles unissent les jeunes de dix-huit à trente-six ans, mariés et non mariés. Elles intègrent les immigrés. Elles enseignent, surtout après 1500, la courtoisie envers les femmes et jeunes filles, qui dansent aux jours de fête, en compagnie des « moinillons » du « monastère » de Maugouvert[1] : le deuxième sexe, aux tendres années, ne se confine plus entièrement dans la sociabilité traditionnelle du four, du lavoir et du moulin. Jurandes, confréries et « abbayes » fonctionnent à leur manière comme écoles de pouvoir ; elles régularisent la vie urbaine ; elles contribuent à produire, au niveau de base, un fonctionnement relativement harmonieux des villes, dans le cadre global du royaume.

1. Bon gouvernement ou mauvais gouvernement ; les deux termes, volontiers humoristiques en l'occurrence, sont éventuellement interchangeables.

Les forces communautaires et d'attraction mutuelle entre citoyens ne se résument point au corporatisme confraternel ou pseudo-abbatial des artisans et des jeunes. Elles tirent aussi leur substance d'une culture citadine qui se diffuse aux petites gens comme au peuple gras. Seuls s'en excluent les marginaux ou les hommes très pauvres. Culture à un seul étage[1] ! Elle mêle dans la nef comme sur le parvis des églises, le sacré et le burlesque ; elle fait alterner la bénédiction du Saint-Sacrement, et la parade des ânes coiffés d'une mitre. Au risque de choquer les chrétiens rigoureux, elle considère que Dieu, à l'occasion, ne dédaigne point d'être la proie d'inextinguibles fous rires. Elle accroît la cohésion collective par l'usage répétitif des « soties, moralités, sermons, chevauchées triomphales ». Elle se livre, en chœur et en corps, à la désolante émeute antijuive, pour le moins dans quelques cités provençales. Du point de vue « communautariste », la haute culture élitaire, à son tour, en rajoute ; par le recours à l'histoire locale, elle célèbre un patriotisme urbain. En témoignent à Metz et ailleurs, les écrits de Philippe de Vigneulles[2] ou de ses homologues.

De fait, après le « trou noir » des guerres de Cent Ans, la mode éducative fait de nouveau fureur dans les bonnes villes, et pas seulement à l'usage de l'élite. Elle ne laisse entièrement de côté que le menu peuple (40 % de l'effectif total). Excepté ce groupe, les pédagogies, de plus en plus sélectionnistes proposent l'al-

1. L'expression « culture à un seul étage, espèce de plat unique », peut étonner. Elle correspond pourtant aux faits réels, de nos jours, dans certains secteurs de l'audiovisuel où le cadre supérieur et l'ouvrier regardent souvent la même émission de variétés ou de football à la télévision. De façon analogue, mais non homologue, la messe dominicale, le théâtre religieux et le carnaval mêlaient les classes sociales, unies pour la vision d'un même spectacle, dans les villes de la Renaissance.

2. Philippe de Vigneulles (1471-1527) né dans la bourgeoisie messine, est l'auteur d'une chronique à caractère historique, qui concerne Metz et la Lorraine.

phabétisation primaire, puis la grande école à partir de dix ans. Vient ensuite l'apprentissage notarial ou marchand. L'université, enfin, est fréquentée par quelques-uns jusqu'à vingt-huit ans, et jette sur le marché de l'emploi, dans chaque ville importante, quelques dizaines de gradués, promus dans le meilleur des cas aux offices prestigieux ou de forte rentabilité.

La pénétration des Lumières, même primitives, oriente les esprits du meilleur niveau vers l'étude des antiquités de la ville ; elles sont sources d'orgueil et de commémoration spectaculaire. La fierté citadine s'étend aux monuments communs. Il serait exagéré de parler d'urbanisme ; celui-ci ne se matérialise que provisoirement dans les décors, en bois et en toile, qu'on réalise pour les entrées princières, et qu'on plaque sur le désordre des venelles. Les équipements collectifs néanmoins ne sont pas négligeables : ils incluent les remparts, la tour de l'horloge (on en est venu à mesurer le temps), la flèche de l'église cathédrale, l'hôtel-de-ville, et les bordels centralisés, qui travaillent au service de la chose publique. Une réaction moralisante n'interviendra qu'après 1490-1500, quand la syphilis « débordelisera[1] » les rues et les consciences, bientôt aidée dans cette tâche dépolluante par l'offensive puritaine des premiers protestants. En exaltant les institutions générales du marché, la Renaissance et surtout la Réforme le spécialiseront ; elles le voueront au négoce proprement dit, et voudront lui retirer certains secteurs, comme celui de l'amour (prostitution

1. Le verbe, ou le néologisme, que nous proposons ici, pourra choquer certains lecteurs. Quoi qu'il en soit, il semble bien établi que la syphilis, venue d'Amérique en France via l'Espagne et les guerres d'Italie de la fin du XVe siècle, a contribué à dévaloriser, pour cause nouvelle de péril vénérien, les « maisons publiques » ou bordels dans les villes ; elle a contribué aussi à répandre des mentalités plus « puritaines » (avant la lettre), bref plus apeurées devant la sexualité devenue dangereuse, que ce n'était le cas en Europe et en France avant la découverte du Nouveau Monde.

désormais mal vue) et de la religion (indulgences dorénavant déconsidérées).

Le XVe siècle est le temps des capitales : Paris bien sûr, mais aussi Tours, Avignon, qui même sans la présence physique du pape, conserve quelques beaux restes de sa puissance ci-devant pontificale, financière, etc. Citons aussi les villes chefs-lieux des « princes apanagistes, grands feudataires, et dynastes des principautés périphériques » (Dijon, Rennes...). Elles sont décapitalisées après les conquêtes françaises ; mais leur influence est confirmée par les Valois. Sans barguigner, ils leur octroient des Parlements, des universités, des chambres des comptes. Sinon, pourraient-ils encadrer les nouvelles provinces ?

Plus généralement, de Louis XI à Henri II, la loyauté des cités françaises s'affirme en mainte circonstance. Il faudra, considérable rupture, qu'un clivage idéologique et religieux, d'origine huguenote, se manifeste à l'échelle nationale pour qu'une « ligue » catholique et factieuse, en retour, se forme contre la dynastie légitime. Au premier XVIe siècle, on n'en est pas là : les sources du loyalisme urbain sont à la fois vivantes et anciennes ; historiquement, les villes contestaient les seigneurs, beaucoup plus qu'elles n'affrontaient les monarques. Vers 1500 ou 1550, en province, les officiers royaux, sur place, vivent en symbiose avec l'hôtel-de-ville. Les meilleurs théoriciens du centralisme monarchique, au XVIe siècle, se recrutent... à Toulouse[1]. On aurait tort d'imaginer cette ville (du seul fait de sa localisation méridionale) comme fédéraliste ou indépendantiste.

Typiques, sur ce terrain, furent déjà les comportements de Louis XI : il encouragea de toutes ses forces la création des corps et conseils de ville. Ce faisant, il émancipait les noyaux urbains. Il n'était pas désinté-

1. Le plus éminent d'entre eux est Charles de Grassaille, auteur en 1538, d'une *Régale de France*, fortement absolutiste.

ressé pour autant : il espérait convertir les villes à ses projets politiques, en maniant l'irrésistible levier des exemptions fiscales. Celles-ci accroissaient en proportion, par effet de transfert, les taxes qui pesaient sur les ruraux, éternels dindons du système. Le pouvoir d'État, malgré ses aspirations à une omnipotence de façade, était *de facto* décentralisé, ou régionalisé. Le Conseil du roi fonctionnait à l'égard des cités en tribunal administratif, beaucoup plus qu'en Conseil des ministres. « Les gouverneurs et lieutenants généraux des provinces étaient des vice-rois, pas des superpréfets. » A Paris comme en province, les Parlements, par leurs capacités réglementaires, auraient pu jouer un rôle quasi préfectoral. Mais ces hautes assemblées judiciaires, en réalité, se composaient d'officiers issus de l'élite locale ou intégrés à celle-ci ; cela suffisait à les différencier des préfets qu'utiliseront nos autorités contemporaines.

Souvent libre d'impôts, par les bonnes grâces du souverain qui croyait moins dangereux de surcharger la paysannerie, le monde urbain s'auto-taxait de lui-même et assez librement par le biais des charges indirectes ou fermes communales. Elles concernaient les octrois et consommations de bétail, farine, vin, etc. : plus on buvait en ville, plus on avait d'argent pour reconstruire les remparts autour d'elle ; le vin sauvait les murs, les tavernes consolidaient les murailles. La fin du XVe siècle, en pleine phase de récupération ou d'essor économique, fut l'âge d'or des finances urbaines ; leur produit augmentait au rythme de l'expansion des trafics et industries. La monarchie renaissante puisait dans ce pactole, par les techniques des emprunts, puis des rentes sur l'hôtel de ville (Paris, 1522), que nous avons déjà rencontrées. Les intérêts de celles-ci, servis avec régularité, offraient des garanties de revenu et de sécurité (relative) aux familles créancières, qui appartenaient souvent au gratin ou simplement à la *sanior pars* de la cité.

Intégration intra-urbaine ; entente assez cordiale avec le centre monarchique... Posée sans nuances, cette double assertion deviendrait simplifiante. En fait, la cité se divise : au sommet, une *sanior pars* ou *senior pars*[1], forme l'élite, au sens large ; des personnages de poids la composent, n'étant pas toujours de première jeunesse. Ils sont qui officiers, membres de l'appareil judiciaire, qui bons marchands ; ils restent souvent proches les uns des autres, au dernier tiers du XVe siècle. Mais après 1500, ils tendent à diverger quelque peu ou à faire scission : « Trahison des clercs. » Les officiers désormais s'isolent du négoce ; leur endogamie se précise ou s'accroît. Ils cristallisent en noblesse de cloche ou pré-noblesse de fonction : elle bénéficie de super-exemptions fiscales. La *sanior pars*, envisagée cavalièrement comme un tout, persiste néanmoins à dominer l'artisanat, même organisé ; elle snobe plus encore les paysans qui demeurent nombreux intra muros ; ils constituent en effet jusqu'à 20 à 30 % de l'effectif total du peuplement urbain, en particulier dans le Midi. Contrastes ! Nous avons noté que la culture citadine, en certains domaines, n'implique symboliquement qu'un étage, folklorique et festif, auquel presque tous ont accès. Mais elle comporte d'autre part ses cascades de dédains ; elles ne feront qu'embellir et s'allonger, au fur et à mesure que la paupérisation à la base et le luxe relatif au sommet feront divorcer les groupes sociaux.

Les tensions vont en effet grandir dans les villes et poser quelques problèmes aux Pouvoirs, sinon au roi, dès lors que s'éloigne l'âge d'or des salaires et des « hauts » niveaux de consommation plébéienne ; ils avaient culminé vers 1450-1475, du fait de la dépopulation établie pour quelque temps ; du fait aussi de l'arrêt des guerres, accompagné d'une rapide remise

1. Il s'agit respectivement de la partie plus saine (au sens figuré) et de la partie plus âgée de la population.

en état des terroirs fournisseurs de subsistances. Il n'est pas question, certes, de peindre tout en rose ce bien-être modeste ! Avec 26 kilos de viande par an et par habitant à Carpentras en 1483, et sans doute davantage dans la France septentrionale, on n'était pas encore au paradis des protéines. Les Anglais, à commencer par John Fortescue[1], ne se privaient pas de moquer les standards d'existence français, nettement plus bas que les leurs. Néanmoins, ce niveau de vie convenable, sans plus, au second XVe siècle, était plus élevé y compris quant aux rations de viande qu'il ne sera pendant la phase d'appauvrissement qui va suivre, après 1500 ; celle-ci naîtra de l'enflure démographique, en période de hausse insuffisante des productions agricoles. Multiples sont les chemins de cette pauvreté accrue qui, bien sûr, n'est pas radicalement neuve : spatialement, elle accentue le *zoning* urbain[2] qui de toute manière demeure fort incomplet ! Elle rejette les petits, partiellement, vers les faubourgs et vers les plus hauts étages des maisons, quand ceux-ci existent, par exemple à Paris et à Lyon. Elle engendre une certaine contestation, alors que les révoltes urbaines, auparavant, pendant la seconde moitié du XVe siècle, avaient cessé d'être majeures. Elles s'étaient même « tassées », remarquablement, de Charles VIII au jeune François Ier. Elles retrouvent quelque pugnacité dans la France atlantique et notamment à Bordeaux, pendant les années 1540. L'un dans l'autre, qu'on soit en période de flux ou de reflux contestataire, la structure

1. Sir John Fortescue, juriste anglais, mort très âgé, vers 1479 : ses observations effectuées sur le continent à l'époque de Louis XI demeurent précieuses pour une histoire sociale comparée, de part et d'autre de la Manche.

2. L'expression *zoning* s'emploie aujourd'hui chez les urbanistes pour caractériser le système d'auréoles de nos villes (les gens riches au centre, les pauvres à la périphérie ; ou bien, aux États-Unis, l'inverse). Elle aurait été déjà pertinente, quoique à un degré bien moindre, au XVIe siècle.

éthique des émeutes persiste entre 1450 et 1560 ; elle fournit un modèle aux rébellions venues de la base : elles sont plus symboliques que meurtrières ; « elles détruisent davantage qu'elles ne pillent ; elles dilapident plus qu'elles ne volent ».

La violence urbaine, à tout prendre, dépasse largement le cadre étriqué des remises en cause de l'autorité politique, municipale, royale. Comme simple délinquance, au criminel et au civil, cette violence est coutumière. Elle jaillit de groupes relativement intégrés (domestiques, valets, étudiants) ; elle ne se borne point à mettre en branle les personnalités marginales. Elle pâtit de la Justice et des chats fourrés ; mais elle jouit de l'absence d'une police professionnelle, suppléée tant bien que mal par les *clameurs de haro* : celles-ci donnent à tout un chacun le droit de courir sus aux voleurs et de clouer le bec au crime, en s'autorisant de la majesté collective du groupe urbain, offensée par l'acte délictueux[1].

Somme toute, un équilibre relatif s'est instauré pendant la première Renaissance à l'intérieur même des villes ; et aussi hors d'elles, dans leurs rapports avec les pouvoirs sommitaux. Il résiste mal aux développements neufs du XVIe siècle.

La Réforme protestante à partir de la décennie 1550 va introduire des coupures idéologiques auxquelles bien peu de gens auraient pensé cent ans plus tôt. L'État en croissance inaugure avec une heureuse lenteur son entreprise de grignotage des pouvoirs locaux. L'artillerie démonétise les remparts traditionnels : ils avaient encore fière allure sous Louis XII, ils deviennent moins efficaces sous Henri II, *a fortiori* au temps d'Henri IV. Une partie de la bourgeoisie, celle des

1. Largement attesté en Normandie jusque sous l'Ancien Régime, l'usage de la clameur de haro paraît avoir été répandu dans d'autres régions de la France septentrionale au Moyen Age.

offices, « trahit » son groupe social pour former une noblesse urbaine ; elle toise de plus haut les bons marchands des rues commerçantes. Enfin l'explosion démographique augmente le nombre des misérables ; elle rend moins opérante la distinction classique que proposaient jusqu'alors les cités entre les « pauvres du Christ », qu'on secourait parce qu'enfants de la ville, et les pauvres étrangers, qu'on laissait froidement dépérir au pied des remparts. L'année 1560 sonnera donc le glas d'un certain unanimisme urbain qui n'était peut-être que de façade...

II

Le rosier des guerres[1]

Cent années plus tôt, vers 1460, à l'avènement d'un roi dont la force peu à peu saura s'imposer, nous n'en sommes pas là. Les conflits idéologico-religieux sont encore à naître, le système politique se déchiffre, en toute simplicité, au niveau des structures de pouvoir et des oppositions d'intérêts.

L'environnement politique, dans lequel s'inscrit le règne de Louis XI, n'est certainement plus « féodal » au sens complet du terme ; cela n'empêche pas qu'au nom d'un « féodalisme bâtard » soient ressuscités ou créés de toutes pièces des ordres de chevalerie (Toison d'Or de Bourgogne ; Saint-Michel pour les Français). Leur but, dans un cadre sacré, revient si possible, en style chevaleresque à subordonner les hauts nobles au pouvoir du Prince. Dispensée de taxes fiscales, la

1. Nous détournons (afin de titrer ce chapitre sous les auspices de la floraison française et de l'occurrence des conflits belliqueux) l'appellation littérale qui fut donnée à un recueil de textes politiques et moraux, rédigés d'après la dictée qu'en donna personnellement Louis XI.

noblesse en général n'est pas à plaindre, ni bernée *a priori* par le Pouvoir dans un monde où demeure exact l'apophtegme de Philippe Contamine : « Noblesse égale standing. »

La monarchie française, dès la décennie 1460, est néanmoins administrative et taxatrice : les fonctionnaires et les impôts, à l'avènement de Louis XI, peuvent apparaître comme peu considérables dans l'absolu. Ils sont déjà, d'un point de vue relatif, respectivement les plus nombreux et les plus lourds, par comparaison avec d'autres régions d'Europe. Le sens de l'État, de la nation, de la patrie, du royaume ou du pays (ces mots longtemps demeureront interchangeables) se répand dans les élites et jusqu'à un certain point dans les masses, y compris rurales. Ce sens et ce sentiment cristallisent sur la personne et la centralité du roi. Ils se diffusent par le biais d'une langue, le français : en surplus des patois, elle est communément connue, sur le mode passif et souvent actif, jusqu'au Sud de la Loire. Elle inaugure ainsi sa longue marche méridionale vers le bas-Rhône et la Garonne, aux dépens des parlers d'oc. Quant au monarque, il n'est plus tenu de s'identifier strictement à l'impossible et séduisante image de Prince vertueux. Les théoriciens admettent désormais qu'il use de *cautèle* ou de ruse, à condition de sauvegarder les apparences. Machiavel n'est pas né, mais il n'est pas loin. Le Prince quand il est Français, passe pour empereur en son royaume ; il est donc souverain « en direct » de tous les *sujets*, grands inclus, dont les devoirs sont maintenant plus lourds que ne l'étaient jadis ceux des puissants *vassaux* de type féodal. La vague révolutionnaire des années 1350-1420, qui, au dam des monarques, donna tant d'importance aux assemblées représentatives, commence à refluer. Celles-ci pourtant, sous le nom d'États Généraux et provinciaux, conservent un certain rôle, quoique subordonné. L'Église de France se dénomme depuis longtemps gallicane, donc nationale, même quand elle admet une certaine supériorité de la part de l'évêque de Rome : elle gagne en cohésion interne ce qu'elle perd en autonomie vis-à-vis du souverain. Elle n'est pas, quoi qu'en dise Michelet, la grande victime du « régime » des Valois renaissants. Pas davantage que ne l'est la noblesse.

Le corps des fonctionnaires *alias* officiers[1] bénéficie d'une stabilité de l'emploi ; celle-ci va jusqu'aux vénalités des offices, productrices d'une certaine noblesse à venir, et admises entre personnages privés, à défaut d'être légitimées de manière directe par l'État, comme elles le seront au siècle suivant. Contre les principautés régionales qui demeurent vigoureuses, l'État royal encourage l'auto-affirmation des villes ; elles n'en demandaient pas tant ; elles figurent néanmoins parmi les meilleures auxiliaires de Louis XI, en lutte contre les autonomies princières. Celles-ci passeront-elles de mode, en un règne où François Hallé, lumière du Parlement, proclame vis-à-vis des grands jadis rebelles une nouvelle devise aux résonances presque impériales : « A nul n'appartient d'empêcher des droits du Roi[2]. » Il est vrai que parmi les droits éminents de la monarchie figure celui de rendre ou plutôt de faire rendre bonne justice, et donc d'être soumis, serait-ce royalement, aux impératifs éthiques de celle-ci.

Né en 1423, « petite fleur malingre au jardin de

1. Les deux termes ne sont nullement synonymes : mais le second s'inscrit effectivement à l'emplacement social qu'occupera de nos jours le premier.

2. François Hallé, agent dévoué de Louis XI, roi qui favorisa sa carrière, fut archidiacre de Paris, avocat général au Parlement, président de l'échiquier de Normandie, archevêque de Narbonne ; donc robin de robe et robin d'Église à la fois. Sa devise, datée de 1480, fait contraste avec les propos du grand féodal Dunois qui en 1465 encore « osait » déclarer qu'il se souciait de Louis XI comme d'un « étron de chien ».

France », le futur Louis XI est solidement formé au latin, au christianisme, au relatif bonheur des sujets et du roi par son précepteur Jean Majoris. Le gabarit physique et l'allure extérieure de l'héritier de Charles VII n'impressionnent guère. Enfant, il reçut néanmoins guerrière éducation : il tire à l'arc, brandit la lance et l'épée. Dévot des saints et de la Mère de Dieu, il visite son royaume à la vitesse, impressionnante, des services postaux de l'époque. Bon cavalier, malgré des crises d'hémorroïdes, il court les pèlerinages, même infimes ; il en profite pour accomplir des tâches politiques ou diplomatiques. Homme de sa génération, bien planté dans la fin vigoureuse du gothique, ce chrétien, quoique introverti, ne dépare pas la religion flamboyante de l'époque. Il généralise la récitation de l'*Angelus* et « se rue à genoux » dans d'innombrables églises. La Vierge, les croix, les reliques sont autant d'atouts dans son jeu des pouvoirs, qui n'est pas toujours très catholique. Louis pose, en 66 articles, les statuts de l'Ordre noble de Saint-Michel, la Légion d'honneur du XVe siècle ; elle tire son nom d'un archange dont l'abbaye normande au péril de la mer ne tomba jamais en mains britanniques. Le monarque français imite ainsi, répétons-le, la Toison d'Or bourguignonne, qui synthétisait mythologie païenne et chevalerie chrétienne : Louis XI unit aux préoccupations du sacré le souci d'exalter la noblesse, à condition qu'elle veuille bien se discipliner vis-à-vis du souverain ; à condition qu'elle pratique dans un esprit nouveau les rites de l'hommage chevaleresque, pimentés agréablement d'exemption fiscale.

Personnage cultivé, redoutable bavard, Louis XI n'est pas encore un homme de la Renaissance intellectuelle ou gréco-romaine, comme sera François Ier. Mais ce prince intelligent, habile à semer la division chez l'ennemi, fonctionne déjà sur le mode prémachiavélien (le penseur florentin étant l'homme d'une technique pure du pouvoir, détachée des considérations éthiques ou transcendantes). Mieux que ne faisaient les rois-prêtres du Moyen Age, ou qui se voulaient tels, Louis XI sépare instinctivement la catégorie du religieux, à laquelle il rend un sincère hommage, de celle du politique, où ruse et violence, même servies par la piété d'Église, sont ordinaires. Humour noir, cynisme et verdeur ornent plus d'une fois sa correspondance. Louis est capable de gentillesse et d'affection. Ses cruautés individuelles ou collectives se situent, sans plus, dans les normes de son temps. La méfiance, chez lui, s'aggravera au cours des dernières années. Mais il a souci d'épargner les peuples, en France comme en Italie. Sur ce point, il se montre exemplaire à plusieurs reprises. Il se conduit en roi chrétien, au niveau des fins qu'il recherche, sinon des moyens qu'il emploie. Le Bien commun dans l'esprit d'Aristote et de saint Thomas, demeure présent à sa pensée. Ce Bien dans l'esprit de Louis prend forme monarchique et nationale, aux dépens des intrigues régionales qui sont le propre des princes du sang.

Ennemi des princes et protecteur des nobles, Louis demeure le premier gentilhomme de son royaume : il se veut grand chasseur, comme le seront jusqu'en 1789 ses successeurs Valois, puis Bourbons. L'art cynégétique est un dérivatif aux sédentarités des heures de bureau. Pieux, Louis n'est pas un homme à femmes. L'institution des maîtresses royales inaugurée par Charles VII avec Agnès Sorel sera poursuivie jusqu'à Louis XIV (Montespan) et Louis XV (Pompadour ou Du Barry). S'agissant de Louis XI, elle saute une génération. Notre homme a séduit quelques bourgeoises, la performance n'était pas surhumaine. S'il emmène femme avec lui, c'est à la chasse et en croupe de son cheval, afin de mêler un goût mesuré pour l'amour aux ardeurs authentiques de la destruction du gibier. Cet époux froid devient avec l'âge un mari fidèle. Par contre, il fut mauvais fils, avec quelques raisons pour cela, le père ne l'ayant point abreuvé du lait de la tendresse humaine. Louis n'aime pas son géniteur Charles VII, et se révolte contre lui (1440) bien avant d'accéder au trône. L'antagonisme ou du moins le contraste vif entre les générations royales, celles du père et du fils, voire du petit-fils, flanquées de leurs « cabales » respectives, sera récurrent jusqu'à Louis XV, au point de dessiner souvent le réseau des partis ou factions politiques. Encore dauphin, Louis XI en propose un premier modèle.

Pendant vingt-deux années, le roi cauteleux tient l'essentiel du pouvoir, avec l'assistance d'un Conseil d'en haut, dont la composition varie. Elle inclut des princes, des prélats, des grands seigneurs. Mais le recrutement de cet aréopage s'adresse aussi à des gentilshommes de petite noblesse, voire étrangers (flamands, suisses, italiens ou ibériques) ainsi qu'à des hommes, généralement nobles, issus du pouvoir local ou régional : baillis, sénéchaux, gouverneurs. Minoritaires par rapport aux personnages du second ordre, les robins, parlementaires, légistes, gens de finance, et autres roturiers, ont naturellement leur place dans le Conseil, ainsi que les médecins du roi, comme Adam Fumée, pour qui l'intimité vaut la faveur. Déjà s'affirme le rôle des maîtres des requêtes de l'hôtel (royal). Ils incarnent la justice propre du souverain ; ils sont peu nombreux : cinq ou six au total sous Louis XI, contre soixante-dix au temps de Louis XIV. Cette demi-douzaine initiale dit les dimensions encore réduites d'un appareil d'État qui n'est pourtant pas dénué d'efficacité. A tête reposée, les maîtres des requêtes distribuent, sous l'égide du monarque, les lettres de rémission ; elles pardonnent tel acte délictueux. Membres de l'élite du pouvoir, ils accèdent par la suite à des postes d'évêques ou de sénéchaux.

La royauté demeure donc judiciaire : les Parlements sont l'efflorescence collective du roi juge. Même semi-autonomes, il a besoin d'eux pour faire pièce aux princes et principautés territoriales dont le puzzle couvre un quart du royaume : les Parlements de province se créent ou se développent à Toulouse, en Dauphiné, à Bordeaux, en Bourgogne, à Rouen, à Aix-en-Provence et même à Perpignan ; ils sont meublés, pour chacun d'eux, par vingt à trente conseillers en robe. Chef de file, le Parlement de Paris s'efforce d'étendre un contrôle plus strict au vaste no man's land méridional en son ressort, grâce à la tenue des grands jours ou sessions spéciales en Auvergne (1481). Certes Louis XI brime de toutes les manières la haute assemblée parisienne : il influence lourdement la nomination des présidents et simples membres ; néanmoins les parlementaires affirment le caractère pérenne de leur propre « jugerie » collective, du fait de l'officieuse et fréquente hérédité de leurs charges. Ils traversent le règne en persévérant dans l'être ; pour l'institution, là est l'essentiel.

La justice, avec chancellerie et Parlements, occupe le devant de la scène. Mais l'État de finance, grâce au puissant tour de vis fiscal qu'a donné Louis XI, prend lui aussi un certain développement et rejette l'âge antérieur de la royauté dans les fastes (fort relatifs) d'un âge où l'impôt pesait peu. Avec Louis XI le prélèvement fiscal passe de 1 200 000 livres tournois à 4 600 000 livres, ou encore (calculé en tonnes d'argent) de 50/75 tonnes à 100/135 tonnes. De tels chiffres révèlent les fortes capacités contributives d'une économie et d'une démographie en plein essor. On trouverait l'équivalent de celles-ci à la même époque dans l'Angleterre d'Édouard IV, elle aussi dynamique malgré la guerre des Deux-Roses. Louis découvre que le royaume peut payer. Qui plus est, cette fiscalité française n'est pas trop oppressive pour le commerce et les échanges, puisque à la fin du règne, l'essentiel des ressources vient de l'impôt direct. La part des contributions indirectes (gabelles et taxes diverses sur la circulation des produits) est faible (14 %) ; l'apport du domaine royal (forêt, seigneuries, etc.) est déjà négligeable (2 %). Signe de modernité !

Du côté des dépenses, en temps normal, près de la moitié des ressources étatiques va aux armées, déjà permanentes. Ce sera, nous le savons, une constante de la royauté jusqu'à la Révolution : la main de justice ne va point sans le bras armé. Ce qui se veut juste doit être fort. De grosses dépenses (16 %) sont consacrées d'autre part à la Cour et à la Maison du roi, celle-ci moins avaricieuse qu'on ne dira, ainsi qu'aux pensions (32 %). Cour et pensions proposent aux grands un modèle alternatif, qui les dissuade (du moins l'espère-t-on) de régner pour leur propre compte dans un territoire de province. La fonction publique (« gages ») ne compte encore sous Louis XI que pour un vingtième des dépenses : les « officiers » (titulaires d'offices, juges et autres) sont contraints d'arrondir leurs maigres rémunérations à l'aide des gratifications ou « épices » qu'ils reçoivent directement des contribuables, de la main à la main. Les généraux de finances, élus, receveurs généraux, trésoriers de France, etc., assurent l'assiette, la collecte et la rentrée des impôts directs et des revenus domaniaux. L'une et l'autre s'opèrent sans trop de heurts, du fait d'une prospérité générale que symbolisent, un peu partout, d'incessantes créations, royales et autres, de foires et marchés ; pour le plus grand bonheur de la « marchandise » et du « soustènement » des sujets. Louis XI n'est donc pas contraint de choisir spasmodiquement, parmi les hauts financiers, un ou plusieurs boucs émissaires, bientôt destinés à être sacrifiés, exécutés, afin de masquer tel échec ou d'apaiser la fureur populaire. Ces « boucs » appartiennent au passé (Marigny, Jacques Cœur) ou à l'avenir (Semblançay, Fouquet). N'allons pas imaginer pourtant que la perception des impôts nécessairement « baigne dans l'huile ». Les troubles urbains (Tricoterie d'Angers, Miquemaque de Reims à l'avènement du roi, remuements d'Aurillac, de Bourges, de Senlis et du Puy aux années 1470) mettent en scène, schéma qui deviendra usuel, des artisans contestataires et des notables discrètement complices. Ceux-ci et ceux-là incriminent les divers abus qui émanent de l'oligarchie municipale ou des personnes chargées de lever l'impôt pour le compte du monarque. Hors des villes, les ruraux, sauf exceptions minuscules, demeurent bien tranquilles au temps de Louis XI ; ils payent la taxe étatique sans trop murmurer. Cette conduite bénigne des campagnes suggère, *a contrario*, que les villes, quand elles « bougent », cherchent surtout à protéger le privilège qui les met à l'abri du plus gros des impôts, rejetés *ipso facto* sur le plat pays. Précaution judicieuse : elles crient avant d'être écorchées ou tondues. Autre indice d'une situation sociale, ou fiscale, qui n'est pas tellement mauvaise même si en aucun cas on ne doit l'imaginer idyllique : quelques maigres récoltes engendrent des problèmes de subsistance en 1482, mais pas de soulèvements généralisés, *intra muros* ou aux champs. La politique économique (un bien grand mot certes) de Louis XI a constamment tendu, par près d'une centaine d'actes officiels, « à faciliter le commerce et la vie productive en général, à empêcher l'exportation des métaux précieux, à réserver aux opérateurs français une part bien déterminée du trafic, et à nuire à divers ennemis en agissant sur les échanges ». Les circonstances étaient largement positives à cet égard. Le onzième Louis est d'abord un roi de bonne et même d'excellente conjoncture. Il n'y est pas pour grand-chose...

Dans ces conditions, le poids des impôts s'est fortement accru (il a triplé dans l'Anjou en vingt années), mais il demeure supportable et toléré. A certains égards, les redistributions étatiques de l'argent et de la richesse stimulent même l'économie. Elles visent d'abord à payer les frais d'une armée qui grandit et dont le noyau dur reste formé par la cavalerie, groupée en « lances » de quatre combattants chacune.

Le royaume dispose de 1 700 lances au début du règne ; et de 4 000 lances, soit 16 000 combattants de choc à la veille du décès de Louis XI. L'ensemble du corps de bataille, outre l'élite des « lanciers », peut monter, le cas échéant (en temps de guerre), à 60 000 hommes. C'est peu, par comparaison avec les centaines de milliers d'hommes dont disposera Louis XIV, ou avec les millions de soldats de nos guerres mondiales. Mais l'essentiel tient au relatif : il suffit d'être plus fort que le voisin : par comparaison avec ces 4 000 lances, la Bretagne au grand maximum n'en aligne que 400 ; la Bourgogne du Téméraire, 2 200 ; le Milanais, une centaine... La France ou l'entité qu'on appelle de ce nom dispose donc, à cette époque, de la première armée du monde, pourvue de canons ultramodernes, qui avant d'éclater par fatigue, peuvent tirer jusqu'à cent boulets de fonte et bientôt de cuivre ! Ceux-ci filent à la vitesse du son, au triple de la performance de leurs prédécesseurs des guerres de Cent Ans.

Cette puissance initialement ne va pas de soi : la France des années 1460 hésite entre un modèle proprement français ou anglais, voire espagnol, celui d'une monarchie qui se veut unifiante quoique non centraliste encore, et dans laquelle le roi effectivement gouverne avec l'aide d'un entourage de conseillers quadragénaires, nobles et (en moins grand nombre) roturiers, grands commis ou spécialistes ; et d'autre part un système de type allemand ou italien, où des princes et des villes, sur le mode polycentrique dament le pion à l'empereur (outre-Rhin), ou même à l'absence d'empereur, celle-ci mal compensée par la présence du souverain pontife (outre-Alpes). En France, bien des facteurs pourraient pousser au morcellement du pays, en direction d'un conglomérat de principautés à l'allemande : les guerres de Cent Ans ne s'étaient pas privées d'aller dans ce sens. Le spectre de plus en plus évanescent de la balkanisation nationale ne sera définitivement conjuré qu'au XVIIe siècle, avec les décisions de Richelieu et puis les intendances de Colbert[1]. A l'avènement de Louis XI, le problème demeure terriblement réel : car les princes du sang capétien se ramifient au gré des branches du grand lignage dont ils sont issus. La maison d'Orléans, venue d'un frère du roi Charles VI, grand-père de Louis XI, est possessionnée dans l'Orléanais, le Valois, l'Angoumois (5 000 km^2 au total). Elle s'illustre, sans trop de dangers pour le trône, grâce au poète Charles d'Orléans et au bâtard Dunois, ex-camarade de Jeanne d'Arc ; les rapports de cet illustre guerrier avec le nouveau roi manquent de chaleur. Les maisons d'Anjou et de Bourgogne, dont on reparlera, viennent de la phratrie et de la postérité du roi Jean le Bon, trisaïeul de Louis XI : Anjou, conduit par le bon roi René ainsi que par le frère et le fils d'icelui tient l'Anjou précisément plus la Provence et le Barrois (32 000 km^2), avec des positions supplémentaires en Lorraine et à Naples. Alençon (6 000 km^2) vient d'un frère du premier roi Valois (mort en 1350). Bourbon, dont les destinées ultérieures, d'Henri IV à l'actuel Juan Carlos en passant par Louis XIV, seront prodigieuses, sort d'un fils cadet de saint Louis (mort en 1270). Bourbon tient 38 000 km^2 au centre du royaume (Bourbonnais, Auvergne, Forez, Beaujolais). Bretagne enfin vient d'un petit-fils du frère de Louis VII (mort en 1180), ce petit-fils ayant épousé en 1213 l'héritière légitime du duché. Notons qu'en bonne règle de succession féminine, l'indépendance de la Bretagne avait de ce fait un fondement juridique plus solide que celle des pays bourguignons ; ceux-ci n'avaient échappé momentanément au royaume que par suite

1. Richelieu en effet sera l'homme de la lourde centralisation monarchique ; Colbert donnera aux intendances provinciales, qui représenteront avec force le roi hors de sa capitale, un développement rigoureux et systématique.

d'une dérive successorale et féodalo-dynastique, dont rien n'interdisait du reste qu'elle fût irréversible (elle ne le sera point). Le risque d'autodétermination des grandes principautés s'aggrave encore quand Louis XI en 1461 « délivre » le Berry (14 000 km^2) à son frère cadet « Monsieur Charles »: les périls globaux sont lourds au nouveau roi menacé en ses territoires par les deux « cornes raides » (Bretagne, Bourgogne), et vulnérable aussi du fait du « ventre mou » du Bourbonnais. A ces entités disjointes, qu'avait déterminées peu à peu la généalogie des Capétiens, s'ajoutent d'autres soucis, causés par quelques grandes lignées féodales non issues de la famille monarchique, et surtout possessionnées dans le Sud-Ouest (Albret, Armagnac, Foix).

Le problème crucial demeure bourguignon, et ne sera résolu, de manière violente, qu'au bout de seize années du règne de Louis XI. Les terres de Bourgogne furent distraites par Jean le Bon en 1361 au profit de son fils cadet Philippe le Hardi ; cela aurait pu constituer tout au plus un problème « franco-français », simple dispute entre le souverain des lys et les cousins dijonnais, théoriquement subordonnés à sa personne en tant que roi Valois. Mais les descendants de Philippe le Hardi ont rendu la chose inextricable, à force d'étendre leurs domaines (par noces habilement concoctées) jusqu'aux territoires néerlandais et aux Pays-Bas méridionaux de langue romane : Liège, Namur... Ils ont donc déployé leur emprise sur l'un des deux grands centres européens du capitalisme mercantile, disons le pôle anversois (l'autre pôle étant nord-italien, qui sera visé par Louis XII). Une civilisation « bourguignonne », mi-flamande, mi-francophone, s'est affirmée de la sorte au XVe siècle, avec des institutions partiellement centralisantes, et qui souvent sont calquées sur celles des Valois ; on y retrouve un Grand Conseil, un Parlement, des États Généraux, et l'influence du droit romain : la vie de

Cour est raffinée ; elle servira de modèle à l'Europe curiale, que fascine la Toison d'Or ; elle accompagne l'épanouissement d'une culture ; celle-ci s'incarne dans l'œuvre des historiens Chastellain et Monstrelet, dans la sculpture de Sluter et de la chartreuse de Champmol, dans la peinture de Van Eyck (l'*Agneau mystique*) et de Van der Weyden. L'entité mixte ainsi créée où voisinent de loin les vignerons de Bourgogne, comme rameau détaché de la France, et les marchands de Bruges aux avant-postes d'une Germanie sans rivages était-elle viable ? Pouvait-elle former le noyau d'une Lotharingie, intermédiaire entre Latins et Germains ? Ce n'est pas démontré : en fait, les cinq siècles suivants privilégieront (Suisse, Lorraine et Belgique mises à part) des constructions d'États, qui se cantonneront fermement sur l'un ou l'autre des versants linguistiques, roman ou allemand ; qu'il s'agisse de la France ou de la Savoie ; de la Hollande ou de la Bavière ; ou tout simplement de l'Empire. Il y avait là pour Louis XI et pour les ambitions d'une monarchie territoriale, fondée sur l'élite francophone, un défi de mixité, mais qui laissait aux Valois des chances de victoire non négligeables. Elles seront effectivement saisies.

Plus largement, d'un point de vue conceptuel, la guerre civile dite du Bien public, qui se déclenche contre Louis XI à partir de 1465, propose une option : monarchie unifiante à vocation protocentraliste ; ou miroir brisé des principautés parcellaires[1]. Le Bien public est un concept aristotélicien, qui met au premier plan l'intérêt du corps politique. Mais ce corps, les

1. Le lien entre l'affaire bourguignonne et la ligue du Bien public tient à ce que les princes ou ducs, bref les « grands » coalisés contre Louis XI au nom du soi-disant bien public comprennent « Bourgogne » lui-même (en la personne de Charles qui restera bientôt dans l'histoire avec l'épithète de Téméraire), mais aussi quelques puissants seigneurs de l'intérieur ou de la périphérie occidentale du royaume, comme Messieurs de Bourbon, Bretagne, Armagnac, Albret, Nemours...

comploteurs guerriers de 1465 l'entendent au sens nominaliste, comme composé de particules princières, dont chacune défend ses investissements propres, sous couleur prétendue et parfois sincère des intérêts généraux. La rébellion met aussi en scène un personnage falot, Charles, frère cadet de Louis XI ; les rebelles s'en font un leader. Louis XI, encore dauphin, au temps de la Praguerie (1440) avait occupé le devant de la scène comme fils révolté contre son père[1], Charles VII. Une situation analogue se manifeste en 1465 au temps du Bien public : les mêmes grands seigneurs, d'un quart de siècle plus âgés, figurent souvent dans la direction de la nouvelle révolte. Mais cette fois, tout au sommet, ce n'est plus fils contre père, c'est frère contre frère : Charles face à Louis, au lieu de Louis devant Charles. La famille du roi, par le jeu des querelles entre générations ou entre cousins, et jusqu'à l'intérieur de sa propre phratrie, demeurera, sous les Valois et Bourbons, la matrice d'une guerre des chefs dont certains flanqués par les grands se dressent à l'encontre de leur proche parent, qui n'est autre que le souverain légitime ; l'action ainsi menée peut être militaire, ou simplement contestataire. Les grandes idées, les groupes sociaux en lutte se rattachent à l'un ou à l'autre leader princier. De ce point de vue, la ligue du Bien public est déjà une Fronde ou simplement un bouillonnement aristocratique, voire dynastique, comme il s'en produira souvent, jusqu'au XVIIIe siècle. Il faudra la Révolution française pour y mettre fin définitivement.

La ligue du Bien public a pourtant ses caractères originaux : les principautés qui s'allient contre le roi

1. Au cours de la Praguerie (1440), ainsi nommée par analogie avec les agitations hussites de Bohême et de Prague au cours des décennies antérieures, le futur Louis XI, alors dauphin, conspira contre son père Charles VII en compagnie d'autres princes capétiens, notamment Charles de Bourbon et Jean d'Alençon.

soupçonneux se présentent souvent comme de véritables États, dotés d'organes centraux et régionaux. Ce ne sera plus le cas pour ceux des territoires français qui seront clients des Condé contestataires vers 1650, *a fortiori* des Orléans vers 1789. Les objectifs explicites ou inavoués du Bien public sont ultra-décentralisateurs, puisqu'ils aboutiraient en cas de victoire à donner *de facto* une autonomie à quelques princes du plus gros calibre ; mais ces ambitions s'adressent aussi, de façon paradoxalement « centrale », aux sommets de l'État dont les grands comme si souvent sous l'Ancien Régime veulent escalader les gradins et obtenir le contrôle, quitte à s'entre-égorger une fois le but atteint. Dunois[1] est l'une des têtes politiques de la révolte ; elles n'y fleurissaient pas en grand nombre : il souhaite une mainmise des conjurés sur les finances royales, sur la distribution des offices, sur l'armée, sur la personne du monarque (qu'on envisage de limoger) et sur son gouvernement. Ainsi se trouve définie, de façon prémonitoire, l'essence d'un État renaissant ou classique : justice, police, armée, finances, et pouvoir de décision suprême. Les comploteurs veulent à la fois tenir le centre, tous ensemble, à supposer que cela soit possible ; et contrôler la périphérie chacun pour soi. Quadrature du cercle ? Ne nous bornons pas néanmoins à déprécier leur action, en les qualifiant de « féodaux sur le retour ». Dans des conditions différentes, la mainmise des grands et surtout des nobles sur l'État aurait pu constituer le point de départ d'une évolution à l'anglaise ; l'aristocratie, en attendant les autres groupes sociaux, aurait tenté de contrôler la machine gouvernementale, les impôts, etc. Encore eût-il fallu que les conjurés en passent par la convocation

1. Jean, comte de Dunois (vers 1403-1468), est le fils bâtard de Louis d'Orléans, frère de Charles VI. Héros (avec Jeanne d'Arc) de l'expulsion des Anglais sous Charles VII, il conspire ultérieurement contre Louis XI, avec lequel il se réconcilie par la suite.

des États Généraux qu'effectivement leurs manifestes revendiquaient. A supposer que cette assemblée nationale fût opérationnelle, ce qui ne sera guère le cas sous l'Ancien Régime, elle eût formé le noyau d'un système représentatif...

L'entreprise du Bien public recelait par ailleurs des contradictions : pouvait-on simultanément vouloir le bonheur du troupeau, et souhaiter l'écorcher davantage ? L'un des rebelles, Nemours, vendait la mèche : il déclarait naïvement qu'on devait soulager le peuple, et qu'il fallait néanmoins augmenter les grosses pensions, que la Cour versait aux seigneurs.

A son apogée, le Bien public regroupait contre le monarque légitime la majorité des grandes maisons issues de la famille royale, ou alliées à celle-ci par d'anciens mariages : parmi elles, Bourgogne, Bourbon, Berry, Alençon, Bretagne ; tout cela formant, non sans fragilités, un pont continental en France du Nord. A quoi s'ajoutent quelques grands lignages féodaux du Midi : Albret, Armagnac. Dès mars 1465, les signes d'agitation antiroyale apparaissent en Bretagne et dans le Centre. En avril, l'initiative de la riposte est saisie par le monarque qu'avantagent *a priori* le prestige de la dignité royale et la possession d'une force armée. Il occupe des points stratégiques en Berry et Bourbonnais, zones rebelles ou suspectes de l'être. La menace bretonne et principalement bourguignonne sur Paris l'oblige pourtant à repartir dare-dare vers le Nord, afin de rallier cette grande ville. Non loin d'elle, à Montlhéry, une bataille indécise (16 juillet 1465) affronte les forces royales aux ligueurs : les Bourguignons de Charles le Téméraire, desservis par l'amollissement d'une longue paix antérieure et par leur logistique insuffisante, née d'une fiscalité trop faible, ne sont pas en état de remporter la victoire. Louis XI, échaudé mais point étrillé, se replie vers la sécurité de l'enceinte parisienne. Sa force militaire, et la défiance des masses envers les grands lui gagnent la sympathie des citadins. Il se sent néanmoins trop menacé pour faire front ; il temporise et cède de l'espace pour gagner du temps ; il donne la Normandie à Monsieur Charles, son frère indocile. Fort de ses supériorités militaires, il la reprendra un peu plus tard. Sur le flanc Est, il laisse Bourgogne aux prises avec les « agités » de Liège et de Wallonie. En 1467, les trois ducs (Bretagne, Bourgogne, et « Normandie », nouveau titre de Monsieur Charles) reprennent la guerre civile[1] contre Louis XI : il la gagne, car d'entrée de jeu, son armée permanente est plus puissante sur le terrain. Mais il utilise également, aux fins victorieuses, l'argent, la guérilla, la propagande et le soutien que lui apporte l'embryonnaire « opinion nationale ». La Bretagne se résigne à la paix d'Ancenis (10 septembre 1468). Charles frère du roi, renonce à la Normandie comme au Berry (1469) ; il annule de la sorte, au grand soulagement de Louis XI, l'éventualité d'un trait d'union rebelle entre Bretagne et Bourgogne. Entre-temps, les États Généraux du royaume se sont réunis au printemps de 1468 : ils ont affirmé l'inaliénabilité de la Normandie, autrement dit la stricte appartenance de cette province au domaine de la Couronne : ce disant, les États ont agi par loyalisme monarchique, mais aussi par solidarité avec les contribuables, car la création d'un grand apanage (normand) aurait signifié un manque à gagner pour le trésor, et donc un alourdissement des impôts.

La suite, qui n'était pas garantie par avance, se situe dans la logique de ces premières victoires « antiféodales », non sans désagréments intermédiaires. A Péronne (octobre 1468), au cours d'un « sommet » mal préparé par la France, Louis XI qui voulait

1. Les trois ducs sont François II, qui dirige la Bretagne, comme duc, de 1458 à 1488 ; Charles de France, frère cadet de Louis XI, et duc de Berry, puis de Normandie (en 1467), puis de Guyenne ; enfin Charles le Téméraire, duc de Bourgogne.

absolument rencontrer Charles le Téméraire[1], se met sans le vouloir à sa merci. Rendu furieux par la révolte liégeoise[2], qu'il accuse Louis d'avoir fomentée, Charles de Bourgogne humilie le roi et l'oblige à réprimer Liège en sa compagnie. Puis il le laisse filer. « Le renard crotté a échappé au repaire du loup. » La leçon profite au monarque Valois : après Péronne, Louis XI négociera de nouveau, mais sera plus précautionneux encore qu'auparavant. Par contraste, son adversaire mégalomane accumule les pataquès. Passe encore qu'en juin 1472 il échoue devant Beauvais qu'anime contre lui le patriotisme des citadins et même des citadines : Jeanne Hachette s'illustre au premier rang des combattantes. Louis XI ne s'y trompe pas et à son habitude accorde, en récompense, quelques privilèges à cette ville, comme à tant d'autres. Le Téméraire, qui se prend pour César ou pour Hannibal, tourne son entreprise de conquête, quasi impériale, vers l'Est des Pays-Bas, la Lorraine, l'Allemagne, et la Haute-Alsace qu'il tyrannise. Espère-t-il, via Nancy, unifier ses domaines flamands et bourguignons, en synthèse lotharingienne ? Ces projets fantasques enlisent le Bourguignon au siège de Neuss, en Rhénanie (1474-1475). Le roi de France néanmoins est toujours dans

1. Charles le Téméraire (1433-1477), fils de Philippe le Bon, gouverne la Bourgogne *de facto* depuis 1465 et en devient officiellement le duc à partir de 1467. « A cheval » sur ses possessions des Pays-Bas, de Bourgogne et de Franche-Comté, il incarne face à l'État territorial et national de Louis XI l'alternative princière, et les possibilités (nébuleuses mais glorieuses) d'une civilisation à deux piliers linguistiques, néerlandais d'une part, et français d'autre part. L'actuelle Belgique est le reliquat, non négligeable, de cette espérance avortée.

2. Les Liégeois étaient en conflit avec leur prince-évêque et avec le duc de Bourgogne. Alors que Louis se trouvait à Péronne, à la merci du Bourguignon, celui-ci apprit la nouvelle flambée de la rébellion liégeoise (octobre 1468) et en rendit, non sans raison, Louis partiellement responsable, jusqu'à le contraindre, au risque d'un sort pire encore, à participer aux répressions bourguignonnes contre Liège, ville qui pourtant était en principe l'alliée de la France.

l'inconfort : en juillet 1475, Édouard IV d'Angleterre, allié de Bourgogne, débarque à Calais, avec une armée de 23 000 hommes. Ce qui s'ensuit restera le chef-d'œuvre diplomatique de Louis : recours subtil à l'intelligence, pour éviter l'usage sanguinaire et coûteux de la force. Il s'agit, en bref, d'une élégante économie des méthodes : au meilleur de ses capacités intellectuelles, Louis XI s'était déjà arrangé, par ruse, pour brouiller le Téméraire avec le « traître » Saint-Pol[1], connétable de France et principal complice des Anglo-Bourguignons sur le continent. Par ses agents, le roi cauteleux se tient bien informé de l'irrésolution des Anglais : malgré l'invasion qu'ils viennent d'effectuer, ils ne sont pas prêts à une guerre totale. Fort des complicités qu'il entretient dans le camp britannique, Louis XI organise donc des négociations, suivies d'un rendez-vous au sommet, cette fois parfaitement mis au point (la mémoire de Péronne est encore cuisante et les conseils de Commynes[2], ex-serviteur des Bourguignons, passé au service de France, ne sont pas inutiles). Édouard et Louis se rencontrent donc à Picquigny (août 1475). D'énormes versements d'argent, immédiats et ultérieurs, achètent le départ de l'armée d'invasion : elle retournera dans l'île sans avoir

1. Louis de Luxembourg comte de Saint-Pol (1418-1475) né d'une grande famille, fut l'ami et parfois l'ennemi (non sans fluctuations) de Charles VII, Charles le Téméraire et Louis XI. Connétable de France, époux de la sœur de l'épouse de Louis, il finit par se prendre au filet de ses propres intrigues et par se fâcher définitivement avec le Valois et le Bourguignon. En décembre 1475, Louis le fit exécuter pour trahison après sa condamnation à mort par le Parlement de Paris. En faisant ainsi tuer son beau-frère, il démontrait une fois de plus la « loi » de l'importance des divisions à l'intérieur de la famille royale, comme principe de différenciation des cabales.

2. Philippe de Commynes, noble de Flandre ; au service de Charles le Téméraire, en 1468, il contribue, à Péronne, à tirer Louis XI d'affaire ; un peu plus tard, jeune encore, il déserte la Bourgogne pour le roi de France en 1472. Confident et conseiller de Louis, puis disgracié à diverses reprises après la mort de celui-ci, il laissera de précieux volumes de *Mémoires*.

combattu. En attendant que les Britanniques lèvent le camp, Louis les fait désaltérer avec le contenu de trois cents chariots remplis de barriques de vin. C'est du Rabelais, ou du Bruegel : des tables couvertes de victuailles et de pichets, flanquées à dessein de convives ventrus, sollicitent les guerriers d'outre-Manche, qui ne demandent qu'à s'y vautrer. Cependant, quelques personnages irresponsables, gascons et autres, à grand bruit vont se moquant de la situation ridicule où s'est placée l'armée d'Édouard. Louis XI les cajole ou les paie, pour qu'ils veuillent bien se taire. A tout prix, on doit éviter que les gens de Londres aient l'impression d'avoir perdu la face. Triomphe simultané de la mise en scène bachique et de la prudence discrète... Ainsi prennent fin de façon définitive, avec quel esthétisme des méthodes, les plus que centenaires guerres franco-anglaises. Elles ne seront réactivées que beaucoup plus tard, à la fin du XVIIe siècle. La richesse d'une France en plein essor, permet et permettra par le biais du prélèvement fiscal, de verser aux Anglais la pension ou, disent-ils, le « tribut » (humiliant à l'égard du Valois, mais qu'importe) qui finance pour des décennies leur non-ingérence. A vrai dire, les voisins septentrionaux ne se font pas tirer l'oreille, dès lors qu'il s'agit pour eux de s'enfermer une première fois, Calais mis à part, dans le splendide isolement de leur insularité : de plus en plus, et Louis XI intuitivement le sent, ils ont vocation à se détourner des aventures continentales. De son côté, Louis en cette affaire, s'est acharné au bien commun des sujets régnicoles, conçu selon les normes, certes rajeunies, d'un thomisme d'arrière-saison[1].

Sur sa lancée, mais de façon humainement plus coûteuse, le roi de France parvient dans les années

1. La philosophie thomiste (ou de saint Thomas d'Aquin) mettait au premier plan, dans la lignée d'Aristote, le souci du bien commun pour le royaume et pour les sujets.

suivantes, avec brio, à se débarrasser des redoutables problèmes de Bourgogne. Certes de nombreux jeunes hommes vont mourir pour parvenir à telles fins, mais les milliers de victimes seront reîtres de Suisse, de Lorraine ou du Téméraire, et non pas nationaux directs du roi de France, toujours préoccupé d'épargner le sang des siens. Dans l'optique de l'époque, comme de tant d'autres, c'est là l'essentiel. Avec la peau des autres, achetée à grands frais, on vainc l'ennemi. Le duc Charles est donc battu à Grandson, puis à Morat..., par les Suisses, qui s'alarment de sa politique alsacienne et plus généralement allemande. Trahi par ses sous-ordres, il est tué à Nancy (janvier 1477), au moment même où ses armées sont détruites par une coalition helvético-lorraine, que Louis XI avait grassement financée. Le rêve lotharingien s'écroule. L'agréable Marie de Bourgogne, fille orpheline du Téméraire, après quelques tergiversations compréhensibles, finit par se jeter dans les bras de Maximilien d'Autriche ; elle l'épouse en août 1477 : d'où nouvelles guerres, indécises et cruelles, sur les frontières du Nord-Est, entre l'Autrichien et le roi de France. Marie meurt entre-temps d'une chute de cheval (mars 1482). La paix d'Arras est signée en décembre : la Maison d'Autriche s'installe pour des siècles aux Pays-Bas, qui préservent une indomptable identité et gardent un mauvais souvenir des incursions militaires de leurs voisins du Sud-Ouest. La France acquiert ou conserve pourtant « la Picardie, le Boulonnais, la Bourgogne » et, en pointillés chronologiques, l'Artois et la Franche-Comté. *Exit Lotharingia*. S'évanouit le fol et bel espoir d'une culture duelle, franco-néerlandaise, au sein d'une Bourgogne qui eût été indéfiniment élargie. S'exorcise aussi définitivement le spectre de la « grande conspiration », bourguignonne et bretonne, princière, ducale et même anglaise, dont les promoteurs en 1474-1475 envisageaient encore de dépecer le royaume et de liquider moralement ou physiquement le souverain.

Dans la France renaissante, les rapports Est-Ouest ne sont pas séparables des relations Sud-Nord, « oc-oïl »: avec Louis XI, deux siècles et demi après Simon de Montfort, l'Occitanie va être rattachée au royaume pour la seconde fois. Certes, il serait assez sot de la présenter comme une espèce de colonie aux ordres d'un « Septentrion » oppresseur. Sous Charles VII, le Midi, Languedoc en tête, Bordeaux en moins, avait été le boulevard des libertés françaises contre la domination septentrionale des Anglais. La « zone non occupée » répétera de façon absolument caricaturale cette situation entre 1940 et 1942. Il n'empêche que la simple différence linguistique et la vitalité des parlers occitans ou provençaux créaient toutes sortes de possibilités particularistes : or, les années 1470-1480 infligent à celles-ci des coups décisifs. Charles de Guyenne ex-Berry, frère du roi, meurt en 1472. Jean V d'Armagnac est assassiné à Lectoure en 1473.

Plus habile, l'autre grand féodal de la région, Gaston IV de Foix, a eu l'intelligente idée de mourir dans son lit en 1472 ; du coup, il laisse le pouvoir réel, en son comté pyrénéen, aux représentants directs de Louis XI. Reste le dernier des grands Armagnacs, Nemours *alias* « pauvre Jacques » : sa complicité avec Saint-Pol, connétable « félon », lui vaut l'exécution capitale en 1477, dont Louis XI à l'agonie concevra trop tard quelques regrets. En 1480, la mort de René d'Anjou, le bon roi René dont on exagérera par la suite les réalisations culturelles en Provence, laisse cette province méridionale au roi de France (par-delà le « règne » intermédiaire de Charles II du Maine). Louis en prend possession définitive dans l'année 1481, avec le concours souvent malhonnête de la grande famille provençale des Forbin. La mainmise sur Marseille, dont Louis XI connaît l'importance, complète un axe essentiel de la vie française. Il court depuis la cité phocéenne, via Rhône, Saône, Loire et chemins terrestres, jusqu'à Paris, en passant par Lyon. A vrai dire, ce « trait » était en préparation depuis longtemps : dès 1378, le recrutement des courtisans de la cour pontificale d'Avignon s'opérait au long d'une ligne Rhône-Saône, prolongée vers l'Yonne et la Seine, la Marne, la Somme, la Meuse et la Moselle.

Seul échappe à la France, en pays d'oc, le Comtat Venaissin, protégé des hommes d'oïl par la domination papale : la culture avignonnaise ne s'en porte que mieux ; elle s'illustre à l'époque par une grande école picturale, sous influences italiennes et françaises, autour d'Enguerrand Quarton ou Charreton.

En matière politique, le renforcement administratif de la présence des Valois dans le Midi, par le biais des agents de Louis XI, n'exprime qu'une moitié de l'histoire... L'autre volet du diptyque est culturel : l'imprimerie en langue française, spécialement à Lyon, inaugure en effet sous la Renaissance, ce que n'avaient pu accomplir, et pour cause, les croisades anti-albigeoises du XIIIe siècle, si francisantes qu'elles fussent *a priori*. Ainsi sera porté sur les ailes des pamphlets et des livres le parler d'oïl jusqu'aux rives de la Garonne et aux côtes du golfe du Lion. Dès Louis XI, avec quinze ou vingt années de retard sur l'Allemagne, les nouvelles techniques d'imprimerie s'installent à Paris, puis en province. La politique de « déféodalisation » de la France, efficacement menée par le roi cauteleux, n'aurait pu remporter ni surtout consolider ses succès par le seul fait des initiatives militaires et institutionnelles, même considérables. L'imprimerie amorce l'unification, si peu que ce soit, du langage écrit, voire oral, des sujets du roi ; elle va concrétiser graduellement, pendant le beau XVIe siècle, la fusion commencée du Sud et du Nord, au bénéfice unilatéral de la langue du Septentrion.

« Occitaniste » à sa manière... qui est bien française, Louis XI n'est pas dénué non plus de politique méditerranéenne : passons sur ses démêlés avec les Aragonais, auxquels il arrache le Roussillon (1462-

1475). Pas pour longtemps ! La solution définitive des questions catalanes ne se matérialisera qu'en 1659, sous Mazarin, après neuf siècles de tergiversations depuis Pépin le Bref : le prélat soudera enfin au royaume de Louis XIV les terres roussillonnaises, que Charles VIII, revenant sur les conquêtes de Louis XI, avait restituées entre-temps à l'Espagne (1493)[1].

Vis-à-vis de l'Italie, la politique de Louis XI se résume en quelques mots : tenir le pape en « respect »; et préserver, comme un honnête courtier, l'équilibre péninsulaire. S'agissant du premier objectif, le mot de « respect » est porteur de significations diverses. D'une part, Louis XI veut enlever aux clergés de France les possibilités d'autodétermination et d'élections libres (pour le choix des évêques, des abbés de monastères...) qu'ils avaient reçues, en principe, de la Pragmatique Sanction de Bourges (1438). Plus puissant que l'encore faible Charles VII des années 1430, Louis XI (dont les desiderata, de toute façon, varient selon les circonstances et les années) tantôt abroge et tantôt renégocie la Pragmatique jadis octroyée par son père. Il fait pression sur les prêtres provinciaux pour les obliger à élire leurs évêques parmi ses créatures, qui souvent

1. Il n'est pas inutile de préciser ici, en note, quelques points saillants de cette chronologie roussillonnaise qui, à défaut de tels éclaircissements, pourrait laisser perplexe le lecteur :

1 - dans l'Empire carolingien (né des initiatives préalables de Pépin le Bref) Roussillon et Catalogne sont un coin latino-catholique, voire gallo-franc, enfoncé dans une Espagne alors islamique. D'où peut-être une certaine vocation franco-centrique à Perpignan... et même à Barcelone.

2 - de 1462 à 1475, à travers de nombreuses péripéties, parfois sanglantes, un transfert de souveraineté fait passer le Roussillon (dont Perpignan) de Jean II d'Aragon à Louis XI de France.

3 - en 1493, Charles VIII restitue le Roussillon à l'Espagne, dans le cadre d'une politique générale de détente avec les grandes puissances voisines de la France (en attendant la phase de tension avec divers États italiens).

4 - au traité des Pyrénées (1659), l'Espagne cède définitivement le Roussillon à la France.

sont grands seigneurs. En contrôlant ainsi les prélats (et d'autre part en s'assujettissant, dans le domaine laïc, les métiers jurés[1] ainsi que les conseils d'échevins), Louis XI acquiert d'imparables moyens de domination sur les villes. A la longue pourtant, le noyautage royal de l'épiscopat mécontente l'Église, même et surtout gallicane ; elle est jalouse de son indépendance « tous azimuts » envers l'État et vis-à-vis de Rome. Pour renforcer sa propre mise, Louis XI doit donc s'appuyer sur la troisième force disponible en matière de pouvoir ecclésiastique (outre lui-même et l'Église de France), il s'agit de la papauté. Elle n'est pour lui qu'une amie douteuse qu'il traite volontiers à grands coups d'insultes, mais ce peut être une alliée quand même. D'où, entre autres exemples d'une politique fluctuante, l'ordonnance royale d'octobre 1472, qu'on baptisera concordat d'Amboise, promulguée après négociations avec le Saint-Siège : ce texte reconnaît au pape, pendant une partie de chaque année civile, la collation des bénéfices ecclésiastiques, mais le pontife à son tour doit prendre l'avis du roi pour l'octroi des bénéfices importantissimes, autrement dit les évêchés... Une commune hégémonie monarchico-papale s'établit ainsi sur l'Église de France, servie désormais par un clergé royal qui tantôt s'afflige et tantôt jouit de cette situation simultanément privilégiée et subordonnée.

En Italie proprement dite, les relations de Louis, sur le tard, vont s'aigrir néanmoins vis-à-vis d'une papauté dominatrice. Contre celle-ci, la France s'appuie en 1478 sur les grandes puissances « capitalistes » ou du moins marchandes, en péninsule : Florence, Milan, accessoirement Venise. Louis XI cependant utilise à

1. Nous avons noté *supra* p. 34 que la monarchie, sous la Renaissance, tendait à contrôler étroitement les métiers jurés, corporations ou guildes, « notamment par des taxes variées, sous prétexte d'amendes, cotisations, octroi initial des statuts, etc. ».

ce propos les moyens purement diplomatiques et non point militaires ; contrairement à la réputation de cruauté dont on l'affublera *post mortem* (pas toujours à tort) il se borne en l'occurrence, pour l'essentiel, aux voies de douceur. La péninsule s'en trouve bien et lui doit, ainsi qu'à quelques autres responsables, plusieurs décennies de calme intérieur, qui ne sont pas inutiles aux grands accomplissements de la Renaissance médicéenne. Charles VIII et le « bon » Louis XII, au contraire, ensanglanteront les pays d'au-delà des Alpes. Étonnante figure de Louis XI (si rusé, voire méchant soit-il) comme prince de la paix, à l'opposé des représentations diaboliques que donneront de lui Walter Scott et le romantisme. Prince de la paix, mais aussi roi de la reprise des productions et des échanges : engagée depuis le milieu du siècle, celle-ci prend forme et vigueur définitives aux environs des années 1470-1480.

Louis XI meurt le 30 août 1483. Son fils et successeur Charles VIII est âgé de treize ans. Pour les huit années qui vont suivre, il abandonne l'administration effective ou « tutelle » du royaume à sa sœur aînée Anne, intelligente et sérieuse, excellente joueuse d'échecs ; elle est le portrait de son père, moins quelques atrocités inutiles ; il la tenait pour « la femme la moins folle qu'il y ait en ce royaume, car de sage il n'y en a point ». L'époux de cette dame, Pierre de Beaujeu, frère cadet du duc de Bourbon, joue aussi un rôle non négligeable dans cet interrègne qui est régence de fait. Nécessairement, contre les méthodes parfois brutales et surtout omniprésentes de feu Louis XI qui voulait tout voir et contrôler par lui-même, une réaction défiante des grands féodaux cherche à se faire jour.

Vis-à-vis de celle-ci le groupe des Beaujeu, même et surtout quand il se veut libéral, représente en droite ligne les strictes permanences de l'autorité monarchique. Il doit néanmoins composer avec deux cliques adverses ; elles sont rassemblées (notamment) autour de divers princes du sang royal. L'une d'elles soutient le duc d'Orléans. Il régnera, sous le nom de Louis XII, après la mort de Charles VIII, qui disparaîtra en 1498 sans laisser d'héritier direct. L'autre cabale se noue autour de deux cousins du roi, plus éloignés : le duc de Bourbon, frère aîné de Beaujeu ; et un Valois-Anjou, René II de Lorraine, petit-fils du bon roi René en ligne maternelle. Les trois « sodalités[1] » ainsi confrontées s'intéressent avant tout au pouvoir : les contrastes idéologiques entre elles sont minces ; on les verra tour à tour, et l'une contre l'autre, revendiquer la réunion des États Généraux, conformément à une habitude bien enracinée des grands de l'Ancien Régime, qu'ils soient ou non contestataires ; ce souhait émanera des Beaujeu dès 1483, et du duc d'Orléans dans les années suivantes. En fait ce personnage, une fois devenu Louis XII, quinze années plus tard, n'aura pas, sur le terrain, une politique bien différente de celle de Charles VIII ! Néanmoins, les positions qu'occupent les uns et les autres à l'avènement du jeune Charles sont diverses : le couple Beaujeu est plus proche du pouvoir réel que ne le sont ses deux concurrents ; ainsi s'introduisent certaines divergences. Les Beaujeu furent avantagés par les dernières volontés de Louis XI, mais ils risquent d'être submergés sous une cohue d'adversaires et compétiteurs qui voudraient s'introduire dans le Conseil d'en haut, tel qu'il persévère dans l'être après le trépas du roi soupçonneux. Anne et Pierre vivent les problèmes difficiles d'une régence que connaîtront après eux Catherine et

1. Sodalité : groupe d'intérêts, de familles, de clientèles, d'ambitions et éventuellement d'idées. Le mot vient de l'Antiquité romaine. M. Georges Dumézil, peu avant sa mort, m'indiquait que ce terme pourrait bien s'appliquer aux cabales, factions, camarillas de l'époque moderne, voire contemporaine.

Marie de Médicis, Anne d'Autriche et Philippe d'Orléans. Ils acceptent donc volontiers de convoquer les États Généraux : ils espèrent opposer la volonté populaire, ou soi-disant telle, incarnée par cette assemblée représentative, aux appétits des princes, Orléans, Bourbon, Lorraine-Anjou et autres « féodaux »; ceux-ci de leur côté désirent culbuter hors du pouvoir la famille des nouveaux « régents ».

Les États Généraux, réunis à Tours en janvier 1484, au niveau des trois ordres, procèdent d'élections qui, dans les conditions de l'époque, ne sont pas fictives ; elles eurent lieu parmi les bailliages ou les villes. Philippe Pot, noble bourguignon, était devenu, après la conquête de sa province, collaborateur de la France : il saisit l'occasion des États de 1484 pour revendiquer dans un discours fameux la souveraineté du « peuple », celui-ci incluant les clercs et les nobles. Il va même, contre les hauts personnages de sang royal, jusqu'à poser (platoniquement) le principe de l'élection des rois par les sujets ou par les États du royaume. Rhétorique traditionnelle, inspirée de l'Antiquité, de la théologie médiévale et de certaines pratiques d'autres pays d'Europe. Elle pourrait, le cas échéant, se révéler révolutionnaire. Elle arrange les Beaujeu, puisque, le temps d'une manœuvre, ils jouent le « peuple » contre les princes.

Performance autrement remarquable de la part des États de 1484 : la décision de baisse nationale des tailles. Elle est consentie au préalable, en faveur de cette haute assemblée, par les Beaujeu et autres conseillers de Charles VIII : les seules contributions *directes* tombent de 4 000 000 de livres, (c'était leur niveau approximatif aux dernières années de Louis XI), à 1 500 000 livres en 1484. Prodigieux déclin : il affaiblit l'armée royale, sans la détruire. Celle-ci demeurera suffisamment forte pour battre les princes, en leur prochain soulèvement de guerre folle. Surtout cette puissante réduction des taxes dit l'élasticité de l'appareil étatique. Il est assez petit et souple pour encaisser sans destructions gravissimes une diminution de 62,5 % de son train de vie fiscal et monétaire ! Il est vrai que les officiers à l'époque, tout salariés du roi qu'ils fussent, ne vivaient pas seulement de leurs maigres gages mais aussi d'épices, et de terres familiales : la monarchie de l'adolescent Charles VIII supporte gaillardement une amputation budgétaire qui dans nos États mastodontes d'aujourd'hui serait impensable ou désastreuse.

Dans le moyen terme, ce tour de vis fiscal « à l'envers » est même l'une des « causes » parmi d'autres d'un prochain revirement stratégique. Au lieu de guerroyer en Bourgogne et Bretagne, bientôt apaisées, l'armée royale ira se livrer, dès 1494, à d'éphémères conquêtes en Italie. Elle y vivra sur l'habitant, sans coûter grand-chose au contribuable français.

Les rabais fiscaux se feront sentir jusqu'à la fin du XVe siècle et même ensuite. A son apogée, en 1482, la ponction fiscale de Louis XI serait montée (en y incluant les taxes indirectes) à 5,4 millions de livres, soit 130 tonnes d'argent fin. Ultérieurement, et par-delà ses minima de 1484-1485, elle évolue autour de 2,35 millions sous Charles VIII, soit 60 tonnes d'argent. Ensuite, elle opère une ascension en pente douce sous Louis XII (1498-1515) jusqu'à 3,5 millions : ceux-ci, compte tenu des dévaluations de la livre survenues entre-temps, n'équivalent qu'à 63 tonnes d'argent. On reste donc loin des plafonds fiscaux qui furent enregistrés sous Louis XI. Les modestes ponctions qui s'opèrent ainsi au profit des successeurs de ce roi n'empêchent nullement que se prolonge l'expansion militaire du royaume vers la péninsule, aux frais des Italiens naturellement.

Qui plus est, de tels phénomènes prennent place au cours d'une phase d'expansion économique et démographique, à la fin du XVe et au début du XVIe siècle, quand la population française est en marche pour retrouver ses dimensions du « monde plein », la vingtaine de millions d'âmes des années 1320, 1550, ou 1560-1720. De ce point de vue, la mansuétude de la « pompe à phynances » à partir de 1484 stimule puissamment la croissance en cours, elle-même portée par une conjoncture séculaire. Les particuliers, alléchés par le dégrèvement, bâtissent et défrichent d'autant plus qu'ils ne sont pas découragés ou désargentés par l'impôt trop lourd.

Les États Généraux se dispersent en mars 1484. Ni les Beaujeu, ni Charles VIII, malgré certaines promesses, ne les convoqueront de nouveau. Leur dissolution marque la fin d'une phase de régence libérale, celle-ci privilégiée par la baisse spectaculaire des impôts, et par l'accueil aux doléances des élites ; on en vient à un type de gouvernement plus autoritaire, et qui néanmoins ne renoue pas totalement, tant s'en faut, avec les méthodes parfois tyranniques de Louis XI. Remarquable en tout état de cause est l'incapacité des États Généraux (qui se réuniront désormais pendant les cent trente années suivantes de façon décousue et spasmodique) à se transformer, comme il arrivera chez les Anglais, en un système de contrôle par le Parlement, susceptible de brider durablement le pouvoir royal. D'où vient cette inaptitude française et (plus largement) continentale ? Peut-être convient-il de renverser les termes du problème. On soulignera dans ces conditions l'exceptionnalité de l'exemple insulaire, le « miracle anglais » : outre-Manche, l'organisation du Parlement, encore embryonnaire sous la Renaissance, deviendra, à terme, « la forme enfin trouvée » d'une structure représentative qu'il suffira ensuite d'exporter (non sans mal) au cours de l'époque contemporaine, vers les autres pays, d'Europe et d'ailleurs. La France renaissante, par contre, est trop grande, trop hétérogène et diverse, trop peu unifiée pour qu'on y élise régulièrement des États Généraux à l'échelle nationale.

Les contribuables considèrent qu'une opération de telle envergure est coûteuse, voire inutile ou déraisonnable. Les États provinciaux de nombreuses régions (Languedoc, Normandie), dont certaines à elles seules équivalent à de petites nations, suffisent au bonheur des sujets quand ceux-ci sont en veine de « participer ». Hors des zones d'oc, la noblesse française d'oïl, sauf dans ses strates les plus hautes et distinguées, est quelque peu écartée du processus de décision étatique ou royal. Mais elle se satisfait du privilège fiscal : il lui permet de ne pas payer d'impôts, à la différence de l'aristocratie britannique qui s'acquitte, elle, des taxes royales, tout comme le fait la roture des simples *Commoners*[1]. Les nobles français sont dé-taxés et déresponsabilisés ; à l'inverse des gentilshommes anglais, qui se veulent contribuables et responsables.

De ce côté-ci de la Manche, la situation nobiliaire, quelque peu humiliée, n'est donc pas sans un certain confort, même si dans le très long terme, la monarchie des lys risque d'en souffrir ; la configuration française est en effet incapable de sécréter les structures de participation aristocratique, puis roturière grâce auxquelles, sur un tout autre terrain, sera consolidée (par contraste) après bien des soubresauts, la royauté anglaise. Les Français d'oïl, à leur décharge, peuvent cependant invoquer l'existence de circuits originaux, moins décisifs outre-Channel, en vertu desquels le pouvoir du Valois est amené à tenir compte de l'autonomie de certaines élites : le monde et la puissance des offices, des « parlements » au sens français du terme, donne en effet aux institutions judiciaires du Bassin parisien et d'ailleurs une vaste liberté de manœuvre par rapport

1. Les *Commoners* anglais, comme la roture française, sont ceux qui n'appartiennent pas aux deux premiers ordres de la société, clercs et gentilshommes, la discrimination ainsi pratiquée à l'égard du « commun » peuple étant du reste moins rigoureuse en Angleterre qu'en France.

au roi ; du fait de celle-ci, les influences et pressions, venues d'en bas, remontent quelque peu, par l'intermédiaire de la magistrature, jusque vers les sommets de l'appareil d'État.

A peine séparés, les États Généraux de 1484 laissent à leur suite deux questions ouvertes, que la puissance monarchique et les talents d'Anne de Beaujeu vont résoudre, à titre initial, durable ou définitif, selon les cas : il s'agit de la guerre civile, et de la Bretagne.

Guerre civile ou *folle*, d'abord ; celle-ci, mauvais *remake* de la ligue du Bien public, s'étend de décembre 1486 à juillet 1488. Elle simplifie les coteries en présence : au parti de la dame de Beaujeu, devenue Bourbon en 1488, s'oppose la faction du duc Louis d'Orléans, premier prince du sang. Au culmen de ses forces contestataires en 1486, Orléans, futur Louis XII, s'allie au « roi des Romains » Maximilien[1] et au duc François II de Bretagne ; son camp inclut les grands seigneurs du royaume ou certains d'entre eux : le connétable de Bourbon parent des Beaujeu se dérobera vite à ses avances, mais le sire d'Albret, le comte d'Angoulême, le cardinal Pierre de Foix et bien d'autres grands sont de la partie... Il manque aux princes conjurés[2], et pour cause, l'appui capital des villes, à commencer par Paris. Leur fait aussi défaut le soutien du Parlement, de l'université. Les unes et les autres se méfient des projets d'une clique de grands seigneurs. Après diverses péripéties militaires, Louis d'Orléans,

1. Maximilien fils de l'empereur Frédéric III, a été élu « roi des Romains » par la diète de Francfort en 1486 ; il deviendra donc empereur, mais seulement en 1493 à la mort de son père.

2. Distinguons à ce propos, parmi les magnats susnommés, Jean II duc de Bourbon et connétable de France (qui décédera en 1488), et qu'on ne doit pas confondre avec son frère cadet Pierre II sire de Beaujeu, mari d'Anne de France, fille de Louis XI ; elle-même devenue par ses noces Anne de Beaujeu. Elle s'appellera définitivement Anne de Bourbon en 1488, quand Pierre II succédera au duché de Bourbonnais à la suite de la mort de son frère aîné, le connétable précité Jean II, ci-devant duc de Bourbon.

qui ne « fait pas le poids » devant l'artillerie et les mercenaires des cousins de la branche aînée, est battu à Saint-Aubin-de-Cormier (Ille-et-Vilaine actuelle) en même temps que ses alliés bretons (27 juillet 1488). La guerre folle n'a certes pas ravagé la France, alors en plein essor, comme l'avaient fait, par contre, les guerres de Cent Ans. Mais l'affaire de Saint-Aubin est loin d'être une partie de plaisir : sept mille cadavres, dont 21,4 % sont des royaux, restent sur le champ de bataille. Un jeune et (pour l'heure) brillant stratège, La Trémoille, d'une grande famille en pleine ascension, a vaincu les coalisés et du même coup, les Armoricains (l'affaire sera grosse de conséquences pour la Bretagne). Fait prisonnier, Orléans va errer de forteresse en forteresse ; sa captivité dure près de trois ans : en juin 1491, Charles VIII, sans prévenir sa sœur Anne de Bourbon ex-Beaujeu, prend l'initiative de délivrer l'Enfermé qui, pour l'heure, était détenu dans la tour de Bourges. Les deux jeunes hommes, roi et prince, tombent dans les bras l'un de l'autre. Cet acte politique fait honneur à l'intelligence du jeune Charles, si souvent décriée. Anne, femme des solutions dures, est prise de court par le petit putsch qui s'accomplit de la sorte ; il réconcilie les deux branches, jusqu'alors ennemies, à l'intérieur de la famille royale. La voie dorénavant est libre pour une pacification de longue durée des querelles aristocratiques : leur énergie intrinsèque pourra se détourner hors du royaume, et s'écouler notamment vers l'Italie, qui volontiers s'en serait passée. L'entente ainsi rétablie dans le clan des Valois n'est pas étrangère non plus à la mise en train des solutions définitives du problème breton.

Celui-ci n'est pas seul en cause : il existe également une question méridionale, un irrédentisme désuet, mais toujours possible, des terres ouest-occitanes, bref de ce que nous appelons aujourd'hui l'Aquitaine ou le Sud-Ouest. Les princes rebelles, Comminges, Angoulême, Albret, Foix, dominent cette grande aire au temps de la guerre folle, depuis les Charentes jusqu'aux Pyrénées. Leurs sujets, il est vrai, ne les suivent pas, et sont plus royalistes que régionalistes. De février à mars 1487, une remarquable campagne d'hiver menée par Anne et Charles soumet toute la zone qui va de Saintes à Bordeaux et de Bayonne à Parthenay. Charles n'a plus qu'à marier l'ex-rebelle Angoulême à la redoutable Louise de Savoie, en des noces dont naîtra un jour... François Ier.

La Bretagne, c'est une autre affaire. Elle est double, et linguistiquement coupée ; francophone à l'Est ; celtophone à l'Ouest. Jusqu'en 1341, date de la mort du duc Jean III, on pouvait considérer la péninsule comme un « fief incontesté du royaume de France ». Mais après une période de crise, la tentation renouvelée de l'indépendantisme traverse comme un fil rouge le principat des cinq ducs, depuis Jean V qui gouverna quarante-trois ans (de 1399 à 1442) jusqu'à François II, en queue de liste (1458-1488). Le duché bat monnaie. Ses institutions propres — Conseil étroit, chambre des comptes —, sont vigoureuses. Deux mille navires bretons, souvent de modeste tonnage, prennent acte de la renaissance économique ; ils trafiquent depuis la Zélande et les côtes anglaises jusqu'à l'Espagne. Un art flamboyant se déploie pendant le XVe siècle sur les rivages armoricains à partir de l'informelle école d'architecture et de sculpture du Folgoët[1].

Les performances de tous ordres dans le domaine culturel et matériel ne suffisent point à fonder une indépendance nationale. De toute façon les victoires au moins partielles qu'avait obtenues Louis XI contre les princes qui jalousaient son pouvoir sur le territoire français, laissent la principauté bretonne de plus en

1. Finistère actuel, arrondissement de Brest, canton de Lemeven. Un atelier de sculpture sous protection ducale y fonctionne de 1425 à 1455 environ, fournissant des chefs-d'œuvre, et donc des modèles aux artistes bretons.

plus isolée ; elle est vouée de ce fait, lors des années 1480, à la recherche de compromettantes alliances hors du royaume, en direction de l'Empire, de l'Angleterre, de l'Espagne... La participation du duc François II de Bretagne à la coalition aristocratique de guerre folle fournit prétexte à l'invasion française que dirige La Trémoille, et qui ravage la péninsule. Les Bretons, en même temps que le duc d'Orléans, sont défaits à Saint-Aubin-du-Cormier. Le traité de Sablé, ou « traité du Verger » (août 1488) et la mort du duc François II (septembre) suscitent des candidatures au mariage : elles en veulent à la main de la fillette du feu duc, Anne de Bretagne. Petite femme fine et cultivée, dure caboche armoricaine, qu'un folklore ultérieur fera duchesse en sabots, Anne voudrait sauvegarder tant bien que mal ce qui reste de franchises en son duché ; elle souhaite, pour sa propre personne, un mari qui soit roi, voire empereur. En 1490, l'adolescente, âgée de quatorze ans, décide de donner sa main à Maximilien, proche héritier du titre d'empereur, et dont elle espère un appui contre les Français. Main contre jambe : comme signe d'accord, le fiancé impérial, retenu dans ses États plus à l'Est, se borne effectivement à expédier jusqu'en Armorique un envoyé officiel, qui glisse une jambe nue dans le lit pseudo-conjugal où s'étend pour la forme Anne de Bretagne. Les Français continuent de dévaster le duché ; ils ne veulent rien savoir de ces fausses noces[1]. Dans des scènes dignes de l'*Iliade*, ou de *La Belle Hélène*, ils assiègent Rennes pour obliger Anne à rompre son premier mariage, unijambiste et platonique. Elle épouse Charles VIII en décembre 1491. Elle l'aimera jalousement sans réciprocité pleine et entière. Ainsi prennent fin les rêves d'indépendance péninsulaire ; ainsi

1. Le traité du Verger avait en effet stipulé que les filles du duc breton François II ne pourraient se marier sans les conseil, avis et consentement du roi de France.

commence une procédure d'intégration pour le moins partielle de la Bretagne au royaume, procédure qui ne prendra sa signification définitive (et encore !) qu'en 1532, lors de l'édit d'union ; il sera publié à Nantes après négociation avec les États régionaux.

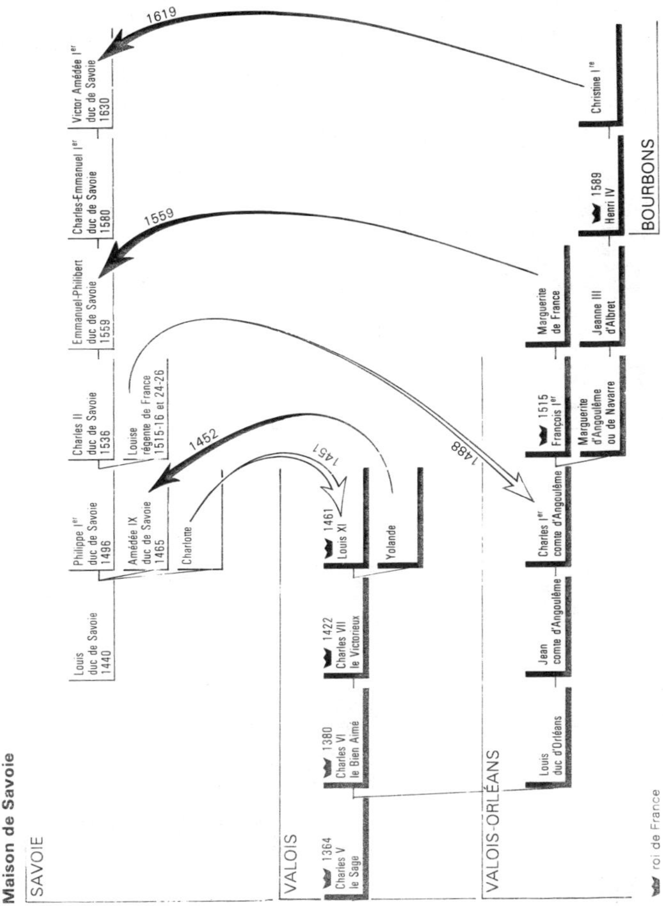
Maison de Savoie
SAVOIE
Louis duc de Savoie 1440
Philippe Ier duc de Savoie 1496
Amédée IX duc de Savoie 1465
Charlotte
Charles II duc de Savoie 1536
Louise régente de France 1515-16 et 24-26
Emmanuel-Philibert duc de Savoie 1559
Charles-Emmanuel Ier duc de Savoie 1580
Victor Amédée Ier duc de Savoie 1630
1619
1559
1452
1451
1488
VALOIS
1364 Charles V le Sage
1380 Charles VI le Bien Aimé
1422 Charles VII le Victorieux
1461 Louis XI
Yolande
VALOIS-ORLÉANS
Louis duc d'Orléans
Jean comte d'Angoulême
Charles Ier comte d'Angoulême
1515 François Ier
Marguerite d'Angoulême ou de Navarre
Marguerite de France
Jeanne III d'Albret
1589 Henri IV
Christine Ire
BOURBONS
roi de France

III

L'exutoire péninsulaire

Les mois de mai-juin 1491 voient l'arrivée définitive de Charles VIII « aux affaires ». Sa sœur Anne de Beaujeu, puis Bourbon, qui fut longtemps prépondérante, vient d'accoucher d'une petite fille, et se détourne quelque peu de la politique active ; en tout état de cause, elle tend à s'effacer, d'assez bonne grâce, à cause des initiatives récentes et conciliatrices que Charles a prises. De son propre chef, il a rendu liberté et amitié au cousin Louis d'Orléans. Au printemps de 1491, Charles est effectivement « majeur ». Au physique, il est si petit que quand il chevauche on a l'impression de ne voir qu'une tête sur une monture. Il est laid, lippu, à grand nez aquilin, cheveux longs, barbe rousse. Les yeux sont noirs, saillants, globuleux. Le regard est vif et pénétrant. Le visage ne tardera point à maigrir et enlaidir. Sportif, le roi dont l'écriture est ferme sait se faire majestueux et secret, rêveur et mystique. Mais soyons objectifs : Charles est très loin d'être génial. Raisonnablement féru d'histoire romaine et française, de livres de sagesse, de vies des saints, d'architecture, de peinture et de romans, comprenant le latin et l'italien, il passe pour assez cultivé, davantage en tout cas que ne sont généralement les princes français, qui de ce point de vue sont la risée de l'Europe érudite et surtout de l'Italie pendant les années 1490. Au Conseil d'en haut, la clairvoyance n'est pas le trait permanent du nouveau roi que M. Quilliet avec quelque exagération qualifie même de « débile de première grandeur »; Charles fait preuve, néanmoins, en ce suprême aréopage, d'affabilité, d'esprit de décision, et d'un optimisme contagieux qui « boit l'obstacle » sans toujours l'annuler.

Chasseur, Charles fait chambre commune avec la reine, avec les valets et les chiens : ceux-ci mordent les tentures et compissent l'ameublement. Joueur et tournoyeur (façon comme une autre d'organiser des manœuvres militaires), il s'imbibe de mentalité chevaleresque et préside aux destinées courtoises de l'Ordre de Saint-Michel, sous le patronage pictural d'un archange. Homme de plein air, il s'éprend de mainte dame, et sans fougue ; il n'aime que modérément sa conjointe Anne, dévouée, possessive. La piété de Charles est quotidienne et profonde. Dominée du persistant désir d'un départ en croisade, elle redouble d'ardeurs à partir de 1497. Elle autorise dans les débuts bien des passades, mais interdit le règne en titre d'office d'une maîtresse durable. Loyal, brave, capable de tendresse et d'affection, généreux, volontaire, juste, bon, entouré de jeunes hommes combatifs, excellent artilleur, Charles incarne, non sans gaffes, l'idéal d'une monarchie religieuse, équitable ; elle se veut guerrière hors du royaume, mais à peu de frais. On est loin, en ce qui concerne cet homme, des stéréotypes qu'ont entretenus jusqu'à nos jours d'excellents historiens ; de façon sommaire, ils présentent le pénultième roi du XVe siècle comme inintelligent, voire inconscient.

La politique extérieure du souverain juvénile tient

en deux mots : neutraliser, aux moindres frais, la coalition des trois grandes puissances, Empire, Angleterre, Espagne, qui prendrait le royaume en tenailles ; et faire valoir en Italie une souveraineté sur les territoires napolitains ; le roi de France croit les avoir hérités, à tort ou à raison, du fait de son ascendance angevine.

Du côté anglais, par le traité d'Étaples (1492), la France achète une fois de plus à gros prix d'argent le départ ou la non-intervention du monarque de Londres, à l'endroit des provinces septentrionales. Ce texte garantit que la Bretagne, devenue satellite des Valois, ne sera plus pomme de discorde entre les monarchies française et britannique. L'appétit mercantile des blonds voisins du Nord deviendra proverbial : pour l'heure, il est ravitaillé, une fois de plus, et de façon utile, en espèces sonnantes et trébuchantes, par les agents de Charles VIII. De toute manière, nous l'avons noté, l'Angleterre depuis le début des années 1450 est entrée dans un processus d'insularisation symbolique : la folie d'Henri VI dès 1453 avait préludé aux règlements de comptes de la guerre des Deux-Roses. L'argent qu'ont déversé par-dessus le Pas-de-Calais Louis XI et puis son fils aide à poser les fondements de ce qui deviendra la puissance des Tudor, intérieure et maritime ; elle se déprend des aventures continentales.

En 1493, sur d'autres fronts, quelques concessions territoriales viennent apaiser l'Empire, et momentanément l'Espagne. Pour adoucir ces grands États, la France se dessaisit, contre compensation en colis d'or et de soie, des jalons qu'avait plantés Louis XI dans la Franche-Comté, l'Artois, le Roussillon. Là aussi, l'argument armoricain est capital : ces « abandons » français sur les frontières de l'Est (et du Sud) incitent Maximilien, en contrepartie, à renoncer de manière implicite aux prétentions bretonnes qu'il pourrait formuler du fait de son bref « mariage » avec la duchesse

Anne. Est-ce à dire que la France, ainsi tranquillisée sur sa façade atlantique, a vraiment sacrifié des gages précieux, inséparables de ses « frontières naturelles », dans leurs modalités occidentales ou méridionales... Rien n'est moins sûr. Les trois territoires « délaissés », Artois, Comté, Roussillon, ne seront définitivement rattachés au royaume que beaucoup plus tard, sous Louis XIV. Il y a quelque anachronisme à les déclarer « perdus », par anticipation, dès la fin du XVe siècle. On était encore très loin, aux années 1490, d'une image hexagonale de la nation, projetée bien au-delà de l'Aisne et de l'axe Saône-Rhône. L'histoire ne saurait faire grief à Charles VIII d'avoir récusé (sans le savoir) cette image géométrique à six côtés. On ne perd vraiment que ce qu'on possède pour de bon.

Restent les randonnées italiennes du jeune roi. Leur fondement légal, de nos jours, paraît désuet ; il n'était pas sans valeur aux yeux des hommes du XVe siècle, pétris de juridisme pointilleux. Par testament, inattaquable, selon les uns, contesté au gré des autres, Louis XI avait hérité, en pure théorie, des possessions de la maison d'Anjou, celles-ci incluant le royaume de Naples, et même le territoire purement « imaginaire » de Jérusalem. En janvier 1494, la mort de Ferrant Ier d'Aragon, monarque réel du pays napolitain, ouvre une succession : Charles VIII entend profiter de cette conjoncture, et faire valoir ses prétentions historiques à l'encontre des successeurs de Ferrant fraîchement intrônisés sur place[1]. Les circonstances paraissent favorables : progressivement ramenés à quelque obéissance (pas pour toujours) par Louis XI et Anne de Beaujeu, les grands dans le royaume ne sont plus en état ni en

1. Charles VIII épiait depuis quelque temps l'héritage napolitain. A Ferrant Ier d'Aragon, succède localement Alphonse II à partir de la fin de janvier 1494 ; puis après l'abdication d'Alphonse (janvier 1495), c'est au tour de Ferrant II d'Aragon, dit « Ferrandino », de devenir souverain de Naples.

désir de fomenter une guerre civile, serait-elle « folle ». L'amitié a refait surface entre Charles VIII et son cousin Louis d'Orléans ; ainsi s'est colmatée la brèche par où pourraient s'engouffrer encore les luttes armées entre Français. Une Cour réunifiée, qui apprivoise déjà les grands aristocrates, s'accroît en effectifs autour du souverain. Elle ne fera que grandir, embellir et coûter plus cher lors de la première guerre d'Italie (1494-1495). Au vu de ces phénomènes, les courtisans professionnels, dont l'espèce est en voie d'expansion, n'apparaissent pas simplement comme d'ex-soudards ou descendants d'ex-soudards en voie d'autocivilisation pacificatrice dans le milieu curial. Ces hommes sont plutôt des guerriers que la monarchie met à son service ; elle les détourne des querelles intranobiliaires pour les employer militairement dans l'aventure extérieure et nationale. De fait, en 1493, année de paix, les Français s'ennuient ; ou du moins s'ennuie le sang bleu qui bouillonne en leur nom. Une partie de la jeune noblesse n'est pas mécontente de courir à l'équipée, à la gloire, voire à la fortune. L'occasion fait le larron : le duc d'Orléans, soutenu par une faction d'amis (dont fait partie le maréchal de Crèvecœur), aimerait profiter du temps qui court ; il voudrait mettre en œuvre des prétentions territoriales sur le duché de Milan ; elles lui viennent d'une grand-mère, Valentine Visconti ; elles laissent froid Charles VIII, qui ne pense qu'à Naples. D'autres cabales, dont celle des Beaujeu, récusent discrètement, sans succès, les lobbies et les lubies d'expansionnisme qui environnent le jeune Charles. La reine Anne n'est guère enthousiaste quand elle pense aux séparations conjugales, même momentanées, qu'entraînera la guerre par-delà les Alpes.

Tout bien posé, il demeure exact que le royaume, au début des années 1490, est en quête ou même en gésine d'une « politique méditerranéenne », sorte d'immense serpent de mer qui traversera toute notre

Troisième maison d'Anjou

Philippe IV le Bel
♛ de France 1285

Charles de Valois
= Marguerite d'Anjou-Sicile

Philippe VI
♛ de France 1328

Jean II le Bon
♛ de France 1350

Charles V le Sage
♛ de France 1364

Louis Ier 1339-1384
cte puis duc d'Anjou 1360,
comte du Maine 1356,
duc de Touraine 1370,
prétendant aux trômes de Naples
et Jérusalem 1382,
comte de Provence et
Forcalquier 1382
= 1360
Marie de Blois
comtesse de Guise † 1404
fille de Charles, duc titulaire
de Bourgogne

VALOIS →

Louis II 1377-1417
prétendant au trône de N. et J.* 1384
duc d'Anjou, comte du Maine, de Provence et Forcalquier 1384,
comte de Guise 1404,
prétendant aux trônes de Aragon et Valence 1410
= 1400
Yolande † 1443
fille de Jean Ier d'Aragon et de Valence

- Louis III 1403-1434
  prétendant aux trônes de N.J.A.V.* 1417
  duc d'Anjou 1417,
  de Calabre 1423,
  de Touraine 1424,
  comte du Maine, de Provence et Forcalquier
  = 1431 — sans postérité
  Marguerite † 1479
  fille d'Amédée VIII,
  duc de Savoie

- Marie 1404-1463
  = 1422 — **VALOIS** →
  Charles VII
  de France 1422

- René le Bon 1409-1480
  c[te] de Guise 1417, duc de Bar 1430,
  duc de Lorraine 1431,
  prétendant aux trônes de N.J.A.V.* 1434, duc d'Anjou,
  de Touraine, de Calabre,
  c[te] de Provence et Forcalquier 1434
  de Naples et de Jérusalem, 1435
  = 1420
  Isabelle † 1453, fille de Charles Ier duc de Lorraine
  - Jean Ier (ou II) v. 1426-1470
    duc de Calabre, prince de Gérone 1434
    duc de Lorraine 1453
    = 1437
    Marie † 1448
    fille de Charles Ier duc de Bourbon
  - Yolande 1428-1484
    d[esse] usufruitière de Lorraine 1473
    titulaire des trônes de Naples et Jérusalem 1481
    = 1444
    Ferry II (ou VI) de Lorraine, comte de Vaudémont
    - Jeanne † 1481
      duchesse de Lorraine
      = 1474 sans postérité (Charles † 1481)
  - Marguerite 1430-1482
    = 1445 — **PLANTAGENÊT** →
    Henri VI d'Angleterre

- Yolande 1412-1440
  = 1431 — **BRETAGNE** →
  François, futur duc de Bretagne 1414-1450

- Charles 1414-1472
  c[te] du Maine et de Mortain 1434,
  de Gien 1442 et de Guise 1444,
  duc d'Anjou 1442
  = 1444
  Isabelle de Luxembourg, comtesse de Guise
  † 1472
  - Charles † 1481
    c[te] du Maine et de Guise 1472
    titulaire de Naples et de Jérusalem 1480
    c[te] de Provence et Forcalquier,
    duc d'Anjou
    } *Lègue ses possessions à Louis XI*

* N. *Naples*
J. *Jérusalem*
A. *Aragon*
V. *Valence*

histoire, des Valois aux pompidoliens. Le temps n'est plus où le Sud languedocien et rhodanien, jadis base de départ pour la croisade de saint Louis, fonctionnait modestement comme ultime refuge de la monarchie-croupion du jeune Charles VII. Sous Charles VIII, forte de sa propre expansion et des acquis de Louis XI, la France est redevenue ce qu'anachroniquement on appellerait une super-puissance. La nature a-t-elle horreur du vide ? On ne s'étonne pas en tout cas que cet excès de force vive aille se répandre vers une zone de moindre résistance et de séduction maximale : l'Italie, renaissante et divisée. La proie péninsulaire est plus saisissable que ne sont l'Angleterre, l'Espagne et l'Empire, trio de partenaires vigoureux, dissuasifs...

La motivation humaniste existe, mais n'est pas capitale. Jean de Ganay, président au Parlement de Paris, accompagne Charles VIII au-delà des Alpes ; il se montre soucieux de « fouiller dans les bibliothèques italiennes »; mais ces préoccupations éclairées sont peu répandues dans l'état-major et la bureaucratie de l'armée d'invasion. L'efflorescence littéraire et artistique du royaume de France sera conséquence proche ou lointaine des guerres italiennes ; au point de départ, elle ne fournit pas d'incitations majeures aux Français qui veulent passer les cols. A Lyon, à Marseille et dans tout le Sud-Est, l'initiative « sudiste » du jeune roi rencontre cependant un écho favorable, y compris auprès des commerçants, des hommes d'affaires... Elle s'autorise également, de la sempiternelle rêverie de croisade que les papes Pie II puis Innocent VIII avaient essayé bien en vain de concrétiser : Charles VIII, motivé tout enfant par saint François de Paule, et qui par ailleurs est fort hostile aux hérétiques, y jouerait le personnage de saint Louis, sous la tutelle d'une Anne de Beaujeu promue au rôle de Blanche de Castille. Cet onirisme brumeux n'est pas totalement injustifié : les Turcs entre 1453 et 1490 apparaissent ou s'installent à Constantinople et sur les deux rives de l'Adriatique, soit en Albanie, à Otrante et à Ancône. Contre leurs menaces, on n'a pas seulement besoin d'un saint roi, mais d'un nouveau Charlemagne, et même des hauts faits d'un Roland, qui combattit les Sarrasins mieux que quiconque : aussi bien, pour rendre l'analogie plus complète, Charles a baptisé son fils aîné Charles-Orland, comme un *Orlando* plus pieux et plus furieux que nature. Le jeune monarque français a sous les yeux l'exemple de Ferdinand d'Aragon : ce roi bat les Maures à Grenade et « convertit » les Marranes ; par pieuse cruauté, il anime ainsi, contre l'ennemi extérieur ou infidèle, les courages des barons castillans ; sans cela, ils basculeraient volontiers vers la révolte intestine, en Espagne même. Au cœur du roi Valois, l'émulation, même de mauvais gré, bref l'amour-haine l'emporte donc, vis-à-vis des Aragonais : de propos délibéré, par son utopie de croisade, il tente d'imiter leur conduite « religieuse » en Espagne ; il copie aussi d'une autre façon leurs comportements, et presque à son insu, car l'Italie sera pour lui comme une Amérique de substitution, mais ratée, à l'heure où déjà les caravelles ibériques sont en place aux Caraïbes. Charles veut en outre (et voilà qu'entre en jeu l'inimitié, au lieu de l'admiration) débusquer la dynastie aragonaise hors de Naples ; il souhaite faire de l'Italie tout entière une « corne raide », contrôlée par la France, elle barrerait à l'Espagne les chemins du Levant, au bénéfice de nos concitoyens. C'est du moins ce qu'on espère, à Amboise, à Plessis-lès-Tours, à Lyon. Ne moquons pas trop les myopies de Charles qui lui font négliger la proie pour l'ombre, et l'Amérique ou l'Inde pour la Méditerranée. Aux années 1490, aucun monarque d'Europe, à l'admirable exception des rois ibériques et de leurs conseillers italiens, n'est capable de concevoir une grande stratégie qui serait délibérément transocéanique.

La première guerre d'Italie n'est pas mal préparée, tant s'en faut. Les emprunts aux cités d'outre-Alpes, les engagements de bijoux et de portions du domaine royal, ainsi qu'une crue d'impôts fournissent les 2 millions de livres nécessaires pour mettre sur pied la campagne. Familier de logistique militaire, Charles VIII en septembre-octobre 1494, au terme des préparatifs, dispose d'une armée de 40 000 hommes dont 30 000 combattants, mi-français, mi-étrangers (suisses, italiens...) ; plus une soixantaine de canons et cent navires, dont dix grosses coques équipées parfois de mauvais garçons, qu'on a racolés dans quelques geoles du royaume. L'arquebuse a remplacé l'arbalète. Le service météorologique est de qualité : les astrologues avaient prévu un automne beau et sec. L'événement leur donnera raison.

Pour la première fois depuis le début (et la fin) des guerres de Cent Ans, l'« État français » détient l'initiative stratégique, hors de ses frontières, au sens étroit ou large de ce substantif. Il la conservera, à mainte reprise, en Europe, jusqu'à Napoléon III ; et plus tard, s'agissant des expéditions d'outre-mer et coloniales, jusqu'à Lyautey. Quatre longs siècles de passage à l'acte... Naissance ou renaissance d'une grande puissance... L'espérance de gloire, même à long souffle, sous les auspices de noblesse, chrétienté, majesté, valait-elle une escale napolitaine, éventuellement farfelue ?

A Rapallo, près de Gênes, la flotte française, dirigée par Louis d'Orléans et par d'Urfé, donne en septembre 1494 le premier exemple d'un débarquement soutenu par l'artillerie de marine ; elle canonne les plages depuis les bateaux. Remarquable opération combinée : elle révèle aux Liguriens l'artillerie française, et « la *furia* des troupes du royaume, parmi lesquelles les mercenaires suisses affirment leur violence et même leur barbarie ». En octobre, Charles est en Milanais où il visite une ferme modèle. En novembre, il arrive en Toscane avec 10 000 hommes. Il s'intéresse aux splendeurs de la Lombardie renaissante, puis consomme

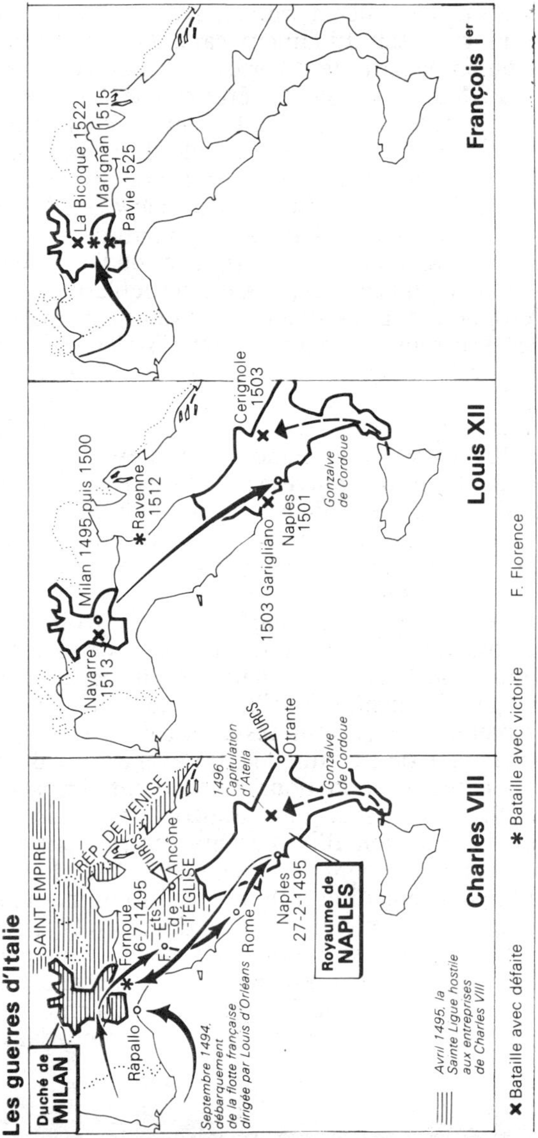
Les guerres d'Italie
Duché de MILAN
SAINT EMPIRE
RÉP. DE VENISE
TURCS
Rapallo
Fornoue 6-7-1495
F.
Éts de l'ÉGLISE
Ancône
Rome
Naples 27-2-1495
Royaume de NAPLES
Otrante
TURCS
1496 Capitulation d'Atella
Gonzalve de Cordoue
Septembre 1494, débarquement de la flotte française dirigée par Louis d'Orléans
Avril 1495, la Sainte Ligue hostile aux entreprises de Charles VIII
Charles VIII
Navarre 1513
Milan 1495 puis 1500
Ravenne 1512
1503 Garigliano
Naples 1501
Cerignole 1503
Gonzalve de Cordoue
Louis XII
La Bicoque 1522
Marignan 1515
Pavie 1525
François Ier
✖ Bataille avec défaite
✱ Bataille avec victoire
F. Florence

à Plaisance d'excellents fromages du pays. A Pise il vérifie l'inclinaison du fameux campanile, et confirme discrètement le parti des libertés citadines. A Florence, dont les Médicis viennent d'être chassés, il veille, en compagnie de Savonarole qui le tient pour un nouveau Cyrus, aux derniers instants de Pic de la Mirandole. Scène puissante : la monarchie pré-moderne, l'initiale réforme religieuse et l'humanisme encyclopédique se donnent rendez-vous dans cette chambre mortuaire. Tous hommages rendus aux exigences de l'unité nationale, on préférera ce bel épisode à la roublarde intrigue de Péronne, et à l'« Iliade » comique du siège de Rennes. Au total, en pays toscan, Charles est reçu, à tort ou à raison, comme un restaurateur de la liberté.

A Sienne, Charles est accueilli avec amitié par la Louve locale, de stylisation romaine, et par un chant latin à la Vierge Marie. Pendant ce temps, à Moulins, Pierre de Bourbon gouverne la France, et les deux Anne, de Bretagne et de Beaujeu-Bourbon, attendent le retour (qui se fait désirer) de leur époux et frère. Femme de combattant, la reine gère une grossesse et guette l'arrivée du courrier.

Fin décembre 1494, Charles entre à Rome : il y touche quelques centaines d'écrouelles, et se montre fils soumis de la papauté, mais non du pape ; il rend hommage à la dignité pontificale... en tant qu'institution seulement, et se veut désinvolte envers la contestable personne de Sa Sainteté (?) Alexandre VI Borgia : Charles est assez bon pour ne la point limoger, au profit d'un successeur plus francophile ; mais il lui impose la livraison d'importants otages dont César Borgia, bâtard du pontife ; il soumet la Ville Éternelle à une brève occupation militaire, qui somme toute est bénigne, malgré quelques excès des mercenaires de l'armée française, vite punis de pendaisons par le jeune souverain. Dans cette affaire, Charles se conduit, ainsi que le feront ses successeurs, en monarque gallican, quoique bon catholique. Il se rend dans les églises de Rome, comme prélude à sa future et problématique visite aux Lieux saints. Plus important, dans le long terme, est le contact enfin pris avec les États petits, mais déjà pré-centralisés que sont Florence et le Vatican. La monarchie des Valois, avant même que soit publié Machiavel, s'inspirera de plus en plus de ces modèles italiens ; ils deviendront familiers aux Français grâce aux guerres livrées en zone cisalpine et grâce aux nombreux immigrants péninsulaires accourus à Lyon ou à Paris. Les gouvernants du royaume se détacheront, du même coup, de leur propre tradition indigène, dont les tendances spécifiques s'avéraient plus féodalisantes ou décentralisantes.

Le 28 janvier 1495, l'armée française quitte Rome, vers le Sud. Elle évite la petite ville de Frosinone, dont les habitants s'attristent de ne point apercevoir le roi français qui vient de parrainer le baptême d'un juif à Ferentino ; ils se consolent en défenestrant leur évêque, pro-napolitain.

Le 22 février, Charles est à Naples, « en *ma* cité de Naples », comme il l'écrit à son beau-frère Bourbon. « Il est chaussé d'éperons de bois pour montrer qu'il entre en maître pacifique. » A raison d'un ou deux coups de canon à la minute, son artillerie maîtrise les forteresses adverses. Oubliée la croisade ? Certes non ! Mais le Valois se consacre quand même, en priorité, à la prise de possession du terrain nouvellement acquis. « Le brumeux avenir de Terre sainte est négligé pour l'éphémère présent napolitain. » L'envahisseur protège les juifs, se soucie des pauvres et démocratise les structures municipales de la grande cité, jusqu'alors tenues par la seule noblesse. Les dirigeants français consacrent la matinée à la messe et à l'administration régionale ; l'après-midi aux affaires de cour et de cœur. De nombreux militaires contractent la syphilis fraîchement importée d'Amérique via l'Espagne[1]. Le 12 mai, Charles, qui vient de séduire une écuyère de bonne famille, entre à nouveau, mais solennellement dans sa bonne ville de Naples : cette chevauchée est strictement royale, mais les contemporains, par suite de divers malentendus, lui attribuent, à tort, des prétentions impériales ; elles desserviront la cause française en Italie et en Europe. Dès mars 1495 pourtant les dures réalités s'étaient affirmées, contre le principe de plaisir qui avait gouverné jusqu'alors l'incursion péninsulaire. Au début du printemps de 1495, Charles est en effet confronté à un détestable « poisson d'avril », qui n'a pourtant rien d'une galéjade : aux premiers jours de ce mois, une ligue hostile aux entreprises des Français est enfin signée et déclarée et notifiée ; elle regroupe Venise, le pape, Milan, l'Espagne et l'Empire. Les yeux s'ouvrent : il faut partir. Fin mai, l'armée royale, dans le vain espoir de conserver quand même le royaume de Naples, s'est dégarnie, à force de laisser sur place quelques garnisons d'arrière-garde ; le corps de bataille ne compte plus que 9 000 hommes mobiles ; ils vont s'ébranler vers le Nord. Ils n'ont pas le choix : passer sur le ventre des ennemis plus nombreux qui leur barreront la route, ou rester prisonniers du piège italien. Les seigneurs français ont hâte de s'en retourner : ils craignent les grandes chaleurs qui vont survenir, et même, disent certains, d'être faits cocus par leurs femmes, restées au pays de Loire ou de Seine. Quelques-uns d'entre eux, peu fréquents, dont le roi, font provisions de souvenirs et d'objets d'art qui sont d'époque romaine, ou renaissante et contemporaine. Le plus grand nombre des militaires se satisfait d'avoir tâté pendant quelques mois de l'exotisme plus ou

1. Cet événement, père d'une longue série, est capital, s'agissant de la « peur du sexe » qui envahira graduellement et « puritanisera » la culture occidentale, aux XVIe et XVIIe siècles.

moins substantiel qu'ont dispensé la consommation des citrons et l'aménité des Napolitaines.

L'art de battre en retraite est le pont-aux-ânes des stratèges. Charles VIII et son état-major se tirent bien de l'épreuve. La longue marche vers le Nord au retour de Naples est un chef-d'œuvre d'énergie et d'intelligence ; les troupes suisses au service du royaume y sont pour beaucoup, qui se composent des meilleurs soldats du monde à l'époque. Le déboulé de l'armée française à Fornoue, au sortir de l'Apennin vers le bas-pays padan, vaut brillante performance (6 juillet 1495). Elle annonce (mais à coût d'hommes bien moindre), les premières batailles italiennes de Bonaparte, ou tout simplement Marengo. Il est vrai que le but n'est pas de conquérir les plus riches plaines du monde, en style napoléonien ; mais d'évacuer celles-ci au plus vite, en perçant pour cela l'obstacle ennemi, afin de rentrer dare-dare en métropole. A Fornoue 9 000 « royaux » (sous l'oriflamme de Saint-Denis, symbole de croisade) enfoncent 30 000 adversaires, en majorité italiens, qui laissent des milliers de morts sur le terrain. La *furia francese* n'a pu agir que grâce aux dispositions habiles qu'un commandement rompu à la manœuvre a prises dans le feu de l'action. Charles VIII revient en France à l'automne de 1495, sans pertes considérables pour les siens. Le bilan territorial de l'opération est nul ; les dernières garnisons françaises seront piteusement évincées des territoires napolitains ; elles n'y auront tenu qu'un seul été. Mais les frais totaux de l'entreprise sont faibles ; ni la France, ni l'Italie n'en sortent ruinées. Instrument de la justice divine, chef des nations chrétiennes, réincarnation de David, modérateur des affaires du monde, nouveau Charlemagne, Charles se voit décerner bien des titres par une propagande flagorneuse. La retombée culturelle est médiocre pour l'immédiat mais se fera décisive dans le long terme, tant la différence de potentiel est grande entre les civilisations française et italienne, l'une ayant immensément à apprendre des premiers contacts avec l'autre. La force militaire du royaume s'est affirmée. Au surplus, Charles jusqu'à sa mort prochaine (1498), ne mettra plus les pieds hors des frontières. Dans le bilan royal, les fantaisies napolitaines figurent comme caprices de jeunesse ; elles ne pèsent pas lourd en forme de passif, face à quinze années d'essor matériel et de croissance interne, que le règne, faute d'autres qualités particulières, a eu le mérite de ne pas entraver ni freiner. Le « domaine propre » de la monarchie composé de terres, seigneuries, péages, etc., et dont les revenus s'indexent par conséquent sur le mouvement général des productions et des trafics connaît, quant à son rapport financier, une plus-value de 74 % entre 1484 et 1498 : la conjoncture est donc bonne, même si cette hausse s'explique aussi par une perception plus soigneuse des redevances. Les tailles que Louis XI avait exhaussées à 4 600 000 livres en 1481, puis à 3 900 000 à la veille de sa mort baissent jusqu'à 1 500 000 en 1484-1486, culminent à 2 600 000 en 1494 et retombent à 2 100 000 en 1498 : Charles règne à bon marché, dans la lignée des souverains peu dispendieux que souhaiteront sur le tard aux peuples libéraux les apôtres du laisser-faire. Le jeune roi meurt cousu de dettes, et laisse un trésor à sec, façon de dire que s'il a fait appel aux riches prêteurs, il n'a pas tondu à l'excès, pour autant, le contribuable. Les créations de foires et de métiers jurés et les débuts de rédaction des coutumes régionales attestent d'un État quelque peu conscient d'une expansion économique (qui, incidemment, n'avait guère besoin de lui pour apparaître) ; un État soucieux aussi de codifier les cadres juridiques dans lesquels se meuvent coutumièrement les populations ; celles-ci renonçant (un peu) à la violence et utilisant à moindre coût de sang, sinon d'argent, la chicane et l'arbitrage des tribunaux. Une « osmose silencieuse » commence d'unir les nouvelles provinces, Bourgogne, Provence et Bretagne, à la synthèse vivante et parfois biscornue qu'est le royaume des Valois.

Louis XII, oncle de Charles VIII, devient roi par succession légitime lors de la mort accidentelle de celui-ci ; il est le petit-fils de Louis d'Orléans *senior*, et de Valentine Visconti, dont lui viennent des prétentions au duché de Milan ; il est l'enfant tardif du poète Charles d'Orléans et de Marie de Clèves. Un grand-père assassiné, un père longtemps prisonnier des Anglais et d'autant plus désargenté, une jeunesse difficile, agitée, emprisonnée, le tout sous contrôle d'un Louis XI soupçonneux, n'ont pas facilité la tâche au futur roi. Très jeune, des noces forcées qu'avait échafaudées Louis XI ont uni Orléans à la propre fille du souverain cauteleux, Jeanne de France, digne, aimante, courageuse, terriblement infirme, stérile, et dévote. (Plusieurs parmi les rois, Louis XII, François Ier, Henri IV ont été, de la sorte, gendres d'un souverain prédécesseur, en même temps qu'héritiers en première ou seconde ligne d'icelui du seul fait de la loi salique[1] : sans doute imaginait-on que leur éventuelle légitimité s'en trouverait renforcée. Comme quoi la loi salique n'allait pas toujours « de soi », à elle seule, dès lors qu'il s'agissait d'imposer un nouveau monarque.) L'époux de Jeanne n'attendait de ce mariage ni bonheur, ni progéniture ; c'est bien ce que souhaitait Louis XI, hostile à la branche « orléaniste », et dési-

1. La loi salique appartient au corpus des lois germaniques (établies notamment sur les territoires aujourd'hui français) qui furent rédigées entre le VIe et le VIIIe siècle ; elle fait circuler le simple héritage terrien (mais non le royaume !) en ligne masculine. Beaucoup plus tard les juristes, en particulier sous Charles VII, l'utiliseront (indûment) comme argument décisif pour récuser les prétentions anglaises au trône de France, et pour établir la succession régulière des Capétiens et Valois autochtones par ordre mâle de primogéniture. Cette loi sera dorénavant considérée jusqu'à la Révolution comme une loi fondamentale de la monarchie française.

reux de la voir s'éteindre. Louis d'Orléans, pour sa majorité, sacrifie à une habitude : celle-ci veut qu'en certaine étape biographique, tel haut personnage de la famille royale conduise la contestation, y compris violente, vis-à-vis du monarque en titre : le futur Louis XI, encore dauphin, avait trempé dans la Praguerie contre son père Charles VII, titulaire du trône à l'époque ; Monsieur Charles, frère cadet de Louis XI, en faisait autant, un quart de siècle plus tard, à l'encontre de son aîné, sous prétexte du Bien public ; Louis d'Orléans, dans les années 1480, est l'un des leaders de la guerre folle, contre Charles VIII et surtout contre les Beaujeu. Ainsi s'accroît l'ancienne inimitié entre Orléans et Anne de Beaujeu ; il l'aurait traitée, entre ses dents, de tous les noms et même de putain. De son côté, une fois les insurrections réprimées, elle le fait incarcérer pendant plusieurs années au froid, à l'eau, au pain et au lard ; certes, il a mérité, pour princière indiscipline, cette rude geôle, qui le fera vieillir et mûrir. Au XVIe siècle enfin, quand la monarchie apparaîtra tout à fait consolidée, ces agitations féodalo-juvéniles, contre le souverain en place, passeront de mode ; quitte à refaire surface pendant la décennie 1560, lors des conflits religieux.

Brave homme, sportif et grand chasseur, raisonnablement méfiant, autoritaire et même violent à l'occasion, « énergique et courageux dans l'adversité », doué d'une intelligence au-dessus du médiocre et d'une culture convenable, extraordinairement « coureur » en sa jeunesse, mais fort bon mari en secondes épousailles avec Anne de Bretagne (après annulation du mariage avec Jeanne de France), point cruel sauf en guerre, Louis XII n'est pas un grand machiavélien féroce. Il sait faire preuve d'amicale magnanimité vis-à-vis de La Trémoille et des Beaujeu qui l'ont pourtant maltraité dans sa jeunesse. Il se meut dans le cadre culturel de la monarchie quelque peu limitée ou tempérée, telle que l'esquissera son contemporain et conseiller

Claude de Seyssel[1]. En Machiavel, peut-être simplifié on trouve les idéaux d'un pouvoir dur, pur, affranchi des barrières éthiques, religieuses, sociales... Seyssel, en revanche, fils illégitime d'un maréchal savoyard, et devenu l'un des proches de Louis XII, propose au Prince le modèle (non exempt de ruse, voire de cynisme) d'une royauté cependant bornée, soumise au triple frein de religion, justice, police ; la « police » dans ce cas s'identifie aux ordonnances des rois prédécesseurs ; le monarque doit observer celles-ci, tout comme il respecte les lois qu'il édicta personnellement : car Dieu lui-même est soumis à ses propres règles, qu'il promulgue en Son éternité ! N'allons pas néanmoins rosir à l'excès le règne et la personne de Louis XII : sa première femme Jeanne de France (lors du procès d'annulation des noces, que lui intentait le royal époux) eut beaucoup de peine à recruter pour elle-même des avocats en titre, et de favorables témoins ; ce seul fait indique bien que Louis, comme les autres Valois, irradiait en connaissance de cause un considérable effet d'intimidation. Celle-ci n'empêchait point que se déploie, dans la parole des prédicateurs, hostiles au comportement « immoral » du roi, l'esquisse d'une opinion publique, favorable dans son ensemble à la malheureuse reine répudiée (décembre 1498). Louis XII eut du reste l'intelligence et la générosité de ne pas sévir contre tous ceux, laïcs et clercs qui, à juste titre, médisaient de son comportement ; Jeanne de France meurt quelques années plus tard (1505), en odeur de sainteté, ayant fondé l'ordre monastique des Annonciades.

Louis XII, roi de la Renaissance, démontre le

1. Claude de Seyssel (né vers 1450 - mort en 1520) publie en 1519 sa *Monarchie de France*, éloge de la royauté coutumière. Il termine sa vie l'année suivante comme archevêque de Turin, en un poste qu'il occupait de la sorte depuis 1517.

pouvoir en marchant ou en chevauchant au milieu d'une cour d'autant plus mobile qu'elle est peu nombreuse (moins d'un millier de personnes) : « Amboise, Paris, Angers, Parthenay, Orléans, Blois surtout, mais aussi Melun, Bourges, Tours, Rouen, Reims, Troyes, Dijon, Amiens, Abbeville, Saint-Denis-en-France, Noyon, sans parler des multiples aller et retour par Grenoble et surtout par Lyon illustrent, à eux tous ou à elles toutes, le caractère itinérant de cette monarchie renaissante. » Le mouvement et le pouvoir, pour quoi faire ? A l'actif de Louis XII, citons, pour la première fois dans l'âge moderne, la volonté claire et nette de rendre justice aux hérétiques. De 1501 à 1509, les vaudois de Provence sont ainsi défendus et soutenus par le roi contre les autorités locales, et surtout romaines, papales, ecclésiastiques. Ainsi commence une féconde stratégie de (relative) impartialité religieuse et d'ouverture. Dès lors qu'on met à part (énormes « exceptions ») les règnes d'Henri II et de Louis XIV, oppressifs envers les dissidents religieux, cette politique restera, en maintes occasions, typique de la royauté française. L'attitude « ouverte » (sur ce point) est inséparable des comportements gallicans du monarque, qui l'opposent au pape, surtout à Jules II, lequel agit en redoutable ennemi du souverain français pendant les guerres d'Italie. Louis XII fait du reste appel dans cette lutte anti-vaticane aux ressources de la propagande théâtrale : Pierre Gringoire écrit contre Jules II le *Jeu du prince des sots* ; cependant que récente encore, l'imprimerie, à son tour, est mise à contribution : Jean Lemaire de Belges, « valet de chambre » de Louis, publie à Lyon en 1511 une *Prééminence de l'Église gallicane*, qui offense les tendres oreilles des Romains. Le soutien donné à la communauté vaudoise passe nécessairement par l'action favorable et positive de la magistrature, plus ou moins subordonnée au roi ; il peut s'agir, pour le coup, du Grand Conseil (à l'échelon national) définitivement organisé par Louis XII en 1498, ou du classique Parlement de Paris : Louis veille à la bonne tenue et au développement des branches de l'arbre de justice, bref de toutes les cours magistrales, depuis le Châtelet parisien jusqu'au parlement d'Aix-en-Provence. La rédaction des coutumes, autre grande idée du règne, est impulsée par le cardinal d'Amboise, qu'assistent notamment, au Parlement de Paris, le premier président et l'avocat du roi. Ces deux personnages annoncent, à leur manière, la haute « noblesse d'État » des présidents à mortier et gens du roi au Parlement, telle qu'elle se développera surtout entre les règnes d'Henri III et de Louis XIV, selon les recherches de Denis Richet. La mise au net des coutumes dit bien l'essence du pouvoir législatif à l'époque, plus soucieux de constater ce qui se fait (dans les provinces coutumières) que de promulguer ce qui se doit et qui dans ce cas sortirait tout armé d'une hypothétique volonté royale, comme il arrivera en effet au temps de Louis XIV et des grands « codes » colbertiens. L'écriture de la coutume connaît ainsi deux temps forts, sous Louis XII et plus tard sous Henri II. Par contre, l'État de finance auquel Louis XI avait donné un vigoureux coup de pouce et qui déploiera tout à fait une frondaison puissante au temps de Sully et surtout de Colbert, végète encore à l'époque de Louis XII : celui-ci, plus justicier que financier, maintient le prélèvement fiscal à des niveaux ou à des volumes beaucoup moins élevés qu'ils ne l'étaient quand fleurissait, vingt années auparavant, le dispendieux « Rosier des guerres ». Le royaume demeure, pour une part de lui-même, hors de portée de la trop faible emprise étatique et royale, tant sont nombreuses les exemptions d'impôts, pour les nobles, pour les villes. Il ne devient pas pour autant, certes, un paradis fiscal ni une oasis d'équité. Mais tout indique que Louis XII vaut mieux que l'homme d'État médiocre auquel voudra l'identifier la talentueuse biographie qu'on vient de publier à son propos. Porté sur le trône par les hasards généalogiques, il y fait preuve de capacités qui n'atteignent point certes à la performance géniale d'un Henri IV ; elles le classent honorablement malgré tout dans la série d'une douzaine de monarques qui défilent en notre Modernité.

Sur le plan militaire ou diplomatique, Louis XII est doué d'obstination, de suite entêtée dans les idées, d'une volonté permanente de mettre les moyens armés au service de fins clairement conçues, sinon toujours intelligemment réfléchies ni poursuivies. Le Père du Peuple, comme on l'appellera, peut tabler sur la vigueur des populations françaises ; elles connaissent, à l'époque, une fièvre de saine croissance et d'activité bâtisseuse. Mais il ne dispose point dans tous les cas, de stratèges qui soient à la hauteur des plans qu'ils ont charge d'exécuter. La Trémoille vieillit et ses talents connaissent parfois l'éclipse. Gaston de Foix, grand général, meurt trop jeune. Nemours est nul, à Naples. Avec ou sans génie des batailles, la conquête du Milanais reste au cœur des projets du roi. Dès 1495, tandis que Charles VIII n'avait de pensée que pour Naples, Louis d'Orléans s'était lancé à la conquête du duché de Milan, qu'il croyait devoir légitimement hériter de Valentine Visconti. Bloqué à Novare par Ludovic le More, Louis à l'époque ne devait son salut qu'au sursaut final de l'armée du roi Charles ; elle s'était donné de l'air grâce à la percée de Fornoue.

Devenu monarque à son tour (1498), Louis n'a rien de plus pressé que de reconquérir « son » cher duché de Milan. Au préalable, il lui faut pourtant se séparer d'avec Jeanne l'infirme ; et puis épouser Anne la Bretonne. Indépendantiste armoricaine, celle-ci est néanmoins heureuse de mêler la moucheture d'hermine du duché d'Armorique aux fleurs de lys du royaume français (janvier 1499).

Du côté de l'époux, les préparatifs diplomatiques de

l'entreprise milanaise sont habiles : Louis met dans son jeu les Vénitiens qui, de la sorte, nourrissent l'espoir d'obtenir un pourboire territorial sur leurs marges milanaises. A force de négociations, le pape Alexandre VI (indulgent de toute manière au démariage de Louis) se laisse momentanément gagner à la cause française. César Borgia, séduisant et dangereux bâtard de ce pontife, reçoit en effet du Valois l'assurance d'obtenir la main d'une princesse française du Midi, Charlotte d'Albret, agrémentée d'un bon duché et du collier de l'ordre de Saint-Michel à l'intention du jeune époux. Louis aidant, César est donc fait duc de Valentinois. Les Suisses enfin acceptent momentanément les visées du monarque de France, préoccupés qu'ils sont d'obtenir une part de contrôle sur le Milanais, dont la plaine les fournit en blé. Dans ces conditions, épicées qui plus est d'alliance vénitienne et savoyarde, l'armée royale (23 000 hommes, dont 5 000 Helvètes soudoyés) s'empare une première fois de Milan presque sans coup férir, en septembre 1499 ; elle a préalablement appliqué, dans le plat pays régional, une tactique de terreur sanglante, qui se situe dans les habitudes guerrières de l'époque, auxquelles ne déroge point le rude Louis XII, bien intentionné par ailleurs en temps de paix. La descente vers les régions cisalpines, si violente soit-elle, n'exclut pourtant pas, de la part du monarque, certaines tendances à l'humanisme littéraire et artistique. Louis le prouve en d'autres domaines quand il accorde son soutien moral et même matériel aux latinistes, hellénistes et italianisants comme Budé, Seyssel, Lascaris, à l'encontre du chauvinisme gallophile de l'écrivain Jean Bouchet[1].

1. Jean Bouchet (1476-vers 1550), poète et prosateur à l'abondante production « littéraire »; né dans un milieu de petits juristes poitevins et protégé des grands, il prit lourdement la défense de la culture proprement francophone, depuis le *Roman de la rose* et les Troyens (pseudo-) ancêtres des sujets des Valois ; le tout à l'encontre des influences italiennes, y compris dantesques et pétrarquistes.

Mais on est loin encore du triomphal recours aux humanités classiques qui caractérisera François Ier...

Répétitive, la conquête du Milanais ainsi accomplie en 1499 est de brève durée. Les Français se rendent vite impopulaires. Ludovic Sforza dit le More, retourne sans grandes difficultés dans sa capitale dont il est maître derechef en mars 1500, aux dépens des hommes du roi Louis.

Immédiatement, sans se décourager, le souverain français expédie La Trémoille par-dessus les Alpes pour une seconde manche. En avril 1500, à Novare, Ludovic est « donné » aux troupes royales par traîtrise. Scène étonnante ! Groupés par régions et même par villages, les mercenaires suisses des deux camps prennent leurs décisions communautaires ; ils s'accordent pour trahir et livrer le More, qui finira sa vie à Loches dans une morne captivité. Milan est réoccupé par les Français sous la direction du cardinal d'Amboise ; mis en appétit, à l'instar de Charles VIII jadis, ils descendent vers le royaume de Naples, dont ils s'emparent en 1501, cruellement, avec la complicité armée des Espagnols. Les alliés ont vite fait de se brouiller : Gonzalve de Cordoue, abusivement surnommé « el gran Capitan », expulse l'armée de Louis hors du Sud de la botte, au terme de quelques batailles (Cerignole, puis Garigliano où pourtant s'illustre en 1503 Bayard, vigoureux prototype du noble guerrier de France). Naples est perdu. Louis XII se venge classiquement de cet échec sur quelques financiers métropolitains promus au rôle de boucs émissaires. Consolation : Milan, perle des Visconti, reste bien en main des gens du roi pour quelque temps. Les ambitions napolitaines sont inhumées de façon définitive, sauf à les concrétiser beaucoup plus tard grâce à l'intronisation des Bourbons de Naples, en 1735, comme tige subordonnée des races bourboniques de Versailles et de Madrid. L'Italie septentrionale, en ce XVIe siècle commençant, où règnent vers 1506 la paix européenne, le pain et le vin bon marché, reste néanmoins « espoir suprême et suprême pensée » pour les décideurs de Blois ou de Paris qui s'appuient, sans scrupules, sur la déjà écrasante démographie de la France en pleine Renaissance. L'entité italienne est-elle enjeu d'opulence, ou mirage décevant ? Les Génois, surtout quand ils sont plébéiens, sous-estiment en tout cas la résolution française à ce propos, qui croient pouvoir se révolter en 1507, non sans atrocités, contre la mainmise et la présence de leurs voisins de l'Ouest. Une armée de 15 000 hommes, dont Bayard, passe les monts et châtie Gênes, pas trop durement, sans lui faire sentir l'aiguillon (printemps 1507). La poussée française vers un très proche Orient, au fil du Pô, va continuer dans les années suivantes : en 1508-1509, la ligue de Cambrai, conclue sous couleur de croisade (inusable prétexte !), unit le roi de France manipulé par Marguerite d'Autriche, et puis l'empereur, le roi d'Aragon (pourtant complice des Génois l'année précédente, et qui mène double jeu), le pape enfin... contre Venise, plus coriace que Gênes. Chacun des alliés attend de cette union quelque agrandissement territorial[1]. Dupée ou dopée, la monarchie des Valois, forte de grosses levées d'infanterie, fournit la phalange décisive à l'opération. Les royaux pensent consolider ainsi le gage milanais par une expansion *ad libitum* vers l'Est de la plaine padane. De fait, les troupes de Louis, qui combat en personne, battent l'armée vénitienne lors de la san-

1. La ligue de Cambrai, conclue à la fin de 1508, coalise contre Venise quatre grandes puissances (française, aragonaise, papale, impériale) dont toutes sont animées par des rancunes et revendications territoriales envers Venise, celle-ci tenue pour une ennemie traditionnelle (par le pape) ou pour une alliée peu sûre et qu'il faut châtier de ses palinodies comme de ses trahisons (c'est le point de vue de l'empereur Maximilien et de sa fille Marguerite, ainsi que de la France).

glante affaire d'Agnadel (mai 1509)[1]. Louis XII en recueille, dans son royaume, un flot d'écœurantes et flagorneuses louanges. La France a-t-elle mené, ce faisant, le jeu de Jules II, génois d'origine, pape fougueux de la Renaissance, protecteur éclairé de Raphaël, et qui voulut attacher son nom à la défense d'un certain italianisme « ligure » contre les satellites des lys ? Le roi, même comblé d'éloges, subira bientôt, à ses dépens, les ruses et fureurs du pontife, matérialisées par le renversement alliances.

Changeant ses batteries, accordant son indulgence à Venise, Jules II, qui excommunie ou canonne comme d'autres bénissent, fait maintenant sien le slogan « chassez les Barbares »; il l'applique, chose étrange, aux armées d'invasion de la monarchie française, la plus moderne d'Europe ! (mais aussi dans le plus long terme, aux Suisses, aux Allemands, aux Espagnols). Le pape Jules, espèce de Michel-Ange sous la tiare, guerrier, fornicateur, ou comme on dit à l'époque « cerf des cerfs[2] », jette au Tibre les clés de saint Pierre et prend en main l'épée de saint Paul. Il regroupe à partir de 1510 une ligue hostile à Louis XII ; outre le Vatican, on y rencontre les Suisses (déçus par l'insolente avarice de leurs bailleurs de fonds français), et les Aragonais, les Vénitiens, même les Anglais. A Ravenne (avril 1512), un duel d'artillerie précède de furieux assauts : les Français gagnent la bataille, mais perdent la guerre. Leur chef, l'extraordinaire et trop chevaleresque Gaston de Foix, âgé de vingt-quatre ans, neveu de Louis XII, est abattu par l'ennemi pour avoir voulu jouer les voltigeurs de pointe, à l'extrême

1. Près du village d'Agnadel, non loin de la rivière de l'Adda, le 14 mai 1509, les Vénitiens résistent d'abord à l'armée royale qui les met finalement en déroute, au prix de 400 morts français et de 9 000 tués chez leurs adversaires. C'est une boucherie, où s'illustre Bayard, tacticien habile.

2. Jeu de mots : le pape est en principe serf des serfs, serviteur des serviteurs de Dieu.

avant-garde de ses hommes. La présence française en Italie du Nord s'était « illustrée » peu auparavant par un énorme massacre de civils à Brescia ; elle n'a plus désormais qu'à s'effondrer partout, hormis quelques forteresses. Au printemps de 1513, un retour en force de l'armée du Valois, dirigée par La Trémoille et Trivulce, ne réussit pas mieux. Les Helvètes mettent les deux capitaines en déroute à Novare, au début de juin. Dix-huit mois plus tard, à la veille de mourir, Louis, coriace, pense à revenir en Milanais ! La tâche sera léguée à son successeur.

Cette ténacité « louis-douzienne » n'est pas utopie ni fantaisie totale. Tenir définitivement le Milanais, ce serait en effet contrôler, au moins pour une part, le bas-pays padan, depuis l'Alpe jusqu'à l'Apennin ; ce serait nantir le royaume d'un rentable pouvoir, ne serait-ce qu'en termes fiscaux, dans le richissime quadrilatère du capitalisme d'avant-garde : Venise, Florence, Gênes, et Milan... Quadrilatère concurrencé, il est vrai, par l'autre pôle (et d'un plus grand avenir) de l'économie pionnière, localisé aux environs d'Anvers, Bruges, Amsterdam... Louis XI, quand il s'emparait de Bourgogne, avait la velléité supplémentaire de jeter son dévolu sur les Pays-Bas ou sur leurs secteurs méridionaux. Il manqua son coup : les Flamands n'appréciaient pas les Français et se sentaient animés déjà par un fort sentiment d'identité collective. Louis XII, un quart de siècle plus tard, opère donc sur l'autre flanc capitaliste, au long du Pô. Mais il va de victoire en échec, à plusieurs reprises ; la France est vouée pour quelque temps à rester marginale, ou semi-périphérique par rapport aux régions proprement capitalistes : Pays-Bas et Italie du Nord.

Car la partie n'est pas égale, en cette seconde zonc. Louis XII sc heurte à plusieurs adversaires : la papauté (que n'a pas encore écornée Luther) voit culminer son prestige en termes de culture, sinon de spiritualité... Nantie d'un pouvoir temporel en pleine croissance, elle incarne pour le mieux l'Italie vigoureuse, mais divisée. L'Espagne, au Sud de la botte et sur les frontières pyrénéennes, appuie l'ardeur antifrançaise du pontife. Venise, dont le déclin séculaire n'est même pas commencé, bénéficie du ferme soutien que lui consentent les paysans de Terre ferme. Les Suisses enfin sont toujours prêts à se ruer en Milanais, dès lors que la présence française, qu'ils avaient pourtant soutenue lors d'une première phase, devient encombrante à leur gré. Face à ce dangereux quatuor, Louis XII a pratiqué, selon ses habitudes, la politique des petits paquets. Elle consiste à expédier en Lombardie un contingent d'une vingtaine de milliers d'hommes, à chaque reprise spasmodique de l'entreprise de conquête. C'est trop peu (fort heureusement) pour ruiner les contribuables français et pour faire perdre au roi sa plaisante renommée de Père du Peuple, ménager du sang comme des impôts des sujets, et jouissant d'une popularité immense dans son royaume. Mais c'est trop peu aussi pour emporter sur le terrain, au-delà des Alpes, la décision militaire. Par ailleurs, Louis XII, malgré la pieuse dévotion papiste et ultramontaine de son épouse Anne de Bretagne, n'hésite point à cajoler l'autonomisme de l'Église gallicane, pour mieux faire pièce à Jules II. Cette politique nationale répond certes aux vœux profonds du clergé de France et d'une grande partie de l'élite laïque. D'une certaine manière, elle annonce les initiatives antiromaines de Luther, et anglicanes d'Henri VIII ; elles seront couronnées de succès dans leurs pays respectifs. Mais sur ce point, à la différence de ce qu'osera plus tard, et triomphalement, le monarque anglais, le roi de France est trop timoré pour aller bien loin, car Louis n'est pas Philippe le Bel[1]. Certes

1. Philippe le Bel, né en 1268, roi de France (1285-1314) a mené une politique de lutte extraordinairement énergique contre la papauté, en vue d'une mainmise française et monarchique sur celle-ci.

il encourage les thèses audacieuses de l'assemblée des évêques à Tours et du concile-croupion de Pise[1], l'une et l'autre hostiles au Vatican (1510, 1511). Mais l'inénarrable Jules II ayant disparu, le roi choisit de faire soumission (pas tellement glorieuse...) au siège des apôtres, et de rallier dès 1513 les thèses résolument pro-pontificales du concile majeur de Latran[2]. Le nouveau pape Léon X, intronisé en 1513 et moins « terrible » que Jules, tend volontiers la perche, il est vrai, au roi très chrétien.

A force de vouloir déstabiliser l'Italie, Louis s'est attiré d'autre part, sur ses propres frontières, quelques ennuis mineurs, mais irritants. Au cours des dernières années du règne, les adversaires du royaume taillent des croupières au Père du Peuple[3] : en 1512, l'Aragon s'empare définitivement de la Navarre méridionale et porte ainsi la limite nord de l'Espagne, en zone navarraise, à la ligne de crête des Pyrénées. D'où l'antihispanisme de la dynastie des Albret-Bourbon-Navarre, qui sera si vif encore dans les sentiments d'Henri IV. Les Suisses, quant à eux, viennent insulter les remparts de Dijon. L'habile La Trémoille, en 1513, n'a d'autres ressources que d'acheter leur départ à prix d'argent et à force de concessions territoriales... non

1. En septembre 1510, l'assemblée des évêques français convoquée à Tours sur l'initiative de Louis XII récuse les guerres temporelles du pape contre les princes, autorise en revanche les combats royaux et nationaux contre le Vatican, annule à l'avance toute excommunication pontificale dont le monarque français serait victime, et proclame la supériorité du concile général sur la papauté. En novembre 1511, le micro-concile de Pise, presque entièrement composé de Français, s'efforce lui aussi (malgré l'indignation des Pisans) de brider l'« omnipotence » du Saint-Siège.

2. Le concile général de Latran, en mai 1517, enregistre la soumission finale de Louis XII et des évêques français, tout en réaffirmant l'autorité entière du pape sur les conciles, pour les convoquer ou les dissoudre.

3. Le surnom de Père du Peuple correspond à la popularité réelle que connut Louis XII, de son vivant et surtout à titre posthume, notamment du fait de sa relative mansuétude fiscale.

ratifiées par Louis XII. Cette même année, Henri VIII débarque à Calais, et ridiculise les « foudres d'escampette » de l'armée française à la « bataille » de Guinegatte, non loin de Saint-Omer (août 1513). Louis XII est bientôt veuf, chagriné par le décès d'Anne de Bretagne en janvier 1514 ; quinquagénaire décati, il va tout arranger sur le front du Nord en épousant la séduisante et galante Marie d'Angleterre, sœur d'Henri VIII, « en rien mélancolique et toute récréative »; elle n'a que seize ans. Le roi très chrétien, harassé par le déclin physique ou par une lune de miel à laquelle il consacre un zèle de néophyte, trépasse le 1er janvier 1515.

Engagé dans le guêpier italien, de façon parfois malencontreuse, Louis XII eut pourtant l'immense mérite d'exporter les démangeaisons de violence chères aux nobles, et d'épargner ainsi la guerre civile à ses sujets : de 1498 à 1515 (et ceci explique peut-être cela), le royaume est belliqueux hors de soi, notamment vers le Sud-Est, mais à l'exception des petites guerres privées entre particuliers, il se trouve en situation de paix profonde à l'intérieur de ses propres frontières, tout au plus égratignées du fait des Anglais, des Suisses... Par la force des choses, ni Charles VII, ni Louis XI, ni même le jeune Charles VIII n'auraient pu se vanter d'une telle performance intérieurement pacifiante telle que la réalise enfin Louis XII, et qui sera aussi celle de François Ier, d'Henri II, tous deux pétris de politique extérieure. Inconsciente sagesse nationale ! Ruses de la raison, compensatoires : on regagne, dans le cadre des frontières, à force de tranquillité domestique, les gros débours humains et financiers consentis hors de celles-ci...

Le mérite en revient au roi certes, mais davantage à l'appareil d'État, civil et surtout militaire, qui s'est beaucoup consolidé en deux générations depuis la fin des guerres de Cent Ans : il dissuade désormais les grands seigneurs de s'impliquer dans des opérations de guerre intestine. Pour relancer celles-ci, beaucoup plus tard, en 1560-1561, il ne faudra rien moins à ces magnats que le prétexte (inconcevable encore en 1515) de « l'hérésie » ou de la « nouvelle religion ». Louis XII, par ailleurs, préfère contracter des dettes, plutôt que d'augmenter les tailles. Il octroie, dès son avènement, de substantiels rabais fiscaux, qui plaisent aux peuples. Avare, il est tautologiquement peu dépensier ; c'est tout bénéfice pour le contribuable. Il ne haussera les impôts, de manière modérée, et aux dépens des facultés contributives d'un pays en plein essor, que pendant les dernières années du règne. Sa popularité est donc compréhensible. Elle enflera encore après son décès, du fait d'une propagande et d'une postérité complaisantes. Le contraste, de ce point de vue, est immense, en comparaison des dures années 1420... ou 1560. Mais qu'en est-il du pouvoir lui-même, et des centres de décision collectifs ? Y rencontre-t-on l'unité, l'harmonie relative, ou la division pure et simple ? Distinguons à ce propos la famille royale et, par-delà celle-ci, l'élite dirigeante en son ensemble.

La famille a ses failles. Certes Louis n'est qu'une âme et qu'un sang avec son neveu Gaston de Foix, fils de sa sœur Marie d'Orléans. Quant au couple royal, Louis et Anne, c'est un lieu d'affection solide et parfois chaleureuse, mais nuancée par certaines divergences en matière stratégique ou politique. La reine consent à son époux les satisfactions sensuelles qui assurent l'harmonie du ménage. Le corps d'Anne est peut-être surfait, mais l'esprit qui l'habite est « vif, fin, avisé », ouvert à la culture littéraire et artistique. La reine connaît, comme il est coutumier à l'époque, de multiples grossesses dont seules survivront deux filles, Claude et Renée. Anne décède à trente-sept ans, au terme d'une vie brève et bien remplie. L'*Histoire de France* de Lavisse, mal inspirée pour une fois, parlera d'Anne en termes péjoratifs comme « excellente Bretonne et mauvaise Française ». Le reproche n'est guère fondé : pouvait-on demander à cette femme, certes fière d'être reine de France, mais dont le premier mariage fut en ses commencements si brutal, de s'immoler en souriant, avec trois siècles d'avance, sur l'autel jacobin de l'unité d'un grand pays ? Entre deux unions conjugales, Anne fut pendant quelque temps veuve sans entraves et duchesse à part entière ; elle tente énergiquement, dès qu'elle est remariée au roi Louis, de préserver l'autonomie, voire l'indépendance du duché breton dont elle garde la charge. Plus extraordinaire encore sont les concessions qu'âpre et hautaine elle arrache momentanément des faiblesses de son époux Louis XII en faveur de leur commune fille Claude de France ; il est question en 1504 de marier celle-ci à Charles, futur Charles Quint, petit-fils de l'empereur Maximilien et du roi Ferdinand d'Aragon. Aux termes du traité de Blois, conclu cette année-là entre les agents de Maximilien et le roi, divers territoires, qui sont français ou chèrement conquis par la France (Bourgogne, Bretagne, Gênes, et même les comtés d'Asti et de Blois) iront au futur couple princier et seront ainsi distraits de la mouvance des Valois. On ne saurait mieux dire dans quel état d'infantilisme était encore la diplomatie naissante ; Louis XII, indépendamment de sa complaisance pour la reine, n'agissait de la sorte que pour s'attirer les bonnes grâces de Maximilien... quitte à renier sa promesse, à laquelle il ne croyait qu'à moitié, quand elles auront perdu leur attrait. Après tout, il ne s'agissait encore que de fiançailles, pas d'un vrai mariage. Qui plus est, depuis le début de l'affaire, le roi de France nourrit des arrière-pensées et conserve deux fers au feu. En 1506, après une grave maladie qui lui donne l'occasion de vérifier sa haute popularité de Père du Peuple, il décide de se dégager du pétrin dans lequel Anne l'a fourré : il convoque en pays tourangeau une réunion de grands notables, et de

Maison de Bretagne

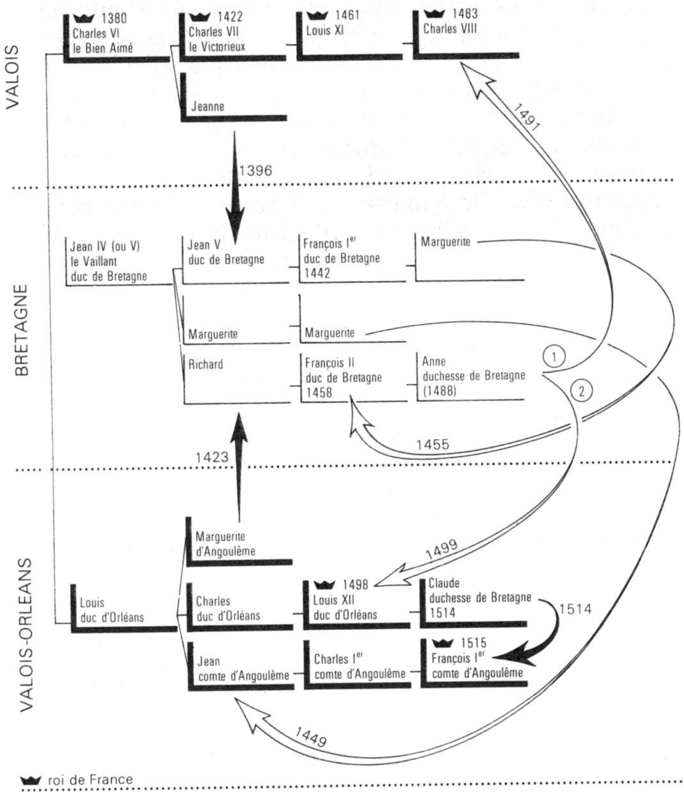

députés des villes, parfois baptisée avec beaucoup d'exagération « États de Tours ». Les membres de cette assemblée ont incontestablement la tripe nationale, c'est une mode qui se répand ; ils ne demandent qu'à suivre les manœuvres que le pouvoir attend de leur néo-patriotisme docile : en toute sincérité, ils supplient « tendrement » le monarque d'éviter le démembrement du pays ; pour ce faire, ils le prient de marier sa fille au cousin François d'Angoulême, futur François Ier, lequel est promis au trône si Louis XII persiste à ne pas engendrer d'enfants mâles[1]. Aussi serait trouvée, par le mariage de Claude et de François, la solution franco-française, l'union du chat et de la souris du royaume. Ainsi seraient évitées les néfastes « conjugaisons » avec Charles, l'austro-hispano-flamand... Placée par son conjoint devant le fait accompli de cette motion des États, Anne se dépite, mais doit avaler la couleuvre (en fait les noces de Claude et d'Angoulême n'auront lieu qu'après le trépas de la Bretonne). Ultérieurement, la pieuse reine est prise de remords, ou de vastes scrupules, quand elle pense aux guerres que Louis, son époux, mène contre le pape... Elle est décidément armoricaine, ultramontaine, autrichienne ! La « France » est sinon le dernier du moins le cadet de ses soucis.

Occasionnellement Anne obtient à ce propos l'appui du cardinal d'Amboise[2]. Il évite pourtant de s'engager à fond dans une telle direction. La reine au terme de démêlés intra-conjugaux, représente donc à elle seule une autre logique, une ramification particulière, féo-

---

1. Comme le montre le schéma généalogique page 163, François Ier, une fois disparu son père Charles d'Angoulême, vient immédiatement après Louis XII dans l'ordre de succession au trône. Rappelons qu'en ligne masculine, Louis XII est l'arrière-petit-fils de Charles V, et François Ier, son arrière-arrière-petit-fils.

2. Sur l'important personnage, de stature et carrure ministérielle, que fut le cardinal Georges d'Amboise (1460-1510), voir *infra* p. 175.

dale, ultra-catholique dans le réseau d'alternatives qui affecte le système royal. Sans que soit nécessairement diminuée l'affection que nourrissent l'un pour l'autre les époux souverains, un contraste se crée de la sorte vis-à-vis du proto-centralisme gallican qui caractérise Louis XII et son groupe. Anne s'inscrit, elle, dans le vieux courant des tendances au morcellement territorial et princier, qu'on avait déjà connues, infiniment plus dangereuses, lors de la Praguerie, du Bien public et de la guerre folle. Elles ne nous paraissent illégitimes, absurdes et réactionnaires que parce que nous adoptons l'optique, aujourd'hui prédominante, de l'unité nationale, qui n'était alors que l'une des possibles perspectives des « acteurs » du champ diplomatique. Mais à vrai dire Anne n'est qu'une faible femme, un simple symptôme, tout au plus un bruit de couloir. Elle pèse de moins en moins face à l'énergique Louise de Savoie, déjà proche de Louis XI par une double alliance familiale, et mère de François d'Angoulême[1] ; cette grande dame se veut gardienne des principes français, et pour cause : son fils François devenu roi, son « César », sera dépositaire ou parangon de ceux-ci. Louise ne pourra qu'en tirer profit et fierté.

Cela dit, le mariage qui, lui, n'aura pas lieu, de Claude de France avec le futur Charles Quint était-il nécessairement une sottise ? Finalement époux d'une Portugaise[2], Charles inaugurera un peu plus tard la lutte séculaire de la Maison d'Autriche aux frontières d'Allemagne, d'Espagne et de Flandre, contre les Valois, puis les Bourbons. Si Charles avait épousé une Française, les choses se seraient-elles passées autrement et de façon plus pacifique, plus « européenne »?

1. Les liens sont en effet étroits dès la seconde moitié du XVe siècle entre les Maisons de France et de Savoie. Qui plus est, le duc Amédée IX de Savoie est l'époux de Yolande de France, sœur de Louis XI.

2. Charles Quint épousera en 1526 l'infante Isabelle de Portugal.

Il est assez vain de poser une question de ce genre. Songerie creuse... Quoi qu'il en soit, Anne, hostile à un certain nationalisme français, ne se situait point, malheureusement pour elle, « dans le sens de l'histoire » au gré de laquelle s'opposeront de plus en plus, bloc à bloc, les patries linguistiques en formation : France, Espagne, et même Allemagne sous le revêtement léger de la faible unité impériale. Fière et ambitieuse, Anne se laissait séduire, et on la comprend, par la perspective (illusoire ?) de l'union prestigieuse de sa fille avec le prince Charles qui, en tout état de cause, deviendra sous peu, le maître d'une partie de l'Europe et d'une non moindre partie de l'Amérique.

Le pouvoir se déchiffre à l'intérieur de la famille royale, mais hors d'elle, il ne serait rien sans les oligarques : puissants seigneurs, modestes nobles, bourgeois montés en graine *alias* peuple gras ; les uns et les autres forment, à la volonté du roi, l'effectif du Conseil d'en haut. Au début du règne de Charles VIII, une coalition de grands nobles et de princes du sang, les Beaujeu en tête, avait tenu l'essentiel du gouvernement et le haut du pavé, contre les turlupins de la guerre folle. Dans les années 1490, les roturiers et petits gentilshommes prenaient le relais. Parmi eux, s'individualisaient Étienne du Vesc et surtout Guillaume Briçonnet ; la famille des Briçonnet, marchands de culottes ou chaussetiers à Tours, s'était en effet poussée par le négoce, les affaires financières et les missions de confiance, jusque dans l'entourage de Louis XI et Charles VIII. Pour l'heure, elle fait souche de cinq évêques et d'un archevêque ; elle terminera sa carrière au XVIIIe siècle dans la robe et non dans l'épée. Preuve, parmi d'autres, que les réussites socio-politiques n'impliquent pas toujours l'accès aux prestiges suprêmes de l'aristocratie la mieux née. Pendant l'ultime décennie du XVe siècle, Guillaume Briçonnet, homme de talent et de ressource, se montre fort désireux de pécunes ; avide aussi de postes divers, décrochés moyennant finances ou pressions ; il apparaît comme le premier ministre *de facto* du roi Charles VIII. Il devient cardinal en 1495... quand le pape n'a plus rien à refuser aux troupes françaises qui occupent Rome. La profession « culottière » du père de Guillaume vaudra quelques brocards à la nouvelle éminence :

Du Fils d'un enfonceur de fesses
Le Roi fit un diseur de messes.

L'avènement de Louis XII marque, au sommet de l'État, le retour en force de la noblesse, sans qu'il faille voir là un tournant radical dans les principes gouvernementaux. Pierre de Rohan, maréchal de Gié (1451-1513) dont le pouvoir est à l'apogée lors des six premières années du règne du Père du Peuple, sort de la très haute aristocratie bretonne, mais il est cadet de branche cadette, et donc, à sa manière il apparaît comme un parvenu. Les royautés de cette époque n'apprécient pas, chez autrui, la généalogie sans tache ; elles aiment s'entourer de bâtards et de cadets, les uns et les autres plus malléables. Bon militaire, excellent commandant de compagnie, Rohan avait réprimé à Bourges une révolte urbaine. Louis XI ne l'en aima que mieux, et le fit, tout jeune, maréchal de France, qui coucha dix ans dans la chambre royale. Enrichi des terres du malheureux connétable de Saint-Pol, Gié se montre très attaché à l'argent, comme aux biens de ce monde. Ce trait à vrai dire est banal chez les hommes de pouvoir ; le modèle du dirigeant désintéressé ne s'imposera, dans l'idéal et souvent dans les faits, qu'au XIXe siècle. Les rois successifs, Louis, Charles, Louis, ne défont pas la fortune de Pierre de Rohan ; jusqu'en 1503, en compagnie du cardinal d'Amboise, il « peut tout » sur l'esprit de Louis XII. En termes modernes, Amboise « a les Affaires étrangères et les Cultes ; Gié l'Intérieur et la Guerre ». Homme d'archives et de terrain, le maréchal fait preuve de lucidité ; il formule des propositions audacieuses pour la constitution d'une infanterie nationale de 20 000 hommes ; à défaut d'être réalisables dans l'immédiat, elles anticipent sur les stratégies de l'avenir, dans lesquelles la cavalerie noble cessera de jouer *a priori* les premiers rôles.

Un double mariage unit Gié et son fils à deux sœurs, héritières de la puissante maison d'Armagnac. Ces noces jumelées portent au plus haut point la fortune du nouvel époux. Parmi ses pairs des grands lignages, elles fomentent les jalousies qui vont accélérer sa perte. Carriériste habile, Gié commet donc un faux-pas, et se heurte en 1504 à la reine Anne, dont la mentalité, féodalo-armoricaine et morceleuse, va de toute manière à l'encontre des tendances « nationales » du groupe dominant dont fait partie notre homme, partisan du mariage de Claude de France et de François d'Angoulême. Anne la Bretonne qui fut et reste indépendantiste ducale, en veut à Gié, breton certes, mais d'autant plus collaborateur avec les Français depuis belle lurette[1]. Gié d'autre part s'est aliéné, pour des raisons d'intrigues et de rivalités personnelles, l'influente Louise de Savoie-Angoulême, mère du futur François Ier ; chef du parti militariste, il s'est mis à dos, par ailleurs, le cardinal d'Amboise, son ancien complice, lequel, déçu de n'être point fait pape, a reporté sur la France ses désirs de pouvoir ; ils ne

1. L'emploi d'un mot comme « collaborateur », s'agissant des rapports entre la France et une Bretagne ci-devant indépendante, peut choquer le lecteur. Néanmoins le terme est « détachable » du contexte quelque peu diabolique qui lui reste des années 1940-1944 ; on nous permettra de l'utiliser, de façon neutre, en ce qui concerne les rapports d'occupant à occupé, que peuvent entretenir deux puissances d'inégale pesée, à la suite d'un conflit, l'une étant victorieuse, l'autre vaincue ou simplement dépossédée de sa souveraineté.

Jean Nicolas donne d'intéressants exemples à ce propos, dans ses livres sur la Savoie, quant aux relations militaires de ce pays avec la France belliqueuse de Louis XIV.

souffrent plus de partage. Gié de 1504 à 1513, date de son décès, tombe donc en disgrâce, puis en exil doré sur ses terres. Cette chute, survenue au terme d'un procès retentissant dont le sauva momentanément l'indépendance d'esprit des juges du Grand Conseil[1], ne nuira en rien au crédit des descendants : leur branche des Rohan s'intégrera désormais à la « super-élite » du royaume, jusqu'au temps des derniers Bourbons.

Gié, *alias* Rohan, était, au Conseil d'en haut[2], l'incarnation des chefs militaires d'extraction noble. De son côté, la haute Église est représentée dans le même organisme par le cardinal Georges d'Amboise. Ce clerc infatigable occupe les sommets gouvernementaux de 1498 à sa mort, en 1510. Homme de pouvoir et de grande famille, « gros et gras, nez violacé, forte bedaine et triple menton », Amboise, comme Rohan, vient de la meilleure noblesse. Depuis 1100, les Amboise sont établis sur le bord de la Loire, et pourvus de bonnes alliances. Au XVe siècle, leur groupe sert les Orléans : on ne s'étonne donc pas que Georges d'Amboise fasse brillante carrière dans le sillage d'un Orléans qui finira par s'appeler Louis XII. Parmi les dix-sept frères et sœurs du (futur) cardinal d'Amboise, certains déjà étaient conseillers écoutés de Louis XI et évêques à Poitiers, Langres, Albi : dans cette ville justement, le prélat Louis d'Amboise joue de sa propre seigneurie épiscopale et de son influence à la Cour contre les bourgeois du lieu ; il nuance ainsi la thèse, généralement exacte mais qui comporte de nombreuses excep-

1. Le Grand Conseil, qui remonte à Louis XI, est grosso modo une cour suprême, relativement indépendante. Elle permet au roi, notamment, d'évoquer, par-dessus la tête des Parlements, certaines causes délicates ou d'intérêt national.

2. Rappelons que le Conseil d'en haut, appellation commode qu'ont retenue les historiens, regroupe, autour du roi, ses conseillers les plus proches et les plus importants, en petit nombre. C'est, par excellence, l'organe de la décision suprême.

tions, selon laquelle la ville et la monarchie seraient nécessairement alliées contre le « féodalisme ».

Le destin de Georges d'Amboise est « indexé » sur les bas et les hauts de la carrière de son patron et ami intime Louis d'Orléans. Comme celui-ci, Georges fut à la peine après la déroute de guerre folle. Ensuite les choses s'arrangent : Amboise, courtisan de première force, préside au replâtrage entre le roi Charles et Orléans, en attendant d'être mis au pinacle, avec l'intronisation de Louis XII. Dès lors, il est premier ministre de fait, et bientôt nommé cardinal, par l'entremise peu ragoûtante des Borgia ; puis le voilà délégué de Louis dans les territoires extérieurs, qui sont occupés par l'armée française ; il est quasi-dictateur à Milan, mais y délaisse assez vite les pouvoirs à son neveu Chaumont d'Amboise, le jeune militaire de la famille. Entre-temps, le cardinal encourage néanmoins et tâche de renforcer l'université de Pavie.

Candidat malheureux à la papauté, Georges se console de cet échec par l'octroi d'une charge de légat romain, vers les pays français : elle fait de lui le premier personnage des clergés gallicans, outre ses hautes fonctions dans l'État. Promoteur de la ligue de Cambrai contre Venise, le gros cardinal manipule les factions de la Cour avec une étourdissante subtilité : ayant renoncé à l'espérance de la tiare, et reportant l'ambition en deçà des Alpes, il abat le concurrent Gié avec l'aide d'Anne de Bretagne, dont les nostalgies « féodales » contrecarrent les visées « nationales » du maréchal. Puis retournant ses batteries, Georges préside aux fiançailles de François d'Angoulême et de Claude de France ; elles interdisent désormais (contre le gré de la reine ci-devant bretonne, ancienne alliée du cardinal) tout espoir de démembrement du royaume, serait-ce en Bretagne ou en Bourgogne. Georges est avant tout Français ou royal, et n'a culbuté Gié que pour faire sienne la politique unitaire de ce maréchal ;

il laisse Anne, une fois de plus, dans un outre-Couesnon[1] métaphorique, aux sables mouvants des illusions bretonnantes. Amboise a trouvé Gié au bain et lui a pris ses habits. Simultanément, Georges se montre accueillant aux influences italiennes, qui commencent à pénétrer l'architecture française, forte des puissantes activités du bâtiment, dans la santé générale de l'économie. Le cardinal n'a-t-il pas quasi régné à Milan ? En son château archiépiscopal de Gaillon, tout neuf, aux portes d'une Normandie nuageuse, à l'apogée du règne (1506), il marie l'ultra-gothique des pays de Seine, et la Renaissance péninsulaire ; le feuillage ogival, et l'arabesque des pilastres. Il laisse en mourant une énorme fortune de deux millions d'or, et une famille qui déclinera lentement, mais honorablement après son décès (1510).

L'alternance des trois États pour une fois semble respectée ; après l'armée ainsi que la haute noblesse (Gié), suivie du clergé cardinalice (Amboise), le Tiers État ou « peuple gras » délègue à son tour l'un des siens dans les allées du pouvoir. Florimond Robertet (né vers 1460) sort d'une lignée roturière : les Robertet étaient clercs ou bureaucrates d'abord modestes puis d'importance croissante à la Cour et au gouvernement local du comté de Forez, dès la fin du XIVe siècle. De là, par sauts de puce géographiques, cette famille passe au service des ducs de Bourbon, puis des rois de France : descente réussie au long du val de Loire ! Pierre de Beaujeu recommande Florimond Robertet à Charles VIII, qui, aux deux côtés des Alpes, charge cet homme encore jeune de missions diplomatiques et financières. A l'occasion de son mariage (vers 1500),

1. La rivière du Couesnon, proche des sables mouvants de la baie du Mont-Saint-Michel, séparait la Bretagne de la Normandie et donc de la France, du moins avant le rattachement *de facto* de la péninsule au royaume.

Florimond s'est du reste allié à l'influente galaxie des bourgeois tourangeaux en veine d'anoblissement. Sous l'égide de la famille Briçonnet, entre autres lignages, ils fournissent au royaume pendant la seconde moitié du XVe siècle une partie de son armature administrative. Polyglotte quadrilingue (français, allemand, italien, espagnol), et donc oiseau rare, Robertet, au début du XVIe siècle, est devenu personnage important, aimé et apprécié de Louis XII ; ce roi l'utilise comme premier secrétaire, « homme de tous les dossiers et de tous les secrets, premier ministre avant la lettre, plus influent et plus compétent que le cardinal d'Amboise » : les grands seigneurs le caressent en style aimable ou même obséquieux, tant la naissance sait s'incliner devant les puissances lorsqu'elle croit cette inclinaison nécessaire, quitte à les snober de nouveau quand pâlit leur récente étoile.

Au milieu de la décennie 1510, Robertet s'en tient fermement contre Anne de Bretagne, à la ligue nationale que symbolise le projet de mariage entre François d'Angoulême et Claude de France. Ces noces politiquement réussies, affectivement moins heureuses maintiendront dans le cadre du royaume les vastes possessions orléanistes et la presqu'île armoricaine, encore elle. L'indéniable patriotisme de Florimond Robertet ne l'empêche point, selon les us et coutumes en vigueur, de se faire subventionner par l'Espagne, par les villes italiennes, par le lobby autrichien, au prix de quelques menus services... Dès la mort de Georges d'Amboise, Florimond devient premier personnage du Pouvoir, et chargé informellement, ce qui n'est pas rien, des Finances comme des Affaires étrangères. Le futur François Ier l'aime ; devenu roi, il prouvera ces sentiments affectueux, en laissant à Robertet grande influence (mais dorénavant partagée). Anobli, ou baronifié en « Monsieur d'Alluye », propriétaire de biens fonciers, de vaisselles d'or, de nombreux écus et autres pourboires venus des personnes qui l'utilisent, constructeur du château ligérien de Bury, où figure l'attirail de la Renaissance italienne, Robertet, homme d'un goût exquis, décède en 1522 triomphalement. Il fut visité sur son lit de mort par François Ier dont il était devenu entre-temps le demi-beau-frère par la main gauche[1] ! Superbe promotion, pour la maisonnée des ci-devant gratte-papier du Forez. Une procession aux flambeaux, cent quarante torches au total, accompagne le ministre à sa dernière demeure. Le grand commis Florimond, décrotté de sa roture, c'est déjà Colbert, moins le génie, et moins le Roi-Soleil. On comprend d'autant mieux les vers flatteurs que lui adresse le poète Molinet :

Chef d'œuvre exquis, scintillant Florimond,
Soleil luisant au franc azuré trône,
Ton angélique engin du tout s'applique
Au bien publicque...

Les figures de proue, Rohan-Gié, Amboise, Robertet, nous introduisent aux problèmes de l'oligarchie régnante, de l'élite du pouvoir et du Conseil du roi sous Louis XI, Charles VIII et Louis XII. Cet organisme se scindera sous François Ier en un Conseil des parties, plus juridique ; et un Conseil d'en haut ou des « affaires » dont on trouverait aujourd'hui l'équivalent (approximatif) dans nos conseils ministériels restreints. Sous Charles VII et ses trois successeurs, cette division des tâches entre « parties » et « d'en haut » est loin d'être consommée : le Conseil avant 1515, est un « roi

1. Vers 1496-1499, F. Robertet a en effet épousé Michelle Gaillard, fille d'un argentier, financier et officier important de la Cour royale. Or le frère de Michelle, autrement dit Michel II Gaillard, épousera en février 1521 Souveraine d'Angoulême, fille bâtarde de Charles d'Angoulême, père de François Ier. Robertet devient ainsi beau-frère du beau-frère de François Ier ; autrement dit, pour reprendre l'expression de M. Harsgor, « demi-beau-frère » (par la main gauche) du roi.

collectif», réuni en présence et sous la direction du souverain. Il s'occupe de tout, il veille à l'achat d'un cheval blanc pour l'entrée solennelle de Charles VIII en quelque bonne ville ; mais il traite aussi des vastes questions : guerre d'Italie, répression d'une révolte urbaine, etc.

La composition du Conseil varie au gré du roi, comme des présences ou des absences d'un chacun ; le noyau dirigeant comprend quelques dizaines de personnes ; il se renouvelle lentement, et assure la continuité : ce « noyau » fut recruté ou formé par Louis XI ; il sévit partiellement, jusqu'à la mort de Louis XII. Oligarchie politique, le Conseil est composé d'un petit groupe d'individus de haut rang. Ils ont le sens de Dieu et même de l'État ; ils ne s'oublient pas dans leurs prières, fort attentifs à faire rémunérer leurs loyaux services, sous forme de biens de ce monde, terres, seigneuries et trésors. Socialement, les conseillers se divisent en deux groupes : une courte majorité est noble ; elle inclut les princes du sang, et des personnages plus modestes, avec la gamme des nuances intermédiaires. Une forte minorité d'autre part se compose de bourgeois ou roturiers, venus du « peuple gras ». Les deux groupes se coudoient et se lient cordialement au sein du Conseil. Mais ils demeurent séparés, dans la quotidienneté, par les différences du genre de vie, qui demeure plus militaire chez les nobles ; ils sont divisés aussi par les distinctions du snobisme, et par les refus (partiels) de l'intermariage, qui n'exclut pas une certaine hypergamie proprement féminine, telle que la pratiquent les riches roturières, et autres filles de ministres bourgeois, éprises de nobles noces. Les membres du Conseil, aux veines bleuies ou non, sont les fidèles du monarque ; cette fidélité a vertu contraignante et diffère des vassalités de type féodal. Les princes du sang, dès 1484, tentèrent de former dans le Conseil une coterie qui leur soit dévouée. Mais l'échec de la guerre folle restaure au sein du groupe directeur, l'unité organique. Les stratégies des guerres italiennes offrent à celle-ci un thème unificateur ; le « grand dessein » péninsulaire est susceptible d'engendrer l'enthousiasme ou du moins l'appétit parmi puissants et fidèles.

Au premier plan de la noblesse du conseil, se situent en théorie, les princes du sang. Et d'abord les apanagistes : Orléans, Bourbon, Alençon[1]. Ces *agnats* (autrement dit « issus de parents mâles » du sang capétien) sont pourvus, en succession lignagère, de somptueuses dotations territoriales ; elles forment autant d'amorces d'États souverains, que justement le Pouvoir tâche de désamorcer. Glorieux « membres-nés » (en principe) du Conseil d'en haut, les princes du sang occupent en réalité dans cette enceinte une position marginale et parfois suspecte. Les discriminations dont ils sont victimes (dans le cas de Louis d'Orléans par exemple, vers 1485) témoignent de l'hostilité majoritaire que le groupe au pouvoir voue à leurs prétentions, tenues pour abusives ; celles-ci viseraient à établir, dans le cadre du royaume, un système féodal et collégial ; les magnats immenses en seraient profiteurs et maîtres. Mais la logique de l'État français dès la fin du XVe siècle se veut tout autre ; elle s'impose victorieusement. Même Anne et Pierre de Beaujeu, une fois redescendus des sommets du Pouvoir, sur lesquels ils jouèrent un jeu loyal et protocentraliste, n'échapperont point au soupçon qui à leur endroit émane des officiers royaux ; ceux-ci reprocheront au couple princier d'avoir les dents bien longues, en Bourbonnais et ailleurs ; des dents que le pouvoir central voudra limer, sans égard pour les services passés des Beaujeu.

1. Les Orléans descendent de Louis, duc d'Orléans, frère du roi Charles VI ; les Alençon viennent de Charles, frère du premier roi Valois, Philippe VI ; les Bourbons ne sont pas des Valois puisqu'ils proviennent de Robert de Clermont (fils de saint Louis) qui épousa au XIIIe siècle l'héritière de Bourbon.

Aux princes du sang s'ajoutent éventuellement, dans la géométrie variable du Conseil, les grands feudataires non capétiens, et les détenteurs de vastes principautés périphériques. Ainsi les Albret, dans le monde pyrénéen, et les Chalon, francs-comtois, ceux-ci alternativement tentés par la France ou par l'Empire. Le pouvoir des Valois fait jouer à ces gros personnages, dans le Conseil d'en haut un rôle de figuration ou de composition ; en attendant de les rejeter... ou de les phagocyter. L'assimilation « centralisante » va si loin, quant au rameau d'Albret, que celui-ci est littéralement ingéré, par des noces, dans la famille royale. Elle recevra de lui, pour finir, son ultime héritier Henri de Navarre, fils de Jeanne d'Albret, et fondateur, sous le nom d'Henri IV, de la nouvelle tige monarchique des Bourbons, à partir de 1589. On aurait pu craindre, pour les Albret, une fin plus catastrophique !

Le modèle « aspirateur » (le pouvoir royal français aspirant, sur ses marges, la poussière des principicules des pays étrangers les plus proches, afin de les recycler et de les mettre à son service non sans profits pour eux) vaut aussi pour une Bourgogne sans rivages qui, une fois démantelée, va céder au Conseil du roi ses meilleurs éléments ; ils se satisfont désormais de collaborer fructueusement avec la France, faute d'avoir trouvé jadis à Dijon, un maître[1] qui fût assez puissant et digne de leurs ambitions politiques ou mondaines. Le Téméraire est mort, vive Louis XI ou Charles VIII. Tel est le raisonnement que tiennent les transfuges bourguignons. La sirène rusée de Plessis-lès-Tours les paya grassement pour leur traîtrise finale. Parmi eux se détachent l'illustre Commynes et quelques étoiles de moindre grandeur ; mais aussi Messieurs de Crè-

1. En d'autres termes, la disparition du Téméraire, et, en sa compagnie, de la race ducale proprement bourguignonne en 1477, pousse les élites dijonnaises à s'arranger désormais, de façon définitive, avec la France.

vecœur et de Rochefort qui deviendront respectivement, pour prix de leur passage à l'Ouest et de leurs multiples talents, maréchal et chancelier de France.

Notons encore, dans la même perspective, certains individus satellites de la France qui furent eux aussi et, préalablement, burgondophiles, mais en terre plus lointaine (comtoise, helvétique, hollandaise) ; je pense aux trois Philippe, qu'on prénomma de la sorte, à l'origine, par pure admiration pour le prénom et le renom de Philippe le Bon, duc de Bourgogne. Il s'agit du bressan Philippe de Savoie, *alias* Philippe sans Terre (on comprend au vu de ce sobriquet qu'il ait finalement cherché des bailleurs de fonds en zone française). Il s'agit aussi du Suisse Philippe de Hochberg qui se console parmi ses voisins welches d'avoir été grignoté chez soi par la roture helvétique. Et pour finir citons le germano-néerlandais Philippe de Clèves, *alias* Philippe le pornographe si l'on en croit M. Mikhael Harsgor, l'éminent historien de Tel-Aviv. Ce Clèves tourne-casaque, prince de la Renaissance, lecteur de Tite-Live et de Mélusine, fondateur d'un zoo flamand de bêtes fauves, admirateur de tableaux féminins fort déshabillés, demeure néanmoins assidu aux exercices de la religion, et se fustige volontiers d'une queue de renard, plus molle qu'un fouet, pour punir ses innombrables reniements (car il avait mangé à tous les rateliers). Dans la seconde partie de sa carrière, cet aventurier de haut vol rendra de grands services aux Français[1]. Toujours dans la noblesse, personnellement représentée au Conseil, on envisagera maintenant les

1. Il serait trop long de donner ici des détails biographiques sur chacun des trois Philippe, dont la commune caractéristique est d'avoir plus ou moins servi la Bourgogne dans un premier stade de leur existence, puis d'être passé au service de la France ultérieurement et d'avoir ainsi fait carrière terminale comme seigneurs étrangers membres du Conseil du roi Valois. La chute du Téméraire a joué un rôle souvent mais pas toujours déterminant dans ces profils d'existence et dans ces changements d'allégeance.

chefs militaires. Nobles, ils sont régnicoles, ou bien bourguignons voire bretons « ralliés » : Estouteville, Rohan-Gié, Crèvecœur, Baudricourt (fils d'un compagnon de Jeanne d'Arc et de Charles VII) apportent au Conseil le prestige éventuel de leur naissance, l'expérience du terrain, et les garanties de loyalisme qu'offre une armée permanente de style déjà moderne. Grâce à eux s'évanouit définitivement le spectre de la guerre civile, dite guerre folle ou du Bien public ; elle est jugulée par ce groupe de soldats de métier. Ainsi se précise, au plus haut de l'État (et ailleurs) le modèle d'une noblesse de service : elle est soldée par le gouvernement royal ; elle attend de lui les terres, seigneuries et récompenses qui rémunèrent un dévouement sans faille ; cette noblesse diffère du groupe social qui portait même nom trois siècles plus tôt ; elle est peuplée de fidèles, et non plus de féodaux au sens strict du terme.

L'activité militaire n'est pas la seule raison d'être des nobles de service. Certains d'entre eux, d'authentique sang bleu, sont employés par le monarque à la direction d'un bailliage ou d'une sénéchaussée, ainsi qu'à des missions de confiance, diplomatiques ou autres ; et puis ils donnent conseil, tautologiquement, dans le Conseil du roi. Les Montmorency, premiers barons d'Ile-de-France, avaient travaillé de façon compromettante avec l'Angleterre aux guerres de Cent Ans ; ils font surface à nouveau, en Conseil, dans le dernier tiers du XVe siècle. Ils doivent cette réapparition à l'un de leurs cadets, loyaliste à tout crin envers le monarque Valois. Ils engendreront un connétable et même des rois sans couronne, pour la province de Languedoc, à l'âge baroque. Le cicéronien Philippe Pot, bourguignon passé à la France, vrai noble, célibataire endurci, modèle du parfait chevalier mais dont les croisades n'ont jamais dépassé la Canebière, fait beaucoup d'esbroufe pour le compte des Beaujeu aux États Généraux de 1484 à propos des thèmes de la souveraineté du peuple ; il destine surtout ceux-ci à combattre les princes du sang. Il s'enrichit dans une carrière de conseiller de la monarchie[1], tout comme son collègue Halluin qui représente le lobby flamand au Conseil (les espérances d'icelui seront déçues par la politique strictement italienne des successeurs de Louis XI).

On a parlé d'*agnats* à propos des princes de sang, qui descendent de la famille du souverain par les mâles ; mais les nobles de service, en épousant des femmes issues de celle-ci (c'est la fameuse « alliance royale » chère aux bonnes familles de gentilshommes) cessent de leur côté d'être simplement des *palatins* (hôtes du palais du souverain) ; ils engendrent maintenant des branches utérines, provenues elles aussi du lignage capétien. Ainsi se ramifie continuellement le tronc royal, vaste patrilignage monarchique, branché en *agnats* comme en *utérins* et entouré de *palatins*, jusqu'à coloniser les sommets de l'aristocratie, aux environs du Conseil. Simultanément, outre les liens du sang et de la commensalité palatiale, ces grands ou moins grands personnages se trouvent dans une situation constante de dépannés-dépanneurs vis-à-vis du Pouvoir ou du Trésor royal ; ils lui prêtent leurs fonds quand il est à sec : ils puisent à pleines mains dans ce Trésor avec la bénédiction du monarque quand le permet la plénitude des recettes budgétaires ou quand le suggère la magnitude des services qu'ils ont rendus.

Du côté de l'Église maintenant, qui à son tour est présente en Conseil : les Briçonnet, Amboise, La Balue inaugurent aux environs des années 1460-1500 la tradition des cardinaux devenus ministres ou hommes

---

1. Philippe Pot, seigneur de la Roche (1428-1494), chevalier de la Toison d'Or, servit successivement Philippe le Bon, Charles le Téméraire, Marie de Bourgogne... puis Louis XI, les Beaujeu et Charles VIII. Aristocrate accompli, sans une once de « bourgeoisisme », ses idées démocratiques pourraient faire de lui l'un des précurseurs, bien lointain certes, du libéralisme nobiliaire !

d'État ; elle continuera au XVIe siècle (Tournon), culminera au XVIIe (Richelieu, Mazarin) s'achèvera fort honorablement au XVIIIe (Dubois, Fleury, Tencin, Bernis). Robinophile et laïcisant, Louis XIV donnera la seule entorse à cette règle, tant il se méfiera en général des créatures qui furent ainsi « rougies » (cardinalisées) par la cour de Rome puisque aussi bien leur loyauté en principe va au pape, et non au monarque français. Plus largement, certains des évêques pourvus ou non de la pairie sont présents au Conseil de Charles VIII et Louis XII, en raison de leur utilité politique et technique, et non pas pour s'occuper d'affaires spirituelles ou religieuses. Parmi eux, outre les Briçonnet et Amboise, on trouve les Pompadour, pépinière épiscopale, venue de noblesse limousine. L'un d'eux Geoffroy de Pompadour a su s'imposer contre l'archevêque de Bordeaux à la suite d'une guerre privée menée avec succès par les forces « pompadoriennes » (la guerre civile disparaît à cette époque, mais la guerre privée quoique en régression lui survit quelque peu). Grand chasseur de bénéfices, ce Geoffroy, évêque de Périgueux puis du Puy, et maître des comptes, est un membre écouté du Conseil au temps des Beaujeu, jusqu'à la semi-disgrâce que lui vaut en 1486 une participation au complot orléaniste. La famille Pompadour sortira néanmoins grandie et consolidée de ces avatars épiscopaux et « conseillistes »; ils s'avéreront bénéfiques à la haute fortune du lignage.

A l'intersection des ordres privilégiés (clergé et surtout noblesse) et de la roture, on trouve encore au Conseil d'en haut les chanceliers de France : parmi eux, un Briçonnet, deux Rochefort (ex-bourguignons) ; un Jean de Ganay ; leurs familles viennent de la bourgeoisie robine, notariale ou marchande, à travers des stages intermédiaires dans l'anoblissement, qui ne sont pas toujours obligatoires.

S'agissant encore de la « politique des cadres », menée par le roi ou en son nom, les familles chancelières au sang mal dégraissé nous rapprochent enfin du fameux « peuple gras » dont certains spécimens (les Robertet, les Briçonnet) furent déjà envisagés ici-même. Dans l'échantillon de quelques dizaines de bourgeois ou ex-bourgeois qui assistent successivement au Conseil d'en haut pendant les décennies qui courent de Louis XI à Louis XII, on rencontre des intellectuels d'origine éventuellement parlementaire ; des experts en finance, marine ou diplomatie ; des gens de marchandise ou de justice ; des parvenus purs et simples surgis d'une famille de bouchers ; et même un médecin du roi, Adam Fumée, qui devient maître des requêtes : le corps des maîtres des requêtes est formé de juristes qui environnent ou pénètrent le Conseil d'en haut ; il comprend des personnes de source assez diverse, venues de la robe, y compris médicale, mais venues aussi du barreau napolitain (Michel de Riez) ou même de la bâtardise noble (Seyssel).

Au total, les hommes du peuple gras font une remarquable percée dans le Conseil d'en haut, lors des dernières années de Louis XII ; ils y constituent momentanément autour de Florimond Robertet, la couche sociale dominante, avec Ganay, Poncher, Cotereau, Hurault, Beaune-Semblançay et le petit noble Batarnay ; par contrecoup, le règne de François Ier, en sa première phase, produira une réaction antibourgeoise, marquée par la liquidation de Semblançay et des Poncher ; ils seront victimes de l'ire du nouveau roi, victimes aussi de la classique chasse aux boucs émissaires. Dans l'ensemble, au cours du demi-siècle qui va de Louis XI à Louis XII, le Conseil d'en haut reflète assez fidèlement les diversités, rapports de force et snobismes qui sévissent à l'intérieur des hautes élites de la nation ; elles incluent dans leurs quintessences une majorité noble et une forte minorité bourgeoise ; la première demeure peu perméable aux tentatives plus ou moins ratées de suprême ascension sociale et de complète intégration nobiliaire que voudrait effectuer la seconde. Les systèmes de dédains fonctionnent aussi à l'intérieur du Conseil d'en haut, en quoi ledit organisme est bien de son temps. Malgré ces quelques fractures, le Conseil comme incarnation collective de la sagesse (supposée) du roi de France, se tient sur une ligne nationale et grosso modo antiféodale, mais nullement antinobiliaire ; il met en échec, avec l'aide de l'armée, les entreprises déstabilisantes qui procèdent de l'initiative des princes du sang. Le Conseil est recruté suivant les seuls choix du roi ; cette sélection autoritaire réduit à un rôle platonique les États Généraux qui en principe constitueraient pourtant une structure adéquate pour la représentation collective. En dépit de telles carences, le Conseil est relativement « typique » des classes dirigeantes du pays ; elles lui communiquent leurs mesquineries et leurs bagatelles de préséance ; il prend acte, pour son propre compte, de leurs démarcations internes et fondamentales, entre les sangs bleus ou pas vraiment bleus. Il est moins isolé des couches supérieures de la société globale que ne sera son homologue dans la « monarchie administrative » du XVIIe siècle, et dans l'État louis-quatorzien. Celui-ci sera certes plus vaste, plus développé, plus puissant et plus organisateur que ne l'était le léger appareil directif à l'époque des Valois ; mais l'État-soleil n'en deviendra que trop auguste, et coupé davantage des forces vives qu'incarnent la noblesse, le clergé, la marchandise ; cette coupure s'opérera au profit étroit de la robe du Conseil, peuplée des hauts robins et des descendants de hauts robins ; ils « noyauteront » voire monopoliseront le Conseil suprême et ses entours, de 1661 à 1715.

IV

Stratégies humanistes, éventualité pluraliste

François Ier, arrière-arrière-petit-fils de Charles V venait d'une lignée cadette qui normalement n'aurait pas dû accéder au trône, si Charles VIII et Louis XII avaient eu progéniture mâle. Le jeune homme fut élevé dans un milieu familial où fleurissaient l'amour des belles lettres, la pratique du sport et parfois l'inclination aux fredaines. Trois voies qu'à son tour François ne manquera point d'emprunter. Sa naissance et sa jeunesse le situent au plus près du centre et du sommet des pouvoirs d'État. Il n'est pas seulement prétendant possible au cas (qui se produira) où ferait défaut un fils de roi. Il est aussi par sa mère, Louise de Savoie, contigu à la tige issue de Louis XI : cette dame est en effet fille d'une sœur du duc de Beaujeu, qui lui-même est gendre du roi cauteleux. Enfin, en épousant la « douce, pieuse et charitable » Claude de France, fille de Louis XII et qui sera sept fois mère en neuf ans de mariage, François donne d'entrée de jeu à son prédécesseur qui n'avait pas d'héritier masculin la consolation de voir un gendre lui succéder. Le soulagement est relatif : Louis n'aimait François qu'à demi.

Héritier d'un roi de jadis (Charles V), neveu par alliance d'un autre roi (Louis XI), gendre d'un troisième (Louis XII), François est appelé de toutes parts à la haute position qui deviendra la sienne en 1515, quand décédera le Père du Peuple.

Six pieds de haut, larges épaules, cuisses musclées, mollets maigres, tibias arqués, pieds plats et nez long, François est vif d'esprit et de corps, généreux, dynamique, ouvert, mais accessible à la duperie, parfois naïf, plus verbal que réflexif. Médiocre latiniste, il fait preuve d'universelle curiosité. Poète épris des auteurs anciens qu'il se fait lire à l'heure des repas, il est aussi homme de plein air ; consacrant la matinée aux affaires, l'après-midi à la chasse, le soir aux divertissements de cour et à la danse. Cavalier, bon soldat, médiocre général, le roi n'est point *a priori* cruel ; mais sa politique, notamment pro-turque, est déjà laïcisée, bien éloignée de celle des rois sanctifiants du Moyen Age. En ce sens, mais en ce sens seulement, il est machiavélien. Épousé successivement par Claude de France et par Éléonore de Portugal, sœur de Charles Quint, François vivra d'autre part quasi maritalement avec la duchesse d'Étampes. Celle-ci tolérera les multiples passades de l'amant, autorisées par les coutumes de cour et par le prestige des fonctions royales. Avec sa mère Louise et sa sœur Marguerite, François forme indissoluble trio d'affection et de complicité : Louise est une femme de pouvoir, intéressée, adorant son « César », et qui saura mener le royaume de main de maître, pendant l'après-Pavie assombri par la captivité madrilène du roi de France. La princesse Marguerite d'Angoulême devenue en noces Marguerite de Navarre, représente d'autre part, dans la maisonnée suprême, les principes humanistes et (en matière de religion) modérément réformés. Écrivain de valeur, protectrice des premiers huguenots ou pré-huguenots, la mystique Marguerite ne franchira point le pas qui la ferait basculer vers l'hérésie pure et simple. Mais sa fille, Jeanne d'Albret, et son petit-fils Henri IV sont aux origines d'un protestantisme bourbonien qui donnera jusqu'en 1610 (et même au-delà) coloration particulière à la monarchie française, celle-ci restant favorable, pour une longue durée, aux coexistences des deux cultes, papiste et protestant (Louis XIV y mettra temporairement bon ordre).

Humaniste et dynaste, François sait s'entourer d'une cohorte de propagandistes qui soignent « médiatiquement » son image et la transmettent à l'opinion publique ou à ce qui en tient lieu ; le tout sous des dehors favorables et par le biais d'une propagande orale, écrite, imprimée, dessinée, peinte ou sculptée. Prince à la Salamandre, comme l'était déjà son père, François joue du thème de ce batracien, symbole de constance et d'intégrité, adversaire des harpies, capable de nourrir le bon feu et d'éteindre le mauvais, d'entretenir les Justes et de détruire les Méchants. Le monarque est « tout françois », roi des Français, porteur d'une espérance de gloire militaire et culturelle. Né métaphoriquement de la Vierge, il est charnellement le fils de Dame Prudence, autrement dit de Louise de Savoie, encore elle, éducatrice sans pareille, compas du ci-devant dauphin, pour la formation duquel on avait traduit la *Cyropédie*, roman de formation d'un jeune homme, ou récit moral (dû à Xénophon), relatif à l'instruction reçue par Cyrus, et qui traite également de la pédagogie, de l'organisation monarchique, des rôles propres au souverain comme à l'officier. Roi juste, François est bien sûr un chef, un *Dux*, un parangon des vertus militaires. Élu de Dieu, il a reçu du Très-Haut les dons de Nature (il est « Beau Prince ») et les dons de grâce, ceux-ci faisant de lui un accompli gentilhomme. Noble champion au jardin des Hespérides, François figure de la sorte un second Hercule, qui se veut aussi successeur de Clovis, et qui unit le Lys armé à la Salamandre cuirassée. Empereur en son royaume, le chevalier François vaudra le pieux César. Second Constantin, il prolonge, sans plus, les rêveries de croisade, qui sont censées devoir le conduire au « grand voyage à Jérusalem ». La bataille de Marignan, nul n'y voit un hasard, coïncide du reste avec le jour de fête de l'exaltation de la Croix. Semblable en cela au garçon bien-aimé que célèbre bibliquement le Cantique des Cantiques, François dans ses entrées citadines comme dans sa vie quotidienne d'homme marié, reçoit la double offrande du pucelage[1] symbolique des villes, et de l'amour que lui porte la reine Claude. Son « maître d'école » François Demoulins le place sous les célestes auspices du triangle néoplatonicien : beau, bon, juste. Le héros des Français dignes de ce nom est d'autant mieux immunisé contre les périls, grâce à la double dévotion qu'il voue au séraphisme de saint François d'Assise, et à l'archange saint Michel, patron d'un ordre illustre de chevalerie.

Homme de la Renaissance, entouré d'une forêt de symboles, François, à l'instar de ses prédécesseurs, est passionné d'Italie, serait-elle ensanglantée. Comme jadis les cités grecques devant Philippe de Macédoine, ou comme aujourd'hui l'Europe divisée, face à telle super-puissance, les villes ou États italiens (Venise, Milan, Florence, Rome, Naples, Gênes, Ferrare et Turin) ne font pas le poids confrontés au grand État des Valois ; François veut le Milanais, comme le désirait son beau-père Louis XII, et il fait valoir sur ce duché les incorrigibles droits dynastiques de l'aïeule

1. La ville, sous la Renaissance, est souvent symbolisée par une femme et plus précisément par une jeune fille, une « pucelle ».

Valentine Visconti[1]. L'Italie de toute manière est une proie tentante. Mais les Français, jadis vaincus à Novare (juin 1513) avaient dû évacuer les plaines lombardes. L'avènement du jeune roi est gros d'une volonté de revanche. En 1515, une armée de 40 000 hommes, dirigée par François, passe les Alpes. En juillet, elle campe à Marignan. L'artillerie française, puissante, mobile, moderne, fait la différence, sous les ordres du grand écuyer Galiot de Genouillac. Les Suisses, alliés du duc de Milan, Maximilien Sforza, sont battus, sinon écrasés. Victorieux, François peut donc entrer en triomphe à Milan ; il conclut bientôt, à Fribourg en 1516, une paix « perpétuelle » *(sic)* avec ses ci-devant ennemis helvétiques : il ne croit pas si bien dire ; cette paix sera respectée ; elle dégage le royaume sur sa frontière du Centre-Est ; elle donne à l'armée française l'accès pluriséculaire au mercenariat des « chairs à canon » alémaniques. Quant à Maximilien Sforza, prince de Milan, il n'a plus qu'à faire retraite, en France même, pensionné par son ex-ennemi.

Vainement contestée en 1516 par l'empereur Maximilien, la nouvelle domination française à Milan n'est pas de longue durée. En novembre 1521, Lautrec, frère d'une bonne amie de François, mais peu doué pour la stratégie, est expulsé de la grande ville par les troupes de l'Empire que soutiennent les citadins locaux. En avril 1522, à La Bicocca (non loin de Milan), les « redoutables fantassins helvétiques » commandés pour le compte de la France par Lautrec, encore lui, et qui étaient venus renforcer l'armée royale en vertu de la nouvelle alliance de Fribourg, sont battus par le

1. La généalogie indique que Valentine Visconti, fille du duc Jean-Galéas Visconti, qui régnait sur Milan, fut à la fois grand-mère de Louis XII et arrière-grand-mère de François Ier, par deux ramifications différentes. C'est d'elle que ces deux monarques ont prétendu tirer leurs droits sur le Milanais, pour lesquels ils guerroyèrent l'un et l'autre.

capitaine italien Prospero Colonna. Une fois de plus, les Français sont ramenés à la case départ, comme au temps où Charles VIII, puis Louis XII perdaient et reperdaient l'Italie tout juste conquise. Qui plus est, la situation se durcit en France dans les années 1520 : crises de subsistance ; pénétration des idées luthériennes ; premières trahisons du connétable de Bourbon, lequel est membre (lointain) de la famille royale, et l'un des plus puissants seigneurs du royaume. En avril 1524, Bayard, petit noble de province, qui fit carrière en guerroyant au service du monarque, est tué pendant la difficile retraite armées françaises hors d'Italie, refoulées lentement vers la métropole. La Provence est même momentanément envahie. François pourtant ne perd pas courage : nouvel Hannibal, il emmène derechef des troupes nombreuses dans la péninsule, au terme d'un « remake » du passage des Alpes. Elles sont écrasées à Pavie (24 février 1525) par suite des cavalières folies du monarque, bien différentes des sages préparations d'artillerie de Marignan. Au cours de cette bataille hivernale, qui s'accompagne du plus grand carnage de noblesse française depuis Azincourt[1], François est fait prisonnier. Après une captivité de plus d'une année, à Madrid notamment, Charles Quint le libère en mars 1526 au prix d'un accord humiliant. Le souverain français est décidé, du reste, à n'en pas respecter les clauses. Et c'est une fois de plus (après l'heureuse rentrée en France) la répétition offensive. En août 1527, une armée française, toujours commandée par l'incompétent Lautrec, séjourne en Italie du Nord. Puis, descendue au long de la botte jusqu'à mettre le siège devant Naples, elle finit misérablement, ainsi que son chef, victimes l'une

1. A Azincourt (25 octobre 1415), dans l'actuel département du Pas-de-Calais, les troupes de Charles VI furent battues et décimées par le corps expéditionnaire anglais d'Henri V. Beaucoup de princes et de nobles français restèrent sur le carreau.

et l'autre d'une épidémie, à l'été de 1528. Aux termes de la paix des Dames (août 1529), conclue par l'entremise de Louise de Savoie et de sa belle-sœur Marguerite, tante de l'empereur[1], la France « renonce » encore un coup aux ambitions péninsulaires, décidément malheureuses.

Elles demeurent ! En 1533, Catherine de Médicis, princesse florentine, âgée de quinze ans, épouse Henri, douze ans, fils cadet de François ; nul ne prévoit que la mort d'un frère aîné fera de cet enfant, trois lustres plus tard, le successeur de son père sous le nom d'Henri II. Ces noces d'un fils de France avec la nièce de Jules de Médicis (pape en 1523, sous le nom de Clément VII) fournissent prétexte à un rapprochement entre la cour de Fontainebleau et le Vatican. Dans ses conversations avec le souverain pontife, François envisage, espoir suprême, de reprendre le Milanais. Encore ! Façon de reconnaître que, sans soutien papal, il n'est pas de possible impérialisme français en Italie.

Les actes suivent, et le roi procède à d'importants préparatifs militaires ; ils incluent même la formation éphémère de légions provinciales, à recrutement paysan, sur modèle romain. En novembre 1535, la mort de Francesco Sforza, duc effectif de Milan depuis 1525, pose derechef le problème de la succession milanaise : au mois de janvier 1536, les Français conquièrent la Savoie, avant-poste des régions padanes. Quelques mois plus tard, en représailles, Charles Quint procède à une brève invasion de la Provence, au grand déplaisir

1. Marguerite d'Autriche (1480-1530) est la fille de l'empereur Maximilien Ier et de Marie de Bourgogne ; elle est donc la tante de l'empereur Charles Quint, lui-même petit-fils de Maximilien. En épousant Philibert le Beau duc de Savoie, elle a noué d'autre part une alliance très proche avec Louise de Savoie, mère de François Ier. Marguerite qui, à l'époque envisagée, est gouvernante des Pays-Bas pour le compte de son père Maximilien, constitue donc un « pont » effectivement disponible pour la négociation et la solution pacifique, entre les Habsbourg et les Valois.

des indigènes du Sud-Est. L'équilibre des forces étant atteint, une réconciliation spectaculaire et plutôt feinte va s'ensuivre en 1539-1540, entre François et Charles. Celui-ci, sous prétexte de prendre un raccourci pour visiter au plus vite ses vastes États, troublés par la révolte gantoise, va jusqu'à traverser la France en grande pompe, du Sud au Nord ; il connaît la bonne fortune d'être escorté tout au long par les amabilités et quelquefois par la personne même du roi. Cette tardive lune de miel entre deux beaux-frères (puisque François, en secondes noces, a épousé Éléonore, sœur de Charles) coïncide avec la faveur d'Anne de Montmorency, guerrier courageux certes, promu connétable depuis 1538, mais partisan, si possible, des voies de douceur et de la coexistence pacifique avec l'Empire.

Malgré ces bonnes dispositions apparentes, le voyage impérial en France, si spectaculaire qu'il paraisse, n'est justement qu'un trompe-l'œil. En avril 1540, François refuse les avances de Charles qui lui proposait d'abandonner le rêve milanais, moyennant l'obtention, par la France, de divers gages aux Pays-Bas. En fait, le roi reste attiré prioritairement par le foyer capitaliste en relatif déclin (Milan et l'Italie du Nord) ; il néglige les pôles d'économie expansive situés en Flandre, et significatifs de l'essor d'une Europe septentrionale ; humaniste, François se veut logiquement « italo-centré ». La chute de Montmorency, à partir de 1541, favorise à la cour des Valois l'essor d'un parti belliciste qu'incarnent la duchesse d'Étampes et quelques prélats, parmi lesquels le cardinal de Tournon. Les intrigues matrimoniales du monarque en Allemagne tournent, elles aussi, contre l'empereur : ainsi est manigancé en 1541 le mariage forcé de Jeanne d'Albret, nièce de François, avec le duc Guillaume de Clèves, ennemi de Charles Quint. Une « scandaleuse » alliance de revers s'élabore d'autre part entre Français et Turcs, ceux-ci ennemis héréditaires des Impériaux et de la Chrétienté. De nouvelles ruptures se préparent.

L'ultime guerre italienne du règne commence donc en 1542 à la suite du meurtre de deux diplomates français par les agents impériaux en Italie, intervenu en juillet 1541 (on serait moins susceptible en notre temps). Ce conflit implique la « choquante union » franco-turque (annonciatrice d'une politique occasionnellement pro-musulmane des Français, au cours des quatre siècles qui suivront). Les galères ottomanes participent au siège de Nice (1543). D'autres opérations, sans lendemain, provoquent une brève équipée des Impériaux non loin de Paris, et des Anglais jusqu'à Boulogne, ville que les Tudor vont conserver pendant quelque temps. Cette confrontation prend fin en 1544 (du côté de Charles Quint) et en 1546 (sur le versant britannique). Elle laisse pourtant aux Français une tête de pont solide en Italie : le Piémont demeure occupé sans interruption par leurs troupes ; il est pratiquement annexé de 1536 à 1559, servant de banc d'essai à la nouvelle institution des commissaires et intendants régionaux, promue au plus bel avenir.

L'obstination « italienne » de François Ier nous paraît anachronique. Est-ce parce que le territoire français, à partir du début du XVIIe siècle, se développera en réalité dans des directions bien différentes et d'abord vers l'Est et le Nord... Replacé dans le contexte du temps et dans l'univers spirituel du monarque, le tropisme italien cadre pourtant avec l'ambition politique et surtout culturelle d'un homme que ses goûts, et pas seulement ses armées conduisent de toute manière au-delà des Alpes. Être humaniste, vers 1530, c'est se vouloir milanais, florentin, vénitien, romain. Le fait que cette volonté, de surcroît, soit militaire peut sembler choquant au XXe siècle ; mais à l'époque, peu de gens s'en formalisaient. Bêlant ou non, le pacifisme n'était pas de mise. La guerre, il est vrai, était (malgré de séculaires et terribles exceptions) moins dévastatrice qu'aujourd'hui, en règle générale. Question de moyens, de technologie militaire encore

« primitive » au gré de nos critères contemporains, et peu efficace...

Au surplus, tant qu'à troquer l'Est pour le Sud, une Italie partiellement dominée par les Français, telle que la rêvaient Charles VIII, Louis XII et François Ier, aurait peut-être moins souffert, dans la suite des temps, de l'oppression cléricale et bigote que ce ne fut le cas, en fait, pour l'Italie réelle, celle de l'ultime XVIe et du XVIIe siècle, largement dominée par l'Espagne réactionnaire, voire inquisitoriale. Dans cette perspective, doit-on penser que Pavie, en 1525, fut une défaite non seulement pour la France, ce qui va de soi, mais aussi pour les progrès éventuels et ultérieurs de la liberté péninsulaire ? Il est vrai que la dynastie madrilène, en assurant à l'arrière-pays milanais, arsenal de l'artillerie ibérique, les financements inépuisables des trésors monétaires venus d'Amérique, fera beaucoup pour l'essor industriel, métallurgique, commercial, voire agricole de l'Italie du Nord. Ceci doit-il consoler de cela ?

Plus facilement qu'en guerre, l'italianisme triomphe dans les arts. En ce domaine, l'influence de François Ier, une fois de plus, paraît forte. A Chambord, les plans originels du château sont venus vraisemblablement de Domenico de Cortone, formé dans l'ambiance médicéenne. A Blois, les maçons français qui construisirent la façade des loggias s'inspiraient sans doute de l'œuvre de Bramante, au palais du Vatican.

A partir de 1528, François, sans renoncer pour autant au val de Loire ni à l'itinérance de la Cour, transporte une forte part de son activité dirigeante ou résidentielle autour de Paris ; c'est le signe d'un progrès centralisateur, c'est l'indice également du favoritisme dont jouit Anne de Montmorency, fortement possessionné aux environs de la capitale. Surgissent donc, de ce fait, les nouvelles constructions monarchiques : au Bois de Boulogne, le château dit de Madrid, conçu à partir de 1527 avec la collaboration du céramiste Girolamo Della Robbia déploie « un décor de faïence aux multiples couleurs, disposé en médaillons, frises, plaques... ». A Fontainebleau, devenu au second tiers du siècle l'un des grands centres de la culture européenne (la « nouvelle Rome » comme disent les flatteurs), Rosso et le Primatice imposent le style maniériste : la collection de tableaux, patiemment rassemblée par le maître du palais, inclut les œuvres de Léonard, Pontormo, Michel-Ange, Bronzino, Titien. Des agents royaux, diplomates ou artistes, comme Guillaume du Bellay, l'Arétin et Primaticcio lui-même acquièrent tel chef-d'œuvre, importé d'au-delà des Alpes. Installé par le roi face au Louvre, en rive gauche de la Seine, l'arrogant Cellini, sculpteur, orfèvre et médailliste, produit en terre française une série d'ouvrages dont sont conservées, de nos jours, une salière d'or et la nymphe de Fontainebleau. En termes de librairie, l'action de François s'impose : à grands frais, les ambassadeurs français en poste à Rome et Venise, font copier des manuscrits grecs pour le compte du roi Valois. La bibliothèque de Fontainebleau, énormément enrichie par divers acquêts, s'accroît en outre des collections préalablement rassemblées à Blois, et des livres confisqués au connétable de Bourbon. Robert Estienne, imprimeur officiel, développe, à partir de 1539, l'édition grecque, latine, hébraïque. Montaigne, dont les œuvres regorgeront de citations en langues anciennes serait peu concevable sans le préalable mécénat « éditorial » du monarque. Dès les années 1530-1540, le « Collège royal », aujourd'hui Collège de France, organisé par le roi indépendamment de la Sorbonne et volontiers contre elle, offre aux auditeurs lettrés une constellation d'enseignements et de chaires : elles distribuent de façon fluctuante, mais innovatrice, la pédagogie du grec, de l'hébreu, du latin, de la médecine, des mathématiques et de la cosmographie. Elles impliquent une volonté étatique de désengagement de l'enseignement comme de la recherche vis-à-vis d'une Université encore dominée par l'Église. C'est un début de laïcisation. Un de plus.

Dans le domaine religieux, l'humanisme de François et des siens implique encore une fois l'italophilie, dont les tonalités pour le coup, sont quelque peu papistes. Elles n'ont rien qui puisse scandaliser les catholiques, à l'heure des pontifes de l'humanisme, eux aussi, comme Léon X et Clément VII...

En 1438, au temps de Charles VII, la Pragmatique Sanction de Bourges, fort gallicane, confiait au clergé diocésain, et notamment aux chapitres de chanoines, le droit d'élire les évêques (le roi, bien sûr, n'allait pas pour autant renoncer à toute pression sur les organismes capitulaires, destinée à avaliser ses propres candidats à l'épiscopat). Cette Pragmatique, antiromaine par essence, avait mis de strictes restrictions au flot des annates et des appels (versements monétaires et recours judiciaires) qui en d'autres siècles avaient coulé plus librement depuis l'Église de France jusqu'à la Ville Éternelle. Du reste, on accusait les uns et les autres, avec quelque exagération, de tarir les ressources nationales en or et en argent. L'acte sacrilège de Charles VII irritait donc au plus haut point la Curie. Par la suite, sous Louis XI, la Pragmatique devenait entre la France et le Vatican l'objet d'un jeu de football : on la rendait ou on la reprenait, on l'annulait ou on la remettait en vigueur, selon que les rapports entre le Vatican et Plessis-lès-Tours se situaient au beau fixe ou au plus sombre. Victorieux à Marignan, François désire élargir l'influence française en Italie ; il veut ménager dans ce but les Romains, tout en faisant valoir sa propre prérogative gallicane (effective, mais modérée) vis-à-vis des ultra-gallicans que sont les parlementaires parisiens : il décide, une fois pour toutes, de « tourner la page » de la Pragmatique. Par le concordat de Bologne (1516), conclu entre la France et Rome, sur la lancée de l'éclatante victoire de Marignan, le droit d'élire les évêques est définitivement retiré aux chapitres de chanoines : c'est la fin d'une certaine « démocratie » ou pour le moins oligarchie ecclésiastique, serait-elle en trompe-l'œil. Le roi désormais nommera les évêques ; le pape les instituera ; les bénéficiers canonicaux, infra-épiscopaux, seront les principales victimes de cette initiative. Le centralisme royal connaît ainsi des avancées considérables ; il disposait officieusement, il dispose maintenant sur le mode officiel de la nomination de plus d'une centaine d'évêques, qui pour une part décisive lui devront leurs postes et leurs gros revenus. Le Vatican lui aussi, en 1516, voit son influence augmenter : il bénéficie maintenant d'un droit de regard sur les créations épiscopales, au mépris du conciliarisme antipapal, dont s'était targuée l'Église gallicane à la fin du Moyen Age. Les deux puissances, italo-romaine et française, marchent donc de concert, celle-ci tirant profit (par ricochet) des concessions intéressées qu'elle accorde à celle-là. Le *continuum* italo-français est très fort ; on imagine mal, dans ces conditions, que François puisse imiter l'exemple d'Henri VIII, et déchirer la « robe sans couture » de l'Église romaine. A quoi bon en effet se brouiller avec un pontificat auquel la royauté doit beaucoup, et qu'elle se borne à larder plus ou moins gentiment de piques françaises et nationalistes ? Le gallicanisme royal (à distinguer du gallicanisme parlementaire[1]) sort vainqueur, au même titre que l'institution vaticane, du concordat bolonais de 1516. Mais d'autres tendances demeurent insatis-

1. Dans ce passage, nous évoquons diverses notions qui méritent d'être brièvement expliquées. Le gallicanisme *royal* vise à mettre l'Église de France et spécialement les nominations des évêques sous la coupe du monarque, tout en concédant malgré tout une dose minime de suprématie (ou pour le moins d'influence) au Vatican. Le gallicanisme de l'Église de France, ou de ses éléments les plus déterminés, ainsi que de l'Université de Paris (la Sorbonne), aime-

faites : l'ultra-gallicanisme du Parlement ou de la Sorbonne et le conciliarisme français voudraient bien humilier Rome devant un concile général ou national, et pas seulement ragaillardir le monarque Valois ; or, ultra-gallicanisme et conciliarisme sortent blessés de l'épisode bolonais ; l'accord cisalpin-transalpin a été conclu par-dessus la tête du Parlement comme de la Sorbonne, et à leurs dépens. François et son fidèle porte-bouclier, le chancelier Duprat, ont donc besoin de toutes leurs forces d'intimidation pour obliger la Sorbonne récalcitrante et le Parlement toujours partisan de la Pragmatique, à donner d'indispensables approbations au concordat de 1516, qui enterre celle-ci. Les deux organismes parisiens finiront (plus ou moins) par avaler la pilule, non sans entourer d'un protocole secret ou protestataire leur défiante acceptation. Pour vaincre cette résistance de dernière minute, François qualifie les parlementaires de « bandes de fous » et menace des oubliettes certains d'entre eux.

Une chose est de conclure des accords (non sans succès) avec Rome. Mais se colleter avec l'hérésie naissante, bientôt militante, c'est une autre affaire. Sur ce point, la position de François et de ses amis est nette ; elle se déduit aisément de prémisses qu'on a déjà rencontrées : aussi longtemps que l'innovation,

---

rait, tâche difficile, court-circuiter le roi, et renvoyer directement l'élection des évêques « à la base », soit au clergé des diocèses, et notamment aux chanoines ; l'influence de Rome étant là aussi diminuée radicalement. Il est donc logique que la Sorbonne s'élève contre le concordat de 1516, qu'elle trouve trop modéré : elle se raccroche à la Pragmatique Sanction de 1438, qui correspond pleinement à ses vœux. L'ultra-gallicanisme du Parlement de Paris, de toute façon très antiromain, va lui aussi dans le sens extrémiste du gallicanisme ecclésial et universitaire (ou « sorbonnard ») ; bien au-delà donc du gallicanisme somme toute modéré de François Ier. Quant au conciliarisme, très en vogue depuis le XVe siècle, il vise à subordonner le pape au concile, autrement dit aux évêques, notamment de France...

dans le domaine du sacré, se cantonne aux seules voies de l'humanisme, même réformé, le monarque laisse faire ou même encourage. Dès que surgit l'hétérodoxie pure et simple, à ses yeux dangereuse, il sévit.

Pour une fois, l'humanisme réformé ne vient point totalement d'Italie, trop cléricale ou pontificale ; il surgit des Pays-Bas, patrie de Jan Standonck ; au terme du XVe siècle, ce personnage développait à Paris au Collège de Montaigu l'étude de l'Écriture et des Pères de l'Église. Ces tentatives tombent sur un sol fertile : la société française, en effet, au dernier siècle des Valois, demeure profondément chrétienne et manifeste un robuste appétit du divin. Le clergé qu'affecte, certes, l'absentéisme de certains prélats ou curés, conserve, de son côté, dynamisme et dévouement. Les initiatives qui tendent à réformer l'institution ecclésiale sont donc bien reçues, à leur point de départ, quitte à susciter de formidables réactions hostiles dans la suite et par contrecoup. L'essai de synthèse entre christianisme et Renaissance est assuré d'un accueil favorable : Guillaume Fichet, sous Louis XI, avait implanté les techniques allemandes de l'imprimerie dans les caves de la Sorbonne ; il en profitait pour publier des textes de l'Antiquité, et pour adapter Platon à la visée chrétienne « au nom d'une conception commune de la beauté ». Lefèvre d'Étaples (mort octogénaire en 1536) édite, sur le mode œcuménique, Aristote, les Psaumes et saint Paul. L'humaniste néerlandais Érasme devient, dans les années 1490-1500, un grand Européen, comme seront beaucoup plus tard Voltaire, Hugo, Zola. Il publie en 1516 (l'année du concordat de Bologne, année charnière décidément), à partir de l'original grec, un *Nouveau Testament* qui dévalorise auprès des gens « à la page », seraient-ils Français, la vieille Vulgate latine de saint Jérôme, géniale, mais farcie d'erreurs. Jérôme avait le contresens facile ! Érasme est déjà le parangon de l'intellectuel moderne, ou d'un certain type d'intellectuel moderne, écrivant très vite, au rythme ultra-rapide des diffusions qu'autorise la presse à imprimer. Il veut dégager la vraie figure du Christ, car les gloses et superstitions successives l'ont séculairement barbouillée jusqu'à la rendre méconnaissable. Érasme ne rompt pas pour autant avec l'Église établie, mais sa publication des premières Écritures chrétiennes, conforme au texte primitif, lui vaut d'être accusé de « pondre l'œuf que Luther couvera ». En France, aux alentours immédiats du Pouvoir, Guillaume Budé, zélateur de l'autoritarisme politique, incarne d'autre part, et sans contradiction aucune, les tendances humanistes : il insiste lui aussi, dans ses ouvrages, sur le lien qui unit l'hellénisme antique à la religion révélée. Marguerite, sœur de François, regroupe autour d'elle un cercle amical où l'on rencontre Lefèvre d'Étaples, et surtout Guillaume Briçonnet, évêque de Meaux. Cet ecclésiastique est un spécimen sophistiqué de la nouvelle vague des Briçonnet : il tranche sur les générations précédentes de cette famille, qui s'étaient surtout distinguées par l'arrivisme et par le goût des places. Le prélat de Meaux « élimine les images des saints, valorise le français dans la liturgie, distribue à ses diocésains les traductions des Écritures ».

L'invasion « hérétique » aux terroirs français commence en 1519 avec l'arrivage à Paris, les imprimeurs aidant, des premières brochures de Luther, ficelées par colis de centaines d'exemplaires. Les palinodies de la Sorbonne (qui ne hait point l'hostilité luthérienne aux indulgences papales), l'inertie bureaucratique, au moins momentanée, que manifestent le Parlement de Paris et l'entourage royal, enfin l'esprit d'humanisme tolérant de François retardent jusqu'à 1523 la première condamnation sérieuse prononcée à l'encontre des idées nouvelles. Celles-ci jouissent donc d'un délai suffisant pour pousser quelques racines, dont le temps démontrera la solidité. La propagande luthérienne se développe dans les années 1520, en triple coïncidence avec le désastre de Pavie, la trahison du connétable de Bourbon et les fortes crises de cherté frumentaire. Cette atmosphère de crise n'est pas défavorable aux contestations religieuses. Le luthéranisme pose aux chrétiens, de ce côté-ci des Vosges, quelques questions de première grandeur : en mettant l'accent, après l'épître de Paul qu'on avait négligée, sur la foi qui sauve, il dissipe le bric à brac du formalisme et du ritualisme superstitieux qui encombrait les croyances de tout un chacun. Mais il impose également, là est l'épreuve de force, une considérable exigence aux fidèles : jusqu'à Luther, on pouvait adhérer, du bout des lèvres ou du fond du cœur, à une certaine culture ecclésiale, léguée par l'histoire, et intimement reliée aux structures vivantes de la société collective ; on pouvait honorer les principes de cette culture particulière, vénérer ses pompes, pratiquer ses œuvres charitables, participer avec joie aux réalisations liturgiques, artistiques, festives... Après 1520, quand la France à son tour est affectée par l'initiative du moine de Wittenberg, il n'est plus suffisant d'être immergé dans un culte ou dans une culture. On doit aussi faire beaucoup plus et beaucoup mieux que cela : on doit *croire*, si du moins l'on suit les idées de Luther. Croire. Rien que cela ! Or la foi pure et simple n'est guère évidente ni facile, y mettrait-on la meilleure volonté du monde. Un Pascal ne se dépêtrera des problèmes ainsi posés que par l'ingénieuse pirouette du pari, qui contribue à immortaliser sa mémoire.

Humanistes, François et sa sœur aimeraient maintenir une coexistence pacifique entre Église officielle et principes hétérodoxes. Ce souhait innocent, fort évangélique, n'est pas tenable dans le long terme. Car Luther, logiquement, vire à l'anti-humanisme. Qu'importe en effet l'Antiquité païenne à qui veut épurer et sauver la doctrine chrétienne ? Le prédicateur saxon, même frotté de culture classique, crible d'insultes le malheureux Érasme qui, effectivement, s'identifie à la Renaissance des lettres grecques et latines. Il le traite de « venimeux polémiste, pourceau d'Épicure, écrivain ridicule, étourdi, sacrilège, bavard, sophiste, ignorant ». Il qualifie la pensée érasmienne de « mélange de colle et de boue, de balayures et d'ordures ». Comme l'écrira (non sans mélancolie œcuménique) Jean Delumeau « il faudra attendre le XXe siècle pour que soit redécouvert l'Érasme chrétien ».

Des forces considérables qui sont luthériennes « à gauche » et intégristes « à droite » poussent donc de part et d'autre à la rupture. François néanmoins lutte pied à pied et ne renonce qu'à contrecœur aux positions conciliatrices qui sont naturellement les siennes. A plusieurs reprises, contre le gré des magistrats répressifs, il sauve la liberté ou la vie du noble et pieux intellectuel qu'est Louis de Berquin[1], acquis aux idées évangéliques. En 1529, le Parlement profite d'une absence royale et réussit à faire brûler Berquin presque à l'insu du monarque. Celui-ci finit du reste par se résigner au fait accompli : après tout, le souverain a besoin du pape (et donc du parti des brûleurs d'hérétiques) pour ses entreprises italiennes et concordataires.

Le « centrisme » royal n'a pourtant pas dit son dernier mot. En 1530, l'affaire du divorce d'Henri VIII d'avec Catherine d'Aragon, atterrit jusqu'en Sorbonne, pour consultation théologique. Justifié ou non, le divorce marquera au long terme de l'histoire anglaise les débuts d'un « bon choix » et d'une formidable aventure insulaire ; en rompant avec Rome, les dirigeants britanniques ouvrent la voie au puissant développement d'outre-Manche, dans la foulée des deux

1. Louis de Berquin, savant lecteur de Luther et de Melanchthon, est un exemple typique des aléas de la répression et de la clémence pendant la décennie 1520.

siècles qui vont suivre : il y aura donc introduction (sans qu'on l'ait expressément voulue) des germes de liberté spirituelle et intellectuelle ; il y aura tolérance, bon gré mal gré, pour une extrême gauche puritaine qui naîtra bientôt au flanc sensible de l'anglicanisme. On assistera enfin à une rénovation partielle de l'économie, grâce à la mise en vente des biens des monastères britanniques.

Or, pour autant que la France soit concernée sur le plan diplomatique par les mésaventures conjugales du roi Tudor, le Valois manifeste des dispositions qui sont décidément pro-henriciennes : au mépris de l'hostilité du syndic sorbonnard Béda, dont l'intégrisme est farouche, François contraint l'Université à entériner le divorce du royal cousin de Londres. Bien sûr, la monarchie française a pour cela des raisons circonstancielles, qui tiennent aux ménagements nécessaires que mérite la Grande-Bretagne. Mais la résolution de François dans ces conjonctures est à double tranchant. Elle est d'abord pro-gallicane : François, flanqué du Parlement, interdit à Béda de consulter Rome au sujet d'Henri VIII, sous peine d'enfreindre les droits et privilèges du royaume de France. En second lieu, elle est pro-humaniste : Guillaume du Bellay, dont le nom et la famille s'identifient aux progrès français de la Renaissance, est l'un des principaux soutiens du Valois comme d'Henri lors de cet épisode, auprès de la Sorbonne et, s'il le faut, contre elle.

On comprend aisément, dans toute cette affaire, la relative « décontraction » du roi de France : après tout, ni Henri VIII ni même Luther n'offrent *a priori* des motifs d'effroi majeur pour une société d'ordres, comme celle qui caractérise encore la France monarchique du premier XVIe siècle : le souverain anglais, tout au plus, est un schismatique ; son divorce est antiromain, mais ne modifie pas le système des dogmes. Quant à Martin Luther, il maintient la hiérarchie ecclésiastique, dominée par les évêques : il ne porte pas atteinte aux structures fondamentales du « premier ordre », autrement dit du clergé. Cet irénisme, en revanche, ne vaut point pour les leaders de la Réforme radicale, qu'elle soit helvétique avec Zwingli, ou française et bientôt genevoise avec Calvin.

Les idées de Zwingli et Calvin sont en effet subversives d'un ordre clérical qu'à tort ou à raison mainte personne tenait jusqu'alors pour sacré : leur diffusion dans le royaume ne pourra qu'aiguiser de violentes contradictions, malgré l'indéniable bonne volonté (initiale) de François. Là gît, du reste, une malchance essentielle de la Réforme française : au lieu d'être prudemment réformée en ses débuts, comme dans le cas luthérien ou henricien, elle est, d'entrée de jeu, révolutionnaire, bouleversant les dogmes, la hiérarchie, l'Église institutionnelle. Les sanctuaires eux-mêmes, avec leurs statues, leurs vitraux, leurs trésors, sont promis au vandalisme iconoclaste. Il manque, en somme, à cette réformation française, pour réussir, d'avoir été imposée, modérément mais fermement, d'en haut, par les pouvoirs établis, à l'exemple de ce qui se fait en Saxe et en Angleterre. La mutilation d'une statue de la vierge à Paris en 1528 provoque de ce point de vue, *a contrario*, les premières fureurs monarchiques.

La situation de rupture, certes, n'est pas irréversible : en 1533, au cours de cette phase initiale, à Paris, la prédication assez hétérodoxe de Nicolas Cop, qui fut brièvement recteur de l'Université, et qui trouvera bientôt refuge à Bâle, ne déclenche encore, de la part du Parlement, qu'une petite persécution. Le roi, du reste, a tôt fait de calmer le jeu. Mais l'affaire des placards, en 1534, est beaucoup plus grave, du point de vue des autorités en place. Cette fois, les frontières cessent d'être floues entre orthodoxes pro-romains et réformés pré-huguenots. Elles sont désormais tranchées au cordeau ; le couperet de la répression peut d'autant mieux s'abattre, tant clair est désormais l'affrontement.

Ces placards, en effet, rédigés par le pasteur français Antoine Marcourt, dans son exil à Neuchâtel, et affichés à Paris le 18 octobre 1534 attaquent ou nient de façon violente et totale le « saint sacrifice » de la messe, la présence réelle du Christ dans l'hostie, et bien sûr le sacrement de communion. Ils s'éloignent donc du possibilisme (relatif) que cultivait Luther, et se rapprochent du radicalisme « sacramentaire » des adeptes zurichois de Zwingli (après tout, Neuchâtel n'est pas fort éloigné de Zurich !). Zwingli, comme Marcourt, récuse ou ridiculise la présence d'un homme de trente ans (le Christ) dans un morceau de pâte (l'Eucharistie). Zwingli, d'autre part, abolit totalement l'épiscopat dans la communauté qu'il contrôle, au profit d'une Église invisible et profondément égalitaire. Or, comme le dira plus tard un monarque anglais, pas d'évêque, pas de roi, *no bishop, no king...* En termes plus nets, supprimer les prélats au plan ecclésial, revient à contester le monarque, au plan mi-sacré, mi-laïque.

V

L'intolérance et le reste

Avec l'affaire des placards (1534), un premier moment d'irréversibilité se trouve atteint. Le roi très chrétien ne peut laisser passer la bourrasque. Il ne fait pas personnellement du zèle. Mais, il laisse se déchaîner à Paris l'hystérie populaire ainsi que la répression et les bûchers, ceux-ci décidés par le Parlement, approuvés par la Sorbonne, meublés par les hérétiques. Le « biennat » 1534-1535 forme donc coupure chronologique : à partir de cette date, la Réforme protestante se trouve violemment divorcée d'avec l'humanisme royal, l'une allant désormais beaucoup trop loin au gré de l'autre. La figure d'un Paris fanatisé, ultra-catholique, qui dominera toute la seconde moitié du XVIe siècle, déjà se dessine dangereusement.

L'émersion française, puis genevoise, accessoirement strasbourgeoise de Calvin et du calvinisme dans les années 1530-1540 ne peut qu'aggraver la tension. Les théories eucharistiques de Calvin sont dans l'ensemble moins révolutionnaires, certes, que celles de

Zwingli ; mais l'ecclésiologie calvinienne se rapproche de celle du maître zurichois et se situe à l'opposé du semi-conservatisme luthérien. Elle est destructrice des hiérarchies catholiques, pourtant consubstantielles, là est le hic, à la France des Valois.

L'Église calviniste, à caractère local, comprend en effet des pasteurs-gouverneurs, des docteurs-professeurs, des anciens, des diacres ; ces diverses catégories se soumettent, dans le principe, au césaropapisme municipal d'un gouvernement citadin, qui prend place à Genève, en attendant que d'autres localités se convertissent aux mêmes solutions. Le gouvernement genevois à son tour est contrôlé dans la coulisse par Calvin et par ses amis. On ne saurait mieux bafouer la savante architecture sociale de l'Église gallicane, avec son dégradé multiple qui mène du cardinal au clergeon en passant par l'archevêque et le chanoine. En cette conjoncture, toute réconciliation en profondeur paraît vouée à l'échec. Le calvinisme pur et dur implique, au fait, une telle mutation des mentalités qu'il ne parviendra à s'imposer totalement que dans le cadre de petits États ou menus systèmes politiques (Genève puis les communautés puritaines d'Amérique du Nord)... Les grandes puissances (France et même Angleterre) lui résistent, du simple fait de leur masse, impossible à faire basculer dans des délais trop rapides.

En cette conjoncture, Calvin n'a donc pas la partie facile : il a beau dédier à François Ier l'ouverture de son *Institution chrétienne*. Il a beau (mais qui s'en serait douté à l'époque... !) être le père ou plutôt l'aïeul d'une humanité de style nouveau, dans laquelle des hommes infus de grâce divine ou de bonne prédestination et désireux de prouver celle-ci par la rigueur de leur activité sociale, bâtiront les plus modernes des sociétés capitalistes, jusques et y compris en Amérique du Nord... Rien de tout cela (et pour cause) ne peut fléchir tout à fait François Ier (encore que celui-ci, soucieux de ménager le protestantisme princier d'Allemagne, éprouve des bouffées d'indulgence à l'égard de ceux de ses sujets qu'on appellera bientôt les huguenots). Rien de tout cela surtout ne peut faire que les Parlements de Paris, de Toulouse, d'Aix-en-Provence tolèrent le calvinisme. Des édits royaux, hostiles à l'hérésie, vont donc se succéder en 1540 et 1542 à l'usage desdits Parlements, et des autorités ecclésiastiques... Les vaudois des montagnes provençales, qui ont rallié voici peu le camp protestant, sont partiellement massacrés en 1545, à partir d'initiatives meurtrières qui, c'est vrai, sont d'ordre régional plus que national. Henri II, moins flexible encore que son père, reprendra et aggravera cet héritage de persécutions, sans toutefois se faire à cent pour cent l'outil docile du pontificat romain.

L'humanisme de François, triomphant dans les domaines culturels, timide et contrarié au plan religieux, se déploie sans entraves dans le secteur de la politique-spectacle, où princes, sujets, empereur font assaut de dons ou contre-dons, comme de générosité ostentatoire.

A Lyon, en juillet 1515, le monarque en route pour l'Italie (et pour Marignan...) est accueilli par le clergé, les officiers royaux, le sénéchal, les gens de justice, la municipalité, les bourgeois et notables, les marchands locaux d'Allemagne, de Lucques, de Florence ; les uns et les autres affrontent joyeusement le « train du roi », qui consiste en princes et seigneurs, hérauts d'armes, trompettes et clairons. Les histoires, saynètes et symboles exposés çà et là racontent tel épisode de la Bible, de la vie de Clovis ou de la biographie d'Hercule au jardin des Hespérides : ces thèmes inspirés par la Renaissance voisinent en toute sympathie avec ceux qui furent hérités de la fin du gothique. Une débauche de luxe et de présents s'offre de part et d'autre, côté ville, et côté Cour royale. La « joyeuse entrée », spectacle souverain que la ville se donne à elle-même en même temps qu'au roi, n'est contemplée par le citadin moyen qu'une ou deux fois dans le délai d'une vie humaine à l'occasion de la venue du Prince ; l'inoubliable parade déploie, spectaculaires, les groupes sociaux. De quoi ressouder pour une génération l'impalpable réseau des fidélités urbaines et des loyautés monarchiques.

Le même assortiment se retrouve dans le camp du Drap d'or, en juin 1520, aux frontières du Calaisis. Là, François Ier, Henri VIII et l'aristocratie des deux pays font assaut d'opulence, par-delà les intentions affichées du roi français qui sont d'obtenir ou de consolider (tâche difficile) les bonnes grâces du souverain d'Angleterre : après tout, la cruelle mémoire de la guerre de Cent Ans, et même des incursions britanniques qui suivirent celle-ci, est loin d'être éteinte. Qui plus est, l'accession toute récente de Charles Quint à la tête d'un Empire qui devient dorénavant austro-germano-espagnol transforme l'équilibre européen en un jeu tripolaire France, Empire, Angleterre, celle-ci devenant la puissance médiane, courtisée à grands frais par les deux autres. La tradition des « sommets » entre princes, déjà fort ancienne, s'embellit, dans cette rencontre franco-britannique du Drap d'or, grâce aux oripeaux remis à neuf de la culture néo-latine. A Ardres, non loin de ce qui sera le lieu des rendez-vous effectifs, François fait élever, pour une rencontre éventuelle, un théâtre rond tout en bois, à la romaine, imité paraît-il des conceptions de l'architecte Vitruve. Quant à la vaste demeure d'Henri, dans la ville d'or du camp de Guînes, elle est de bois également, ornée de piliers « à l'antique » : ils figurent Cupidon et Bacchus, jetant du vin clairet dans des tasses d'argent. Même coûteuse, l'ouverture à une Angleterre qui deviendra bientôt hétérodoxe, fait partie de l'ensemble humaniste en quoi s'incarne la stratégie de François.

Avant même le Drap d'or, les débours monétaires du roi, aux dépens d'un royaume devenu fort riche, confinaient à l'apparente extravagance, lors de l'élection impériale de 1519. Dans ce cas aussi, la référence humaniste et les allusions à l'Antiquité romaine venaient s'ajouter aux motivations plus purement politiques pour inciter le monarque de France à postuler l'Empire. N'était-il pas le « César » chéri que sa mère Louise qualifiait de ce nom, et aussi « l'empereur en son royaume », cher aux théoriciens du pouvoir monarchique ? Alors pourquoi ne pas devenir empereur à part entière, dans le cadre point trop vermoulu encore de l'Empire romain germanique ? Être candidat français à ce pouvoir suprême, et gagner par la suite un pari si risqué, c'était acquérir « une exceptionnelle dignité supranationale »; soit la contrepartie séculière du pontificat romain, et le plus éclatant pouvoir (laïque) de la Chrétienté ; c'était aussi et surtout éviter que l'Espagne et l'Allemagne ne fussent définitivement rassemblées sous la direction d'un seul Habsbourg, qu'on appellera bientôt Charles Quint. Là gisaient les rationalités d'une candidature ; au premier abord elle paraissait bien étrange, de la part d'un souverain des lys. François sous-estimait, en la matière, les mentalités antifrançaises de nombre des grands électeurs de l'Empire, qu'ils soient de Saxe ou de Brandebourg. On n'est pas impunément candidat francophone, en pays de germanophonie, même si l'« Allemagne » n'est encore qu'expression géographique. Afin de corrompre les sept électeurs, François dépense vainement des sommes immenses en écus sonnants et trébuchants (car les Fugger, patriotes d'outre-Rhin, refusent ses lettres de change et préfèrent financer la candidature de Charles). Les 400 000 couronnes ainsi gaspillées par la France n'empêchent pas l'adversaire du Valois d'être élu, toute candidature française étant retirée *in fine*. Le nouvel empereur, né des Habsbourg, obtient l'unanimité des votes, le 28 juin 1519.

L'échec à l'Empire a-t-il valeur exemplaire ? Imprimerie, Réforme, humanisme, la France « renaissante » demeure longtemps à la traîne, et brillant second, même quand il ne s'agit que de faire du neuf avec du vieux, et de récupérer d'anciennes traditions, gréco-latines ou bibliques. Pourtant, au bout de quelques années ou décennies perdues, ce pays saisit (plus ou moins bien) sa chance. Ainsi en va-t-il des grandes découvertes : Portugais, Génois, Espagnols (nantis ensuite de l'accord papal qui confère aux deux nations ibériques la propriété des terres et mers encore inconnues dans l'Ouest lointain) ont une ou deux générations d'avance, quant à la découverte des routes à épices et du nouveau continent. Mais déjà, dans les années 1500, les pêcheurs bretons et les marchands de Normandie parviennent respectivement à Terre-Neuve la morutière, et au Brésil. Le mouvement est en route. On va le prouver en marchant. Louis XI, Charles VIII et Louis XII s'étaient intéressés de façon prioritaire aux trafics méditerranéens. François Ier n'oublie ni le Sud-Est milanais, ni l'Est impérial. Néanmoins il ouvre un œil sur l'Ouest atlantique : en 1517, cet homme d'universelle curiosité fonde Le Havre. En 1524, le Florentin Verazzano, dûment mandaté par le souverain français, « financé par la banque lyonnaise et rouennaise, assisté par des marins normands », longe la rive atlantique de l'Amérique du Nord, sur les côtes actuelles de Virginie, Caroline, Maryland, New York, Massachusetts, Maine et jusqu'à Terre-Neuve : la cartographie des nouveaux mondes fait un pas de géant du seul fait de cet explorateur. Dix ans plus tard, un Malouin, Jacques Cartier, « commissionné » lui aussi par le roi, entreprend un premier voyage, par la route des pêcheurs, bien connue de lui, jusqu'à Terre-Neuve et jusqu'à l'embouchure (non encore explorée) du Saint-Laurent. D'autres expéditions, dirigées par Cartier, puis par Roberval, aboutissent à l'établissement, qui n'est pas durable, d'une colonie française sur le Saint-Laurent. L'affaire tourne court. Mais la fondation de Québec s'ensuivra au temps de Champlain (1608). La France (talonnée bientôt par l'Angleterre) demeure le premier pays non ibérique à s'être lancé sérieusement dans l'entreprise américaine. Il n'y a pas de raison d'en refuser le mérite au clairvoyant François Ier, même si les moyens mis en œuvre restent dérisoires. Culturellement, l'impact est considérable : les Indiens que les marins normands ou bretons ramènent à Rouen, Dieppe, Saint-Malo, ou qu'ils fréquentent de façon amicale ou conflictuelle sur le rivage brésilien et canadien, disséminent déjà dans les opinions des hommes de ce temps la double image de l'indigène — cannibale ou bon sauvage ; cette seconde modalité connaîtra grande fortune en notre savoir, depuis Montaigne jusqu'à Rousseau, voire Lévi-Strauss. Territorialement, les choix ainsi faits sont moins heureux : les Français jettent leur dévolu, dès les années 1540, sur l'Amérique glaciale ; ils abandonnent le nouveau continent dans ses zones chaudes ou tempérées aux Espagnols, bientôt aux Anglais qui garderont ainsi les meilleures parts.

S'agissant de construction ou d'expansion de l'État, l'humanisme dont Budé dans son *Institution du prince* est l'un des porte-parole auprès du roi, ne propose que des suggestions fort générales. Elles sont tirées de l'Antiquité classique... et de la tradition bas-médiévale, incarnée jadis par Christine de Pisan. Elles vont volontiers dans le sens du renforcement d'un certain autoritarisme (sans qu'on puisse parler encore littéralement d'absolutisme : la structure décentralisée, noble, aristocratique, coutumière qui est chère à Claude de Seyssel, demeure trop forte). Elles dessinent les linéaments d'un Prince : il cultive Dieu, la justice, la sagesse et la prudence, celle-ci se définissant par le sens du réel. Ces conseils encouragent les tendances modernisatrices du roi ; il rogne, sur la lancée de ses prédécesseurs, le pouvoir des grands féodaux : en 1523, le connétable de Bourbon s'écœure des tentatives royales de mainmise sur ses biens immenses. Il « trahit » le Valois et passe à l'empereur. François Ier, non sans mal, réussit pourtant à le faire condamner par les parlementaires et peut ainsi réunir au royaume la plus grande part des héritages bourboniens du connétable, qui comprennent des provinces entières, dans le Centre-Est de la France.

Cette affaire suggère un contraste chronologique : au XVe siècle, la Praguerie sous Charles VII, la ligue du Bien public au temps de Louis XI, la guerre folle sous Charles VIII avaient sérieusement menacé, par les armes, le pouvoir central. Au XVIe siècle, le connétable de Bourbon ne regroupe, lui, qu'une poignée de fidèles. Ainsi se démontrent, en marchant, les progrès de la pacification nationale et d'une obéissance croissante au pouvoir ; celle-ci désormais est d'autant plus librement consentie qu'elle est avantageuse aux deux parties : roi et sujets. Les Français commencent à prendre ou reprendre l'habitude invétérée de vivre ensemble, sans sombrer dans les guerres civiles. Ils réouvriront celles-ci, par suite des nouvelles dissensions d'ordre religieux, à partir de 1560.

Antiféodalisme ne signifie pas hostilité de principe à la noblesse. Bien au contraire : l'humanisme de François est d'essence aristocratique ; on voit même s'instaurer sous son règne, au niveau du gouvernement, une espèce de « réaction seigneuriale ». A la fin de Louis XII, le peuple gras, qui se compose de riches et savants roturiers éventuellement anoblis, flanqués de quelques petits personnages de la noblesse, avait dominé dans le Conseil d'en haut : Ganay, Poncher, Robertet, Cotereau, Hurault, Beaune-Semblançay, dont les noms n'évoquaient pas le sang bleu, étaient devenus principaux personnages du royaume. Un changement d'équipe s'avérait inévitable : en 1527, après un simulacre de procès, le grand argentier Semblançay est pendu[1]. Il sert de bouc émissaire et de justificatif à la remise en ordre des finances, obérées par les fastes royaux, et par les grosses dépenses consécutives au désastre de Pavie. D'autres exécutions d'hommes d'argent dont celle de Jean de Poncher, trésorier général du Languedoc, suivront jusqu'en 1535. Quelques années plus tard, la logique du changement suit son cours : le chancelier Duprat, né de bonne bourgeoisie auvergnate, s'était illustré notamment, en 1517, par la hauteur de vue de ses programmes protectionnistes, destinés à encourager l'industrie nationale et à freiner les pertes d'or et d'argent qu'éprouvait le royaume. Après sa mort en 1535, on ne dénombrera plus au Conseil d'en haut qu'une très forte majorité de grands seigneurs : parmi eux « le Dauphin, Marguerite de Navarre et son époux Henri d'Albret, Montmorency, l'amiral Chabot, Claude d'Annebaut[2], Claude de Guise, les cardinaux de Lorraine et de Tournon ». L'Ancien Régime est coutumier de ces fluctuations : une phase « bourgeoise » (ou plutôt robine) sous Louis XII finissant est donc suivie de périodes plus aristocratiques au temps de François. De même façon, les technocrates louis-quatorziens feront place aux grands seigneurs de la Polysynodie à l'époque de Philippe d'Orléans.

On ne doit pas exagérer l'importance de tels glissements : ils sont toujours réversibles. Néanmoins, la

---

1. Jacques de Beaune, baron de Semblançay, fils d'un riche marchand de Tours, devenu général des finances (du premier rang) en 1518, paie d'une condamnation à mort les déboires financiers de François Ier et spécialement l'endettement de ce roi à son égard. Il est pendu, octogénaire, le 11 août 1527.

2. Claude d'Annebaut (mort en 1552), né d'ancienne noblesse normande, se signale par ses compétences militaires à l'attention de François Ier qui le fait maréchal et amiral de France. En outre, il est bien vu de la duchesse d'Étampes, maîtresse royale.

Philippe Chabot, seigneur de Brion (1480-1543), compagnon d'enfance de François Ier, militaire et diplomate, est premier ministre *de facto* pour quelque temps, à partir de 1535.

position assez constamment importante (malgré quelques disgrâces) du connétable de Montmorency, au temps de François Ier, dit bien à sa manière le rôle éminent que donne à la meilleure noblesse un roi qui, plus que tout autre, a grandi parmi les aristocrates distingués, dont il accepte le système des valeurs, chevaleresques et magnificentes. Que la connétablie soit passée d'un prince du sang (Bourbon) à un seigneur de famille non royale, quoique alliée de fort près aux Capétiens (Montmorency[1]), est révélateur : on limoge un très grand, mais c'est pour faire place à d'autres grands, qui sont un peu moins haut situés il est vrai, dans la vertigineuse échelle des statuts. La vaste principauté territoriale, bourbonienne pour la circonstance, régresse tendanciellement, au profit de la haute société de cour ; celle-ci est montmorencienne, simplement détentrice d'un archipel de seigneuries.

Ces phénomènes n'affectent pourtant que les sommets les plus en vue de l'État. Dans les profondeurs du « Léviathan » gouvernemental continue sans désemparer la montée des élites officières : elles n'ont guère à voir avec la splendide courtisanerie de Fontainebleau ou du Louvre. Le groupe des officiers tire en effet l'essentiel de ses forces d'une classe moyenne qui n'est plus tout à fait la bourgeoisie et pas encore la noblesse à part entière, celle-ci rurale, belliqueuse ou proche du monarque. Les futurs officiers viennent, en règle générale, des villes : ils furent éduqués dans les Facultés de droit, dont Guillaume Budé et André Alciat ont renouvelé le cursus. Surtout les cités, les

1. Anne de Montmorency a en effet épousé en janvier 1527 Madeleine de Savoie, fille du grand bâtard de Savoie, René, qui lui-même est demi-frère de la mère de François Ier, Louise de Savoie. Montmorency devient ainsi par alliance de main gauche, une manière de cousin germain du roi ; on ne saurait mieux dire que la famille royale, avec ses alliances, demeure le lieu central du pouvoir et des factions.

parents d'élèves, l'Église fondent un peu partout au XVIe siècle des collèges humanistes, où les petits citadins aisés se frottent de latin ; ils se préparent, pour les plus doués ou les plus riches d'entre eux, à devenir un jour membres des nouvelles oligarchies du pouvoir, régional ou national. François Ier cède à des motifs fiscaux mais aussi aux besoins légitimes d'une expansion de la fonction publique : il vend donc des offices à tour de bras, il n'a pas de peine à recruter les candidats idoines qui sont susceptibles de meubler lesdits offices, tant l'instruction secondaire s'est répandue au fil du siècle et du règne. On comptait environ 5 000 officiers au début du règne de François Ier et 50 000, dix fois plus, en 1665, soit un taux de croissance annuel du nombre des officiers de 1,55 % par an. A supposer que ce taux ait été maintenu et même dépassé sous François, en un règne de prospérité et de prolifération officière, on compterait donc *déjà* 8 000 à 9 000 officiers à la fin du règne, en 1547. Surtout François, non content de laisser croître l'arbre de justice où niche la majorité des offices, donne le coup d'envoi aux profondes modifications apportées à l'État de finance ; celui-ci n'est cependant, pour le quart d'heure, qu'une des branches maîtresses de ce grand arbre et n'a pas droit au tronc central à part entière. En 1524, après une série d'édits dont il serait trop long de donner le détail, une centralisation du Trésor est mise en place, et perfectionnée en 1532 : le trésorier de l'épargne, récemment créée, collecte dans ses coffres du Louvre, à triple serrure, le produit des recettes dites « ordinaires » (domaine royal) et « extraordinaires » (impôts directs et indirects). Un trésorier des parties casuelles recueille d'autre part les recettes des décimes ecclésiastiques, ainsi que l'argent des emprunts et surtout des ventes d'offices, dont on vient de dire l'importance. A partir de l'« Épargne » ainsi créée, il est possible en principe, de contrôler le flux des dépenses de l'État, de l'armée, etc. Je dis bien, « en principe », car en fait l'État reste un panier percé : beaucoup de dépenses sont assignées localement sur des recettes provinciales dont le produit n'atteint jamais la capitale.

Flux des dépenses donc, mais aussi flot des recettes : pour mieux apprivoiser celles-ci, un texte de 1542 crée seize receveurs généraux ; leurs circonscriptions respectives vont bientôt coïncider avec les généralités provinciales où s'illustreront plus tard les intendants. Cette remarquable réorganisation des structures ne coïncide nullement avec un tour de vis scandaleux quant aux impôts, puisque la France en voie d'enrichissement versait, sous forme de revenus nets, 90 tonnes d'argent au roi et à ses agents en 1515 ; et 140 tonnes seulement en 1547 (la surcharge était d'autant moins lourde que l'argent-métal entre-temps s'était dévalué, du fait de la hausse générale des prix des biens réels, survenue pendant le règne, et qui lui survivra). Quant aux rentes sur l'hôtel-de-ville parisien qui marquent (théoriquement), à partir de 1522, le début du crédit public en France, elles ne correspondent encore qu'à des sommes globalement insignifiantes. Il y a donc bien sous François Ier amélioration qualitative du système fiscal, sans que celle-ci soit nécessairement corrélée, comme il arrive trop souvent, avec un grave alourdissement quantitatif des impôts. C'est même cette insuffisance quantitative des prélèvements fiscaux qui provoque les malaises financiers du gouvernement, puisque la masse des taxes payées demeure inadéquate par rapport aux besoins d'argent accrus que provoquent les guerres incessantes.

Au terme de ce tour d'horizon, la personnalité de François Ier, sans être extraordinaire (lequel de nos rois mériterait cet adjectif, Henri IV excepté) apparaît comme solidement intégrée et bien accordée à l'esprit du temps dans ce qu'il avait de meilleur. D'où un certain nombre de réussites : il y a mélange d'archaïsme gothique et d'humanisme renaissant, aux doses convenables, et tel que le proposent les goûts et besoins des sociétés urbaines de l'époque... Avec des effectifs légers (moins de 10 000 officiers civils), avec un corps de bataille de 40 000 hommes en temps de guerre, qu'il faudrait comparer, les uns et les autres, aux 50 000 officiers civils et aux 300 000 soldats du temps de guerre sous Louis XIV, la paix intérieure est maintenue, la culture et l'économie progressent (87 % des forges françaises en 1542 ont moins d'un demi-siècle d'existence). Les guerres extérieures, même déraisonnables, affectent peu le cœur de la vie nationale : on vit et on meurt bien tranquille dans les provinces... Bref, l'État gouverne ou à tout le moins pacifie intérieurement le territoire qu'il contrôle avec une remarquable économie des moyens.

Ne baignons pas pourtant dans un optimisme rosâtre : les grands accomplissements que nous avons pu noter, dans le domaine des châteaux et des finances, des guerres ratées et de l'italianisme réussi concernent avant tout les groupes supérieurs ou moyens de la société. Quant aux classes qu'on appellera commodément et de façon désobligeante « inférieures », c'est une autre chanson. A Paris, le salaire moyen (journalier) du manœuvre du bâtiment avait plafonné, il y a bien longtemps, aux environs ou aux approches de 0,2 setier de froment par jour, la rémunération monétaire étant ainsi convertie par nos soins en son équivalent céréalier afin de rendre plus faciles les comparaisons d'un siècle à l'autre. Cet intervalle doré des salaires avait coïncidé avec les générations de l'homme devenu rare, ou qui restait rare, au cours des années 1450-1470, quand l'offre de travail (réduite) dictait sa loi. Puis se mettait en route une implacable décadence des rémunérations ouvrières. Néanmoins, elles conservaient encore de beaux restes à la fin du XVe siècle. Le désastre est enfin consommé sous François Ier qui du reste n'y est pas pour grand-chose non plus que ses successeurs. En réalité jouent les lois d'airain de l'expansion démographique, confrontée à une croissance inadéquate des productions alimentaires, et aux phénomènes de hausse des prix frumentaires, non maîtrisés, point maîtrisables : le salaire du manœuvre parisien tombe à 0,08 setier au temps de Marignan, et même à 0,06 setier (trois fois moins que sous le vieux Charles VII ou le jeune Louis XI) aux approches de la mort de François Ier. Dans les campagnes parisiennes, et à Lyon, la situation n'est guère meilleure. Pour en rester au salaire parisien, disons qu'il chute aussi bas pendant la dernière décennie de François qu'au cours des plus mauvaises périodes du règne de Louis XIV (décennies 1690 et 1706-1715). Le Bourgeois de Paris[1], écrivant à l'époque du vaincu de Pavie, se lamente sur les disettes, les épidémies, l'insécurité qui obèrent la capitale et les villes environnantes : il ne sait pas mais il sent que la paupérisation est en marche. Quant aux typographes lyonnais, détachement ouvrier d'avant-garde, ils inaugurent la pratique moderne des grèves en 1539. Les fruits de la Renaissance n'ont pas mûri pour tout le monde : une « sous-classe » de pauvres et d'errants a vu multiplier ses effectifs. A Lyon, les autorités municipales tentent de pallier ce paupérisme croissant par la création de l'*aumône générale* (1531) ; elle est subventionnée sur fonds citadins : elle se spécialise dans les distributions de pain, et dans le soin aux enfants abandonnés ou aux orphelins. Malgré ce courageux effort (dérisoire à l'échelle du royaume), les révoltes urbaines, en tout état de cause, demeurent nombreuses au XVIe siècle ; la *Grande Rébeyne* de Lyon, en 1529, juste avant la fondation de l'aumône générale, est simplement la plus spectaculaire. Mais on n'avait pas vu depuis longtemps, depuis le premier XVe siècle, de vaste

1. Le Bourgeois de Paris est Nicolas Versoris, avocat au Parlement de Paris, auteur d'un livre de raison (1519-1530).

soulèvement plébéien qui affecte non seulement les villes, ce qui va de soi, mais aussi le plat pays des environs ; or, malgré la relative mansuétude fiscale du pouvoir et la non moins remarquable docilité fiscale des populations, c'est effectivement ce qui se produit en 1542 sur le littoral atlantique de la Vendée, des Charentes et du Bordelais. Le prétexte en est l'extension des gabelles : elles deviennent désormais exigibles à part entière dans des régions qui jusqu'alors ne les connaissaient qu'à dose plus douce. Les rebelles antifiscaux de l'Ouest, aux débuts des années 1540, sont assez vite contenus, et François pardonne avec sa magnanimité coutumière (à vrai dire, il n'avait guère le choix, puisque la guerre extérieure l'empêchait de mener jusqu'au bout *manu militari* la politique répressive qu'il eût peut-être désiré employer dans les zones contestataires). La révolte paysanne contre les gabelles néanmoins représente un signal d'alarme : elle traduit l'exaspération d'un certain nombre de petites gens ; ils n'admettent pas que de nouveaux impôts viennent éroder encore un revenu familial dont ils savent confusément qu'il est en déclin progressif depuis deux générations. Elle annonce les grands soulèvements ruraux qui, de 1548 à 1707, flamberont à intervalles réguliers dans la moitié méridionale de la France, et en particulier dans le Sud-Ouest.

François meurt le 31 mars 1547. Il a préalablement congédié Anne de Pisseleu, duchesse d'Étampes, qui partageait sa vie depuis vingt années, en une liaison qui prenait des allures d'emphytéose. « Ce volage avait de solides fidélités. » Fin avril, le cadavre royal, embaumé, est porté au château de Saint-Cloud, appartenant au cardinal du Bellay. Une effigie du défunt, visage et corps, confectionnée par François Clouet, prend place sur un lit de parade, dans la salle d'honneur spécialement aménagée à Saint-Cloud. Pendant onze jours, on sert des repas, sur le mode monarchique, à cette effigie. (Il semble que cette idée de service de table fut empruntée au cérémonial des défunts empereurs romains, alors que la coutume même du mannequin venait tout droit du gothique finissant et des funérailles de Charles VI et Charles VII : une fois de plus, on rencontre *in vivo* la synthèse médiévale-renaissante, si typique de l'époque de François.) Le 22 mai, l'effigie pourtant mortuaire fait une entrée joyeuse dans Paris au milieu de la procession des corps constitués. Ainsi est signifiée la continuation de la monarchie, et spécialement de la justice royale ; celle-ci est symbolisée par le mannequin du roi et par les parlementaires en robe rouge qui se pressent autour de lui. Lors de l'inhumation à Saint-Denis (23 mai 1547) la bière est au trou, les objets de souveraineté (couronne, sceptre et main de justice) sont posés sur cette bière, puis relevés ; on peut enfin crier : « Le roi est mort et vive le roi, vive Henri deuxième du nom par la grâce de Dieu roi de France, à qui Dieu doit bonne vie. » Le mannequin de François avait fonctionné comme deuxième corps de Sa Majesté : il assurait, du prince mort à son successeur, la transmission paisible des dignités suprêmes. Les Bourbons, moins formalistes en cela que les Valois, laisseront peu à peu tomber après 1610 ces rites d'un autre âge, au profit d'une personnalisation purement dynastique, individuelle et sanguine, des fonctions royales, personnification qui dans le très long terme s'avérera quelque peu dommageable à celles-ci. Il n'est jamais bon de confondre totalement une idée avec la personne éphémère ou charnelle d'un homme ou même d'un lignage. En 1547, l'effigie-mannequin, qui dans l'interrègne marque la transition, assure encore à la souveraineté comme telle une existence autonome et concrète, laquelle est opportunément détachée des deux hommes, le mort et le vif, qui se succèdent sur le trône à quelques semaines de distance. Le fait que ce mannequin soit taillé à la ressemblance physique du premier, non du second, ne change rien au fond de l'affaire.

Au défunt François Ier succède donc en 1547 Henri II, jeune homme grave et plein de force, que ses nouvelles fonctions ne vont pas effrayer. Travailleur, ayant le sens du service de la Couronne et du salut de ses peuples, raisonnablement intelligent, parlant de façon convenable l'espagnol et l'italien, sportif comme l'était son père, auquel l'ont opposé par ailleurs de sérieux conflits, Henri est « tout os et muscle », craignant d'engraisser, chasseur et Nemrod jusqu'à la névrose ; il n'a pas toujours les qualités de charme et d'extraversion qui rendirent parfois populaire son prédécesseur. Les historiens d'autrefois, nullement féministes, lui reprocheront, comme s'il s'agissait d'une tare, sa liaison avec Diane de Poitiers, de vingt ans plus âgée que lui. Ils ridiculiseront sans raisons particulières l'affection filiale qu'Henri portait à Montmorency, guerrier médiocre, arrogant, intéressé et brutal certes, mais homme de paix dont l'influence, de ce fait, fut souvent positive. Notre époque, s'agissant de Diane, sera plus équitable. Somme toute, le ménage à trois qui s'organisait autour du nouveau souverain était côté maîtresse, emprunt de sensualité secrète ; côté femme, d'affection dévouée : Catherine de Médicis, épouse d'Henri II, fut reine réservée, sachant tenir son rang ; elle ne révélera ses capacités d'« homme d'État » qu'avec le veuvage et la régence.

La situation de la Cour à l'avènement d'Henri II est connue : coexistence parfois antagonique entre les factions des Montmorency et des Guise. Elle mérite néanmoins qu'on s'y arrête, car elle a valeur pédagogique pour l'ensemble des conflits de Cour, en trois siècles d'Ancien Régime.

Le connétable Anne de Montmorency, quinquagénaire déjà mûr, et favori familier du jeune monarque qui l'a tôt rappelé de la disgrâce provisoire infligée par le roi prédécesseur, a de nombreux enfants, dont l'un,

François, épouse Diane de France, bâtarde d'Henri II ; l'autre, Henri, qui restera dans l'histoire (surtout languedocienne) sous le nom de D'Amville ou Damville, se marie avec Antoinette de la Marck. Il devient ainsi le petit-gendre de la maîtresse du roi : Diane de Poitiers, par la force des choses, se trouvera de ce fait amenée à soutenir sur le tard la faction montmorencienne. D'autre part, Louise, sœur du connétable, a une petite-fille qui épousera le prince de Condé, l'un de ces Bourbons dont les attaches protestantes se feront bientôt connaître.

Enfin la même Louise, en secondes noces, épouse Gaspard de Coligny, dont elle aura trois fils, attachés eux aussi à l'hérésie et détenteurs de prestigieuses positions dans l'État et la société : l'un, Odet, est cardinal ; le second Gaspard junior, qui deviendra célèbre, est amiral de France ; le troisième, Henri d'Andelot, est colonel général de l'infanterie.

Ainsi se définit au mieux la stratégie montmorencienne : valoriser au maximum les alliances de la main gauche (faute de mieux) avec la famille royale ; attirer donc dans son camp la bâtarde et la maîtresse monarchique ; simultanément, nouer d'autres alliances un peu moins rapprochées avec le lignage souverain, côté Bourbon ; au plan idéologique, les options bourboniennes et les choix des Coligny permettront aux Montmorency de donner des gages à la noblesse, au Parlement... et aussi aux protestants, dont l'importance, malgré la politique répressive d'Henri II, est déjà considérable dans la haute société française, à l'orée du troisième quart du XVIe siècle.

Autre est la démarche des Guise, dont les origines et alliances familiales sont de plus puissante volée, de vaste diversité. Princes lorrains, ils sont proches parents des maisons souveraines de l'Europe. Claude de Guise, père de la « nichée » de ceux qui compteront sous ce nom, a épousé une Bourbon. Son fils François, à vingt ans bien sonnés, va devenir, sous Henri II, l'un des grands chefs de guerre de l'Occident. Il sera donc pour le nouveau roi cet atout qui manqua si cruellement à François Ier, dont l'état-major militaire fut souvent (mais pas toujours) de bas niveau. Le jeune François de Guise se situe ainsi à l'opposé d'un Montmorency chenu, qui brille davantage à la table de négociation que sur les champs de bataille. François de Guise, en épousant Anne d'Este, est devenu le petit-gendre de Louis XII, et s'est donc greffé lui aussi sur le lignage Valois. Claude d'Aumale, fils cadet du même Claude senior, s'est marié avec Louise, fille de Diane de Poitiers, encore elle. Marie, fille du vieux Claude, a épousé Jacques V d'Écosse, dont elle a eu Marie Stuart, qui bientôt sera la femme du fils aîné d'Henri II, futur et éphémère roi de France sous le nom de François II. Les Guise, qui comptent en outre deux cardinaux, tiennent donc de toutes les manières, main droite surtout, et parfois main gauche, aux suprêmes familles de France, de Lorraine, d'Écosse, et à la Cour de Rome. Leur influence, belliqueuse et solidement pro-catholique, équilibre et au-delà celle des Montmorency-Coligny, plus pacifiante, et discrètement pro-calviniste sur les bords. Madame de La Fayette, dans le bel essai relatif aux cabales de cour qui ouvre *La Princesse de Clèves* utilisera comme exemple central l'opposition Guise-Montmorency, à titre d'illustration du paradigme des cabales dans l'entourage monarchique : elles sont corrélées aux antagonismes politico-religieux, et reliées d'autre part aux branches, nœuds, ramifications de la famille du souverain, sous Henri II ; et plus tard sous Louis XIV... avec des acteurs individuels et collectifs qui certes diffèrent !

Militairement parlant, les débuts du règne impressionnent : fort de l'alliance suisse, renouvelée en 1540, Henri flanqué de ses fidèles Montmorency et François d'Aumale (qui sera bientôt duc de Guise) oblige en 1550 les Anglais par des opérations combinées de terre et de mer à rendre Boulogne qu'ils occupaient depuis les dernières années du règne de François Ier. Qui plus est, des Français, avec l'accord de la famille royale écossaise ont kidnappé de ses terres lointaines par quelque surprise, la jeune Marie Stuart, nièce des Guise, désormais destinée au dauphin, futur François II. Une entrée triomphale d'Henri II, célébrée à Rouen en octobre 1550, évoque les perspectives maritimes, océaniques et même américaines de la France ; elles se renforcent après le succès, à demi-naval en effet, de la restitution de Boulogne. En cette ville de Rouen, une bataille simulée entre des centaines d'Indiens nus, dont quelques dizaines furent effectivement importés d'Amérique, les autres étant simplement de braves Normands au corps barbouillé de brun, dessine de manière métaphorique le troisième pilier (ou le troisième retour aux sources...) de l'humanisme renaissant : après le « revenez-y » à l'Antiquité et à la Bible, voici maintenant le portrait en pied du Sauvage, et pourquoi pas bientôt, du Bon Sauvage, qui sera cher à Montaigne.

En 1552, la stratégie « valoisienne », après six décennies ou presque d'aventures méditerranéennes, commence d'opérer son recentrage à l'Est. Certes, les forces du royaume restent solidement présentes au Piémont, où l'occupation française, au gré d'un esprit superficiel, pourrait même sembler définitive : elles vont jusqu'à s'implanter momentanément en Corse (1553) ; mais précisément, insulaires ou piémontais, ces investissements militaires de la France en Italie se rapprochent des frontières réelles de la « métropole »: les ambitions milanaises, voire napolitaines demeurent présentes dans les projets monarchiques, mais au titre du rêve, apparemment insubmersible... et de plus en plus chimérique. Surtout, à l'encontre du danger Habsbourg, l'alliance avec les princes protestants d'Allemagne s'impose toujours davantage comme allant de soi, dans l'esprit des décideurs du Conseil d'en haut. Combinée au gallicanisme antiromain, très vif en

France et dans l'esprit du roi au début des années 1550, cette alliance bride quelque peu l'anticalvinisme militant qui de toute manière (personne n'y peut rien) enflammera Henri. Le double tropisme gaulois, contre Charles Quint et en faveur des magnats germaniques du luthéranisme, impose une offensive henricienne, anti-impériale, sur la frontière lorraine ou nord-orientale du royaume, dans l'aire qu'on appelle quelquefois « austrasienne ». L'armée française ainsi mobilisée (40 000 hommes), compte désormais, signe des temps, une masse prépondérante d'infanterie ; les pistolets font leur apparition dans l'armement. Au terme de ce « voyage d'Allemagne », la ville de Metz est prise en 1552 grâce à une ruse des troupes royales ; puis, tombée de la sorte en mains françaises, elle est brillamment défendue par François de Guise, face à la contre-offensive des armées assiégeantes que mène Charles Quint vieillissant, englué sous les murs de la cité lorraine au cours d'une dure campagne d'hiver (fin de 1552). Le résultat de ce « voyage d'Allemagne » du roi Henri, et des combats « austrasiens » plus ou moins bien menés qui l'ont suivi, c'est pour la France le rattachement définitif de Metz, Toul et Verdun, terres francophones ou « welches », désormais coupées *de facto* de l'Empire ; c'est aussi la « consolidation » des conquêtes savoyardes, piémontaises et corses... (mais elles n'auront qu'un temps). Tel est l'impressionnant bilan de la trêve de Vaucelles (février 1556) ; elle fait d'Henri II, pour une brève période, l'arbitre des conflits européens : les Guise se parent de la gloire des combats ; les Montmorency, du renom de la paix.

La suite est nettement moins brillante (mais le contrecoup s'avérait peut-être inévitable). La France se laisse-t-elle entraîner assez sottement par les aigreurs et frustrations du pape napolitain Paul IV, intronisé en 1555, lequel est farouche adversaire de Charles Quint et plus encore des Espagnols ?

Toujours est-il que le pontife, nouvellement élu,

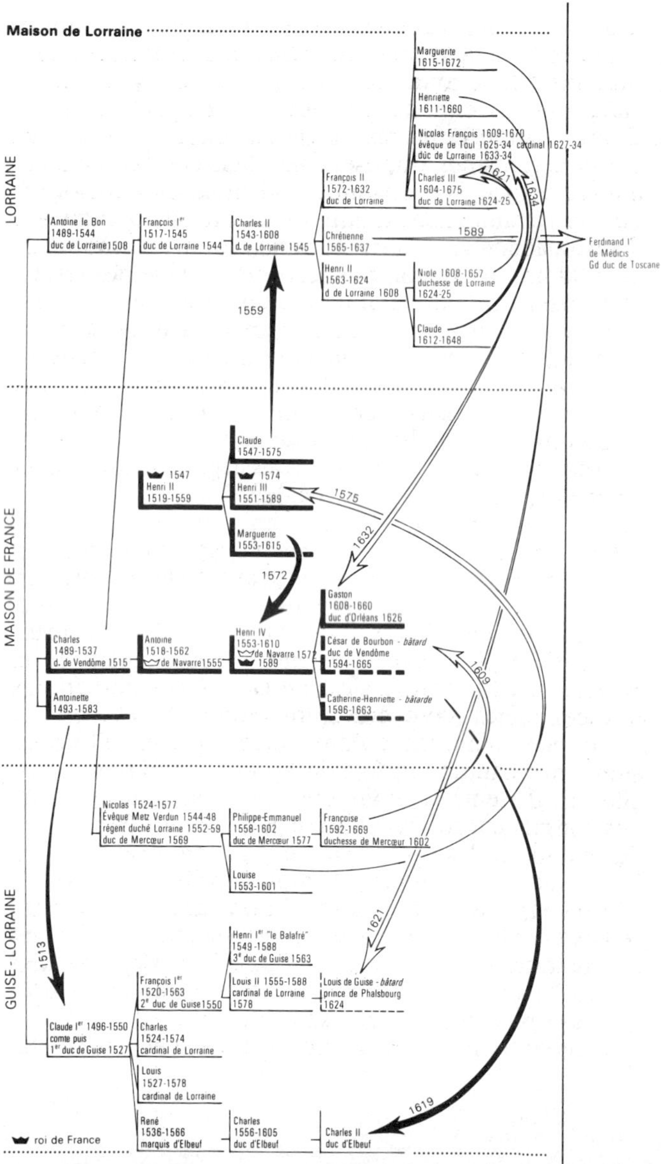
Maison de Lorraine
LORRAINE
MAISON DE FRANCE
GUISE - LORRAINE
Marguerite 1615-1672
Henriette 1611-1660
Nicolas François 1609-1670 évêque de Toul 1625-34 cardinal 1627-34 duc de Lorraine 1633-34
Charles III 1604-1675 duc de Lorraine 1624-25
François II 1572-1632 duc de Lorraine
Antoine le Bon 1489-1544 duc de Lorraine 1508
François Ier 1517-1545 duc de Lorraine 1544
Charles II 1543-1608 d. de Lorraine 1545
Chrétienne 1565-1637
1589
Ferdinand Ier de Médicis Gd duc de Toscane
Henri II 1563-1624 d de Lorraine 1608
Nicole 1608-1657 duchesse de Lorraine 1624-25
Claude 1612-1648
1559
1621
1634
Claude 1547-1575
1547 Henri II 1519-1559
1574 Henri III 1551-1589
1575
Marguerite 1553-1615
1632
1572
Gaston 1608-1660 duc d'Orléans 1626
Charles 1489-1537 d. de Vendôme 1515
Antoine 1518-1562 de Navarre 1555
Henri IV 1553-1610 de Navarre 1572 1589
César de Bourbon - bâtard duc de Vendôme 1594-1665
1609
Antoinette 1493-1583
Catherine-Henriette - bâtarde 1596-1663
Nicolas 1524-1577 Évêque Metz Verdun 1544-48 régent duché Lorraine 1552-59 duc de Mercœur 1569
Philippe-Emmanuel 1558-1602 duc de Mercœur 1577
Françoise 1592-1669 duchesse de Mercœur 1602
Louise 1553-1601
1621
Henri Ier "le Balafré" 1549-1588 3e duc de Guise 1563
1513
François Ier 1520-1563 2e duc de Guise 1550
Louis II 1555-1588 cardinal de Lorraine 1578
Louis de Guise - bâtard prince de Phalsbourg 1624
Claude Ier 1496-1550 comte puis 1er duc de Guise 1527
Charles 1524-1574 cardinal de Lorraine
Louis 1527-1578 cardinal de Lorraine
1619
René 1536-1566 marquis d'Elbeuf
Charles 1556-1605 duc d'Elbeuf
Charles II duc d'Elbeuf
roi de France

intrigue de façon sérieuse pour délivrer du joug hispanique sa bonne ville de Naples, et pourquoi pas avec l'aide française. Le Vatican finit par s'attirer en représailles un début d'invasion espagnole dans les États du Saint-Siège en septembre 1556. Une armée française, conduite par François de Guise, descend au long de l'Italie, c'est maintenant presque une manie, et vole au secours du pape ; on espère toujours, follement, dépasser Rome... et récupérer le royaume de Naples, comme si l'on était encore au temps de Charles VIII. Onirique héritage des Angevins ! Les grands chefs français, Guise, Brissac, Monluc, sont enlisés, une fois de plus, dans la péninsule. En contrepartie, sur la frontière Nord de la France, les Espagnols ne demandent qu'à en découdre. Ils sont menés par Emmanuel-Philibert de Savoie, qui veut une revanche contre les Français : ils lui avaient jadis dérobé tous ses territoires des massifs alpins. Par lui sont écrasées les troupes du roi Valois près de Saint-Quentin (août 1557). La faute en incombe à leur chef, Montmorency, de moins en moins capable de livrer bataille. Guise n'a plus qu'à rentrer rapidement d'Italie pour rétablir la situation. Il y parvient en prenant Calais aux Anglais, qui entre-temps ont jugé bon de déclarer la guerre à la France. Henri II est somme toute étrillé, mais point anéanti. Il se retrouve face à des belligérants devenus moins agressifs, et signe enfin la paix du Cateau-Cambrésis en 1559. Elle équivaut pour la France à un « repli stratégique » sur des positions fortement préparées à l'avance. (Il est vrai que le monarque, inquiet de l'agitation protestante qui allait croissant sur le front intérieur, souhaitait peut-être la paix aux frontières afin d'avoir les mains libres chez soi pour réprimer les sectateurs de Calvin.) Donc, à Cateau-Cambrésis, la France accepte de rendre tout ce qu'elle tenait en Italie, au sens large de ce terme — Savoie, Piémont, Corse : la péninsule devient, pour une grande part, hispano-papale, Venise restant néanmoins sur son quant-à-soi. Mais le royaume d'Henri conserve, et ce n'est pas rien, Metz, Toul et Verdun. La ville de Calais, que les Anglais avaient si longtemps tenue — depuis 1347 — fait également retour à la « mère-patrie », ou à ce qu'on n'appelle pas encore de ce nom. Deux États-tampons, Lorraine et Savoie, garantissent mieux, à tout prendre, les frontières françaises, que ne feraient des conquêtes pures et simples, comme fut, pendant deux décennies, l'annexion savoyarde ; la sœur d'Henri II épouse d'autre part le duc de Savoie, perpétuant ainsi une tradition d'échanges matrimoniaux entre Capétiens et Savoyards qui continuera longuement sous les rois Bourbons. Philippe II, enfin, devient gendre d'Henri II ; ce mariage[1], une fois n'est pas coutume, consolide effectivement la paix entre deux nations.

Le repli s'accompagne d'un tournant, lui aussi stratégique : Henri, dans le fond de son cœur, n'a peut-être pas encore renoncé à l'Italie ; mais la paix du « Cateau » revient à délaisser le rêve péninsulaire que les Valois caressaient vainement depuis 1494 ; la suite des événements, de toute manière, vaut renonciation : le décès d'Henri II, mort à la suite d'un tournoi (10 juillet 1559) sera suivi par près de trente-cinq années de guerres religieuses ; beaucoup plus tard, Henri IV et ses successeurs manifesteront eux aussi quelques ambitions ou velléités italiennes ; mais pour l'essentiel, elles ne seront plus territoriales, du moins jusqu'aux annexions de Corse, Nice et Savoie, effectuées respectivement en 1769 et 1860. La présence du lignage Habsbourg, par contre, aussi bien viennois qu'espagnol, demeure épineuse question sur les frontières flamandes, germaniques et pyrénéennes ; mais là aussi, après 1560, le pouvoir parisien est trop sollicité par

1. Philippe II épouse en effet en 1559, aux termes du traité du Cateau-Cambrésis, Élisabeth de Valois, fille d'Henri II ; elle lui donnera deux filles, et décédera en 1568.

les problèmes religieux de l'intérieur du royaume, le temps d'une génération, pour avoir l'énergie d'intervenir, de façon tenace et durable, aux périphéries frontalières. La nation adopte désormais, jusqu'à la fin du siècle, un profil bas, en matière d'entreprises externes. Au surplus, la paix du « Cateau » engendre d'imprévues retombées : la noblesse française s'était investie de 1494 à 1559 en aventures militaires ; Monsieur de Montalembert, âgé de douze ans, avait combattu à Fornoue, en 1494 ; à soixante-dix ans, il faisait encore le coup de feu, malgré une jaunisse, dans l'armée royale aux Pays-Bas, vers 1557-1558. Mais que vienne la « pacifique » année 1560, et cette même noblesse, dorénavant inemployée hors du pays, se voit disponible, les circonstances aidant... pour s'entretuer dans la guerre civile.

Les conflits extérieurs ont graduellement produit, en termes d'expansion territoriale du royaume, non sans avancées suivies d'un moindre recul, « l'augmentation du corps de policie », selon le mot de Christine de Pisan. Ils se déroulent en général, et par définition, dans « le bruit et la fureur ». Ils coûtent cher. De ce fait, ils sont l'une des causes indirectes de la croissance (bénéfique, somme toute) de l'État. Celle-ci, en tout état de cause, se poursuit de façon silencieuse et paisible, en vertu d'une logique propre. Le circuit mis en cause est assez simple : les armées belligérantes, lesquelles sont françaises en ce qui nous concerne, ont, bien sûr, de grands besoins d'argent. Du fait d'un essor économique qui, même lent, se poursuit sans interruption, du moins jusqu'aux premières catastrophes des années 1560, les classes moyennes et les groupes dirigeants disposent, dans une certaine mesure, des pièces d'or, et autres, auxquelles s'adressent les convoitises militaires. Pour y accéder, l'État vendra aux membres de ces classes et groupes, contre espèces sonnantes, les offices administratifs et surtout judiciaires, qui sur un plan purement institutionnel répondront d'autre part aux nécessités d'un royaume en état de sous-administration chronique, aggravée par les violences privées ; un royaume que donc il convient, dans son propre intérêt, d'encadrer chaque année un peu davantage. En ce sens, on peut dire que paradoxalement la guerre, sur les fronts extérieurs, nourrit la paix intérieure et civile, par bon octroi de justice officière. D'où la crue lente, mais sûre, du nombre des détenteurs d'offices. On peut estimer qu'à la mort d'Henri II, la France compte au minimum 10 000 officiers. Cette fonction publique, malgré les cris d'orfraie que poussent divers publicistes, et notamment le bon Rabelais, ennemi des « chats fourrés », n'a encore rien d'exorbitant ni de tentaculaire.

De toute façon, le règne d'Henri II correspond à une grande époque de réorganisation financière et administrative : en douze ans de pouvoir, le monarque, flanqué de ses conseillers, accomplit dans ce domaine tout autant qu'avait fait François Ier, néanmoins actif en la matière, pendant trente-deux années. Les impôts augmentent sous Henri, certes, mais sans que ces hausses soient par elles-même, scandaleuses, sinon du fait de l'inégale ou injuste pression du fisc, qui atteint davantage les non-privilégiés et les ruraux. La population verse au Trésor, ou plutôt aux différentes caisses royales et para-étatiques, 140 tonnes d'équivalent-argent en 1547, et 190 tonnes en 1559. Là encore, compte tenu de l'expansion économique et démographique, et de la dépréciation progressive de l'argent-métal par rapport aux biens réels, en période de hausse générale des prix, la montée, certes vive, n'est nullement insupportable ; le roi joue avec les taxes, augmentant par exemple les droits de douane à l'exportation pour remplir ses coffres ; puis diminuant celles-ci pour complaire aux marchands et au Tiers État, ce qui devrait aboutir en fin de compte à stimuler le commerce extérieur. La noblesse fournit incontestablement des guerriers ; elle est donc, non sans abus, exemptée du fisc ; le clergé, bien tenu en main depuis le concordat de 1516, apporte ses « décimes », qui sont des impôts déguisés[1] : ils peuvent monter jusqu'à 20 % de prélèvement sur l'ensemble du revenu clérical ; les paysans payent de lourds impôts et parfois rechignent ; les classes moyennes et supérieures prêtent au roi beaucoup plus qu'au temps de François Ier, sous le signe continu des rentes sur l'hôtel-de-ville. Le crédit public enfin ne se borne point à cette émission de créances parisiennes. L'insuffisance ou l'inadéquation des impôts (qui sont loin de tondre ou d'écorcher la masse entière des contribuables) oblige en effet le Conseil d'en haut à recourir puissamment aux emprunts ; en fait ou en droit, ceux-ci sont gagés sur les aliénations du domaine royal, et davantage encore sur les recettes du fisc, mises à la disposition des banquiers prêteurs : dans l'ensemble l'endettement des instances étatiques, cumulé depuis le début du siècle, monterait à 43 millions de livres vers la fin des années 1550, soit trois fois le « budget » annuel ! Les taux d'intérêt atteignent pour le moins 16 %, ce qui n'arrange pas le monarque emprunteur. Pour gérer tout cela, une puissante organisation financière s'est mise en place à Lyon (beaucoup plus qu'à Paris). Car les meilleurs réseaux bancaires d'origine transalpine étaient préexistants et donc disponibles dans la région rhodanienne. Un syndicat d'hommes d'argent, surtout italiens, qui depuis longtemps, à Lyon, travaillaient « en cheville » avec le secteur public français, devient officiellement partie prenante à un contrat dénommé Grand Parti, passé en 1555 et contresigné par les agents du monarque. Ces péninsulaires établis au confluent Saône-Rhône, objectivement aidés par les arrivages importants du

1. Les décimes payés par le clergé à l'État ne doivent pas être confondus avec les dîmes, versées par les paysans au clergé. C'est la dîme qui nourrit le décime, et non l'inverse !

métal précieux qui vient d'Amérique via l'Espagne, prêtent au souverain en espèces d'or et d'argent. Ils empruntent aux particuliers aisés de France et d'ailleurs (nobles ou roturiers) pour se fournir à leur tour en numéraire. Ils se remboursent eux-mêmes, et puis rémunèrent ou dédommagent ces créanciers de seconde origine, grâce à l'argent qu'ils retirent des assignations de recettes royales que leur a consenties le fisc, notamment dans les régions du Sud de la France. Cette noria fonctionne à peu près, non sans à-coups, du vivant d'Henri II. Le souverain du Louvre, en tout cas, est logé à meilleure enseigne que Philippe II d'Espagne, lequel fait faillite en 1557, obéré par le coût des guerres qu'il mène contre son collègue français ! La mort d'Henri II, en 1559, et les troubles de religion qui s'ensuivent, mettent à mal les affaires du Grand Parti, déjà bien menacé par la forte crise de 1558. Se poseront donc, plus tard, les problèmes, qui seront graduellement résolus, de la formation d'une élite financière nationale. Elle sera, au XVIIe siècle, autochtone et non plus italienne ; parisienne et non plus lyonnaise. Pourra-t-elle enfin rassasier grosso modo les besoins « budgétaires » de la monarchie, qui vont croître, plus que jamais, de manière apparemment inextinguible ?

La finance est une porte ouverte sur l'administration générale : François Ier utilisait volontiers les services des secrétaires des finances, « officiers qui préparaient et contresignaient la correspondance royale », et cela pour tous sujets et questions ; elles n'étaient point seulement d'argent, de monnaies ou d'emprunts. Florimond Robertet avait donné, durant le premier quart du siècle, un grand lustre à ces institutions secrétariales, dont il était la figure de proue. Henri II, dès le début de son règne, étend et systématise celles-ci : il désigne en effet quatre secrétaires des finances, bientôt baptisés « secrétaires d'état ». Il sélectionne, pour ces postes, d'anciens serviteurs de son père (déjà actifs dans le même type d'emploi) ; il désigne aussi, à ces postes, des hommes nouveaux, qui lui viennent de sa clientèle personnelle d'ex-dauphin, ou qui surgissent de l'entourage des Montmorency, voire des Guise : il s'agit, simultanément, d'innover en termes de structures étatiques, et de recruter des personnages sûrs au service de la politique henricienne. Chacun des quatre secrétaires, selon les directions de la rose des vents, ou plutôt selon les axes des routes de poste, centralise les courriers pour un grand secteur du royaume, et pour les fronts diplomatiques qui correspondent géographiquement à ce secteur quant à la politique étrangère. Ainsi, le secrétaire pour la Normandie aura-t-il aussi dans son « département » l'Angleterre. Le secrétaire pour la Guyenne : l'Espagne. Pour le Dauphiné : l'Italie, etc. Tout l'espace qui compte, à l'intérieur et à l'extérieur, est ainsi logiquement attribué ou couvert. Les quatre bénéficiaires de cette souple distribution sortent de la robe, haute ou moyenne, à l'exclusion de la noblesse « classique » : celle-ci est toujours bonne à se faire tuer sur les champs de bataille ; mais les autorités la jugent impropre au travail de plume, tel qu'il est requis par la besogne des scribes. Les secrétaires d'État, qui vont ainsi se succéder en tant que « quadrige », sortent souvent de quelques grandes familles de robe spécialisées, comme les Bochetel, Neufville-Villeroy, Robertet, Laubespine... Dès les années 1550, ils s'occupent de toutes affaires et missives royales ; ils correspondent avec les ambassadeurs, les chefs d'armée, les gouverneurs et lieutenants généraux des provinces, etc. En ces temps de guerre et d'itinérance perpétuelle, ils suivent, les uns la Cour, les autres l'état-major et la troupe en campagne ; ils font ainsi de l'inconfortable « camping time », selon l'expression d'un ambassadeur britannique qui n'apprécie pas les déménagements incessants. L'équipe de clercs, copistes et commis qui assiste les secrétaires d'État ne dépasse pas, pour tout le quatuor, la trentaine de personnes au grand maximum. C'est dire, une fois de plus, au commencement du second XVIe siècle, l'exiguïté de l'appareil d'État, même croissant ; et finalement l'incontestable efficacité d'icelui, compte tenu des dimensions encore médiocres du système. Les secrétaires d'État sont riches, et propriétaires de seigneuries. Ils se comportent néanmoins en exécutants fort respectueux vis-à-vis des grands seigneurs présents à part entière au Conseil d'en haut, comme Guise et Montmorency. Malgré cette position d'humilité sincère ou quelquefois feinte, le simple fait d'être là, en chair et en os, dans les séances capitales dudit Conseil, confère au secrétariat d'État un pouvoir substantiel, qui ne fera que s'accroître pendant les règnes suivants, au détriment, désormais, des plus hauts aristocrates. La robe regagnera ainsi, dans les sommets de la délibération et de la décision, une partie du terrain qu'elle avait perdu au profit de l'épée depuis François Ier. De toute manière, pour la première fois dans notre histoire, grâce à la nouvelle institution, une véritable structure ministérielle est mise en place au Conseil d'en haut, avec division des tâches ; il est vrai que celle-ci, pour le moment, demeure purement géographique, et pas encore fonctionnelle ; mais on ne perd rien pour attendre. Il y aura sous Louis XIV des secrétariats d'État non plus seulement à la Normandie ou à la Guyenne, mais aussi à la Guerre, à la Marine, aux Protestants... La transition vers cet état de choses ultérieur coïncide avec l'époque des guerres de Religion.

Dans le cadre d'une telle fonctionnalisation des pouvoirs suprêmes, ou quasi suprêmes, l'essai de rationalisation des finances, judicieusement initié sous François Ier, allait être maintenu et systématisé par son successeur. François avait trouvé dans sa corbeille de noces avec l'État une organisation des finances lourde et archaïque (soit trois groupuscules respectifs de trésoriers de France, généraux des finances et receveurs généraux, plus un changeur du trésor) ; il l'avait simplifiée par l'institution centraliste, effectuée en plusieurs étapes, mais devenue définitive, du trésorier de l'épargne : il avait ensuite (imité en cela par Henri II) expédié ou décentralisé, vers la province, les trésoriers et généraux de France, cependant qu'il subdivisait le territoire national en seize recettes générales ou généralités, au lieu de quatre auparavant. En pleine continuité avec le règne antérieur, la contribution originale d'Henri consiste en la mise au point définitive, depuis 1556 pour le moins, des postes d'intendants de finances ; ils sont deux ou trois, en cette première période de leur être. Ils furent à leur origine, notamment henricienne, de simples commissaires choisis parmi les « maîtres des requêtes de l'hôtel, spécialisés dans les affaires financières ». Aux trésoriers et généraux des finances quasi inamovibles, le roi avait ainsi substitué des commissaires révocables et sur lesquels il avait tout pouvoir. Marchant toujours à la suite de la cour, ou non loin d'elle, les intendants des finances avaient l'œil aux recettes et aux dépenses, ainsi qu'aux coffres réels ou métaphoriques de l'Épargne, qui, en principe, s'intercalaient entre l'entrée des premières et la sortie des secondes. Nantis de pouvoirs qui leur permettent de dominer le système financier, les intendants de finances font déjà figure de sous-secrétaires d'État, sous la responsabilité de quelque grand personnage du Conseil, comme Montmorency, que le roi peut charger, globalement, du soin général de ses finances : les intendants de finances participent donc de la ministérialisation et de la spécialisation des hauts pouvoirs, déjà évoquées ici. On assiste, somme toute, à la naissance ou pour le moins au développement d'un État pré-bureaucratique, auquel Max Weber fera un sort dans ses œuvres et dans sa pensée. Ce n'est peut-être pas ainsi que nous nous représentons généralement Henri II, coincé, pour l'éternité d'une image d'Épinal, entre sa Catherine et sa Diane. Et pourtant, nous aurions tort de nous laisser aller ainsi à simplifier le personnage : même chez un monarque dont l'individualité n'a rien d'extraordinaire, la fonction, compte tenu de l'influence de conseillers compétents, peut créer ou encourager la raison, la rationalité déjà moderne, effectivement « fonctionnalisante ».

Décidément fertile, le règne d'Henri II marque aussi l'authentique début de l'institution célèbre des intendants, ancêtres des actuels préfets et même superpréfets. La forte impression faite sur le roi par la révolte de Guyenne en 1548, où le Parlement de Bordeaux démontra son impuissance *hic et nunc*, et puis les nécessités de guerre et de gestion des territoires annexés, incitèrent Henri à entreprendre les premières démarches en ce sens. Les gouverneurs et lieutenants généraux des provinces étaient avant tout de grands seigneurs, pourvus de vaste clientèle, et professionnellement militaires. La culture juridique et financière leur faisait défaut. La provende des métaux précieux et la pléthore des gradués d'université encourageaient donc sur ce point le Pouvoir à prendre des mesures inédites, dans le double secteur des nominations financières et judiciaires. Henri fit assister les gouverneurs et leurs lieutenants généraux par des « présidents de justice », maîtres des requêtes, magistrats pour justice et finance, super-intendants ou tout simplement intendants de justice, qui suppléaient aux lacunes du savoir et du savoir-faire de ces grands personnages qu'étaient les gouverneurs. Ceux-ci ne rechignaient nullement à être aidés de la sorte ; le roi, de son côté, y trouvait son compte ; et aussi les Parlements, à Bordeaux comme à Paris : malgré leur bonne volonté (fréquente), ils étaient trop lourds et trop longuement délibératifs pour être capables de faire à eux seuls respecter l'ordre jusqu'aux extrémités lointaines de leur vaste ressort. Sur un autre plan, les territoires annexés (Corse, Piémont) bénéficièrent, parmi les premiers, de cette nouvelle institution de l'intendance. Après la mort d'Henri II, incontestablement créatif en la matière, elle persévère dans l'être, et connaîtra un remarquable épanouissement au XVIIe siècle.

Qui plus est, en 1552, les besoins guerriers et donc financiers du « voyage d'Allemagne » motivent la création d'une soixantaine de sièges présidiaux, avec ventes d'offices *ad hoc* au profit du Trésor. Indépendamment de l'opportunité militaire qui leur a donné naissance, ces tribunaux civils, de niveau moyen, dont l'existence est désormais irréversible, viennent remplir les blancs de la carte ; en d'autres termes, ils atténuent le sous-développement judiciaire dont souffre la France ; jalousés par le Parlement, qui les tient pour compétiteurs déloyaux, ils auront quelque peine à se tailler une place au soleil.

Henri II et les membres de son entourage, administrateurs imaginatifs (et comment ne pas faire crédit également de cette « imagination dans le pouvoir » au tout-puissant Montmorency, d'ordinaire si mal jugé par la postérité), sont marqués par une certaine conception « spatiale » du gouvernement ; elle fait d'eux des novateurs, ne serait-ce que par comparaison avec le règne antérieur de François Ier. Charles Quint fut un homme du temps, fasciné par les horloges, la retraite, la sénilité, la mort et le salut éternel. Son fils Philippe II se comporte, lui, en personnage de l'espace, roi territorial et même « géographique », de forte modernité. L'une des grandes salles du palais d'Escorial, aimée de ce prince, est entièrement tapissée, aux murs, des cartes de l'Empire espagnol, depuis les Philippines jusqu'au Milanais, et des Indes à l'Espagne. Philippe, comme ferait un chef d'Empire en notre époque, littéralement visionne les territoires presque infinis, sur lesquels s'étend sa puissance. Henri II, à la même époque, opère dans les limites d'un pays moins étendu : pourtant le roi français se complaît lui aussi aux marquages et quadrillages territoriaux. Les attributions provinciales et géographiquement diplomatiques qu'il accorde dès le début de son règne aux secrétaires d'État, la dissémination régionalisée qu'il institue pour les intendants et les présidiaux, tout cela signale une équipe et un homme conscients des superficies, des distances et des circonscriptions, bien plus que ne l'étaient les prédécesseurs. Il est vrai que la cartographie progresse alors à pas de géant, en une époque où Charles Estienne publie, pour la première fois, un *Guide des chemins de France* (1552). Et puis le règne d'Henri II est marqué par une forte vague de rédaction et de mise au net des coutumes régionales : c'est une autre forme de territorialisation des Justices, dans le cadre de la pure et simple constatation de légalités existantes et jusqu'alors officieuses.

Le maillage des pouvoirs s'inscrit concrètement au sol, à vol d'oiseau, sous forme du réseau des demeures royales, et apparentées. Il va de soi qu'elles sont concentrées dans la moitié Nord du pays : sur la Loire, bien sûr, mais désormais et davantage en Ile-de-France, jardin d'autorité, où fleurit l'appareil d'État qui se veut dynastique, familial et familier, parisien, pré-centralisé, palatial. Un grand palais, c'est d'abord un vaste réfectoire : nourrir 350 personnes par jour à la table souveraine, comme fait Henri II, c'est s'assurer la reconnaissance du ventre, de la part d'une haute noblesse qui, par le jeu des clientèles, collabore avec l'administration pour la prise en main du pays. S'agissant de châteaux justement, l'œuvre architecturale d'Henri et des siens, en douze ans de règne, pèse autant que celle de François pendant plus de trois décennies. L'exploit n'est pas mince. Au poids de belle pierre, les deux rois se valent, malgré l'inégalité des durées. Il est vrai que la France des années 1550, au culmen des richesses (si élitaires et mal réparties qu'elles soient), peut financer ce luxe. Pierre Lescot met en forme la grande façade de la Cour carrée du Louvre, « où deux renommées ailées, au sommet du bâtiment, tiennent au-dessus des armes royales la couronne impériale fermée », signifiant que le monarque est empereur en son royaume. Surtout, Philibert de l'Orme, artiste génial, puissant entrepreneur, et quelques autres constructeurs de moindre calibre commencent, terminent, continuent ou fignolent les « bâtisses » des grands : celles d'Henri II aux Tournelles, au Bois de Boulogne, à Saint-Germain-en-Laye, à Fontainebleau, Chambord, Blois, Amboise ; celles de Diane à Anet et Chenonceaux ; de Clermont-Tonnerre, beau-frère de Diane, à Ancy-le-Franc ; de Montmorency à Écouen, Chantilly, La Fère-en-Tardenois ; de Coligny, neveu de Montmorency, à Tanlay ; des Guise à Joinville et Meudon ; de Catherine de Médicis à Chaumont-sur-Loire et Montceaux-en-Brie...

Qu'il appartienne au roi ou à ses proches, le palais fascine les peuples. Mais s'imposent aussi les contacts directs avec le populaire, les bains de foule, les entrées joyeuses. Dès la première partie de son règne, Henri visite consciencieusement une trentaine de villes, dont les plus importantes : Paris, Lyon, Rouen. C'est l'occasion pour la cité, une fois de plus, d'apparaître au monarque en série longue et processionnaire de corps constitués : institutions de justice et autres tribunaux ; guildes de marchands et artisans ; jeunesse militarisée ; accessoirement Turcs enturbannés, Suisses, Sauvages, « Conards » de Rouen, pour la touche exotique ou carnavalesque. Défile et parade à son tour, amicale aux groupes urbains, la collectivité suprême de l'État : chancelier et maîtres des requêtes, connétable avec l'épée de France, gardes divers, autrement dit l'équitable souveraineté suivie de la force guerrière ; l'une et l'autre précédant le roi entouré des princes de son sang. L'entrée joyeuse, au temps d'Henri, demeure pédagogie, destinée par la ville au monarque, davantage qu'au peuple : des tableaux vivants, des scènes théâtrales, de lourdes allusions mythologiques, rappellent au roi qu'il doit pratiquer les vertus de première fonction, qu'elles soient religieuses (piété, foi), ou simplement civiques (sagesse, paix, justice, prudence). Les vertus de seconde fonction (force, courage, bellicosité), voire de troisième fonction (fécondité, prospérité, félicité pour les sujets) font également l'objet d'illustrations appropriées. Cette espèce de théâtre exalte aussi, parfois jusqu'à l'écœurement, un culte de la personnalité du souverain, dans son incarnation individuelle et dynastique. Henri est comparé à Jason dénichant la Toison d'or, à l'Hercule gaulois, et même à Jupiter changeant les Lyciens en grenouilles (on voit la commode utilisation politique qui est faite de la culture gréco-latine : il serait indécent et même sacrilège de comparer le titulaire du trône au Christ ; mais heureusement les dieux de l'Olympe sont là pour assouvir le prurit flagorneur dont sont démangés les sujets). Le sang du roi, sa race sont cibles d'hommages appuyés, dont on ne connaissait pas l'équivalent au siècle antérieur. On assiste à l'éclosion d'un véritable racisme royal, que les Bourbons porteront au plus haut point. Déjà, Lady Fleming, maîtresse momentanée d'Henri, en 1550, ne craignait pas de déclarer, selon cette mauvaise langue de Brantôme : « J'ai fait tant que j'ai pu que Dieu merci je suis enceinte du Roi ; et si je veux dire que le sang royal a je ne sais quoi de plus suave et friande liqueur que l'autre, dont je me trouve bien, sans compter les bons brins de présents que l'on en tire. »

Tout bien pesé, au lendemain de la paix du Cateau-Cambrésis et à la veille du décès accidentel d'Henri, le royaume paraît retrouver un équilibre... qu'en fait il n'a jamais vraiment perdu. Le pays est au sommet de sa fortune économique et démographique, progressivement accumulée en cent années de Renaissance, celle-ci reconstituant un tissu jadis endommagé, et le ravaudant aussi de façon neuve, notamment dans les domaines industriel, urbain, commercial. La France du milieu du XVIe siècle est bien cet empire opulent des blés, vins, draps, toiles et sels, que célèbrent les voyageurs sur le mode admiratif. Fait essentiel, et qu'il faut mettre à l'actif de la monarchie, la haute noblesse est calme, ou momentanément calmée. Le temps des Praguerie, ligue du Bien public, guerre folle et même simplement indiscipline du connétable de Bourbon semble à tort ou à raison fort lointain. La politique extérieure, au terme de quelques succès fracassants et défaites passagères, est heureusement recentrée vers l'Est et le Nord-Est, où semblent se situer, après élimination successive des autres possibilités, les vraies chances de la nation. Notre avenir est à l'Est (mais pas trop loin quand même). Le Sud, sans être oublié, sera désormais envisagé, par la force des choses, avec plus de circonspection.

Pourtant, la belle tapisserie nationale dissimule à peine certaines lézardes. La paupérisation est dorénavant consacrée depuis François Ier ; elle continue à mordre et il n'y a pas de raison qu'il en aille autrement, puisque, face à l'enflure démographique de longue durée, la richesse française, quoique séculairement accrue, ne s'est pas développée à niveau adéquat pour assurer à chacun, dans le bas peuple, les revenus décents qu'on avait connus cent ou quatre-vingts années plus tôt. La mauvaise récolte de 1556 paraît même avoir déterminé, dans la France du Nord, une véritable crise des subsistances, telle qu'on en rencontre désormais à intervalles réguliers depuis les années 1520. Dès 1548, le soulèvement contre une gabelle alourdie, en Angoumois et Bordelais, annonce le cycle des guerres paysannes et rébellions citadines qui marquera, par la suite, le long XVIIe siècle : les insurrections du Sud-Ouest, en 1548 (après quelques incidents initiaux dès 1542) sont prémonitoires. Le gouvernement d'Henri et de Montmorency s'est même décidé à ce propos, réaction qui également deviendra typique, à « couper la poire en deux ». D'une part, il réprime durement les groupes rebelles angoumois et girondins de 1548, qui consistent en communautés paysannes, curés, bourgeois, petits nobles. Et par ailleurs, après avoir ordonné et pratiqué des dizaines d'exécutions capitales pour la punition des émeutiers, il cède sur l'essentiel ! Les provinces du Sud-Ouest (jusqu'en 1789) resteront définitivement rachetées ou « rédimées » de la pesante gabelle de type septentrional, que l'administration de François vieillissant et d'Henri débutant avait cru pouvoir leur imposer, dans un premier moment de voracité fiscale, d'illusion intégratrice et de centralisation prématurée. Les révoltés ont mis bon ordre aux rêveries hyper-égalisatrices.

En matière d'hérésie, on ne connaît pas de ces demi-mesures. L'hésitation n'est plus de mise, dont avait fait preuve François Ier au début de son règne, quand les conflits de religion, provisoirement mal délimités, étaient encore comme une « bataille navale nocturne », où l'on séparait difficilement l'ami de l'ennemi, l'orthodoxie de l'hétérodoxie. Mais c'était avant 1534, avant l'affaire des placards ! Henri se place d'entrée de jeu dans une situation de « Révocation », comme celle que mettra sur pied son lointain successeur Louis XIV. Il n'y a pas de place dans le royaume pour une foi non catholique, se voudrait-elle chrétienne, et même plus chrétienne que ne sont, par hypothèse, les croyances officielles de l'Église établie.

Et pourtant... malgré quelques tentatives extrémistes dont il serait trop long de donner le détail législatif, la France de 1550-1560, si hostile qu'elle soit envers le calvinisme, ne devient pas pour autant un pays d'inquisition à l'exemple de l'Espagne. Certes, aux termes de la jurisprudence compliquée, répétitive et parfois contradictoire qui se met graduellement en place durant la décennie du mi-siècle, les juges d'Église ont et prennent connaissance des « crimes » d'hérésie. Néanmoins, les magistrats laïcs conservent souvent le dernier mot en la matière, notamment quand le scandale s'avère public. Fonctionnent normalement à ce sujet les chaînes canoniques d'appel, de bas en haut, depuis les juges locaux et seigneuriaux jusqu'au Parlement, en passant par les présidiaux, bailliages et sénéchaussées. Ainsi se trouve fondée la tradition solidement et parfois atrocement anti-huguenote des Parlements français, pour les deux siècles à venir ; d'autant plus que ces tribunaux suprêmes furent épurés ou se sont débarrassés avec rigueur de la minorité des juges à sympathie protestante, qu'on y rencontrait encore çà et là au début du règne d'Henri.

Maigre soulagement... mais consolation quand même : le royaume de France, grâce à cette prééminence des pouvoirs civils, maintenue au détriment de ce qu'eût été un arbitraire purement clérical, évite de tomber jusqu'aux niveaux de fanatisme ultime et d'intolérance qui caractériseront pour une longue période la collectivité ibérique, en ses attitudes inquisitoriales.

La répression légale contre l'hérésie fait une centaine de victimes en dix ans à partir de 1557. C'est peu à côté du bain de sang qu'occasionneront bientôt, pour les deux partis, trente-cinq années de guerre civile. Cette répression culmine en un pogrom très parisien contre les huguenots lors d'une assemblée des religionnaires à la rue Saint-Jacques (septembre 1557). Culmination aussi avec le supplice d'Anne du Bourg (1559), courageux leader des petites fractions protestantes au sein du Parlement, désormais éradiquées après le décès dudit « martyr ». Le Parlement de Paris restera donc pour la suite et fin de sa carrière, catholiquement monocolore.

La lutte anti-hérétique importe moins pourtant que l'essor même des courants réformés, et principalement de leur variété calvinienne. Depuis 1541, le séjour de Jean Calvin à Genève se poursuit sans interruption et coïncide incidemment dans cette ville, quant à la durée, avec le règne entier d'Henri II (Calvin cependant ne décédera qu'en 1564). L'expansion des doctrines du maître genevois est internationale : elles se répandent de la Hongrie à l'Écosse. La France, sur ce damier d'Europe, n'est qu'une case parmi quelques autres. Plus de cent pasteurs sont envoyés en mission par la cité du Léman vers les territoires français, entre 1555 et 1565. La francophonie facilite les choses. Au passage, Théodore de Bèze, disciple compétent, donne aux théories de la prédestination leur forme rigidissime : elles tremperont comme acier l'âme calviniste, des deux côtés de l'Atlantique. Les princes de la maison de Bourbon se convertissent à la foi nouvelle. Ils sont cousins, certes lointains, du roi Valois, mais ô combien décisifs pour l'avenir. Les Coligny, neveux des Montmorency, et bien d'autres seigneurs adhèrent au système de Genève eux aussi. La culture intellectuelle, l'alphabétisation inaugurée de groupes relativement privilégiés parmi les régnicoles, et enfin l'urbanisation contribuent fortement aux progrès d'idées qui, par contre, dérangent le traditionalisme des illettrés. Les milieux citadins, nobiliaires, « professionnels » (si l'on vise par cet adjectif les professions libérales), et puis les classes marchandes ou artisanales basculent en partie vers l'« hérésie ». Mais dans les grandes villes, et notamment à Paris, s'épanouissent par contrecoup les foyers de piété catholique, dont l'importance sera considérable. Quoi qu'il en soit, plus de mille églises huguenotes sont plantées dès 1561 sur la superficie française. Vers la fin des années 1550 ou au début des années 1560 (tant les choses changent vite), le conglomérat des doctrines luthériennes, zwingliennes, et surtout calviniennes compte probablement en France (Alsace non comprise) plus d'un million de membres actifs ou du moins sympathisants, soit grosso modo 5 % de la population nationale et même davantage. Ces chiffres devront du reste être révisés à la hausse pendant la décennie 1560. En l'absence de toute inclination pro-réformée du pouvoir central (Henri II n'est certainement pas Henri VIII), les chances pour que le pays entier bascule vers la nouvelle croyance sont faibles. Mais, sans aller si loin, on assiste déjà, au-delà des villes à demi-converties, à des phénomènes de « tache d'huile ». On voit se former, notamment dans les Cévennes, de remarquables îlots de protestantisme rural : de fait, au Nord des cités de Montpellier, Nîmes, Uzès, voire Lodève, l'influence des évêques en place, Briçonnet, Pellicier, Saint-Gelais qui sont amis, protégés et quasiment envoyés de Marguerite de Navarre, ainsi que le poids de puissants seigneurs locaux, comme Crussol (de la tige des ducs d'Uzès), ce Crussol converti aux nouveaux dogmes par conviction sincère et par intérêt bien compris de grand propriétaire méridional, enfin la sous-administration des petits pays, si fréquente dans les régions montagneuses, coupées, difficiles d'accès, tout cela ménage un espace propice où l'hérésie va s'infiltrer, s'affirmer progressivement parmi les mas et bourgades, à partir de 1530-1540. Les registres des notaires ont leurs indications de legs, leurs formules stéréotypées, quoique significatives. Les unes et les autres reviennent dans les contrats de mariage et les testaments ; elles permettent de suivre ou jalonner pas à pas, en Cévenne, une graduelle acculturation luthéro-calviniste, « une nouvelle sensibilité » dont le spiritualisme se fait plus dépouillé, moins axé sur la dévotion au purgatoire ou les prières pour les morts... Et voici l'étonnant symptôme : prenons une nouvelle mariée qui, de par sa famille ou pour raisons personnelles, est d'humeur hérétique, le cas est de plus en plus fréquent dans ces contrées au milieu du siècle ; quand elle se présente à l'autel, sa robe de noce n'est rien moins qu'une gonelle d'un beau jaune. Et cela en vertu de curieux calembours, qu'attestent explicitement les notaires : le mot latin *luteus* signifie « jaune »; on l'assimile de la sorte à « Luter » ou tout simplement à Luther ! Va donc pour la « robe à Luther »...

Le 30 juin 1559, Henri II est blessé mortellement dans un tournoi, de l'éclat d'une lance à l'œil gauche. Il trépasse le 10 juillet. L'événement, une fois n'est pas coutume, est lourd de conséquences. A supposer que cet accident n'ait point pris place, le prolongement normal du règne eût assuré vraisemblablement la répression durable de l'hérésie, sans guerre civile. Le double exemple des régimes de Londres et Madrid, au temps d'Élisabeth et de Philippe II, où l'Église dominante, respectivement anglicane et catholique, a su maintenir son contrôle et même son monopole pratiquement complet, à l'encontre des courants contestataires, qu'ils soient en l'occurrence papistes ou protestants, semble assez démonstratif à ce sujet. Dans une telle hypothèse, la France ne serait pas devenue pour autant, répétons-le, un pays d'inquisition à l'espagnole. Le courant gallican et antiromain (sur lequel se greffera, quatre-vingts années après la mort d'Henri, le jansénisme dissident, inséré en plein catholicisme) était assez fort pour empêcher cette regrettable issue. Du reste, Henri II, au début de son règne, s'était fait lui aussi, pour quelques années, le porte-parole de l'hostilité française au Vatican — en attendant de revenir sur le tard à de meilleurs sentiments vis-à-vis du chef de la catholicité universelle. Le roi de France avait trouvé, en renfort de cette entreprise momentanément nationaliste, les soutiens du scribe Du Moulin et de François Rabelais, en un célèbre *Quart livre* qui violemment dénigrait les papegots, papefigues, Andouilles, Carêmes-prenants et autres papimanes. Certains réformés s'étaient imaginés pour le coup qu'Henri le papophobe irait jusqu'à sympathiser avec le protestantisme. De tels espoirs n'allaient pas tarder à être déçus.

En tout état de cause, ces querelles d'école sont largement dépassées par la catastrophe de l'été 1559. Une régence s'ouvre, puisque aussi bien le nouveau roi François II est encore mineur. Or, les régences, sous l'Ancien Régime, correspondent traditionnellement aux périodes de fragilité étatique : les guerres civiles ne vont donc pas tarder à éclater, pour cause d'interrègne, assaisonné d'insurmontable différence religieuse. Elles dureront plus de trois décennies. Du coup, autre conséquence, et d'immense portée, au plan démographique et économique, se termine définitivement la Renaissance fraîche et joyeuse, ou la Renaissance tout court, telle qu'elle avait fleuri en France de 1450 à 1560. Les guerres civiles, qui sont maintenant sur le point d'intervenir, vont hâter, dans tout le pays, l'inéluctable blocage des populations et des productions. Ce blocage en lui-même était probablement fatal, et devait intervenir un jour ou l'autre, tout comme se bloquera également le reste de l'Europe continentale, à des dates variées, par conclusion canonique d'un cycle séculaire et complet de développement, de « renaissance », ou de récupération. Mais la chronologie fine et précise de cette rupture est dictée *en France* par l'Événementiel politique, royal, guerrier, au cours du rude biennat de 1559-1560. Les guerres de Religion, avec leurs effets destructifs, décourageants, paralysants pour tout esprit d'entreprise, joueront comme catalyseurs. Les remous venus de la surface précipiteront l'imprescriptible changement qui affectera durablement les profondeurs. La société française, mesurée à l'aune (certes simplifiante) du peuplement et du produit brut agricole, aborde à partir des années 1560 un palier de stabilisation qui s'établit pour longtemps. Il se manifeste à travers de lentes ou brutales oscillations, négatives et positives ; elles se compensent les unes les autres ; elles ne remettent pas en cause le palier de base ; il durera sept générations.

DEUXIÈME PARTIE

LES VALOIS DÉCADENTS

VI

La fracture

La période 1340-1560 avait été marquée, on s'en souvient, par l'occurrence d'un grand cycle biséculaire des peuplements : ceux-ci tombaient de la vingtaine de millions de personnes vers 1340 à la dizaine de millions vers 1450, puis rebondissaient aux vingt millions à l'orée des guerres de Religion. En même temps, les principales variables qui définissaient les conditions et tout simplement les revenus du monde rural étaient entraînées dans cette sarabande endiablée. La première phase, celle de l'effondrement démographique (jusque vers 1440-1450) voyait simultanément, corrélativement, augmenter les salaires réels. Mais tombaient en revanche (selon des pentes qui, même descendantes, divergeaient quelque peu les unes par rapport aux autres), la production agricole, la rente foncière, ainsi que (inégalement) les prix agricoles et industriels, ceux-là davantage que ceux-ci. Les propriétés et exploitations agricoles, pendant la même période, tendaient à se concentrer, donc à diminuer en nombre et pour chacune d'entre elles, à augmenter en surface.

Pendant la phase suivante (de 1450 à 1560) tout cela s'inversait : il y avait montée (insuffisante, certes) du produit agricole ; hausse de la rente foncière et des prix ; baisse longue et parfois catastrophique du salaire réel ; et morcellement progressif des terres (induit par l'augmentation du nombre des agriculteurs, tenanciers ruraux et autres parties prenantes, cette augmentation elle-même étant fille de l'essor démographique).

Après 1560, et jusque vers 1715, la violence, jusqu'alors extraordinaire, de ces grands mouvements s'atténue beaucoup, sans qu'ils disparaissent entièrement, tant s'en faut. En d'autres termes, les descentes puis remontées vertigineuses du toboggan démographique, économique, social, au plan biséculaire (1340-1560) ne sont plus de saison après la mort d'Henri II. Il va de soi que la norme des vingt millions d'âmes, grosso modo, demeure canonique pendant les cent cinquante-cinq années qui courent de François II à la mort du Roi-Soleil. Mais de ce plafond vingt fois millionnaire, la population ne décroche plus de façon abyssale ni apocalyptique, comme elle avait fait pendant la longue crise bas-médiévale. Certes les conflits de Religion, de 1560 à 1590, écrêtent quelque peu l'effectif global des peuplements du royaume. Mais la chute n'est pas gravissime ; on ne peut la comparer (malgré de cruels épisodes épidémiques, guerriers, disetteux) au spasme atroce du second quart du XVe siècle. Aussi bien, le retour à la normale s'opère-t-il en toute promptitude : pour le début du XVIIe siècle, l'historien-démographe Jacques Dupâquier trouve, sur la base de savants calculs, dix-huit à vingt millions d'habitants dans le cadre conventionnel de l'hexagone. D'assez rudes épreuves vont, bien entendu, écorner cette démographie pendant la Fronde et autour d'elle ; lors de la famine de l'avènement (1661) ; et enfin pendant les vingt-cinq dernières années, souvent difficiles, du règne de Louis XIV : il suffit pour évoquer ces ultimes souffrances, de mentionner les deux catastrophes frumentaires de 1694 et 1709, avec des pertes régionales de population (fort momentanées) de 15 % dans le premier cas, et de 9 % dans le second. Et pourtant, il ne s'agit là que d'accidents de parcours. En fait, la France louis-quartorzienne verra sa population non seulement plafonner, mais même augmenter très lentement, irrégulièrement, de façon à la fois modeste et perceptible. Jacques Dupâquier, sur la base des enquêtes de l'I.N.E.D. trouve, dans le cadre géographique déjà indiqué, vingt et un millions d'habitants sous Colbert et vingt-deux millions à la veille de la mort du « Grand Monarque ». A l'échelle du long XVIIe siècle on n'est donc pas très loin de la croissance démographique zéro, à peine affectée d'un léger « plus ». Nos démographes qui s'inquiètent tellement de l'actuelle expansion, galopante et désordonnée des populations du tiers monde se rassureraient sans aucun doute si celles-ci désormais ne croissaient plus qu'au rythme ultra-lent qu'avait connu la France louis-quatorzienne. Il est vrai que les causes mêmes de cette « sage » lenteur (ascétisme préconjugal, mariage tardif, et surtout famines, épidémies, fisc, guerres et misères) seraient aujourd'hui, avec juste raison, considérées comme inacceptables !

Disons en tout cas pour en rester à l'époque « classique » (1560-1715) que l'écosystème rural, en ce temps-là, est en état de relative stabilité, ou tout au plus d'expansion très lente, elle aussi. Les fluctuations négatives de la production agricole, enregistrées en ces cent cinquante-cinq ans à l'occasion des phases de crise, dépression momentanée, guerre ou accident météorologique sont éventuellement bien marquées (mais nettement moins profondes que ce ne fut le cas lors du désastreux XVe siècle, jusque vers 1450). Certes, il y a encore de mauvaises passes pour le mouvement des récoltes du grain, entre 1560 et 1715 : notamment pendant les guerres de Religion, les guerres de Trente Ans et la Fronde, les premières années du règne personnel de Louis XIV et les guerres de Ligue d'Augsbourg ou Succession d'Espagne, « pimentées » par les famines de 1693-1694 et 1709-1710. On assiste alors à des réductions momentanées du produit céréalier. Celles-ci le font tomber, pour quelques années, aux quatre cinquièmes peut-être de ses niveaux normaux de « l'année commune ». Puis s'impose une assez rapide récupération. Les plafonds de production céréalière déjà enregistrés au XVIe siècle sont atteints, quelquefois dépassés sous Colbert. Mais aucun processus de croissance soutenue n'est véritablement engagé, du moins avant 1715-1720. Les bons résultats enregistrés par exemple pendant les années 1665-1685 sont en effet compromis par de nouvelles crises qui marquent les décennies 1690, 1700, 1710... On demeure ainsi dans les limites de la normalisation du long XVIIe siècle : la catastrophe n'est pas vraiment durable, mais l'essor n'est jamais ininterrompu ou « soutenu ». Quelques croissances sectorielles concernent néanmoins (entre autres) la viticulture languedocienne ou bordelaise : elles améliorent ou garantissent le niveau de vie paysan, dans certaines régions méridionales dont l'agriculture est commercialisée.

Cette longue modération des trends essentiels aboutit aussi à calmer le jeu, voire à inverser les tendances, quant au mouvement de la répartition des biens fonciers. La période de « galop » démographique entre 1450 et 1560 était contemporaine d'un morcellement accéléré des propriétés roturières, des tenures, des parcelles et des lopins ; ce morcellement tranchait, à son tour, sur la phase antérieure de concentration foncière, qu'avait induite, entre 1348 et 1450, le déclin des peuplements ruraux.

Rien de comparable ne se produit, rien d'aussi frénétique en tout cas, de 1560 à 1715. La population stagne, avec des bas et des hauts, ou peut-être augmente-t-elle légèrement entre ces deux dates. Mais c'est peu de chose en comparaison de ses croissances ou récupérations extrêmement vives, telles qu'elles s'étaient manifestées depuis la fin du règne de Charles VII jusqu'au décès d'Henri II. Dans ces conditions, le hachoir successoral va cesser d'exercer ses ravages au XVIIe siècle. Dans certains cas, des processus inverses vont même jusqu'à s'instaurer. Autour de Paris, par exemple, des facteurs nouveaux se font sentir ; démographiquement, économiquement, financièrement, le dynamisme de la capitale, bientôt flanqué du satellite versaillais, est tel qu'il offre un débouché très élargi aux produits du sol, dans les limites terriennes d'une dizaine de nos départements actuels. A cela vient s'ajouter, dans Paris même, la présence de riches et puissants rassembleurs de terres (nobles, clercs, officiers, voire marchands) dont l'impérialisme foncier s'exerce sur de vastes portions du Bassin parisien.

Aussi se forment ou se développent en ces régions, sous Henri IV, Louis XIII et Louis XIV, les grands domaines agricoles (jusqu'à cent hectares, et parfois davantage) ; leurs propriétaires-rassembleurs les baillent (contre une rente foncière annuelle et renégociée tous les trois, six ou neuf ans) à de gros fermiers déjà fort efficaces (même si cette efficacité ou productivité, faute de bétail bovin et de fumier en quantité suffisante, demeure inférieure à celle qu'atteignent leurs congénères britanniques, les grands *farmers* du bassin de Londres). Entrepreneurs agricoles de première force, à l'échelle française, nos fermiers « circumparisiens » sont connus également sous la dénomination de « receveurs de seigneurie » ou « coqs de village ».

On assiste aussi à une normalisation de longue durée des principaux revenus agricoles et des prélèvements qui les rongent. Le salaire réel (rural), après son effondrement somme toute désastreux du XVIe siècle, cesse de décroître, ou parfois s'améliore un peu au temps de Louis XIII et Louis XIV. En tout cas, il ne descend plus au-dessous du niveau-plancher qu'il avait atteint à la veille des guerres de Religion et pendant celles-ci. Faut-il ajouter qu'il pouvait difficilement tomber plus bas... Le prolétariat agricole, sur cette lancée descendante, aurait fini par périr d'inanition.

Si le salaire est stabilisé « au plancher », les prélèvements, eux, se normalisent « au plafond ». Dire cela, c'est bien sûr s'exposer à une objection de poids : la rente foncière, *alias* fermage, connaît, elle, une certaine augmentation supplémentaire au XVIIe, par rapport à ses niveaux du XVIe siècle. Mais signalons immédiatement que cette hausse, en effet, d'un grand prélèvement est avant tout régionale : elle ne concerne, jusqu'à plus ample informé, que les régions languedociennes, voire méditerranéennes ou méridionales, où les fermages deviennent particulièrement lourds au temps de Louis XIII et du jeune Louis XIV. Mais n'est-ce pas tout simplement parce que dans ces pays d'impôt réel qui pèse au détriment des propriétaires, ceux-ci ne manquent pas de réagir : ils réussissent à répercuter sur leurs fermiers pressurés davantage, le poids croissant de l'impôt, alourdi par les soins des cardinaux-ministres, Richelieu ou Mazarin... Ailleurs, là où les institutions fiscales sont différentes, et notamment dans les zones essentielles du Bassin parisien, la rente foncière est bien incapable de battre, au temps des trois premiers Bourbons, les records déjà fort élevés qu'elle avait établis pendant le beau XVIe siècle de la Renaissance épanouie, au temps de François Ier et même d'Henri II. Tout au plus notera-t-on que dans les pays de grande culture, cette rente foncière s'est accrue, de façon quasi automatique, du fait de l'élargissement des surfaces, celles-ci étant exploitées par les grands domaines qui relèvent de la « classe propriétaire » (nobles, officiers, hauts bourgeois...). Quant à la rente d'argent, qui correspond aux intérêts que verse, au titre d'une dette, l'emprunteur au créancier, elle persiste, pendant le XVIIe siècle, à grever puissamment les « trésoreries » paysannes (qui à vrai dire méritent à peine ce nom, tant elles sont souvent désargentées). De nombreux ruraux — paysans et autres —, s'endettent en effet, comme toujours, auprès de personnes riches ou moins riches, qui, en ville ou au village, détiennent de précieuses disponibilités monétaires. Et cependant là aussi la situation, au XVIIe siècle, ne paraît pas s'être beaucoup aggravée, tant s'en faut, par rapport au XVIe. En effet, les taux d'intérêt couramment pratiqués ont notoirement baissé d'un siècle à l'autre ; du XVIe au XVIIe siècle, ils sont tombés de 10 % à 5,5 % ce qui soulage d'autant les débiteurs, si nombreux dans les campagnes. Mais l'inflation a considérablement régressé, de son côté. En effet, la hausse longue des cours, la « révolution des prix », qui marquait presque tout le XVIe siècle, autrement dit le règne des six derniers Valois, n'est plus qu'un souvenir atténué, périmé, bientôt lointain, au temps des premiers Bourbons. Ceux-ci sont contemporains d'un plafonnement, et même (au temps de Colbert) d'un déclin des prix, plus net encore quand on les calcule en grammes d'argent. On entre donc dans des périodes d'inflation diminuée, supprimée ; bref, dans une phase déflationnaire. Rural ou non, le débiteur en est la première victime ; les emprunts qu'il a contractés ne sont plus érodés par la dépréciation monétaire, dorénavant exorcisée ; la déflation les consolide. Si l'on rapproche l'un de l'autre les deux phénomènes, baisse du taux d'intérêt et déflation, on s'aperçoit qu'ils tendent à s'annuler. Opération blanche ! L'endettement villageois est revigoré par la baisse de l'inflation, mais il est affaibli par la décrue des taux d'intérêt. Au total, même pesant et parfois écrasant dans l'absolu, cet endettement n'a pas dû s'alourdir beaucoup au XVIIe siècle, en comparaison avec les cent années antérieures. On en revient toujours à l'idée d'une certaine stabilisation des prélèvements.

Enfin, parmi ceux-ci, *last but not least*, envisageons

la dîme ; elle affecte surtout les céréales ; elle n'est pas susceptible de croître beaucoup, elle non plus, quant à son poids absolu et relatif, au XVIIe siècle. Tout au plus bénéficie-t-elle de la fin des grèves de dîme, jadis déclenchées pendant la décennie 1560 par des paysans huguenots et plus généralement par des villageois insatisfaits, dont beaucoup demeuraient par ailleurs bons catholiques. Cette suppression des grèves, cet assagissement obtenu enfin à l'âge classique (après le dangereux débordement des guerres de Religion, qui furent si contestataires), est évidemment tout bénéfice pour le clergé, grand décimateur. Sur le fond, cependant, bien peu de choses se sont modifiées d'un siècle à l'autre, et cette absence de changement marqué vaut pour le relatif comme pour l'absolu. Dans le relatif, en effet, les pourcentages de prélèvement décimal restent, dans la plupart des régions françaises, coutumièrement fixés à 8 % ou 9 %, voire 10 % ; lesdits taux varient selon les provinces, mais en général ils se situent à l'intérieur de cette « fourchette » de pourcentages. Dire que ces pourcentages, même forts, ne sont guère susceptibles d'augmenter, entre le règne de François Ier et celui de Louis XIV, c'est souligner la stabilité approximative du revenu réel des clercs : ils retrouvent simplement pendant le pieux XVIIe siècle, *après* la grève des dîmes des années 1560, le niveau ou le volume de prélèvement décimal dont leurs lointains prédécesseurs avaient joui pendant la Renaissance, *avant* cette grève des dîmes. D'autant plus que la quantité totale des grains moissonnés (amputée, après récolte, de ses fixes pourcentages décimaux) ne s'est guère accrue, de son côté, du XVIe au XVIIe siècle.

A ce plafonnement général des prélèvements, droits seigneuriaux inclus, je ne connais qu'une seule exception, mais elle est majeure. Il s'agit de l'impôt, à propos duquel on peut parler d'une croissance spectaculaire, et même d'une véritable percée, à la fois conceptuelle et quantitative. Les revenus nets de l'État, différents des « dépenses engagées » avaient plafonné à près de 200 tonnes d'équivalent-argent vers 1560, puis à nouveau 200 tonnes entre 1600 et 1630. Sous Richelieu et Mazarin, ils montent progressivement à 500 tonnes vers 1645, puis à 800 tonnes vers 1690. De quoi déclencher les émeutes antifiscales des paysans (et des citadins) ; celles-ci étant dirigées, précisément, contre le recouvrement des impôts directs ; contre l'exercice des fermes d'impôts indirects ; enfin, contre le logement des armées ambulatoires, elles aussi coûteuses.

Dans l'ensemble, le dénominateur commun des années 1340-1715 envisagées ci-après, en tout ou partie, c'est l'avènement, dès le début de la période, de la France du monde plein, plafonné à la vingtaine de millions d'hommes, dont 85 à 90 % de ruraux. Mais ce plafond a pu n'être égalé qu'à diverses reprises, de façon maximale et momentanée, pendant les deux premiers siècles envisagés (1340-1560) ; il faisait alors l'effet d'une norme ou d'une enveloppe écologique, plus que d'une constante, telle que celle-ci en revanche s'affirmera continuellement par la suite à partir de 1550-1560 et jusque vers 1700-1715. De toute manière, les paramètres technologiques (outils employés...), linguistiques (contrastes dialectaux), religieux (universalité du catholicisme paysan, malgré l'essor local de quelques îlots de calvinisme villageois) ne changent que lentement d'un bout à l'autre de la période ; on voit se faire jour, tout au plus, une lente dérive, et partielle, vers l'agriculture de marché et vers le grand domaine moderne, voire capitaliste. Disons, pour préciser cette périodisation de très longue durée, que les années 1340-1560 furent celles d'un « grand cycle biséculaire » dont on a décrit précédemment plus en détail les caractéristiques, l'extraordinaire profondeur, les facultés puissantes de rebondissement. Mais poursuivons : la période 1560-1715 est plutôt (passé ce « grand cycle ») celle d'une consolidation pure et simple sur les bases déjà indiquées ; il y a désormais stabilité solide, ou croissance très lente des populations ; ambiance souvent dépressionnaire et crises dures, quoique momentanées ; mais point de catastrophe abyssale. Aux termes d'un niveau de vie qui demeure fort bas pour la majorité des ruraux, on note alors une normalisation générale des peuplements, des revenus, des hauts prélèvements. Même la croissance unilatérale du fisc et de l'État (à quoi il faudrait ajouter les progrès de l'alphabétisation et d'un certain capitalisme rural) n'échappe point à ces règles de longue durée : tant qu'à consolider, il faut bien que s'affirme et se déploie un principe de force et d'unité sociale, qui s'incarnera en effet, après les tragédies des guerres de Religion, dans l'épanouissement des autorités bourboniennes, au sommet et à la base, depuis l'avènement d'Henri IV jusqu'à la mort de Louis XIV.

Plus précisément, les guerres de Religion, de 1560 à 1595, portent un coup assez rude à l'économie et à la démographie françaises. Certes, on ne se retrouve nullement « aux abîmes » comme ce fut le cas vers 1450 avec ce peuplement français réduit à la dizaine de millions d'âmes (ou moins encore ?) que nous avons souvent évoqué.

En fait, vers 1600, après trois ou quatre décennies de guerres, la population de la France s'élève encore à 19 millions d'âmes dans les frontières actuelles, 17 millions dans le cadre du « royaume » de l'époque. Donc, les pertes globales, si pertes il y a, ne dépassent guère un à deux millions de personnes par rapport aux sommets démographiques de 1560. L'expansion démographique fraîche et joyeuse du premier XVIe siècle a bien été cassée, de Charles IX à la Ligue, par plusieurs dizaines d'années souffreteuses, mais dès lors, elle a fait place à un simple plafonnement ou parfois à une pente très légèrement déclive, non point à un effondrement comme ce fut le cas au temps d'Isabeau de Bavière et Charles VII.

Les épreuves n'ont pourtant pas manqué, en cette seconde moitié du XVIe siècle. Par suite des troubles, destructions de bétail et de bâtiments, morts d'hommes, réquisitions de chevaux, interruption du commerce des produits de la terre, les productions agricoles ont été sévèrement touchées. Elles ne sont pas connues directement certes par les « statistiques » de l'époque (inexistantes) ; on peut néanmoins se faire une idée approximative de la crise qui afflige le monde des campagnes en ce temps-là, pour peu qu'on observe le produit des dîmes et des fermages, deux types de ponctions effectuées par les clercs et par les propriétaires fonciers sur la production du sol et qui sont nécessairement affectées par une baisse de celle-ci. Or, si l'on tente de proposer à ce sujet quelques chiffres d'ensemble pour la zone allongée du Nord au Sud qui va de Cambrai à Arles, en passant par Paris, Dijon, Clermont-Ferrand et Montpellier, on constate pour la basse période crisique et post-crisique, qui court de 1580 à 1600, et par comparaison avec les plafonds antérieurs des années 1550-1570, une baisse d'environ un tiers du produit des dîmes et fermages pour les régions du Nord ; d'un cinquième ou d'un quart environ pour la région parisienne ; de 35 à 43 % pour les zones du Centre-Est et du Midi méditerranéen que nous avons pu explorer (Bourgogne, Auvergne, Lyonnais, Midi méditerranéen). Cette baisse, comme on peut le voir, est très forte dans les terres occitanes : elles sont travaillées par un protestantisme spécialement actif et sont d'autant plus affectées du fait des guerres sanglantes que l'acuité des divisions religieuses ne manque pas d'engendrer.

Faisons la part, bien sûr, des grèves de dîme, en vertu desquelles, avons-nous dit, les paysans tarabustés par quelque démon huguenot ou simplement anticlérical, refusent vers 1570-1585 de livrer au clergé une partie des prestations céréalières et autres qui lui sont dues. Il n'en demeure pas moins que les fermages qui eux ne sont point sujets aux grèves, vont bel et bien être touchés par la baisse : celle-ci reflète donc un déclin réel de la matière sujette à ponction, autrement dit du produit brut agricole. Il a baissé d'au moins 10 %, peut-être 15 % ou davantage au fur et à mesure que les guerres de Religion, décennie après décennie, faisaient sentir dans le monde rural leurs effets dévastateurs, ou pour le moins négatifs. Même limitée, quand on la compare au cataclysme du siècle antérieur, la crise est donc réelle, terriblement réelle. Les conséquences peuvent en être sérieuses : les crises de subsistances à répétition par exemple, s'expliquent aisément entre autres causes, par la baisse du produit brut ; comme celui-ci est devenu à peine adéquat pour nourrir la population en temps normal, une simple année de moissons spécialement faibles, victimes d'une météorologie défavorable, suffit à déclencher la famine. Le franchissement (vers le bas) de ce seuil dangereux est à la fois plus fréquent et plus facile qu'en temps de paix civile, telle qu'elle avait régné de 1490 à 1560. On s'explique donc aisément que les graves disettes se multiplient entre 1560 et 1575 ; et derechef entre 1584 et 1595. Certains « croquants » d'autre part, se révoltent parce que la baisse de production et de revenu constitue pour eux un sujet de mécontentement direct ou indirect ; ils l'éprouvent de toutes sortes de manières à travers le contexte de l'époque. Il suffit par exemple, comme ce sera le cas dans les trois dernières décennies du XVIe siècle, que s'aggrave même modérément la pression fiscale, pour que cette baisse de revenu soit considérée par les payeurs d'impôts comme insupportable, et conduise à des phénomènes de « jacquerie », ou de « croquandage ».

S'agissant maintenant de l'économie non agricole (ville, commerce, industrie, artisanat), la sensibilité aux « guerres de Religion » est plus forte encore. Les ruptures du trafic routier, dues aux déprédations des militaires ne sont en effet qu'à demi-dommageables pour la paysannerie; certes elle est partiellement privée, de leur fait, des revenus qu'en temps normal elle tire des ventes de produits du sol sur tel marché urbain ; mais elle demeure capable, même dans ce cas, de survivre assez convenablement, sur le mode végétatif, dans une simple ambiance de relative autarcie et de troc local. Par contre, en ce qui concerne les cités, qui par définition, sont fondées sur l'échange ou tout au moins sur le prélèvement à partir de ressources extérieures et quelquefois lointaines, c'est une autre affaire.

Le cas lyonnais, de ce point de vue, peut servir d'exemple : Lyon, en effet, est une ville-miroir, qui reflète presque instantanément, serait-ce de façon déformante, les décadences ou les malheurs du marché à l'échelle régionale et même nationale. Le désastre y est d'abord abrupt ; l'occupation de la ville par les protestants en 1562-1563 est génératrice de troubles qui font chuter les indices du trafic..., jusqu'à ce que survienne enfin l'embellie des années 1564-1569. A son tour, celle-ci est de courte durée. Pendant la décennie 1570, dans la continuité des guerres, la dépression fait tache d'huile. Ravagés, Poitou et Languedoc voient se restreindre l'exportation de leurs draps en direction de la région Saône-Rhône. Les axes routiers, voire fluviaux sont coupés par le brigandage. Les marchands lyonnais, au bord de la faillite, « sollicitent de leurs créanciers un moratoire ou un concordat ». Et le déclin de la ville se poursuit, irrésistible. « Dès 1580, la ferme des 2,5 % sur l'entrée des marchandises est tombée aux trois cinquièmes de la période 1571-1575, à moins de la moitié des années 1565-1570, au tiers seulement des années records 1522-1523 et 1543-1545. » Encore s'agit-il de chiffres comptés en livres tournois, celles-ci dépréciées presque sans arrêt au long de toute cette période. A prix constants, la chute serait pire encore. Ailleurs, la situation n'est pas plus brillante, du sud au nord, en

Arles ou à Chalon. Dans des branches variées, en zone lyonnaise, encore elle, le trafic des soieries et draperies, sur sa lancée, tombe au plus bas. Le commerce des épices, si actif en 1573 encore, s'écroule pendant les quatre derniers quinquennats du siècle, tant que dure la guerre. La situation n'est pas plus favorable dans le secteur financier : les banques italiennes et allemandes, au terme d'une longue et solide implantation, étaient installées à Lyon en grand nombre vers 1560. Elles périssent par la suite, pour les trois quarts d'entre elles, au point qu'on n'en compte plus qu'une vingtaine vers 1590. Les arrivages d'argent américain, fortement accrus après 1570, n'ont pas fait grand-chose pour empêcher ces débâcles du premier réseau bancaire du royaume. Ailleurs, en Europe occidentale (quand elle jouissait de la paix), ils ont certainement stimulé l'économie. Mais dans l'État Valois, du fait des circonstances malsaines qui sur place dérivaient de la persistance d'un long conflit guerrier, ces arrivages accompagnèrent surtout la stabilisation ou « stagfla » : autrement dit, l'absence d'une croissance soutenue des productions, cette relative carence coïncidant avec une hausse des prix, comme partout en Occident au XVIe siècle ; mais se complétant aussi de la baisse ou, dans la moins fâcheuse hypothèse, d'un palier toujours bas des salaires réels. La spécifique abondance de métal blanc venu du Potosi a cependant pour effet de rendre les écus d'or plus attractifs au point qu'en 1577 la monarchie oblige les sujets à libeller toutes les transactions en écus (et non plus en livres). On espère ainsi bloquer la dépréciation des monnaies. « Mais ce n'est qu'une courte halte sur le chemin de l'inflation. »

Pour Lyon, dont le destin en l'occurrence est simplement typique, et pour les villes françaises, presque toutes logées à la même enseigne, voilà donc trente-cinq années de malheurs, ou pour le moins d'épreuves. L'économie nationale, répétons-le, évite la descente aux abîmes. Mais elle profite moins que ses homologues en d'autres pays des circonstances par elles-mêmes favorables que sont l'afflux d'argent américain et l'expansion démographique : celle-ci se poursuit en effet dans de multiples régions du vieux monde qui ont la chance, elles, de connaître la paix civile (« chance » toute relative, du reste : l'absence de troubles intérieurs, en Espagne par exemple, est certes salvatrice de vies humaines, mais reflète aussi l'efficace répression exercée à l'encontre des minorités hérétiques, phénomène qui dans le long terme portera tort au développement culturel et général de la péninsule ibérique). Malgré l'existence de poches d'essor, notamment sur les côtes animées quelquefois par les développements du grand commerce international qui caractérisent cette fin de siècle, on peut constater que dans l'ensemble, la population et la production françaises s'installent, jusqu'à la fin des années 1590, en non-croissance de long souffle ; elles connaissent même certains épisodes de régression, au demeurant modestes. Ils se révéleront aisément réparables dès le retour de la paix, sous Henri IV.

Donc le système est en non-croissance, voire en état de décroissance modérée (ou du moins son essor s'est cassé) à partir de 1560, du fait notamment des effets de freinage désormais massifs qu'exerce (ne serait-ce que par ricochet) un élément perturbateur d'origine exogène, le protestantisme. Celui-ci dérive de la sphère idéologique ou, plus exactement, religieuse. Il engendre, par contrecoup, dans la « France profonde », de violentes réactions d'hostilité. Elles le visent en plein cœur, sans parvenir à l'éradiquer. Elles émanent (pas toujours pour de mauvaises raisons) d'un catholicisme irrité, en ses zones extrémistes, sans que soient pourtant réduits au silence les porte-parole des courants modérés de l'Église gallicane. En premier résultat de ce conflit, très vite, il y a la guerre, ou plutôt les guerres de Religion répétées, dont on a noté déjà certaines conséquences négatives au plan économique et démographique.

Qui sont, combien sont les protestants, à l'aube de la cruelle décennie 1560 ? Doit-on compter avec Janine Garrisson 1 400 églises « hérétiques » plantées dans tout le royaume, dont 800 dans le Midi ; et sur 20 millions de « Français » 1 750 000 personnes, de tout âge, qui, individuellement et surtout en famille, sont gagnées tout à fait ou d'assez près à la propagande réformée, ou simplement influencées à quelque degré par celle-ci ? Soit au total, 8,75 % de la population globale. Là-dessus, un million d'âmes se situerait dans le Sud, dans un Midi huguenot très largement dessiné, dont le croissant fertile, ou croissant de lune, se localise en Aunis et Saintonge, Guyenne et Gascogne, Languedoc et Dauphiné. Même si ces chiffres sont un peu gonflés, donc sujets à révision en baisse par des historiens dubitatifs, ils dessinent une enveloppe maximale, ils donnent un ordre de grandeur indépassable.

Les données en tout cas sont nettes. Doit-on penser, au vu d'icelles, que l'adhésion huguenote, majoritairement méridionale, prend de ce fait un caractère « occitan »? En réalité, la vocation et la diffusion du protestantisme conservent des caractères de généralité. Il a, seraient-elles minoritaires, de fortes assises dans le Nord, en Normandie, à Meaux, etc. Pourquoi dans ces conditions, l'hérésie s'est-elle développée largement dans les provinces sudistes ? Sans doute l'y réprimait-on plus mollement. La Sorbonne et le Parlement de Paris ne pouvaient pas, hors de leur ressort propre, l'une condamner, l'autre pendre et brûler à Montauban, comme ils faisaient aisément à Pontoise. Qui plus est, le particularisme, éventuellement religieux, des régions d'oc était conforté par les grands seigneurs sympathisants, basés sur place, et doués d'autonomie périphérique : ainsi Jeanne d'Albret, les Crussol... Cela dit, le protestantisme, même méridional, se souciait assez peu de linguistique occitane. En ses bibles, et dans les sermons de ses pasteurs, il se voulait résolument francophone. A sa manière, il intégrait, il francisait !

Le protestant moyen, en 1560, est instruit, mâle, jeune, citadin ou plus exactement « non agricole ». L'« hérésie » trouve des sympathisants nombreux et même des adhérents dans le clergé, vulnérable jusqu'en ses sommets : l'an 1563, huit évêques français font l'objet d'une citation à comparaître devant l'Inquisition romaine, comme coupables de compromission ou pour le moins d'indulgence modérantiste, donc suspecte, envers les amis ou idées de Calvin. Et puis les nobles, gentilshommes campagnards y compris, sont, en tant que groupe social, infectés prioritairement : au sommet de la hiérarchie aristocratique et même princière, les Bourbon-Condé-Albret-Navarre, en embrassant la cause huguenote, entraînent avec eux tout le Béarn, domaine de la maison navarraise. Bon gré mal gré, cette région adhère collectivement à l'hétérodoxie au nom du principe *cujus regio, ejus religio* (Dis-moi quel prince te régit, je te dirai quelle est ta religion). De manière plus sélective, la vaste clientèle nobiliaire des Bourbon-Navarre, disséminée dans les zones occitanes du Sud-Ouest, bascule, pour partie d'entre elle, vers les idées calviniennes, au point d'influencer à son tour la paysannerie environnante ou dépendante. Telle est la postérité inattendue, lointaine, à multiple échelon, de Marguerite d'Angoulême, sœur de François Ier, matrone d'évangélisme, et mère de Jeanne d'Albret. La géographie du protestantisme, dans l'actuelle France sud-occidentale, porte encore les stigmates ou cicatrices glorieuses de cette filiation.

Proches de la noblesse et souvent membres de celles-ci, les officiers, y compris dans les cours souveraines, ont fourni nombre de recrues à un protestantisme de première génération. Avant de « s'auto-épurer » au profit d'un catholicisme rigide, les Parlements de Toulouse et Bordeaux comptaient, parmi leurs magistrats, d'imposantes minorités huguenotes. Elles purent, le cas échéant, paralyser ou « saboter » la répression antiprotestante. D'un autre côté, les présidiaux (nouvelles cours de justice, fondées par Henri II) étaient incertains de leur identité vis-à-vis des dominantes structures parlementaires ; donc, ils sont souvent passés avec armes et bagages à la « nouvelle religion »: ainsi à Nîmes, Béziers, Saintes... Les licenciés, docteurs, avocats surtout, qui maintes fois sont fils de marchands, et qui de surcroît s'avèrent riches, cultivés, postés sur le tremplin social qui mène à la noblesse, fournissent, si l'on en croit les savantes recherches de Janine Garrisson, une pépinière de pasteurs. Quant aux consuls et jurats du Midi qui constituent l'oligarchie municipale, ils détiennent, par définition, d'importants pouvoirs locaux. Ils peuvent donc faire écran sur place aux sanctions calvinophobes qui émanent du pouvoir royal et de l'Église. De fait, par réflexe d'élite, ils ont souvent favorisé les idées neuves : à Pamiers, dès 1556, ils interdisent l'entrée de la ville aux jésuites qu'ils qualifient de « fourmilières importunes et fâcheuses ». Les notaires, greffiers et autres clercs, « praticiens de longue et courte robe », sont porteurs d'un petit bagage intellectuel. Ils pullulent dans le Sud : même quand ils n'ont pas fréquenté l'université, ils connaissent assez bien la langue française, certes mâtinée d'occitan. Ils adhèrent volontiers à la croyance de Genève. Au village languedocien, notamment cévenol, le noyau huguenot vers 1560, rassemble généralement le tabellion, le seigneur local, le bayle (petit juge du cru), l'ex-curé « renégat », divers artisans, et quelques laboureurs.

S'agissant maintenant des enseignants et enseignés, ou en termes plus topiques, des régents et écoliers, la réalité s'avère riche de contrastes. En plein milieu du siècle, ces milieux bouillonnaient d'énergie protestante. Bouillaient aussi, quoique à feu moins ardent, les imprimeurs et libraires. Après 1560 néanmoins, le vent tourne. Faut-il incriminer la répression, ou bien l'amélioration des propagandes venues de l'Église romaine ? Une partie de l'Université, « le peuple souverain des cuistres », selon la peu aimable expression de Michelet, se laisse gagner ou reconquérir, en tout cas, par le néo-catholicisme d'une Contre-Réforme en plein essor. Les grands et petits marchands, qui à Montpellier comme à Bordeaux sont souvent d'origine juive ou marrane[1] ont plus que des complaisances pour « l'hérésie ». Elles se nuancent de circonspection parmi les négociants d'envergure internationale : leurs vastes entreprises, en effet, sont vulnérables aux ruptures de trafic, aux incarcérations, et autres conséquences négatives des luttes religieuses et guerres civiles. Enfin, les artisans, cordonniers, cardeurs à la main poisseuse, hommes du textile et du métal, et à un bien moindre degré les praticiens de l'alimentation, font masse dans le groupe réformé : ils forment, qui plus est, les gros bataillons du premier refuge huguenot ; un balluchon d'outillage tient lieu de capital aux artisans ; ils fuient aisément jusqu'à Southampton ou Genève pour se mettre à couvert des brimades anticalvinistes. D'une façon générale, les jeunes, un peu plus instruits que leurs aînés, en outre assez mobiles, mettent au service des pasteurs une phalange qui combat pour la foi nouvelle.

Par contraste, les bastions de conformité papiste sont à chercher du côté des foules paysannes, rurales. Elles font 85 % de la population du royaume. Elles restent grosso modo fidèles à l'Église établie qui, grâce à elles, par effet de ballast, est assurée de survivre. De petites régions agricoles, en Poitou et surtout en Cévenne, sont cependant passées en bloc à la Réforme.

1. Marranes : Juifs ou descendants de Juifs d'Espagne ou du Portugal, convertis au catholicisme par contrainte (notamment lors des persécutions et expulsions des années 1490) mais restés fidèles à leur première religion de façon plus ou moins clandestine.

Elles furent « fortement aidées » en cela par l'activisme protestant des seigneurs et des minorités bourgeoises ou artisanales, sises dans les bourgs et petites villes proches. C'est l'application officieuse, dans un contexte imprévu, de la maxime déjà citée *Cujus regio, ejus religio.* Les femmes, comme telles, demeurent « en moyenne » plus conservatrices, plus attachées à l'« ancienne religion », malgré la haute visibilité d'actives militantes huguenotes, comme Jeanne d'Albret ou Louise de Coligny[1]. En conséquence, chacun de son côté, le deuxième sexe et le monde paysan résistent à Calvin. Le défaut d'alphabétisme stimule ces résistances conjuguées.

Au plan idéologique le protestantisme français des années 1560 acquiert une forme définitive. Elle cristallise autour des doctrines de prédestination rigide, affirmées sans trêve par les proposants du parti. Théodore de Bèze (1519-1605) est en place spirituelle et politique pour la succession de Jean Calvin, dès avant la mort de ce maître (1564). Bèze, le fait est caractéristique, vient d'un milieu d'officiers bourguignons, parisiens, cultivés. Dans le cadre français, il régente, comme guide dogmatique, la minorité huguenote, après la mort d'Henri II. Il sait négocier, voire concilier, pour obtenir les compromis nécessaires qu'on doit conclure de temps à autre avec les catholiques au pouvoir. La vie a de ces exigences. En termes doctrinaux néanmoins, la souplesse n'est plus de mise : les thèses « béziennes » sont fermes. Elles posent l'éternelle prescience divine, au nom de laquelle Adam, réprouvé par avance, condamné à la mort éternelle, s'endurcit, le misérable, « en injustice et pollution ». Parmi les descendants de ce premier homme quelques-uns sont « élus ». Seule les sauve la grâce d'une miséricorde gratuite, que le Christ leur a transmise.

1. Louise de Coligny (1555-1620) fille de l'amiral Gaspard de Coligny, défendit en France, puis au Pays-Bas, la cause protestante.

Austères, de telles théories ne sont pourtant pas génératrices, *a priori*, d'un puritanisme sexuel aux résonances victoriennes. Il ne surgira en milieu protestant français que plus tard. Ces théories accroissent, en tout cas, le mépris de fer des huguenots pour l'Église papiste. Elle est accusée par eux de ne préconiser que des « œuvres » dérisoires, et non pas la grâce ou la foi, pour assurer le salut des catholiques romains.

On peut imaginer, cette vue de l'esprit n'est pas forcément déplacée, que la France eût été susceptible, le cas échéant, de basculer tout entière en direction du protestantisme, comme ont fait la Saxe et l'Angleterre un peu plus tôt. (Mais justement, c'était « un peu plus tôt », et les garde-fou papistes n'étaient pas encore en place.) Une occasion au moins paraît s'être trouvée en mars 1562 quand l'armée de Condé[1], brièvement, eut la possibilité d'enlever Catherine de Médicis et le jeune Charles IX. Ainsi Condé le huguenot était-il en mesure, s'il passait à l'acte, de confisquer la légitimité monarchique au bénéfice de son parti. Mais un tel enlèvement, à supposer qu'il ait pris place, ce qui ne fut pas le cas, avait-il quelques chances de déboucher sur des succès durables, et sur un ralliement définitif de la France aux idées hérétiques ? Celles-ci s'identifiant progressivement, dans cette hypothèse, et dans la lignée d'un putsch heureux, aux légalités royales, puis gallicanes, puis généralement ecclésiales. En fait « un coup de Condé » initié de la sorte aurait probablement perpétré de nouvelles convulsions. Elles eussent été génératrices dans l'immédiat, et par « contrecoup » justement, d'un grand parti ultra-papiste et révolution-

1. Il s'agit de Louis Ier de Bourbon, premier prince de Condé (1530-1569) et auteur de toute la lignée des princes de Condé. Il fut l'un des principaux leaders protestants des guerres de Religion. Louis est le fils cadet de Charles de Bourbon, mort en 1537 (dont le fils aîné fut Antoine de Bourbon, roi de Navarre, père d'Henri IV, et auteur de la série successive des rois de France, entre 1594 et 1848). Voir les tableaux généalogiques.

naire, tel que sera effectivement la Ligue... mais vingt ans plus tard. La France en effet était fondamentalement catholique, comme partie prenante à l'espace latin, traditionnellement lié à l'Église romaine ; celle-ci moins intimement rattachée, par contre, aux pays anglo-saxons et au monde germanique d'outre-*limes*, qui sont les matériaux de base du protestantisme. En outre, la tournure d'esprit radicale et ultra-logique des intellectuels français veut que, dès la seconde génération du XVIe siècle, la réformation soit poussée chez nous par l'initiative de Calvin jusqu'à des extrémités beaucoup plus rudes qu'au pays de Luther ou d'Henri VIII. Ainsi, dans le royaume des Valois, entre la vieille Église conservatrice à sympathies latino-romaines et les puissantes avancées révolutionnaires du leader picard de Genève, la fosse était trop profonde pour que fût possible un ralliement massif des traditionnelles structures cléricales aux innovations des réformateurs, un ralliement qui dans ce cas probablement utopique se serait déroulé à l'image de ce qui s'était passé, somme toute heureusement, autour de Wittenberg et de Londres[1], trente ou quarante années plus tôt.

Même voué par la force des choses et surtout par la force des hommes à une situation de minorité, le protestantisme français fait preuve, en certains milieux d'avant-garde, d'une extraordinaire vigueur. Elle est due, entre autres motifs, à l'étonnant mélange d'archaïsme fécond et de modernité conquérante qu'exsudent la pensée de Calvin et celle de ses émules ou homologues. Archaïsme : la théorie, tellement centrale, d'une prédestination rigidissime demeure fort étrangère à nos mentalités contemporaines (on n'en trou-

1. Wittenberg (en Saxe) et Londres sont les hauts lieux de la Réforme qui sera progressivement baptisée « protestante »; elle fut respectivement initiée, à des degrés divers, par Luther en pays saxon, et par Henri VIII en Angleterre.

verait de nos jours l'équivalent sécularisé que dans les réflexions de certains chercheurs partisans d'un généticisme primaire). Il se trouve, *a contrario*, que cette rigidité torturante, au XVIe siècle, ralliait de nombreuses personnes dont la culture, fût-elle élémentaire, était frottée d'implicite augustinisme[1], et pénétrée d'abandon à la grâce venue d'en haut. Modernité, d'autre part : la suppression calvinienne des hiérarchies épiscopales, même et surtout vénérables, retentit comme un séisme à l'épicentre ecclésial des vieilles bâtisses de l'ancien régime. Ceci n'est pas pour déplaire à certaines élites : une culture audacieuse, issue de la Renaissance, les prédispose en effet à l'acceptation du changement social, effectué contre le conservatisme des clercs.

Vigoureuse minorité protestante, par conséquent. Mais aussi, tout le problème est là, puissant catholicisme majoritaire. Bien loin de s'étioler, la religion officielle du pays fait preuve de vitalité accrue. Dans la « France » de 1560, aux frontières qui plus tard deviendront les siennes, 16 millions d'âmes rurales, pour le moins, ne sont guère soumises aux feux croisés de l'alphabétisation, de l'acculturation, *a fortiori* de l'urbanisation... Ces gens-là ne pensent guère à renier l'habituelle religion du village. Elle leur convient ; elle est adéquate au temps cyclique des travaux agricoles, hiver et printemps, moissons et vendanges. Elle affectionne un culte des saints, en revanche abhorré des huguenots. Ce culte hagiographique éclaire et patronne chaque jour de l'année, chaque branche d'activité professionnelle. Aujourd'hui encore, dans la lignée de l'ancienne propagande réformée, nous identifions trop souvent les saints de campagne ou de ville aux petits dieux mal déguisés d'un paganisme d'arrière-saison.

1. La théologie de saint Augustin est fondée en effet sur l'idée d'une toute-puissance de la grâce divine, au détriment de la liberté humaine.

En fait l'hagiodulie[1], comme l'ont démontré de récentes recherches, est le legs spécifique, authentique, d'une christianisation approfondie, telle qu'elle s'effectua au premier millénaire, en Occident comme en Orient. Ainsi équipé depuis belle lurette, avec ses milliers de saints et ses millions de fidèles, l'immense catholicisme français du temps des trois derniers Valois n'a aucune raison d'abandonner la partie. Pourquoi renoncerait-il ou du moins, pourquoi ses éléments les plus déterminés renonceraient-ils au monopole presque total qui, jusqu'à l'avènement des trublions luthériens et calvinistes, s'exerçait sans partage sur l'unanimité des consciences ? Le corps mystique n'a pas le goût du suicide, ni même de la coexistence. Et cela d'autant moins qu'à partir des années 1560, l'Église catholique expérimente à son profit dans le royaume un net mouvement ascendant : il se fera bientôt spectaculaire.

Le clergé souffre gravement, certes, des offensives huguenotes. Qui plus est, ses revenus, calculés en pouvoir d'achat à prix supposés constants, tombent assez bas, du fait des grèves de dîmes, du fait aussi de la diminution effective des récoltes. Elle est liée de diverses manières aux perturbations agricoles qu'entraînent les guerres religieuses.

Malgré tant de malheurs, les prémisses d'un redressement spirituel (qui entraînera tout le reste), ne sont pas éloignées. Les villes demeurées catholiques, surtout quand elles se trouvent en situation de frontière confessionnelle (c'est le cas pour Avignon et Toulouse, bordées au Nord, à l'Est ou au Sud, selon les cas, par « l'hérésie » dauphinoise, languedocienne ou béarnaise) réagissent pieusement à l'épreuve que leur inflige la proximité protestante. Elles se bardent des certitudes de la foi romaine. Sur le terrain, ces tendances neuves se traduisent par une réforme (catholique) des instances institutionnelles du clergé. Il part

1. Hagiodulie : culte religieux qui est rendu aux saints.

en lutte contre ses propres faiblesses, et récuse dorénavant le concubinat des prêtres, le cumul des bénéfices, l'ordination trop fréquente de clercs incompétents, la non-résidence des ecclésiastiques, principalement des évêques. Un certain succès finira par couronner tant d'efforts. Les sermons, qui bien sûr n'avaient jamais cessé, gagnent en ferveur, nombre, amplitude. Les prélats eux-mêmes se mettent à prêcher, qui jadis renâclaient pour distribuer la bonne parole. A pied, à cheval, en litière ou à dos de mule, ils multiplient, seraient-ils goutteux et âgés, les visites pastorales. Ils n'hésitent plus à se rendre jusque dans les paroisses escarpées ou perdues de leur territoire diocésain. Comme elle apparaît lointaine, déjà, l'époque pourtant si proche où la scandaleuse famille des Borgia déshonorait le trône de saint Pierre. La morale d'inspiration divine se fait plus impérieuse qu'autrefois ; elle recommande aux élites d'éviter le blasphème, la discorde et l'usure[1], afin de mieux pratiquer la ferveur et la charité. Les actes ne suivent pas toujours les préceptes ; ceux-ci, à tout le moins, sont énergiquement formulés. L'éthique sacrée du renoncement, de son côté, marque des points. Certains cardinaux, pour édifier le peuple, refusent la traditionnelle entrée joyeuse qu'auparavant on leur accordait, parmi les jolies filles, à la porte des cités. Henri III ira plus loin encore : par humilité chrétienne, il refusera le tapis royal d'agenouillement et le fauteuil, attribués par privilège spécifique au souverain, quand celui-ci assiste à l'office religieux dans une église. La Réforme catholique (comme l'ont bien noté Jean Delumeau et Marc Vénard, il ne s'agit pas simplement d'une Contre-Réforme), se développe au double plan de la doctrine et des pratiques. Par réaction « logique », on louange

1. L'usure avait été interdite de longue date par l'Église ; mais cette défense était, depuis belle lurette, largement violée ou contournée.

les images et reliques que les huguenots prétendaient détruire. On renforce le culte de la Vierge, volontiers pourvue d'immaculée conception. Les signes visibles du mystère de l'Église sont valorisés : on recommande la messe éventuellement quotidienne, ainsi que la confession et la communion plus fréquente. On met en glorieuse évidence le saint sacrement. On en fait l'ostension dans les rues. Sur l'autel, on l'abrite dans le coffret d'un tabernacle. Les fastes paganisants et parfois sanguinaires du Mardi gras subsistent, certes. La ville de Romans en saura quelque chose dans l'année 1580. Mais les rigueurs du Carême qui suivent le carnaval sont plus attentivement observées.

On n'exalte pas seulement un modèle de discipline caporalisée. Pour diverses raisons, dont quelques-unes tiennent à l'influence protestante, même implicite, on tente d'aboutir à l'authentique éveil spirituel, centré sur la vie intérieure et sur l'examen de conscience. L'Église militante, à son tour, reprend courage et « change de peau ». L'association des pénitents aligne en ville les défilés de confrères en cagoule. Les jésuites, maîtres en pédagogie, fondent leurs premiers collèges[1] où sera bientôt formée l'élite gouvernementale et sacerdotale. Les livres pieux sont imprimés par milliers d'exemplaires jusque dans les villes de province. Les pièces de théâtre religieux, et dans un registre cruel, les exécutions ostentatoires de huguenots, précédées si possible d'actes publics de repentance, attirent les foules et souvent confirment celles-ci dans la foi romaine, héritée des aïeux. Au niveau le moins distingué, une religion panique autorise parfois les massacres, ou même les pogromes antiprotestants

1. En France, le premier en date est le collège de Clermont, à Paris, qui prend son plein développement à partir de 1564.

(Wassy, 1562) et anticatholiques (« Michelade[1] » de Nîmes, 1567). Là où subsiste un groupe juif, par exemple dans la région vauclusienne, il est singularisé comme contre-exemple vivant, et voué à discrimination accrue, du fait d'un catholicisme toujours plus pédagogique, qui dénonce les israélites comme meurtriers du Sauveur.

1. En octobre 1567, de nombreux catholiques (prêtres et laïcs) furent tués dans la cour de l'évêché de Nîmes, par leurs adversaires protestants.

VII

Le conflit convivial

La France de 1560 compte deux Églises dressées, minoritaire et majoritaire, huguenote et papiste. Elles s'affrontent avec détermination. En cette occurrence, quelle ligne doit suivre l'État ? Va-t-il se rallier aux idées protestantes ? Un tel choix serait presque inconcevable, même si d'aucuns, jusque dans les sommets du pouvoir, Catherine incluse, ont quelquefois joué avec une hypothèse de ce genre. En sens contraire, l'État devra-t-il adopter une attitude intolérante, ultra-catholique ? Ou bien, ultime option possible, jouera-t-il un rôle conciliateur, vis-à-vis des « religions » contradictoires ? Telle apparaît l'alternative : être dur ou mou, faucon ou colombe, duc de Guise ou chancelier de L'Hospital... La question restera longtemps d'actualité : l'affrontement catholique-huguenot, qu'il soit ou non sanguinaire (cela dépend des périodes) a commencé dès 1520 ; il s'exacerbe vers 1560 ; il se poursuivra, sous des formes variées... jusqu'au XVIIIe siècle, quitte à changer d'allure et à baisser d'un ton, après cette ultime époque.

La ligne dure, celle des oppressions pures et simples, fut déjà suivie, bien avant 1560, sous François Ier, pendant la seconde partie du règne, et surtout sous Henri II, prolongé sur ce point par François II (en fait, ce roitelet éphémère laissait agir les Guise, extrémistes et omnipotents dans son Conseil d'en haut). Beaucoup plus tard, Louis XIV ressuscitera la politique persécutrice, avec redoutable efficience, au temps de son pouvoir personnel (1661-1715). Rois destructeurs de huguenoterie, donc ! Chez eux, la rudesse protestantophobe est tout au plus atténuée, nuancée par le gallicanisme. Ils sont loin, en effet, de donner adhésion intégrale aux positions du Vatican : à vrai dire, pour le calviniste brûlé ou pendu, la consolation est mince de se savoir tué du fait d'une Église gallicane au souverain toute dévouée, et non par un clergé qui serait strictement centré sur l'autorité romaine.

Et puis s'individualise une autre démarche, plus douce : elle est faite non pas certes de « tolérance » (le mot serait prématuré), mais de coexistence, au reste extraordinairement conflictuelle, et qui peut même tourner par moments aux guerres froides, voire chaudes ! Elle peut aussi, en des périodes plus riantes et surtout plus tardives, évoluer vers l'authentique apaisement : ainsi en sera-t-il pendant les dernières années de l'Ancien Régime. La stratégie coexistentielle est donc riche de multiples variantes. Prise en bloc, elle fait néanmoins contraste avec les phases de persécutions préméditées, dans le style violent d'Henri II ou de Louis XIV. Elle fut implicitement inaugurée, quoique à tâtons, par François Ier, pendant l'initiale portion du règne, à laquelle l'affaire des placards, en 1534, devait mettre fin. Elle fut reprise, cette fois au plan officiel et législatif, vingt-six années après, par Catherine de Médicis, et ensuite par Henri III, Henri IV bien sûr, enfin Louis XIII (non sans guerres). Passée la glaciation louis-quatorzienne, les tendances relativement conciliatrices feront de nouveau surface à l'époque de

Louis XV (non sans vagues) et bien entendu au temps de Louis XVI. On note avec intérêt que Catherine de Médicis, qui, François II mort, détient le pouvoir réel, est précisément l'initiatrice durable de ce comportement coexistentiel. Avant la dame italienne, il n'avait été esquissé qu'officieusement par François Ier, puis abandonné du vivant même de ce roi.

Comment expliquer l'étonnant esprit de permissivité (relative, certes) que déploie Catherine à l'égard du monde huguenot quand, en 1560, après la mort de son fils François II, elle prend enfin les rênes du gouvernement ? Quelle différence, par comparaison avec Henri II l'intolérant ! Bien sûr, tout n'est pas dû en l'occurrence à la seule personnalité de la « gouvernante du royaume ». Dans l'appareil du pouvoir, beaucoup d'officiers[1] nourrissent des sympathies pour une réforme du clergé, effectuée de l'intérieur ou de l'extérieur. Ces hommes accompagnent Catherine, devenue patronne de la monarchie, sur la voie d'une action qui se voudrait conviviale. Leur poids administratif fait pencher la balance à plusieurs reprises en faveur d'un compromis négocié ; ils le jugent préférable aux peines de bûcher, de potence, appliquées à l'hérésie.

Cela posé, le rôle spécifique, et même dirigeant, de la veuve d'Henri II reste incontestable. Nièce de deux papes, Léon X et Clément VII, tout au plus contemporains des premières perturbations luthériennes, elle s'est abreuvée, jeune, aux sources de la sensibilité renaissante que n'avaient pas encore polluées ou taries les effets désastreux du sac de Rome (1527). Parmi les

1. Le chancelier de L'Hospital est le prototype de ces officiers tolérants. La robe d'Église, représentée au Conseil d'en haut de Catherine, offre aussi, de son côté, des exemples d'évêques modérés, hostiles aux défaillances de l'Église catholique, éventuellement compréhensifs pour certains aspects de la Réforme (parmi ces prélats, citons ceux de Vienne, de Valence et d'Orléans, respectivement Marillac, Jean de Monluc, et Morvilliers).

parangons de telle sensibilité, se rangeaient l'oncle Clément VII et plus généralement la famille Médicis, celle-ci point dogmatique, ouverte à l'antiquité souriante autant et plus qu'aux règlements d'un christianisme conventionnel. Bi-culturelle, ayant vécu des années avec son époux et la maîtresse d'icelui dans un ménage à trois, Catherine affronte en toute disponibilité les problèmes de cohabitation. Volontiers anti-espagnole, elle n'a qu'un goût mitigé pour la bigoterie militante qui, sous influence ibérique et sous étiquette inquisitoriale, envahit la péninsule italienne, en attendant, avec des succès divers, d'accomplir même besogne sur le territoire des Valois. Devenue, dès l'âge de quatorze ans, profondément Française, la femme d'Henri II s'est prise d'admiration pour son beau-père François Ier : elle s'identifie donc, contre Rome, aux revendications qu'émet le nationalisme gallican.

Enfin, vers 1560, les positions que par la force des choses elle occupe dans le réseau sommital des influences, tendent à l'incliner vers des stratégies d'ouverture : si Catherine veut prendre le pouvoir, ou pour le moins acquérir un pouvoir, et Dieu sait qu'elle en est affamée, il lui faut se heurter à l'ancienne équipe qui s'était jadis rassemblée autour d'Henri II et de Diane de Poitiers. Or, ladite équipe, *alias* « vieille Cour », formée notamment des Guise, du maréchal de Saint-André et de Montmorency, s'était signalée à mainte reprise aux premiers rangs de la répression antiprotestante. Pour ôter à ces « triumvirs » les leviers de commande, il est indiqué, jusqu'à un certain point, de prendre le contrepied de leur politique persécutrice. Les voies de douceur, en fin de compte, deviennent souhaitables, sinon toujours praticables.

L'année 1561 qui s'intercale entre la mort de François II et le massacre des protestants à Wassy est par excellence celle du choix : on peut rêver alors d'une France qui basculerait, qui deviendrait officiellement protestante. Songerie creuse ? Plus sérieusement, les camps en présence apparaissent avec une remarquable netteté : Catherine est parvenue à briser l'étau où l'enserraient les Guise. Elle caresse les protestants : elle se demande même, par invraisemblables bouffées, si le moment n'est pas venu de laisser dériver la monarchie vers le camp huguenot, tant celui-ci se renforce et paraît avoir l'avenir en poupe. Des centaines d'églises réformées en effet sont brusquement plantées dans tout le territoire pendant les quelques années qui suivent 1558, quand « l'hérésie » sort enfin du « placard » et de la clandestinité, où l'avait enfermée, comme un diable dans sa boîte, la répression d'Henri II.

En multipliant, de 1561 à 1563, les édits de semitolérance[1], admirable innovation par rapport au comportement rigoureux de François Ier (sur le tard) et d'Henri II, Catherine ne cède pas seulement aux pentes logiques de sa propre piété, peu formaliste et guère dogmatisante. Elle travaille aussi en harmonie réelle, quoique momentanée, avec son chancelier, Michel de L'Hospital qu'elle a précédé, du reste, en termes de législation, sur la voie d'une coexistence interconfessionnelle. L'Hospital incarne les tendances conciliatrices et le juste milieu d'une grande partie de l'appareil étatique et judiciaire de la France : soit ces 11 000 ou 12 000 officiers dont, en principe, comme dépositaire des Sceaux, il est le chef et l'orateur attitré, le Mentor et le Stentor.

La carrière même de L'Hospital suscite l'intérêt. Homme d'appareil, né dans la haute roture bureaucratique et médicale, il fut protégé — ainsi s'explique son ascension — par plusieurs membres et groupes de la

1. Parmi les édits et autres textes officiels de même tendance « libérale », citons la déclaration de janvier 1561, rédigée par le chancelier de L'Hospital ; l'édit d'avril 1561 ; l'édit (fort mitigé) de juillet 1561 ; l'édit de janvier 1562 ; l'édit d'Amboise de mars 1563.

famille capétienne, au sens large, celle-ci étant l'*ultima ratio* des réseaux factionnels de ce temps-là. Le père du futur chancelier travailla longtemps au service des Bourbons, tombés au plus bas par la disgrâce du connétable, et destinés à une remontée ultérieure dont on connaît le bel apogée final (Henri IV, Louis XIV...). L'Hospital personnellement a su s'attirer la bienveillance de Marguerite de France, sœur d'Henri II et fille de François Ier. Bonne catholique, elle est néanmoins prodigue en amabilités sincères à l'endroit des protestants. L'Hospital d'autre part est lié aux Guise, comme client et ami des dames de cette famille, parmi lesquelles Anne d'Este épouse du duc de Guise, et fille de Renée de Ferrare (celle-ci humaniste et calvinophile, étant née de Louis XII). C'est même ce patronage guisard qui, au moment venu, met L'Hospital le pied à l'étrier, bref le fait chancelier, sans qu'il devienne pour autant catholique de choc. Écrivain, poète latin, L'Hospital est un évangéliste de type érasmien. Il place l'unité des chrétiens au-dessus des querelles partisanes entre papistes et huguenots. L'État royal a pour lui vocation laïque, et devrait se tenir au-dessus des querelles de religion. Il noue alliance tactique et voudrait bien la rendre stratégique avec ces portions de la noblesse et du Tiers État qui subissent l'influence protestante. En leur compagnie, aux États Généraux réunis en 1560 et 1561, il tente de récupérer pour des ventes effectuées au profit de l'État une partie des biens du clergé. Cet acte (pâle et lointaine imitation d'Henri VIII d'Angleterre qui bradait d'un coup les biens des monastères[1]) concilie au groupe dirigeant les huguenots et les catholiques modérés ; ils souhaitent qu'une Église honorable, débarrassée du superflu,

1. La dissolution des monastères par Henri VIII, suivie de la récupération et de la vente de leurs vastes richesses par l'État, fut l'un des actes primordiaux de la Réforme religieuse et politique en Angleterre, notamment autour de 1536-1539.

contribue de ses propres deniers à sauver la France et à se sauver elle-même. Au colloque de Poissy (septembre-octobre 1561), L'Hospital et la reine mère (assez complaisante aux idées huguenotes en ce temps-là, ainsi que ses fils) tâchent de faire dialoguer les théologiens ou sommités des deux bords : prêtres et ministres ; cardinal de Lorraine (encore un Guise) et Théodore de Bèze (huguenot). L'affaire achoppe (notamment) sur la présence réelle du Christ dans l'Eucharistie ; la simple remise en cause de ce dogme, par les soins de Bèze, suffit à faire crier au sacrilège les cardinaux, Tournon surtout, et Lorraine, bientôt épaulés par l'Espagne, les jésuites, la papauté. Il n'empêche que pendant la plus grande partie de 1561, Catherine et L'Hospital réussissent à mettre sur pied une espèce d'union nationale, union sans amour certes, représentée jusqu'aux plus hauts postes de l'État, où siègent les ultra-catholiques (Guise), les modérés (L'Hospital) et les protestants (Coligny, Odet de Châtillon). Étonnante cohabitation catholico-calviniste. La situation semble ouverte. Aux portes de Paris, en 1561, le culte huguenot est pratiquement libre. Les tensions néanmoins sont fortes. Tensions théologiques : quoi que pense ou espère Catherine, on ne concilie pas l'eau et le feu, la présence réelle ou l'absence vide dans l'Eucharistie. Tensions sociologiques : les communautés rivales s'affrontent et déjà s'entretuent au nom des deux *Credo* ; les biens d'Église, mis dans la balance, alimentent la rapacité des laïcs et la frustration des clercs. Les menaces de jacquerie paysanne apparaissent dans le Sud-Ouest. Le fragile replâtrage entre les deux camps se brise lors du massacre de Wassy (mars 1562), espèce de pogrom antiprotestant, mené par les soldats du duc de Guise, en sa présence et sur ses propres terres. Fin mars 1562, le destin du royaume et de l'Église, et même la légitimité ne tiennent plus qu'à un fil. Cette dernière est à prendre ! Condé et les huguenots auraient pu, à l'époque, s'emparer de Charles IX comme de la reine avec le consentement de celle-ci, et peut-être faire basculer la nation, à terme, dans le camp protestant. Faute de clairvoyance ou de décision, ils ratent cette opportunité. L'histoire ne sert pas deux fois des plats de cette espèce. Guise, lui, saisit la fortune aux cheveux. Il donne toute sa chance au catholicisme français, qui en effet sortira demi-vainqueur de l'épreuve, quoique couturé de plaies profondes. Le 31 mars 1562, sous garde armée, les guisards acheminent la Cour, la reine et le roi, pratiquement prisonniers, vers la capitale. C'est un peu le destin que connaîtront Louis XVI ainsi que sa famille, arrachés de Versailles les 5 et 6 octobre 1789, pour être installés de force dans Paris. Mais Catherine n'est pas Louis Capet ; à défaut d'empêcher le putsch parisien ou guisard, elle circonvient celui-ci.

Après mars 1562, les protestants français, progressivement soutenus par Londres[1], se trouvent séparés du gouvernement royal ; ils sont contraints, depuis Wassy, aux rébellions, et cela à Orléans comme à Rouen. A vrai dire, ils ne demandent pas mieux que de se révolter. Pour empêcher la jonction des calvinistes avec les Britanniques, la forte armée royale (30 000 hommes) met victorieusement le siège devant Rouen huguenot (automne 1562). Ambivalente comme toujours, Catherine fait le coup de feu sous les murailles contre les artisans huguenots de la ville, rangés en bataille aux créneaux. En sous-main pourtant, elle rêve de réconciliation. Les succès catholiques à Rouen, puis à Dreux (décembre 1562), mais aussi la mort violente ou la captivité des principaux chefs papistes *alias* « triumvirs » (Guise, Saint-André, Montmorency) per-

1. En septembre 1562, Elisabeth accorde un gros soutien en hommes et en argent aux chefs huguenots ; elle est motivée par le souci de venir en aide à la Réforme française, mais aussi par l'espoir (affiché) de récupérer Calais.

mettent, par affaiblissement du jusqu'au-boutisme, un certain retour à la paix, et aux idéaux de L'Hospital, en 1563. La régente, de nouveau, met en honneur la tolérance, ne serait-elle que mitigée, à l'égard des huguenots (édit d'Amboise, 1563). Les chefs protestants reprennent place au Conseil d'en haut, à côté des deux factions catholiques, la dure et la douce.

Ces deux années de guerre, froide, puis chaude (1561-1562), ont au moins le mérite d'éclairer les composantes et directions des partis en présence. Tandis que l'État de justice, avec Catherine et L'Hospital, s'efforce de tenir, non sans cahots, le milieu de la route, les protestants, ou leurs « bras armés » se radicalisent quelque peu. A la base, on trouve leurs 1 400 « églises plantées » du début des années 1560, chiffre maximal ; les adhérents de celles-ci détiennent, pour nombre d'entre eux, un minimum d'alphabétisation, de moyens matériels et de position sociale.

Géographiquement, le « croissant de lune huguenot » est déjà dessiné dans un Midi largement conçu, quelque peu protégé des répressions menées par le Parlement parisien, ou des incursions trop fréquentes de l'armée royale. Ce croissant fertile va de La Rochelle à Montpellier en passant par Agen ; il remonte ensuite de Nîmes à Grenoble, voire à Lyon. Il écorne largement les Cévennes : mais il abandonne aux vieilles idées catholiques l'ensemble du Massif central, et aussi la Bretagne, l'un et l'autre étant épargnés par le culte nouveau, du fait de l'isolationnisme et du primitivisme infertile, typique des zones granitiques et des pays coupés. Grosse différence d'autre part d'avec le XVIIe siècle : le croissant huguenot du Midi, dans l'hexagone, n'est pas seul en France, ou pas encore. La Loire moyenne, principalement l'Orléanais, demeure (pas pour longtemps) une rue des ministres ; la Normandie persiste à huguenotiser. Orléans, Caen, Rouen sont donc bases protestantes et souvent ensanglantées au début des guerres de Religion (1562).

A la tête du parti réformé, on trouve une portion de la famille capétienne (les Bourbon-Condé) et certains grands seigneurs, éventuellement pourvus d'alliances royales : parmi eux, les La Rochefoucauld, les Rohan, et surtout les Châtillon-Coligny ; ceux-ci sont neveux des Montmorency, dont l'un des jeunes hommes, François, s'est uni aux Valois par le biais d'un mariage avec Diane de France, bâtarde d'Henri II.

Les Bourbon-Condé incarnent, comme descendants latéraux de saint Louis, une certaine légitimité monarchique ; ils font avantageux contraste avec le « féodalisme » semi-étranger des Guise, ces Lorrains qui se prétendent descendants de Charlemagne. La famille des Bourbons est douée de plusieurs « têtes » : l'aîné, Antoine de Bourbon, roi de Navarre, a flirté, presque autant que son épouse Jeanne d'Albret, avec « l'hérésie ». Mais Navarre, en termes culturels et politiques, est un instable : il caresse toujours l'espoir de rentrer en possession de son royaume navarrais, outre-Pyrénées, qui fut « volé » en 1512 par les Espagnols[1]. Dans la perspective d'amadouer à cet effet le pieux Philippe II, Navarre abandonne donc, dès le début du règne de Charles IX, les velléités protestantes : il rentre avec armes et bagages dans le giron de l'Église romaine. Jeanne d'Albret, en revanche, se fait décidément calviniste ; nous avons noté qu'elle a converti d'autorité son Béarn à la foi huguenote sur la base de l'illustre principe « Dis-moi qui te régit, je te dirai quelle est ta religion ». Elle offre à la Réforme son fils Henri, futur Henri IV. Enfin, Louis de Bourbon, prince de Condé, frère cadet du roi de Navarre, est calviniste lui aussi

1. Plus précisément, rappelons que Ferdinand le Catholique enleva en 1512 à Henri d'Albret toute la Haute-Navarre, ne laissant pour l'avenir aux Albret que la Basse-Navarre, située au nord des Pyrénées.

mais influençable. Tendre aux dames, il n'a pas toujours la fermeté de vieux Romain qui serait indispensable à un leader-né des factions huguenotes. Mais ce guerrier courageux a su donner au parti protestant sa première ossature militaire. Il a redoré le blason politique et belliqueux des Bourbons, bien terni depuis la trahison du connétable. Dans la grande remontée du lignage bourbonien (qui sera définitivement consacrée en 1589-1594 par l'avènement d'Henri IV) Condé constitue donc un chaînon, ou un adjuvant capital.

De fait, Condé assure d'abord une transition. Puis l'amiral de Coligny au cours de l'année cruciale (1562) devient le véritable chef du parti huguenot. Par Montmorency dont il est neveu, il est relié au lignage royal. Une autre alliance l'associe aux Bourbons puisque sa nièce Eleanore de Roye a épousé Louis de Condé. Coligny est un intellectuel de qualité, bon latiniste, homme de réflexion et d'action ; il est conscient des tristes nécessités de la guerre civile. Elles contraignent son parti « rebelle » à pactiser avec l'Angleterre élisabéthaine. L'amiral apporte aux églises protestantes une précieuse compétence guerrière : dès le règne d'Henri II, il était l'un des chefs de l'armée royale. Il a cependant affaire à forte partie : s'agissant d'armée, les catholiques durs et les guisards sont en effet pourvus de larges moyens. Le duc de Guise et le connétable de Montmorency, l'un et l'autre allergiques à l'hérésie, commandent à titre officiel les troupes du monarque ; cela leur donne à tous deux, dès le départ, une vaste supériorité par rapport aux bandes protestantes : celles-ci ne sont recrutées que de bric et de broc, de noblesse sympathisante, de volontariat français, de mercenariat germanique. Qui plus est, les Guise tiennent à leur dévotion les Parlements. Enfin, ce qui ne gâte rien, le cardinal de Lorraine, frère du duc de Guise, est l'un des principaux dirigeants de l'Église de France. Celle-ci, dans sa majorité, soutient principalement le camp de l'ultra-papisme (malgré l'indéniable influence d'évêques modérés comme Jean de Monluc et Morvilliers[1]). Les clientèles du catholicisme extrême sont immenses ; elles s'appuient d'une majorité silencieuse, dans les campagnes et dans un grand nombre de villes. Celle-ci, piquée au vif par le scandale que constitue en soi l'existence d'un culte concurrent, ne demande qu'à s'éveiller. D'ores et déjà, au commencement de Charles IX, sont apparus certains embryons de ligues papistes : au plan national, c'est le « triumvirat » (Guise, Montmorency et Saint-André). Au plan régional, le guerrier Blaise de Monluc, partisan français de Philippe II, galvanise l'énergie catholique en un Sud-Ouest qu'ont souvent infiltré les huguenots.

La paix pourtant est de retour pour quelques années, à partir de 1563. L'État peut donc exercer derechef l'une de ses vocations normales, qui est de restaurer tant bien que mal la concorde civile, par conciliation entre les royaux, les huguenots, les intégristes. Dans cette situation de détente, les vingt-sept mois de voyage ou « tour de France » initiés le 24 janvier 1564, au cours desquels Catherine présente à son fils Charles IX un grand État, constituent à eux seuls un événement pacifique et d'importance, un révélateur ou un analyseur de l'attitude des sujets envers la monarchie et vice versa. La Cour, accompagnant le jeune souverain, a quitté Paris ; puis elle a piqué vers l'Est, via Troyes, pour aboutir à Bar-le-Duc ; de là, marchant vers le Sud, elle est descendue au long de Saône et Rhône ; par Montpellier, Carcassonne et Toulouse, elle a traversé le Languedoc, sous les rigueurs du grand hiver de 1565. Un séjour à Bayonne constitue

1. Jean de Monluc (1508 ?-1579), évêque de Valence, est un catholique modéré, à la différence de son frère le maréchal Blaise de Monluc, plus engagé dans la cause de l'Église romaine.

Jean de Morvilliers, évêque d'Orléans, est d'origine robine, catholique conciliateur lui aussi.

l'étape controversée : les contacts entre le gouvernement français et la Cour d'Espagne, rencontrée à cette occasion, sont censés préparer, à en croire les huguenots, le massacre de la Saint-Barthélemy. Affirmation fausse mais prémonitoire. Depuis Bayonne, à travers les Charentes, la royauté, toujours ambulante, remonte vers les pays ligériens et le Bourbonnais. Le retour à Paris s'opère au printemps de 1566. Compte tenu des allées et venues, on a marché ou chevauché sur près de 4 500 kilomètres. On a gouverné par la présence, en voyageant, en bougeant un jour sur deux. C'est la façon traditionnelle d'exercer le pouvoir, guère différente des comportements gyrovagues d'un Charles Quint, ou même d'un Mulay Hassan, sultan du Maroc de 1873 à 1894. Le peuple français observé d'une Cour itinérante, est devenu collection de trajets, de provinces, de villes : on impressionne d'autant plus celles-ci qu'on a peu de temps à consacrer à chacune d'elles. Le tourisme (antiquisant) n'est pas négligé, si l'on en croit Boutier, Dewerpe et Nordman, excellents chroniqueurs de ce déplacement.

Pour une fois, la Cour outrepasse le trinôme usuel de ses promenades, que composaient jusqu'alors les axes normand et champenois, ainsi que le voyage de Loire. Elle se transporte pour quelques saisons dans les pays d'oc (provençaux, languedociens, aquitains) que « menace » à des degrés divers la pénétration protestante. La Cour s'efforce d'appréhender physiquement le royaume ; elle l'envisage *a priori* au vu de quelques cartes encore bien primitives, sous la forme d'un losange ou d'un carré (car l'hexagone comme tel est encore à naître). D'aucuns savent même qu'y subsistent pour le moins seize millions de personnes (en réalité, près d'une vingtaine de millions, du moins dans le cadre anachronique des frontières françaises d'aujourd'hui).

Paradoxalement, ce « carré » français en cours de visite, fait l'objet, au gré des textes de l'époque, d'une

« virevolte »; c'est une « ronde », une tournée tenue pour circulaire, en vertu de quoi Catherine et Charles « marquent » le territoire national, et jalonnent par leur venue les frontières sensibles de l'État : elles jouxtent Lorraine, Savoie, Espagne... La Cour en voyage est une grande cité sans racines : démographiquement, elle a déjà les dimensions qu'elle conservera aux siècles suivants. Quinze mille chevaux, dix à quinze mille individus (dont les trois quarts sont mâles) emportent avec eux les divertissements d'une classe de loisir en voyage, ainsi qu'une considérable exigence de ravitaillement... et les épidémies (dont la peste, au long de la vallée du Rhône).

Les stratégies de l'État, fixe ou mobile, ont peu varié. Certes, le temps n'est plus où Catherine et les siens, par sincérité ou par jeu, affichaient des sympathies pro-huguenotes (c'était le cas en 1561). Le fléau de la balance, dans les sommets du pouvoir, penche maintenant vers le catholicisme, mais la politique gouvernementale vise toujours à rendre possible un minimum de coexistence entre les factions religieuses, dans l'esprit de l'édit d'Amboise (mars 1563). Marquant le retour (provisoire) à la paix, cet acte officiel autorisait en principe le culte huguenot chez les seigneurs haut-justiciers qui en manifestaient le désir, et dans une seule ville par bailliage. Il s'agit aussi pour les gens en place de naviguer entre les grandes coalitions princières ou seigneuriales : celle des Guise, puissants dans l'Est ; celle des Bourbons (calvinophiles) influents en Picardie, Normandie et dans le Sud-Ouest ; celle des Montmorency, retranchés en Languedoc, mais aussi au cœur du vieux domaine capétien, entre Orléans et Soissons. La reine mère a su (pour l'instant) se débarrasser des extrêmes : elle a éloigné du Conseil, au début de 1564, les Guise, intégristes ; et les Châtillon-Coligny, huguenots. Elle n'en est, tout bien réfléchi, que plus isolée, par contraste avec Henri II qui faisait cohabiter chez lui les factions adverses et les utilisait à son profit, ou bien l'une contre l'autre. Logé au centre droit, le parti « catheriniste », inexpugnable du pouvoir, s'aide de prélats et de robins modérés (L'Hospital, les évêques Monluc et Morvilliers, lui-même fils de procureur). Ce parti dominant se renforce, tant bien que mal, de grands seigneurs restés ou redevenus centristes (le cardinal de Bourbon, Montmorency). Les combinaisons qui s'échafaudent de la sorte donnent de plus en plus d'importance à l'appareil déjà crypto-ministériel des secrétaires d'État (Laubespine, les deux Robertet), entièrement officialisés depuis Henri II ; le quadrige secrétarial-étatique cesse de se satisfaire des positions subordonnées et de pure exécution qui, au cours de la décennie antérieure aux guerres civiles, semblaient encore être les siennes.

Le gouvernement gyrovague est fort d'une semi-unité vaguement retrouvée : mais il est faible, car isolé entre le marteau guisard et l'enclume huguenote. Il délègue les maréchaux de France et quelques commissaires en diverses provinces, pour faire régner la justice et pour désamorcer les conflits entre confessions rivales ; les peuples s'arrangent de tout cela tant bien que mal en attendant que surgisse, au détour d'une étape du voyage, la présence corporelle et thérapeutique du roi lui-même. En ce premier tiers du règne, Charles IX, avec des moyens matériels misérables et des moyens symboliques considérables, se débrouille à peu près pour maintenir une paix précaire dans son royaume. L'ambivalence pourtant demeure de règle. On pacifie, certes. L'État, pourvu d'insuffisants moyens, voudrait se dresser au-dessus des factions puissantes, agressivement motivées. Mais simultanément, la tentation existe, d'en finir une fois pour toutes avec l'agitation protestante, initiatrice des premiers troubles. Pourquoi ne pas tuer quelques dirigeants au sommet, afin d'éviter un massacre à la base : dix mille grenouilles ne valent pas la tête d'un saumon, dit-on à l'époque.

Le saumon c'est Coligny bien sûr, mais le calcul se révélera erroné : à la Saint-Barthélemy, une fois lancé, on tuera sans faire le détail.

Quelles que soient les perspectives, déjà proches, du futur massacre, on se trouve encore, avec Charles IX, et pour longtemps, dans une situation « pré-copernicienne ». Le soleil tourne toujours autour de la terre : le roi virevolte sur les rebords de son royaume, afin de se faire honorer, respecter, si possible obéir par les sujets. Son effigie revêt successivement, à l'occasion de dizaines d'entrées urbaines, et aux termes des images qui l'accueillent ou l'accompagnent, les figures bibliques de David abattant Goliath, de Salomon, de Josias contre l'idole Baal, de Josaphat combattant les Moabites. Les catholiques ne sont pas mécontents de ces comparaisons ; les protestants férus de Bible, en font eux aussi leurs délices. Sautant de l'Ancien Testament au Nouveau, et du chef israélite au roi très chrétien, Charles tout au long de la route touche des milliers d'écrouelles. Il exprime de la sorte un charisme qui ne laisse indifférents ni le menu peuple ni l'élite. Il fait savoir *urbi et orbi* qu'il gouverne « par piété et par justice », l'une engendrant l'autre. Non content des traditions judéo-chrétiennes, il appelle à sa rescousse (ou du moins la « publicité » s'en charge pour lui) les héros de la mythologie grecque : le voilà devenu, sur l'iconographie des joyeuses entrées, Persée délivrant Andromède, Thésée exterminant le Minotaure, Hercule tuant Cerbère.

L'histoire romaine le présente sous les traits des bons empereurs qui surent terminer ou empêcher la guerre civile : Auguste, Antonin le Pieux, Trajan, Alexandre Sévère. Par ailleurs, on tâche de rompre une bonne fois pour toutes avec les structures impériales, car le danger Habsbourg n'est nullement exorcisé : Charles sera donc à l'occasion un roi gaulois de fantaisie, baptisé Parisius ou Lugdunus ; voire Hercule gaulois, vigoureux et humaniste. L'histoire de France évoque à son intention Clovis bien sûr (à cause du baptême), Charles Martel et Charlemagne (contre les Sarrasins et les Saxons idolâtres), saint Louis... et même Raimond de Toulouse qui partait pour la croisade.

Ces redondances métaphoriques suppléent de leur mieux au défaut des forces militaires dont souffre toujours la monarchie. Charles procède également par ordonnances qui indiquent la direction logique et future du pouvoir, à défaut d'être réellement applicables dans l'immédiat : il enjoint la résidence aux gouverneurs comme aux évêques, et récupère la levée des tailles ; il prétend s'arroger dans les villes la désignation des magistrats municipaux. Le mode de gouvernement par grands voyages, enrubannés de propagande symbolique et d'ordonnances, durera jusqu'au début des années 1660. Ce sera enfin la révolution copernicienne : le Roi-Soleil se placera en toute gloire et quiétude au centre de son État. Les mutations d'orbites seront totales : il appartiendra désormais aux courtisans et même aux sujets de tournoyer autour de Sa Majesté, mais non l'inverse...

VIII

Le point de non-retour

On n'en est pas là. En septembre 1567, la paix précaire qui durait depuis quatre ans s'évanouit en fumée. Dès 1566, les huguenots (qui de leur côté ne s'avéraient pas toujours exempts de blâme), étaient victimes de sanglantes attaques à Pamiers. Ils en conservent rancune aux catholiques. Surtout, ils craignent la menace des troupes espagnoles, les fameux *tercios*[1] ; elles marchent au long des frontières du Nord et de l'Est sous la direction du duc d'Albe[2] ; elles sont destinées, en zone flamande, à réprimer la révolte calviniste, indépendantiste, iconoclaste. Mais elles pourraient bien régler leur compte, en outre, aux calvinistes du royaume. Les protestants de France ont peur également des troupes suisses à la solde de

1. Le *tercio* est le noyau dur de l'armée d'Espagne, formant le tiers de celle-ci, et composé d'Espagnols, non de mercenaires étrangers.

2. Fernando Alvarez de Tolède, duc d'Albe (mort en 1582), grand homme de guerre espagnol, demeurera tristement célèbre pour la dure répression qu'il a déployée contre le protestantisme et l'indépendantisme aux Pays-Bas.

Charles IX. En principe, elles doivent surveiller ou « marquer » les soldats de Madrid ; elles sont néanmoins susceptibles, le cas échéant, de basculer à leur tour contre l'« hérésie ». Pour l'automne 1567, les chefs réformés, Coligny et Condé, décident une action, préventive à leurs yeux, agressive au gré de leurs ennemis. Non loin de Meaux, ils entreprennent de capturer la reine mère et le jeune roi, avec l'habituel espoir de confisquer ainsi la légitimité monarchique. Vieille idée, nouvel échec. L'affaire de Meaux fait long feu, mais provoque la reprise des hostilités, brève et rude. Fort du réseau des villes et noblesses ralliées, fort aussi des amitiés protestantes d'Allemagne, le parti huguenot, car désormais c'en est un, réussit l'exploit de lever 30 000 combattants, qui français, qui reîtres germaniques. Ceux-ci comme ceux-là s'opposent à l'establishment et à la force catholiques. L'un et l'autre incluent (outre l'armée régulière ou ce qui en tient lieu), les Guise, et même Catherine. Furieuse du coup de Meaux, elle est bien revenue des velléités protestantes qu'elle nourrissait en 1561. Les huguenots s'opposent aussi à des personnages importants qui se recrutent dans la minorité catholique du lignage Bourbon (comme Montpensier), et dans la clientèle des Montmorency (Cossé, par exemple).

La seconde guerre de Religion (septembre 1567-mars 1568) s'accompagne de la mise en avant d'un nouveau programme : les princes réformés demandent impérativement que se réunissent les États Généraux, comme prélude à une royauté plus « contrôlée », dans le style des « monarchomaques » de la décennie suivante. La revendication politique se marie de la sorte aux demandes religieuses. De tels souhaits sont de grande portée. Et l'on voit éclore, dans les années 1570, ce qui deviendra bientôt le territoire semi-protestant des Provinces Unies du Midi. On assiste aussi à la fin d'une (courte) époque : pour la dernière fois, en effet, le Bassin parisien (du Val de Loire aux frontières de l'Est en passant par l'Ile-de-France), constitue encore pour la huguenoterie un enjeu stratégique et géographique. Plus tard, au cours des guerres suivantes, le protestantisme devra se replier sur ses bases méridionales : désormais, il ne pourra revenir en force dans la France du Nord qu'à condition d'être épaulé par les gros bataillons des catholiques modérés ou « royalistes ». A lui seul, il ne fera plus le poids. Car depuis 1562, année charnière, la résistible ascension des croyances huguenotes connaît un freinage. Le raz de marée des conversions s'est atténué. On est entré, certes, en phase de consolidation, de structuration interne du parti ; mais ce n'est plus la période d'essor fou des « adhésions », qui avaient afflué à la fin des années 1550 et au début des années 1560.

En termes événementiels, au cours de la seconde guerre civile, la défaite militaire des huguenots à Saint-Denis (1567) manifeste leur incapacité à s'assurer le contrôle de la capitale, même si, maigre consolation, leur vieil ennemi-ami le connétable de Montmorency est tué dans les rangs des troupes de Charles IX. De toute manière les deux camps n'ont bientôt plus d'argent pour payer leurs armées, surtout quand elles sont mercenaires. Façon de dire que la France, et pas seulement la trésorerie des uns et des autres, est ruinée par ces guerres ravageuses. La paix, qui n'est qu'une trêve, est signée à Longjumeau, en 1568. Elle rétablit les conditions d'une semi-tolérance pour l'hérésie, et d'une coexistence vaguement pacifique entre les croyants des deux bords, toutes griffes dehors si besoin est.

La troisième guerre de Religion (août 1568-août 1570) n'est pas séparée de la seconde, on s'en serait douté, par une muraille de Chine. Entre la paix (fourrée d'arrière-pensées) de Longjumeau (1568) et le début des nouvelles hostilités, les brimades antihuguenotes ne cessent pas, malgré les velléités tolérantes qui émanent de l'État monarchique : ou bien dans certains cas moins heureux, il y a complicité pure et simple de celui-ci avec les agresseurs catholiques. Les réformés rendent à ceux-ci la pareille lors du massacre effectué aux dépens des catholiques de Nîmes, à l'automne de 1567 : cette meurtrière « Michelade » est une petite Saint-Barthélemy avant la lettre, en sens inverse de la grande. En 1568, les chefs huguenots, Condé et Coligny, quittent leurs châteaux de Bourgogne, car ils craignent Tavannes, ultra-catholique et gouverneur de la province. Ils se mettent en route pour un exode vers La Rochelle, escortés d'une foule grossissante de parents, amis et fidèles. Leur traversée de la Loire, sur un gué dit-on miraculeux, évoque celle de la mer Rouge par les Hébreux, qui fuyaient l'Égypte et les persécutions pharaoniques. Les références à la Bible soutiennent le moral de la troupe, cependant que les catholiques appellent à leur propre secours l'Ange exterminateur dont parlait l'Apocalypse. Face aux deux chefs huguenots qu'assisteront sous peu Condé junior et Henri de Navarre, se dresse toujours le cardinal de Lorraine, bientôt flanqué du jeune duc de Guise. Catherine remâche des rancunes antiprotestantes qui, depuis le coup raté de Meaux, sont de plus en plus vives. (A son habitude, elle persiste pourtant à ne pas exclure un compromis final après combat.) Outre Charles IX, elle peut compter sur son fils cadet, duc d'Anjou, futur Henri III, qui n'est pas dénué de courage militaire, à défaut d'avoir de grandes capacités stratégiques. Le feu des affrontements sanglants se déplace vers le Sud-Ouest, tant le Bassin parisien où le catholicisme a su, à force de rajeunissement, contraindre l'hérésie, la réprimer, l'expulser, est désormais vacciné contre les entreprises spécifiquement huguenotes. En bataille rangée (Jarnac au 13 mars 1569, Moncontour au 3 octobre 1569) Coligny et Condé ont le dessous ; le second y laisse la vie, son cadavre étant ignominieusement promené à dos d'ânesse par les royaux, en une série de rites carnavalesques auxquels accepte de se prêter

Henri d'Anjou et qui seront souvent usités pendant les guerres civiles. L'amiral de Coligny, médiocre tacticien du combat rapproché mais bon stratège pour les temps difficiles, entreprend de refaire les forces de son armée dans un Midi qui s'est voulu sympathisant du calvinisme. Au cours d'une « longue marche » (1569-1570), l'amiral descend vers la vallée de la Garonne, où pullulent les communautés huguenotes (Clairac, Tonneins, Agen...). Sans scrupules, il s'en prend aux biens et quelquefois aux vies des catholiques. Il s'appuie sur les républiques calvinistes qui se forment localement à Nîmes et à Montpellier, autour des élites converties. A partir de cette « nouvelle donne » géographique, le protestantisme français a pris, en effet, une forme définitive. En son extrême Nord, il est arc-bouté sur La Rochelle, dont les corsaires écument l'océan demeuré catholique ; arc-bouté aussi au Midi, sur la Guyenne et le Languedoc ; sur le Dauphiné enfin, à l'Est. Coligny, qui a renforcé sa troupe en val de Garonne et en Languedoc, peut ensuite boucler la boucle et remonter vers le Nord au long du Rhône ; il débouche sur la Bourgogne qu'il avait quittée deux ans plus tôt. Les confréries bourguignonnes du Saint-Esprit, ardemment catholiques, infusées d'un sang neuf, galvanisent la résistance locale à l'« hérésie »; les adversaires, une fois encore, huguenots et papistes, sont épuisés d'argent, n'ayant plus de quoi payer leurs hommes, reîtres ou soldats réguliers. Dans ces conditions, la paix boiteuse et mal assise de Saint-Germain (août 1570) va remettre les horloges à l'heure habituelle d'une cote mal taillée récurrente : liberté de conscience (théorique) dans le royaume ; places de culte et places de sûreté pour les huguenots ; relative égalité des droits entre confessions rivales. L'élite dirigeante est de ce fait réunifiée, cahin-caha ; Coligny va pouvoir s'y loger derechef et brièvement. Elle coagule autour des fils de Catherine, et des membres survivants des lignages Bourbon, Guise,

Montmorency ; autour des nouveaux robins aussi (Laubespine, Villeroy, l'Italien Birague). Les uns et les autres, à eux tous, forment le noyau ou l'environnement du Conseil d'en haut. Une aile modérée qu'on appellera bientôt « politique » apparaît chez les catholiques : l'œuvre et la pensée de Montaigne s'esquissent déjà en filigrane, par-delà cette entreprise de conciliation. Le guerrier Monluc, si antiprotestant, se place, lui, sur les positions dures : il constate que les armes favorisent la religion établie, mais que les « diables d'écritures », bref les paperasseries des plumitifs ou signataires d'armistices, donnent une chance à la cohabitation semi-pacifiante avec les huguenots. Il considère celle-ci comme déplorable et dangereuse pour la vraie foi. Un groupe de jeunes princes, Guise, Navarre, Condé, Anjou, Alençon, tous alliés ou cousins, et qui furent élevés ensemble dans l'entourage de Catherine, se prépare aux luttes intestines, quitte à se raccommoder de temps à autre pour mieux s'ensanglanter ensuite. Tous périront de mort violente, ou précoce.

Passé l'acte de Saint-Germain (août 1570), la logique ou plutôt la géopolitique de l'État français reprend ses droits. Il n'est pas question en effet, sauf pour les Guise et leurs alliés parisiens très engagés, de soumettre le royaume à l'impérialisme ultra-catholique d'un Philippe II : comme dans d'autres périodes de détente, ou même de dégel, qui jalonnent l'histoire de la monarchie, on laisse donc un peu de bride sur le cou, dès 1570, aux huguenots. Ils vont jouir momentanément de certains espaces de liberté, si restreinte soit-elle. Les gouvernants considèrent désormais d'un œil plus favorable au-delà du Rhin et de la Manche les amis du protestantisme français : luthériens d'Allemagne, Néerlandais, Britanniques. Catherine, marieuse professionnelle, pense même à faire épouser son fils Henri, duc d'Anjou, par Élisabeth d'Angleterre. Celle-ci qui n'y croit guère, amuse la galerie en se faisant conter fleurette à ce propos par les Français, au travers des correspondances diplomatiques. La détente ou l'entente tout juste cordiale vaut bien ce marivaudage. Au risque d'offenser Philippe II, la Florentine pense également à reprendre influence sur le Milanais (c'était le vieux rêve de son beau-père François Ier, personnage qu'elle admirait profondément, et à qui elle s'identifiait volontiers, par ailleurs, dans certains choix politiques « d'ouverture »). Sans aller jusqu'au protestantisme, Catherine songe même à réformer les structures internes de l'Église catholique avec l'aide de l'Angleterre et de l'Empire, en faisant fi de l'Espagne.

Pour ce faire, elle s'appuie sur Anjou, encore lui, qui est son préféré, et sur le trio des conseillers italiens (Gondi, Nevers, Birague[1]) ainsi que sur les centristes habituels (aristocrates ou robins : Montmorency junior, Laubespine, Morvilliers[2]). Les deux sous-groupes vont du reste diverger car les Italiens ont des positions extrêmes en fait de catholicisme, à l'encontre des modérés comme Laubespine. Pour l'immédiat, la reine mère veut souder le parti huguenot, en position subordonnée, aux destins de la Couronne de France : dans ce but, elle concocte des noces entre sa fille Marguerite de Valois et le jeune chef calviniste Henri de Navarre, un cousin, né de la branche Bourbon. Éternelles stratégies matrimoniales ! Elles tentent de rattacher les Bourbon-Condé, par un mariage, aux intérêts de la branche aînée. Louis XIV n'agira pas autrement quand il fera épouser ses propres filles

1. Albert de Gondi, baton de Retz, créature de Catherine, vient d'un lignage florentin ; Louis de Gonzague, duc de Nevers, sort d'une « grande famille de petits souverains », italiens également ; le Milanais Birague est successivement gouverneur du Lyonnais, puis garde des Sceaux, enfin chancelier à partir de 1573.

2. François de Montmorency est le fils du vieux connétable mort en 1567 ; Claude de Laubespine est secrétaire d'État ; en ce qui concerne Morvilliers voir *supra*, p. 290.

bâtardes à trois héritiers successifs des Condé-Conti. C'est la technique de la greffe d'arbre en « corbeille » : on tâche de resserrer les rameaux l'un vers l'autre, à la verticale du tronc. L'union nationale dont rêve Catherine en agissant de la sorte exclut *ipso facto* la faction ultra-catholique des Guise. Matrone consciente et organisée, Catherine, aidée par Anjou, va jusqu'à frapper physiquement Marguerite de Valois, qui s'est amourachée du jeune duc de Guise : ce faisant, la jeune princesse contrecarrait les projets navarrais de sa mère.

Du côté protestant, Coligny, depuis la paix de Saint-Germain, est bientôt rentré en grâce et en cour auprès de Charles IX : chef d'un vaste réseau, l'amiral s'appuie sur le synode protestant dont la base est multirégionale ; elle s'alimente de cotisations, assez régulièrement versées. Premier exemple, sans doute, d'une organisation de « parti » dans la France moderne (la Ligue catholique en donnera bientôt un second). L'amiral à vrai dire ne se borne point à imiter Catherine, qui jette son dévolu au-delà du Channel et qui souhaite, nous l'avons vu, manigancer un mariage improbable entre Anjou et la reine Élisabeth. Huguenot d'abord, mais de toute manière bon français et réaliste, Coligny borne ses regards à l'en deçà du Pas-de-Calais : il y veut soutenir la révolte, tout juste commencée, des Pays-Bas contre l'Espagne. Il souhaite engager sur ce terrain une grande politique nationale. Elle ne serait plus corsetée d'interdits, promulgués si souvent par les intégristes madrilènes à l'encontre des intérêts d'État du Louvre ou de Fontainebleau ; Coligny esquisse même quelques linéaments pratiques de cette orientation : il tente (bien en vain) dans les années 1560, de faire coloniser la Floride par une poignée d'amis calvinistes. Au lieu de l'outre-Manche, l'outre-Atlantique...

Coïncidence temporelle, Charles IX, né en 1550,

passe maintenant sa vingtième année. Il aimerait se détacher des pesantes tutelles de Catherine. La variété des choix possibles, dans le domaine politique, recoupe en l'occurrence la diversité des options générationnelles. Les divergences entre Catherine et Charles IX préfigurent, mais en sens inverse, celles qui plus tard opposeront la reine mère à son autre fils Henri III, ex-Anjou, successeur de feu Charles. Catherine certes consent volontiers à inquiéter Philippe II, par la perspective (douteuse, à vrai dire) du mariage anglais d'Henri d'Anjou. Mais, prudente, elle refuse de s'aliéner définitivement les Espagnols, éventualité qui se réaliserait inévitablement si la France soutenait contre eux, en Hollande, leurs sujets révoltés. Charles IX, jeune homme en quête de gloire à gagner, n'a pas ces scrupules. Il adhère affectueusement, s'agissant d'une grande politique flamande, aux desseins de Coligny, qu'il appelle « mon père ». Les intrigues de Cour, entre une mère éprise du Pouvoir, et un fils désireux d'émancipation, croisent ainsi les impératifs de la stratégie d'État, soucieuse (ou non) de finalités pro-néerlandaises et hispanophobes.

D'où le contre-projet assez parfaitement conçu par Catherine, projet si bien mitonné qu'en faisant long feu, très long feu, il va se retourner contre son inspiratrice, et déclencher de formidables « effets pervers ». Dès juillet 1572, la reine mère pense en effet à faire tuer Coligny par un assassin aux ordres de Guise. Le complot est à multiple effet : il s'agit, incidemment, de « mouiller » les Guise, par la continuation d'une vendetta qui depuis longtemps les oppose aux Châtillon-Coligny (l'amiral était en effet accusé d'avoir appris avec plaisir l'assassinat du précédent duc de Guise par la main de Poltrot de Méré[1]). Il s'agit

1. François de Guise, l'un des plus grands stratèges du XVIe siècle, fut assassiné en février 1563 (tandis qu'il assiégeait Orléans) par le protestant Poltrot de Méré.

Isabelle d'Albret

Claude Ier de Lorraine
1er duc de Guise
1496-1550
=
Antoinette
1496-1583

Jean II d'Albret
=
Catherine de Foix

François de Bourbon
=
Marie de Luxembourg

Charles de Bourbon
duc de Vendôme
1489-1537

Henri II d'Albret
† 1555
=
Marguerite d'Angoulême
1493-1549

Charles Ier d'Angoulême
=
Louise de Savoie

François Ier
1494-1547
♛ de France 1515

Tous cousins

René II vicomte de Rohan 1550–1586	**Henri II** duc de Rohan, prince de Leon 1579–1638
François Ier duc de Guise 1520–1563	**Henri Ier le Balafré** duc de Guise 1549–1588
Louis Ier de Bourbon 1er prince de Condé marquis de Conti 1530–1569	**Henri Ier de Bourbon** 2e prince de Condé 1552–1588 **François**, marquis puis prince de Conti 1588–1614
Antoine de Bourbon 1518–1562 ♕ de Navarre 1555 = Jeanne III d'Albret 1528–1572 ♕ de Navarre	**Henri de Navarre** ♛ de France 1553–1610 ↑ = ↓
Henri II 1519–1559 ♛ de France 1547	**Marguerite** 1553–1615 «la Reine Margot» **François Hercule** 1554 ou 1555–1584 duc d'Alençon puis d'Anjou
Marguerite d'Anjou duchesse de Berry = Emmanuel Philibert 1528–1580 duc de Savoie	**Charles Emmanuel Ier** 1562–1630 duc de Savoie

surtout pour la reine mère de « récupérer » Charles IX que l'attentat débarrassera enfin, bon gré, mal gré, du Mentor trop aimé qu'est devenu pour lui Coligny. Ainsi le jeune roi pourra-t-il retomber sous l'exclusive influence de sa mère. Celle-ci aura fait coup double ou triple, puisqu'elle sera enfin délivrée des Guise (marginalisés par le meurtre dont ils seront tenus pour responsables), et délivrée aussi des Châtillon-Coligny, « liquidés » en la personne de leur chef de famille. Le mariage de la catholique Marguerite de Valois et du calviniste Henri de Navarre, lui-même judicieusement minorisé par le décès de ce tuteur *de facto* qu'était pour lui l'amiral, et promis de toute manière à une prompte conversion catholique, pourra donc donner tous ses fruits en termes de concorde nationale, sous les auspices de Catherine, érigée en réconciliatrice des factions.

L'opération, pour être contestable, comporte néanmoins des précédents. La tentative de meurtre politique de 1572 n'est ni la première, ni la dernière de son espèce. Encore convenait-il, dans sa propre perspective, qu'elle réussît ; ce ne fut point le cas. Le 22 août 1572 (cinq jours après le somptueux mariage de Navarre et de Marguerite), Maurevert, client des Guise et homme de main, rate la cible. Son arquebuse blesse Coligny, qui n'en meurt pas. Le soupçon (huguenot) se porte immédiatement sur les Lorrains puis, sans tarder, sur la reine mère.

Au départ — les témoins les plus sûrs le souligneront —, rien n'est moins prémédité par conséquent que ce qui va devenir, sous peu, le massacre de la Saint-Barthélemy, même si les prémisses, depuis longtemps, sont « dans l'air ». Mais, l'événement échappera de plus en plus aux principaux acteurs. Une série de déclics et de gâchettes vont s'enclencher les uns les autres jusqu'au bain de sang général. On ne plaidera pas pour autant l'irresponsabilité de tous et de chacun : les structures mentales de l'époque étaient effectivement « coupables » et porteuses des virtualités d'un pogrom.

Reprenons le fil des faits : après l'échec de Maurevert, Catherine se sent menacée. Elle prend langue à diverses reprises, dans la soirée du 23 août, avec ceux que l'habitude ou la circonstance ont rapprochés d'elle : ce sont les Italiens (Birague, Nevers, Gondi-Retz) ; et puis Angoulême (bâtard d'Henri II), Tavannes, Anjou bien sûr, et même sur le tard les Guise.

Une certaine « montée aux extrêmes » s'impose : afin de sauver les coupables (Catherine, Anjou, les Guise), il convient de tuer non plus un, mais des dizaines de chefs protestants qui s'étaient réunis à Paris à l'occasion du récent mariage d'Henri de Navarre. Tout au plus épargnera-t-on les princes (Navarre précisément, et Condé). Pour déclencher la tuerie, le consentement de Charles IX est néanmoins nécessaire. Effectivement, dans la soirée, le roi, pressé de toutes parts, finit par accepter cette solution violente. Grâce aux meurtres, on espère anéantir des accusateurs qui pourraient devenir gênants. Les assassinats ont donc lieu le 24 août 1572, entre 3 et 5 heures du matin. Coligny et la fleur de l'aristocratie huguenote sont massacrés par surprise, de la main des soldats guisards et royaux. Une « nuit des longs couteaux » expressément organisée s'est donc déroulée avant l'aube. A ce niveau, l'entreprise est fâcheuse et criminelle, mais elle peut encore faire l'objet d'un contrôle, demeurer sous l'emprise d'une volonté gouvernementale, serait-elle délinquante...

A partir de 5 heures du matin, en ce même 24 août 1572, la situation se détraque de manière irrémédiable. Le peuple de Paris entre en scène, par lequel il faut entendre non pas seulement la « vile populace », mais bel et bien les responsables locaux (guisards) de la municipalité et de la milice, « les commissaires, capitaines, quarteniers et dizainiers », les commerçants aisés, les bas officiers, les artisans... et les truands. Le pouvoir royal, malgré quelques louables efforts, est bien incapable de tenir en laisse une ville officiellement et viscéralement déchaînée. Pendant quelques jours, surtout les dimanche, lundi et mardi du 24 au 26 août, on tue massivement les huguenots, élite, classe moyenne, artisans, vieux, jeunes, enfants, femmes, fœtus. On pille. Puis s'éteint la fureur, peu à peu. Y a-t-il eu 3 000 ou même 4 000 victimes, en une ville qui, même affaiblie démographiquement par la guerre, comptait encore près de 300 000 habitants ? Les historiens en discutent.

Dans la douzaine de cités de province où prennent place des Saint-Barthélemy locales, d'août à octobre 1572, on est confronté tantôt à un pogrom urbain (à l'instar de Paris dès la matinée du 24 août) ; tantôt à un simple massacre, organisé sur place par quelques dirigeants locaux qui font du zèle (comme ce fut le cas d'abord dans la capitale pendant la première « nuit des longs couteaux »). Dans les deux hypothèses cependant, la responsabilité de Charles IX et du gouvernement central est presque totalement hors de cause : en cette occurrence spécifiquement provinciale, il n'y a plus en effet de préméditation monarchique.

Deux historiennes, Janine Garrisson et Nathalie Davis, ont éclairé l'événement, la seconde nuançant parfois les conclusions de la première. Essayons d'après leurs travaux, de proposer une analyse objective.

Émeute religieuse, déclenchée à la suite des assassinats perpétrés sur ordre venu d'en haut et débordant de beaucoup ceux-ci, la Saint-Barthélemy vise d'abord en toute violence à rétablir une « vérité » : celle de la foi catholique, bafouée par les huguenots. N'ont-ils pas fait détruire en 1571 après la paix de Saint-Germain, à la grande indignation des foules parisiennes, la Croix de Gastine, commérative du châtiment « bien mérité » qu'ont subi deux marchands protestants, qui avaient hébergé chez eux un culte « à la genevoise ». La Saint-Barthélemy vise aussi à purifier la ville de Paris, qu'ont polluée les « pestilences » et les « profanations »; elles avaient accompagné *ipso facto* l'activité et même la simple présence physique des protestants dans la capitale. Ceux-ci n'ont-ils pas agressé cent fois les statues de la Vierge ou des saints, l'hostie consacrée...

La foule exterminatrice met en œuvre des rites de purification par l'eau ou le feu : les corps vifs ou morts des protestants, à partir du 24 août, sont immergés dans la Seine, brûlés. Beaucoup de Parisiens ont souffert depuis longtemps de la misère, et des crises de subsistances qu'occasionne le renouvellement constant des guerres depuis 1561. Il est donc aisé, là encore, d'imputer ces malheurs à la huguenoterie : elle demeure, sans l'avoir voulu, la cause initiale de leur déclenchement ; les protestants sont accusés d'être à l'origine des conflits et de la misère subséquente ; l'implicite impiété de leur existence, comme hérétiques, attire le courroux divin sur la France (devenue pécheresse de ce fait, pour une part d'elle-même). Cette colère du Ciel s'exprime par des catastrophes de toute espèce (famines, guerres, épidémies, inondations, désastres météorologiques et naturels, etc.). Tuons donc du calviniste : car morte la bête, mort le venin. Le Deutéronome, l'Apocalypse et les sermons enflammés des prédicateurs produisent par dizaines les textes qui justifient un tel massacre.

Les foules désireuses de restaurer l'ordre social et la hiérarchie du sacré prennent la justice entre leurs mains. Elles y sont d'autant mieux disposées, que le gouvernement royal a donné le signal des premiers meurtres, quitte à s'en effaroucher par la suite, mais un peu tard. De toute manière, les cadres moyens et subalternes de la municipalité parisienne marchent volontiers dans les rangs des justiciers et vont jusqu'à leur servir de meneurs, sans y être contraints. La violence ainsi déployée se considère donc comme doublement légitime, puisque les prêcheurs, notamment à Bordeaux, soufflent sur le feu.

Au surplus, Dieu bénit l'entreprise : à Paris, une aubépine fleurit miraculeusement le lundi 25 août 1572 à midi, au cimetière des Innocents, lieu consacré s'il en fut. On tue pour sanctifier, non pour s'enrichir. Les pillages qui effectivement accompagnent la tuerie, ne sont dans cette affaire qu'épiphénomènes ; il ne serait guère sérieux d'évoquer ou d'invoquer la lutte des classes et le meurtre des riches par les pauvres, comme motivation sous-jacente à l'initiative homicide. Certes les huguenots, présents dans tous les groupes sociaux comptaient davantage de recrues et donc de victimes potentielles au sein des élites nobles ou bourgeoises. Mais de toute manière, les personnages aisés et les petites gens étaient présents des deux côtés, parmi les massacreurs et les massacrés.

La déshumanisation des hommes-cibles et des femmes-cibles, qui autorise d'autant plus leur mise à mort, se manifeste dans la profanation des cadavres, l'éviscération, la castration, etc., dont souffrit, bonne première, la dépouille défunte de Coligny. On ne respecte pas, bien au contraire, ceux qu'on prétend tenir pour non humains : victimes, vermines... Il règne sur tout cela comme une atmosphère de lugubre fête, qui fonctionne comme instance de socialisation : le tocsin donne le signal des vêpres parisiennes. Un mariage de cour, entre Henri de Navarre et Marguerite, les avait précédées, au terme duquel s'était déroulée une mascarade festive et prémonitoire : les princes huguenots (Condé, Navarre) déguisés en chevaliers errants, puis en Turcs à turban vert, avaient été précipités dans l'enfer par les trois fils de Catherine (Charles IX, Anjou et Alençon) eux-mêmes vêtus en guerriers angéliques, puis en Amazones armées d'un arc et le sein nu.

La Saint-Barthélemy marque-t-elle une rupture, un

point d'inflexion négative dans la « courbe » de la conjoncture politico-religieuse en France, s'agissant plus précisément des huguenots ? Poser la question, c'est y répondre : le parti protestant, depuis 1572, subit un coup d'arrêt. D'une certaine façon, il ne s'en remettra pas au cours des siècles à venir. Le flot des conversions au calvinisme, sans s'assécher tout à fait (elles se produiront encore à toute époque) tend à tarir. Inversement, les reconversions à la foi catholique prennent de l'ampleur. A quoi bon s'incruster dans une cause qui paraît mal en point : les rats ne sont pas seuls à quitter le navire. Le groupe protestant, d'autre part, demeure éprouvé de façon meurtrière par les combats et la répression. Il est décimé par l'exode, vers Genève, l'Allemagne, les Pays-Bas, l'Angleterre. Ainsi s'oriente-t-il, bon gré mal gré, vers une stabilisation de ses effectifs, vers ce million d'âmes ou moins encore (5 % de la population française) qui deviendra sa norme canonique au XVIIe siècle, en tout cas jusqu'à la Révocation de l'édit de Nantes.

Mais les protestants ne sont pas seuls à souffrir. Coupable, la royauté elle aussi, par un juste retour des choses, « en prend pour son grade » (l'expression, si vulgaire soit-elle, est topique en la circonstance). Les « cordes du respect » dont bénéficiait la monarchie, et qui l'arrimaient de toutes leurs fibres à la substance même du pays, se rompent ou se relâchent. Comment dissimuler en effet que le souverain lui-même, Charles IX, qui fut certes incité par sa mère Catherine et par son frère Anjou, est bel et bien responsable de certains meurtres nocturnes, qui servirent de détonateurs au désastre ? Le mythe de la race sacrée, qu'elle soit des Valois ou même des Capétiens, sort de là ébréché. Deux régicides réussis, en 1589 et 1610, qui seront les premiers du genre au cours de la longue histoire capétienne, confirmeront bien que quelque chose s'est cassé, peut-être définitivement, dans les mentalités collectives, quant à l'estime dont on entoure ou devrait entourer les institutions en vigueur.

Cette démystification du monarque s'effectue d'abord, et pour cause, en milieu protestant, gravement traumatisé par les assassinats. Il va de soi que la délégitimation des royautés (nécessairement opérée dans ce cas au profit du peuple souverain) reste dominée, dans les secteurs « hérétiques » de l'opinion, par le concept d'omnipotence divine. Car être bon huguenot, c'est se vouloir encore et toujours fondamentalement théocentrique. Mais désormais cette suprématie céleste déléguera d'abord sa puissance aux corps constitués, nobiliaires et autres, tenus pour expressifs de la nation tout entière (quitte à ce que ceux-ci les rétrocèdent ensuite, sous contrat, au monarque bien contrôlé). La souveraineté divine n'abandonne plus l'initiative, sur terre, aux mauvais caprices toujours possibles d'un Prince temporel, si bien intentionné qu'il puisse paraître dans les débuts.

Citons donc, parmi les nombreux pamphlets « postbarthélemistes » et « monarchomaques » qui surgissent sous la plume des sectateurs de Genève, le *Droit des Magistrats sur les sujets* de Théodore de Bèze, dans l'édition française de 1574. L'éminent théologien et chef de parti huguenot y justifie l'insurrection légitime, et réaffirme l'existence d'un contrat entre le peuple et le souverain. Ce contrat étant toujours susceptible d'une dénonciation unilatérale de la part du premier, au cas où le second (qui n'a de sens qu'au service des sujets, et non l'inverse) manquerait à ses devoirs ou promesses. Bèze confère à la haute noblesse et à la bourgeoisie municipale le droit de revendiquer les prérogatives populaires, face au roi évolué en despote, évolution qu'a connue en effet Charles IX dans l'août sanguinaire de 1572, si l'on en croit ce *Droit des Magistrats*.

Les *Revanches contre les tyrans*[1] (*Vindiciae contra tyrannos*, 1577) invoquent des thèmes analogues et s'en prennent à Machiavel, qu'elles représentent comme un défenseur de la tyrannie. Plus original et profondément huguenot lui aussi, le *Réveille matin des Français* (vraisemblablement publié en 1575[2]). Il voudrait tempérer l'hérédité royale par l'avis des électeurs issus du peuple ; il fait, l'un des premiers, l'éloge des hérésies albigeoises du XIIIe siècle ; il tonne contre la servitude volontaire où croupissent les populations, servitude que La Boétie, dans le *Contre-Un*, expliquait par trois séries de facteurs : la coutume ou l'accoutumance, d'abord ; la révérence qu'observent les sujets vis-à-vis des rites religieux ou sacrés qui sous-tendent ou surplombent la tyrannie ; et enfin la démultiplication de la peur ; car le despote s'entoure de quelques séides dont chacun, à son tour, s'environne d'un petit nombre d'hommes de main, et ainsi de suite, jusqu'à ce qu'au bout du compte, toute la population soit prise en main par un réseau bien engrené de mutuelle intimidation, un « appareil » comme nous dirions aujourd'hui.

Substantielle enfin, la pensée de François Hotman : cet ancien agent des huguenots propose dans sa *Franco-Gallia* (1573-1574) le modèle d'une monarchie domptée par l'intervention d'assemblées qui représenteraient les sujets et notamment les nobles. Hotman puise ses sources d'inspiration dans l'histoire des Gaulois et des Francs. Il récuse la vieille légende des origines troyennes de ces deux peuples ; elle avait permis aux élites françaises du Moyen Age de se réclamer desdits Troyens, ancêtres supposés des Gallo-Francs, des Latins et autres Gallo-Romains. Une partie de la noblesse française, jusqu'au XVIIIe siècle, suivra Hotman, via les épigones, dans la revendication

1. L'auteur en est-il Duplessis-Mornay ?
2. L'un des auteurs est-il Nicolas Barnaud ?

(toujours plus mythifiée) des origines purement germaniques et non plus troyennes de l'aristocratie. Elles seront censées justifier par avance les projets de mise en tutelle de la monarchie par les nobles, comme si Louis XV pouvait un jour devenir Mérovée ou Clodion le Chevelu.

Mais dans l'immédiat, d'un point de vue strictement protestant, ce feu d'artifice idéologique, de Bèze à Hotman, est surtout... un feu de paille. Très vite, dès qu'il apparaît qu'Henri III n'aura pas d'enfant mâle, les huguenots, à commencer par leurs idéologues, vont se rallier à la croissante légitimité de leur coreligionnaire Henri de Navarre, descendant de saint Louis. Or le Béarnais s'imposera graduellement comme roi, non point du fait de ses assises démocratiques (encore que le personnage réussisse fort bien à plaire aux populations), mais par son sens guerrier de la synthèse nationale, en termes de loi salique et de sang capétien. Le matériau constitutionnel voire démocratique, qui fut inventé puis laissé en jachère par les huguenots, sera donc réemployé, ô paradoxe, par leurs ennemis, par la Ligue catholique, soucieuse de remettre l'État en des mains qui soient fidèles à Dieu certes mais aussi, par voie de conséquence, fidèles aux masses et aux cités ultra-catholiques. De l'intégrisme romain au populisme parisien, il n'y aura qu'un pas, vite franchi. Comme quoi, sur ce point, dans le long terme, la Saint-Barthélemy a partie gagnée : au-delà des années 1570, qu'il s'agisse de Ligue, de Fronde, de convulsionnaires jansénistes ou de Révolution française, la voie des grandes innovations politiques ou politico-religieuses passera de moins en moins par le protestantisme, progressivement marginalisé (Sully, Rohan, Tallemant, Jurieu, Bayle ne seront plus, d'un tel point de vue, qu'exceptions magistrales confirmant la règle). Sur cette voie novatrice circulera plutôt la nombreuse troupe des ouailles catholiques, fanatisées, démocratisées (cas de la Ligue) ou bien anticléricalisées, voltairianisées, finalement même déchristianisées (jusqu'au terme chronologique du XVIIIe siècle).

En 1574, la mort prématurée de Charles IX a fait roi son frère cadet Anjou, qui devient Henri III ; l'homme est jeune, séduisant, intelligent, capable ; brillant orateur et causeur. Les historiens actuels réfutent, semble-t-il, la légende des inclinations homosexuelles de ce monarque, surtout épris de travestissements et de masques. Au surplus, celles-ci seraient condamnées aujourd'hui avec moins de force que ce n'était jadis le cas. Environné de « mignons », qui sont principalement des favoris, Henri grâce à eux veut surtout tenir en respect les factions rivales de la sienne (celles de son frère Alençon, des Bourbon-Condé, des Montmorency et des Guise, les plus dangereux). Il s'entoure donc de jeunes hommes courageux, dévoués, coureurs de jupons, issus souvent de la moyenne noblesse ou « noblesse seconde »; il leur porte, en toute normalité, une tendre affection. Cultivé, découpeur de vignettes, amateur de parures, de fards et de zoologie, collectionneur de petits chiens et d'animaux exotiques, Henri s'accorde en cela aux curiosités des années 1570, tout en déconcertant, de ce fait, quelques-uns de ses contemporains. Il fut, très jeune encore, guerrier courageux et même exemplaire. La trentaine venue, il tourne décidément à l'homme de bureau et de dossiers, comme il sied à sa haute fonction dirigeante, sinon toujours à l'idée que les contemporains des guerres religieuses se font de celle-ci. En ce sens Henri III (est-ce à l'instar de l'Espagnol Philippe II ?), contribue à inventer, promise au bel avenir, la fonction de roi paperassier. Elle caractérisera nos souverains et plus généralement nos hommes d'État de la modernité, si différents en cela des monarques guerriers du Moyen Age et même de la Renaissance. Amateur de cérémonies, influencé aussi sur ce point par les usages madrilènes, Henri se fait appeler Majesté, et mange seul, car il aime qu'à table, on le laisse tranquille ; il se fait donc servir et nourrir, séparé du restant des mortels par une barrière *ad hoc*. Dans ce cas également, le dernier des Valois passe pour précurseur, en termes d'invention d'images absolues de la royauté, auxquelles les premiers Bourbons et surtout Louis XIV donneront le rayonnement que l'on sait.

Innovateur, Henri III l'est encore par sa piété. Elle est sincère, extravertie, profonde. Elle associe ce prince à la dévotion récente des pénitents en cagoule, comme à leurs processions de battus ou flagellants. Les démonstrations ostentatoires des processionnaires et pénitents méridionaux ou septentrionaux, accompagnés d'Henri III lui-même, demeurent incomprises et ridiculisées à Paris ! Dans cette ville la Ligue préludera par contre, en fin de parcours, au style (beaucoup moins exhibitionniste) de l'intense religiosité catholique et septentrionale du XVIIe siècle. Le capharnaüm spectaculaire des confréries pénitentielles est certes promis à grande fortune ; mais c'est parmi les populations baroques de la Méditerranée latine (Italie, Espagne), et aussi dans le Midi français : cette vaste région va fonctionner en l'occurrence, une fois de plus, comme durable conservatoire des modes par ailleurs éphémères d'une certaine époque : pénitents et protestants, en tant que frères ennemis, vont s'enraciner pour longtemps dans notre Sud, alors que le Nord, autoritaire et centraliste, les aura expulsés ou effacés en grosse partie depuis belle lurette. Telle est la fonction muséographique de longue durée des périphéries culturelles, méridionales en l'occurrence.

La piété d'Henri n'est pas simplement foi sincère et même agissante. Elle fournit aussi, dans des provinces qui, en majorité, voire en leur essence, restent catholiques, un moyen de gouvernement. Certes les ligueurs feront profession de mépriser ou de moquer les techniques de la dévotion professée par le monarque. Ils n'empêcheront point qu'Henri III mérite la titulature capitale de roi très chrétien, constitutive de légitimité, si ébréchée soit-elle. Henri IV saura s'en parer à son tour, après quelques passages mouvementés d'une croyance à l'autre et réciproquement.

Pieux, Henri III se veut, de façon logique, renonçant et retraitant. A diverses reprises, il abandonne pendant quelques jours les pompes de la hiérarchie laïque et mondaine ; il se réfugie alors dans un couvent ou dans un défilé religieux, afin d'expier par ses macérations les malheurs et péchés de la France (ou les siens propres). L'un des intimes du roi, Henri de Bouchage, comte de Joyeuse, quitte la Cour pour se faire capucin. Il n'est pas seul à donner cet exemple. Il y a donc là, au niveau de la plus haute société française, comme une constante : on en retrouvera les manifestations dans le comportement d'un Rancé, reclus sur le tard à la Trappe ; ou bien d'un duc de Bourgogne, petit-fils de Louis XIV, confit en ascétisme secret au sein des carnavalesques mondanités de Versailles.

La religion d'Henri III et de ses amis est extra-mondaine par renoncement. Elle est, d'autre part, efficacement et résolument intra-mondaine, par le biais de l'Ordre du Saint-Esprit fondé en 1578. L'ordre est dévoué à la troisième personne de la Trinité ainsi qu'à la passion christique ; il se recrute dans l'aristocratie la plus haute ; il est lié au bon renom de la justice et des officiers. Fondamentalement catholique, l'ordre permet au roi, en principe, de regrouper autour de sa personne l'escouade des compagnons fidèles : ils ne trempent ni dans les « erreurs » calvinistes ni dans les excès des ligueurs. La fortune de cette création sera considérable, et digne de la Toison d'Or espagnole, comme de la Jarretière britannique : le cordon bleu du Saint-Esprit demeurera fort recherché jusqu'à la Révolution française, et la Légion d'honneur, à partir de 1802, en deviendra l'équivalent laïcisé.

Dans un ordre d'idées différent, la petite académie qui se réunit autour du roi à la fin de la décennie 1580 regroupe, outre Sa Majesté, quelques bons esprits, parmi les plus distingués de l'époque : des hommes comme Pibrac, Baïf, Pontus de Tyard[1], Ronsard ; et aussi des dames (la Lignerolles, la maréchale de Retz), annonciatrices déjà d'une préciosité quasi féministe qu'on verra se déployer au siècle suivant. On combat (plus ou moins) dans ce cercle académique l'astrologie, en quoi Henri rompt décidément avec les superstitions de Catherine, sa mère par ailleurs chérie ; on y fait l'éloge méditatif des principes moraux, à l'usage des peuples et des princes.

C'est au cœur de sa propre vie, inséparablement publique et privée, que s'est nouée pour l'essentiel la tragédie d'Henri III, qui dépasse de beaucoup les problèmes de sa propre personne : aimant (et goûtant) les femmes, capable d'attachement et de passades, Henri a contracté en 1575 de raisonnables noces d'inclination avec une modeste princesse lorraine, non dénuée de charme, Louise de Vaudémont. Marié, le roi, l'âge venant, se rangera de plus en plus aux normes strictement chrétiennes d'une affectueuse fidélité conjugale. Mais Henri et Louise n'engendrent pas de progéniture, malgré quelque espoir vite avorté. La succession royale, en bonne loi salique, ne peut donc aller qu'à ces Capétiens très lointains et pourtant authentiques que sont les Bourbons ; plus précisément à Henri de Navarre, huguenot comme ses cousins Bourbon-Condé. D'où les déchirements d'Henri III, tiré à hue et à dia, entre l'exigence de la légalité successorale, et l'impératif d'un catholicisme dévot.

Fait remarquable, ce pieux monarque fait néanmoins passer celui-ci après celle-là. Bien sûr il a conseillé à Navarre de se convertir au catholicisme,

1. Guy du Faur, seigneur de Pibrac (1529-1584) fut magistrat, conseiller d'État et poète ; Jean-Antoine de Baïf (1532-1589) poète, fut le protégé de Charles IX et d'Henri III ; Pontus de Tyard (1521-1605) fut poète et prélat.

seule solution raisonnable. On comprend en tout cas que pris dans ces contradictions apparemment insolubles, Henri ait été atteint de-ci de-là, autre trait de modernité, par des accès de dépression que les polémistes des deux extrêmes feront passer, sans aucun fondement, pour folie pure et simple.

Reste un dernier point qu'il faut mettre à l'actif d'Henri III — comme du reste à l'actif de sa mère Catherine malgré des hauts et des bas en ce qui concerne celle-ci : je veux dire l'acquisition graduelle d'un certain esprit de tolérance, bien entendu toute relative, on n'est malgré tout qu'au XVIe siècle ! Henri vu sous cet angle, a rapidement évolué, grandi, mûri : duc d'Anjou, godelureau ultra-catholique de vingt et un ans, il contribuait à déclencher en 1572 les premiers meurtres nocturnes de la Saint-Barthélemy, catalyseurs des grands massacres perpétrés par la ville quelques heures plus tard ; or il s'est transformé au bout de cinq ou six années en un roi plus réfléchi.

Les événements certes, se sont chargés de le mûrir, mais on portera à son crédit le fait qu'il ait su assimiler leurs pénibles leçons. Au nombre desdits événements, citons un séjour d'Henri, comme roi de courte durée dans la Pologne multiconfessionnelle (1573-1574). Et puis, en France même, il faut bien constater, à l'actif des arguments qui justifient la coexistence religieuse, que trois nouvelles guerres de Religion sont ou seront uniformément conclues par des paix imparfaites qui *toutes* laissent un certain espace de survie et de latitude aux Églises protestantes, décidément indestructibles.

Les guerres en question, dans l'ordre canonique de leur numérotation, sont respectivement la quatrième guerre, close par l'édit de Boulogne en juillet 1573 ; la cinquième guerre, achevée en mai 1576 par la paix de Monsieur, celle-ci très douce aux huguenots, trop favorable pour eux, du reste, au gré d'Henri III ; la sixième guerre enfin, conclue par l'édit de Poitiers en 1577. Force est donc à Henri de constater dans la longue durée, comme il dit, « que les gens des trois États ne vont que d'une fesse à l'unité de religion »; ils sont toujours prêts à proférer de grandes clameurs contre le protestantisme ; ils se révèlent beaucoup moins farauds dès lors qu'ils doivent y aller de leur poche et payer les impôts supplémentaires, destinés à financer l'armée puissante qui, par hypothèse, ferait enfin litière de la huguenoterie.

Vite blasé, Henri tire de cet attentisme, dès 1577, les conclusions pour le moins semi-pacifistes qui s'imposent. Au surplus, en matière de religion, il est fervent et même dévot, mais pas fanatique.

Comment travaille Henri III ? En compagnie de quel entourage ? Le lien du monarque avec sa mère, Catherine, demeure fort ; mais les différences sont nettes par rapport à l'époque de Charles IX, quand la Médicis, littéralement, guidait les volontés d'un jeune roi souvent désemparé. Vis-à-vis d'Henri, elle n'a plus que le rang prestigieux d'une conseillère de tout premier rang, aimante, aimée, privilégiée, néanmoins subordonnée. Un accord profond unit le fils et la mère, traversé çà et là de divergences momentanées, inévitables ; au gré de celles-ci la génitrice est tantôt plus modérée, tantôt (et surtout) plus guisarde ou crypto-guisarde, que ce n'est le cas pour le souverain. Celui-ci, par ailleurs, n'aurait qu'à se louer de son épouse, la discrète Louise de Vaudémont, n'était l'énorme problème de la stérilité du ménage royal. Née princesse lorraine, Louise aurait pu rapprocher Henri, qui l'affectionnait, de ces autres Lorrains, à elle apparentés, qu'étaient les Guise. Mais l'antagonisme idéologique, religieux, politique et militaire, qui séparait ceux-ci des Valois était tel que nulle main féminine, fût-elle tendre et alliée, n'était capable de recoudre ce que la Ligue allait définitivement déchirer.

Reste enfin la difficile question de l'ultime frère d'Henri III, François-Hercule, duc d'Alençon, devenu ensuite, à son tour, duc d'Anjou. Les divisions factionnelles naissent souvent des contradictions de la fraternité royale ; François-Hercule n'excepte pas la règle.

Intrigant, mais maladroit, il soutient généralement le parti des « politiques », groupé autour de Montmorency-Damville, et qui rassemble, surtout dans la France du Sud, le catholicisme modéré et la huguenoterie. Les historiens seront souvent sévères pour François-Hercule, qui en effet était homme perfide, de faible séduction et d'assez peu d'esprit. Doit-on pourtant lui faire grief d'avoir pressenti, judicieusement, la pertinence de cette union modérantiste (« papistes non ligueurs » et protestants) dont les forces déployées assureront un jour la brève survie politique d'Henri III et plus encore le triomphe final d'Henri IV ? François-Hercule était probablement beaucoup moins bête que ne l'ont prétendu ses contemporains et ses biographes occasionnels.

Par-delà le minuscule cercle familial, Henri III décidément a des difficultés « d'entourage ». Son grand-père François Ier et surtout son père Henri II, autrement dit les Valois d'avant-guerre, surent démêler à peu près l'écheveau serré et vipérin des puissantes familles : Guise, Montmorency, Bourbon. Cette trinité impérialiste, pourvue de solides connexions capétiennes, tâchait, en un lotissement profitable, de partager entre soi le « gâteau » du pouvoir étatique. Mais depuis 1560, les batailles religieuses accentuent d'inexpiables conflits entre ces clans. Les Guise fleurissent dans l'intégrisme catholique ; les principaux Bourbons sont en mouvance protestante ; les Montmorency gisent dans l'entre-deux... Henri III risque de rester seul. Il lui faut, dans un environnement hostile, bâtir sa propre faction. C'est à quoi il va s'employer parmi les nobles d'épée et du côté des robins, que ceux-ci soient roturiers ou nobles récents.

Nobles d'épée, d'abord : ce sont les mignons. Les fables, n'y revenons plus, sont maintenant à peu près dissipées, de leur lien homosexuel[1] avec Henri, qu'ont entretenues avec complaisance les polémiques huguenote et ligueuse, toutes deux ennemies de ce juste milieu qu'incarne graduellement le souverain à partir de 1577. Effectivement aimés et comblés de cadeaux somptueux par le monarque, en tout bien tout honneur, les mignons forment équipe escrimeuse et courageuse. Bretteurs, duellistes, hommes d'action et d'initiative, chefs de guerre, ils fournissent ou du moins animent, en des temps dangereux, la garde personnelle d'Henri III. Ils le revigorent, lui si facilement dépressif. Hors de la capitale, ils gouvernent des provinces et des villes : ils mènent l'armée royale au combat. L'un d'eux, d'O, à l'encontre des cursus habituels, délaisse même, comme plus tard Sully, la carrière des armes pour celle des finances. Les mignons continuent la longue et parfois fertile tradition des favoris royaux, initiée trois siècles plus tôt, à l'époque de Philippe III le Hardi lors des années 1270 ; elle fut poursuivie ultérieurement sans interruption.

Une première génération de mignons batailleurs, Quélus *alias* Caylus, d'O[2], Maugiron, du Guast, d'Épinay Saint-Luc, Livarot, Dinteville, Saint-Sulpice s'est

---

1. En réalité, l'insistance nouvelle avec laquelle la polémique de ce temps, à partir de 1576, envisage (de façon hostile) les faits d'homosexualité et surtout de pseudo-homosexualité dans l'entourage royal, cette insistance-là nous importe beaucoup moins au plan de la réalité factuelle qu'au niveau des changements dans la culture : une poussée féministe se fait en effet sentir parmi les commensaux intellectuels du roi et parmi leurs compagnes (voir *supra*, p. 320). Or, simultanément, l'homosexualité, autrement dit une composante partiellement « féminine » de la masculinité attire les « attentions », seraient-elles hostiles, de l'opinion publique. Est-il interdit de corréler ces deux ordres d'idées (obsessions vis-à-vis de l'homosexualité, et crypto-féminisme) qui littéralement, font éruption dans les sensibilités de l'élite à partir de 1575, date large...

2. François d'O (1535-1594), de bonne gentilhommerie normande, fut homme d'épée, mais sut aussi manier les finances royales : Henri III le fit même surintendant des finances, rare carrière pour un noble de souche aussi distinguée (voir aussi Sully, cependant).

recrutée, entre autres, parmi les amis de jeunesse d'Henri ; ils l'avaient fréquenté avant qu'il ne fût roi. Leurs rangs s'éclaircissent assez vite, frappés par la disgrâce (méritée ou non), dont Henri devenu souverain accable tel ou tel ; ils sont décimés surtout par des morts nombreuses, à l'occasion notamment du fameux duel des mignons (2 avril 1578). Ce combat les opposait, pour de futiles prétextes de femmes, aux champions du clan des Guise. (N'oublions pas qu'on vit dans une période où l'assassinat politique est l'une des formes accomplies de l'« alternance ». Les choses ne changeront un peu, puis beaucoup, de ce point de vue, qu'après 1600, et surtout après 1660.) Le vide créé dans les groupes de fidèles ou ex-fidèles du Valois par le premier massacre des favoris ouvre passage à la seconde génération « mignonne », plus activiste. Deux personnalités, de style Rastignac, la dominent de haut : Épernon et Joyeuse[1], celui-ci flanqué d'une nombreuse tribu. L'une et l'autre viennent de la bonne noblesse méridionale, mais non de la plus haute aristocratie ; ils sont montés en faveur, jusqu'à Paris, par décision du monarque ; il a su jauger la bravoure, la qualité, le dévouement, la dévorante ambition, les traits excentriques aussi de ces personnages, dont il se fait rempart contre les Guise et leur cabale : Epernon et Joyeuse sont créés ducs, comblés de missions, de responsabilités militaires, civiles, diplomatiques, et de charges nationales ou provinciales, aussi lucratives que décisives... Ils sont la main et l'épée de l'ultime Valois. L'un d'eux, Joyeuse, devient même beau-frère d'Henri : car Sa Majesté lui fait épouser une princesse lorraine, demi-sœur de la reine Louise. Alliance ambiguë ! Elle

1. Jean-Louis de Nogaret, qui deviendra duc d'Épernon (1554-1642) accumule les charges honorifiques et lucratives au temps d'Henri III ; Anne de Joyeuse (1561-1587) lui aussi porté au pinacle par son maître, laisse, après décès, une famille qui inclinera effectivement vers la Ligue.

risque de rapprocher les Joyeuse et les Guise. Mais Joyeuse périt jeune, de mort violente, en 1587. Quant au duc d'Épernon, sa fortune continuera, non sans fluctuations, bien après le décès de son royal protecteur, et jusqu'au ministère de Richelieu.

Simple prince, Henri fut bon soldat. Couronné, il réalise que sa vie au Louvre est plus utile pour le royaume que ne serait sa mort, même glorieuse, sur les champs de bataille. Il se fait donc représenter au combat par les mignons qui s'y couvrent de plaies et bosses. Homme d'état-major, Henri se veut plumitif, et des plus consciencieux ; il travaille, au plus près, avec des robins affectionnés, efficaces. Mignons de plume, après les mignons de rapière. Dès le début du règne, une purge, initiée par le monarque, accroît considérablement dans le Conseil d'en haut la part des hommes de robe : citons parmi eux Birague, Morvilliers, Laubespine, Pibrac et enfin Cheverny[1] bientôt chancelier. Quant aux secrétaires d'État, ils ont affirmé depuis 1570 et pendant le règne du précédent Valois un début de spécialisation par départements (gendarmerie, Maison du roi...) et non plus seulement par affectation régionale (Normandie, affaires anglaises...). Ainsi s'annoncent nos actuelles structures ministérielles, fondées elles aussi et plus que jamais sur la fonctionnalisation des divers ministères. Villeroy[2] descendait de commerçants parisiens du XVe siècle : il fut longtemps le plus écouté parmi les secrétaires d'État ; il devra néanmoins accepter la suprématie (relative) du premier ministre *de facto* que se trouve être momentanément Epernon, surtout à partir de 1585 :

1. Philippe Hurault, comte de Cheverny (1528-1599) né d'un grand lignage de robe, est chancelier de France de 1581 à sa mort, en dépit d'une disgrâce momentanée vers 1588-1590.

2. Nicolas de Neufville, seigneur de Villeroy (1543-1617) est secrétaire d'État depuis 1567 (en survivance de son beau-père Laubespine). Il se spécialise dans les Affaires étrangères.

la plume, pour un certain temps encore, reste donc quelque peu subordonnée à l'épée.

Au cours du règne d'Henri III, les années 1577-1585 marquent le temps, non sans troubles résiduels, d'une espèce de paix ; elle s'instaure entre les forces de l'État, officiellement catholiques, regroupées en principe autour du roi d'une part ; et d'autre part le protestantisme, ou plutôt ce conglomérat de calvinistes et de catholiques modérés, dont l'ensemble forme, non sans failles, l'entité dénommée « politique »; celle-ci cristallise en archipel de pouvoirs locaux, dans les provinces d'un Midi très largement dessiné ; il englobe, par recouvrements incomplets, le Languedoc, la Guyenne, la Gascogne, le Béarn, le Dauphiné, le Poitou, l'Aunis et la Saintonge ; le système protestant-politique ainsi formé s'appuie sur le réseau des petites et grandes villes à prépondérance calviniste (Anduze, Nîmes, Montauban, La Rochelle...). Sans perdre sa couleur spécifique, il revendique le patronage de chefs prestigieux qui sont princes ou grands seigneurs non conformistes ; soit Montmorency-Damville, gouverneur du Languedoc, Condé junior, Henri de Navarre, et même, par passades, François-Hercule, duc d'Alençon et frère du roi. Un réseau d'assemblées citadines et de conseils représentatifs, auto-cooptés en règle générale parmi les protestants de chaque ville, nomme ou élit à l'échelon supérieur un conseil de province, et tout en haut un conseil fédéral, qui assiste de ses avis une espèce de « Lord protecteur » des Provinces Unies du Midi. C'est d'abord Montmorency-Damville, fils cadet du connétable, et guerrier-politicien fort habile, malgré son peu de culture intellectuelle (on le prétend illettré...). Venu d'une grande famille très parisienne, il a été parachuté dans un Languedoc dont il est gouverneur ; il maîtrise admirablement les structures de cette province, qui pourtant sont peu accessibles, en principe, à l'entendement d'un homme originaire du Nord, dans les années 1570. Il demeure catholique, donc susceptible d'unir autour de sa personne les huguenots et les catholiques modérés ou politiques. Puis surgit Henri de Navarre (le futur Henri IV), échappé de la Cour d'Henri III en février 1576[1], et reconverti à la religion protestante ; il devient le chef reconnu, sinon obéi dans tous les cas, des « Provinces Unies méridionales ».

Celles-ci s'affirment désormais à travers un double réseau de pouvoirs, simultanément militaire et politique.

Militairement parlant, le Midi huguenot et catholique-modéré, était encore tenu au milieu des années 1570, par des seigneurs de la guerre, du reste fort habiles, tels que Montmorency-Damville en Languedoc, déjà rencontré, et Lesdiguières en Dauphiné. A partir de 1576, ces puissants personnages vont forcément servir en sous-ordre d'Henri de Navarre, chef suprême des huguenots, qui néanmoins ne parvient pas toujours à discipliner les deux adjoints, volontiers indociles. Peu importe : Navarre en tout état de cause consolide rapidement ses capacités de commandement *in situ*, qui dans les débuts n'étaient que modestes. Depuis la mort de son père (1562), il est en effet l'aîné des Bourbons, autrement dit le premier prince du sang. Or survient en 1584 le décès de François-Hercule, dernier survivant des frères d'Henri III. En l'absence d'enfants mâles, tant de François-Hercule que du roi, Henri de Navarre devient du simple fait de ce trépas l'héritier désigné du trône de France. Dans l'immédiat, cette dignité majeure, ne serait-elle que d'attente, augmente beaucoup son autorité, parmi les partisans qui, surtout au Sud de la Loire, le

1. Cette évasion permet à Henri de Navarre, via Senlis et Alençon, de rejoindre ses terres du Sud-Ouest. Le prince fugitif a bénéficié pour une telle « escapade » de nombreuses complicités, jusqu'aux plus hauts niveaux du pouvoir.

soutiennent en assez grand nombre. Navarre, pour autant, ne se transforme pas en grand stratège. La victoire qu'il remporte à Coutras en 1587, au détriment des troupes royales de Joyeuse, lui permet néanmoins de s'affirmer comme chef de guerre adéquat.

Politiquement (et socialement), l'élite dirigeante des Provinces Unies du Midi, entre 1573 et la fin du siècle, est tout à la fois nobiliaire (d'épée) et officière (les officiers mis en cause pouvant être roturiers, ou nobles de fraîche date). Ce recrutement mixte de la couche dirigeante n'offre pas de différences essentielles avec ce qui se passe au niveau des oligarchies dominantes, à l'échelle de l'ensemble du royaume, Nord et Sud. Certains processus eux aussi sont étonnamment similaires à Montpellier ou à Pau comme à Paris ou à Amboise. Passée des mains de Montmorency-Damville à celles de Navarre, la nébuleuse méridionale affirme en effet pendant les deux décennies de sa brève existence, une tendance croissante — et absolument classique ! — à la centralisation, dont on ne doit pas bien sûr exagérer les processus, compte tenu des aspects encore embryonnaires de l'entreprise. Mais Navarre, sur place, agit naturellement comme Capétien ; l'administration méridionale et politique-calviniste était initialement, pour une bonne part, contrôlée par les villes. Elle tend, Navarre et les siens poussant à la roue, à se faire plus fédérale ; elle accorde davantage de poids aux provinces, par rapport aux cités ; à la noblesse, en comparaison de la simple roture ; à Navarre, vis-à-vis de ses lieutenants. Telle quelle, l'entité sudiste préfigure les assemblées protestantes à cadre national, qui se feront jour au XVIIe siècle ; elle s'avère assez vigoureuse pour imposer à Henri III (qui se laisse faire), de 1577 à 1585, une coexistence relativement pacifique entre un Nord royal souvent catholique, et un Sud « politique », maintes fois calviniste.

Cette coexistence est tissée, certes, d'épisodes sanglants et de brigandages méridionaux. Elle s'accompagne, hors de tout puritanisme (dont la fortune huguenote ne s'affirmera que plus tard) d'intrigues amoureuses, politiciennes, à Auch et à la petite Cour protestante de Nérac, où Catherine de Médicis vient même négocier en personne, au mois de février 1579, avec son gendre Navarre, localement enraciné[1]. Il faudra quelques années plus tard l'étoile dangereusement montante de la Ligue catholique dans les provinces du Nord, et surtout à Paris, pour mettre fin, dès 1585, à cette étonnante expérience de contiguïté sans doute peu amicale et néanmoins « cohabitationniste », entre les deux Frances, contrastées de part et d'autre de la Loire. Au cours des sept ou huit années de paix relative, en 1579 précisément, nous est proposée l'unique occasion d'un coup d'œil sur l'appareil d'État royal, tel qu'il fonctionnait à l'époque, avec sa complexité ; tel qu'il opérait somme toute, plus longuement, pendant la seconde moitié du XVIe siècle. Dans les intervalles d'un état de guerre civile endémique, envisageons donc un État de justice, ambitionnant et réussissant la permanence, cahin-caha.

1. Le 28 février 1579, est signée la fragile paix de Nérac, entre Catherine et Navarre.

IX

L'Arbre de justice

De fait, en 1579, grâce aux méditations du collaborateur d'un secrétaire d'État de l'époque, nous sommes en mesure de visualiser les systèmes et réseaux essentiels de l'appareil d'État, sous la forme d'un véritable organigramme. L'auteur de cette image, publiée pour la première fois dans un livret en 1579, puis rééditée sous la même forme en 1608 et 1645, n'est autre qu'un certain Charles Figon qu'on a bombardé comme il se doit Charles de Figon ; en principe, il est maître des comptes à la chambre des comptes de Montpellier, ville dans laquelle il ne réside guère.

Les origines de Charles Figon sont obscures : vient-il d'une famille d'avocats et procureurs parisiens ? Ou bien est-il, selon certaine hypothèse, de naissance florentine ? Une certitude : il a collaboré jeune encore avec celui qui deviendra le cardinal Bertrand, ex-parlementaire toulousain puis parisien, garde des Sceaux sous Henri II, cardinal en 1557 à la faveur d'un veuvage ; enfin disgracié et privé des Sceaux à la mort de son royal patron. Politiquement, le cardinal n'entraîna pas Figon dans sa chute. On retrouve en effet celui-ci dans les années 1570, secrétaire de la reine de Navarre, maître des comptes à la chambre des comptes de Montpellier (poste honorifique) et surtout proche assistant du secrétaire d'État Fizes ; Figon, d'autre part, est propriétaire foncier avec rang de petit seigneur dans le Midi : il dispose d'une expérience administrative fort concrète au sommet comme à la base, dans le Nord et le Sud du pays. Il peut donc en toute intelligence donner de l'appareil d'État une description exhaustive. Sa réflexion prouve, incidemment, la solidité des structures d'administration et de gouvernement contrôlées de haut par la monarchie. En 1579, elles survivent à presque vingt années de troubles religieux ; elles se préparent à tenir bon pour les deux décennies qui vont suivre, celles-ci fort dures à passer également. L'ouvrage de Figon s'intitule *Discours des États et Offices tant du gouvernement que de la justice et des finances*, paru à Paris, chez Guillaume Auvray, rue Jean de Beauvais, au Bellérophon couronné. Figon bien sûr ignorait le mot d'organigramme, même si ce concept était pour le moins implicite en sa pensée, et s'est exprimé par le biais de la présentation d'un arbre.

Le mot organigramme (en anglais *flow chart*) dont j'ai dit l'évidente absence au XVIe siècle, n'apparaîtra comme tel que beaucoup plus tard : en France à partir des années 1940-1950. Néanmoins l'arbre avec ses facilités branchues, représente un instrument heuristique ou conceptuel de première force, qu'on utilisera dans cette persective jusqu'au XXe siècle, et qui de toute manière se rattache, hors de toute épistémologie, aux plus anciennes conceptions du monde et représentations religieuses, etc. Il émergeait comme symbole cosmique dans les livres sacrés de l'Inde ancienne. La Bible aussi, Ancien et Nouveau Testament, s'ouvre au commencement de la Genèse et se termine dans les conclusions de l'Apocalypse, sur l'évocation de grands arbres, édéniques et autres. Qui plus est, il était courant au Moyen Age et au XVIe siècle, de comparer la France, les Français et la dynastie des Valois à un jardin, ou à un arbre, grande tige verte à fleurs blanches, ou même lys géant.

Dans d'autres domaines de la réflexion, divers auteurs avaient tenté de produire un arbre de la classification des sciences ; celui-ci connut même vaste fortune depuis le IIIe siècle après J.-C. jusqu'à l'époque des Lumières. L'entreprise fut inaugurée pendant l'Antiquité tardive par le philosophe grec Porphyre, en son *Isagogé*, dans laquelle il ordonnait les concepts essentiels en embranchements successifs. Par la suite (une suite bien lointaine, certes) Raymond Lulle, au XIVe siècle devait même composer un arbre impérial, lequel était pourvu de racines, d'un tronc, de branches et de fruits. Ce symbole du système d'Empire appartenait à tout un complexe forestier peuplé d'essences fort diverses, depuis les plus terrestres (l'arbre végétal *sic*, qui se voulait équivalent à un traité complet de botanique) jusqu'aux plus célestes comme « l'arbre maternel », qui concernait les diverses modalités de la personne et du culte de la Vierge Marie. La forêt de Lulle était résumée au total par un arbre de la science, où « toutes les choses existantes » étaient contenues et signifiées. Cet exercice global de sylviculture métaphorique était censé fournir une grande aide aux chercheurs qui, de la sorte, pouvaient mieux mémoriser les diverses sciences. L'œuvre de Lulle en ce domaine est certainement connue des intellectuels du XVIe siècle, puisqu'elle a fait l'objet d'une belle et claire édition à Lyon, l'an 1515. Envisageons précisément l'« arbre impérial » de Lulle. Par sa visée notamment politique, il approche à courte distance, déjà, des intentions descriptives de Figon. Cet arbre, en effet, se divise en branches variées, dont chacune s'attache respectivement à l'une ou l'autre des collectivités hiérarchiques et professionnelles qui se rassemblent autour du « tronc » que forme l'empereur à lui tout seul. Ces groupes « lulliens » concernent les barons, les chevaliers, les bourgeois, les conseillers, les procureurs, les juges, les avocats, les ambassadeurs et enfin, personne n'étant oublié, le confesseur et l'inquisiteur. Un auteur anglais de la Renaissance appliquera du reste ces schémas de Lulle à son propre pays.

Raymond Lulle pourtant, au gré de Figon, est déjà un auteur du passé, d'un passé qui n'est pas si proche. Une influence intellectuelle plus immédiate quant au maître des comptes montpelliérain est à chercher du côté de Ramus ou Pierre de la Ramée, chercheur d'audience internationale, massacré en 1572 lors de la Saint-Barthélemy. L'esprit à la fois géométrique et visuel de Ramus s'exprimait, en plusieurs livres, par une typographie de schèmes arborescents, sous formes d'accolades et dichotomies, auxquelles se ramenaient, condensées, les grandes questions de logique et de dialectique. Les méthodes de classification rigoureuse que préconisait Ramus paraissent bien avoir eu un considérable impact sur les théories de Bodin qui lui-même, à beaucoup d'égards, est le maître à penser de Figon, tant pour les doctrines de la souveraineté que pour la passion taxinomique. Il est donc raisonnable d'affecter une généalogie ramusienne à Figon, directement ou par Bodin interposé.

Le travail de Figon, de ce point de vue, demeure néanmoins original, même s'il dérive, c'est vraisemblable, de Lulle et de Ramus (entre autres sources possibles). Le maître des comptes montpelliérain, en effet, construit un graphe étatique dont on ne connaît pas d'autre exemple dans la France de son temps ou immédiatement ultérieure. De plus, il s'attaque aux structures intrinsèques de l'État (judiciaires, financières, officières) alors que Lulle s'en tenait pour l'essentiel à une analyse assez classique de la société des ordres, en un cadre qui demeurait, à son époque, féodal autant qu'impérial. Quant à Ramus, il ne s'intéressait pas de manière essentielle au fait politique.

Du fait d'un tel savoir et d'une grande nouveauté descriptive, Figon mérite l'appellation de précurseur, même et surtout méconnu. La fabrication d'« arbres savants » et aussi d'organigrammes relatifs aux chaînes de commandement ou d'autorité, se poursuivra en effet de plus belle aux siècles suivants : Bacon, Chambers, d'Alembert dans leurs randonnées encyclopédiques s'efforceront l'un après l'autre de brancher sur un tronc commun les diverses ramifications de la science. Au XXe siècle, les « arbres » (ainsi littéralement dénommés), les organigrammes, *flow charts* et tout simplement algorithmes fleurissent dans plusieurs spécialités, notamment en linguistique (Tesnière, Chomsky...), en mathématiques, et surtout en informatique, volontiers féconde en diagrammes de programmation arborescents. Enfin les techniques de l'organisation industrielle et de la « science » administrative s'épanouissent de nos jours en organigrammes destinés à élucider la structure des firmes et des bureaucraties, comme à faciliter leur gestion (après tout, tel était déjà le but de Figon, dès 1579, au long d'une démarche évidemment pénétrée de modernité, en dépit ou à cause de son lien aux traditions arborées de Lulle, Ramus et quelques autres).

Figon est donc le producteur d'un livre court et dense, dans lequel il a inséré la gravure de l'« arbre de justice ». Il n'est pas inutile de répéter la titulature de l'ouvrage, mais pour le coup complète : il s'agit en effet du *Discours des États et Offices tant du gouvernement que de la justice et des finances de France, contenant une brève description de la juridiction et connaissance* [compétence] *et de la charge particulière d'un chacun* [de ces offices]. Si des mots comme justice et finance se passent de commentaires, celle-ci étant du reste en position subordonnée par rapport à celle-là, il n'en va pas de même du « gouvernement » dont le sens exact pourrait faire problème : rappelons donc (texte de Figon en main), que le « vrai régime et gouvernement de notre république » embrasse les secteurs particuliers de la justice, de la finance, de la police (soit tout ce qui concerne l'administration), et enfin de la guerre et de la diplomatie. D'autre part, la lecture de l'œuvre confirme que Figon parle bel et bien des états, autrement dit des trois ordres et plus généralement des corps dont se compose la société ; mais il n'envisage les uns et les autres que dans les relations qu'ils entretiennent avec l'État au sens majeur de ce terme, c'est-à-dire avec les structures étatiques, administratives, gouvernementales (au sens que nous donnerions aujourd'hui à ces adjectifs). Cette focalisation étroite des enquêtes de Figon est précieuse ; elles concernent en effet presque exclusivement un savoir politologique et organisationnel, qui n'est pas si fréquent autour de 1580 ; elles ne se diluent point dans des aperçus largement sociologiques pour lesquels de toute manière nous disposons heureusement de multiples données, depuis les publications de Charles Loyseau jusqu'à celles de Roland Mousnier.

L'articulation de l'État, selon Figon, est centrée autour du tronc[1] axial de la justice, incarné par le chancelier de France, ou par son substitut momentané, le garde des Sceaux. C'est seulement avec Sully, dans les débuts du siècle suivant, et surtout avec Colbert, que se produiront de ce point de vue les modifications : le chancelier perdra, à partir de 1661, quelque peu de sa position antérieure, si importante, telle que l'avait illustrée l'« arbre » de 1579. La perte jouera au profit de celui qu'on appellera au cours du règne personnel de Louis XIV, le contrôleur général des finances. Le titulaire de cette fonction, Jean-Baptiste Colbert,

1. Ce tronc est celui d'un figuier jeu de mots en l'honneur de Figon qui l'a artistement conçu.

regroupera dans une main unique (la sienne), le ministère des Finances et celui de l'Intérieur, si toutefois il est décent d'user ainsi d'anachronismes dans le vocabulaire. De ce fait, ce qui était encore en 1579 un État de justice (par suite de la prééminence du chancelier) deviendra de plus en plus, à partir de l'époque colbertienne, un État de finance et de police (celle-ci étant comprise dans son vieux sens administratif, et non pas dans la stricte signification « policière » d'aujourd'hui). En somme, un déplacement d'accentuation s'opérera dans la vieille trilogie du système souverain, justice, police, finance, et cela au profit des deux derniers termes. A l'époque d'Henri III, on n'en est pas encore arrivé à ce stade, et pour cause : le chancelier, éventuellement suppléé par un garde des Sceaux, séjourne toujours au cœur des divers pouvoirs.

Du tronc de l'arbre partent, au gré de Figon, deux branches maîtresses et un certain nombre de branches mineures, elles aussi du premier jet, mais moins importantes. Paire de ramifications essentielles, donc. Grosse branche justicière, à gauche : elle correspond aux « hauts tribunaux » des Parlements et d'abord au Parlement de Paris. Grosse branche financière, à droite : elle parvient, via la chambre des comptes (homologue du Parlement mais cédant la préséance à celui-ci) jusqu'à la Trésorerie de l'Épargne. Celle-ci dont les apparences « épargnantes » ne doivent pas faire illusion, est en réalité le « locus » dont descendent les dépenses étatiques. Au-delà de la Trésorerie de l'Épargne cependant, la « grosse branche financière » monte plus haut et plus loin, jusqu'à la « recette générale »; ce sont, en fait, *les* recettes générales des diverses généralités régionales ; elles sont, comme leur nom l'indique, le lieu géométrique des rentrées d'argent, celles-ci procédant à leur tour des deniers ou versements d'origine fiscale ou domaniale, localisés en haut et à droite de l'« arbre ».

Pour reprendre les choses à la base maintenant,

disons, en termes à peine modernisés, que la sève brute de l'arbre, ou pour parler comme Figon et Bodin la souveraineté ou la Majesté, jaillit (en son point de départ) de l'humus et des racines royales, ainsi que de la souche infrastructurelle du Conseil du roi. La base profonde de la souveraineté est évidemment divine. Ni le peuple, ni la représentation nationale en principe n'y ont leur mot à dire, à en croire le quasi absolutiste Figon (tellement éloigné sur ce point, des monarchomaques protestants, qui furent les premiers théoriciens d'une souveraineté quelque peu populaire, dans les années 1570). Figon, quand il prône un certain absolutisme à l'encontre des monarchomaques, tend du reste à masquer tout un aspect de la réalité objective du royaume : en fait, au temps d'Henri III comme de ses prédécesseurs et successeurs, une amorce de représentation nationale, si imparfaite soit-elle, est bel et bien présente dans les pays d'oïl et d'oc, sous forme d'états nationaux et provinciaux. Or, Figon ne les mentionne même pas, sa vision étant donc déformée par l'idéologie « absolue ». Le peuple, selon notre auteur, doit se contenter d'aimer la royauté et bien sûr d'être aimé d'elle. Il n'est pas représenté comme tel dans l'arbre étatique.

La sève brute de l'« arbre », montée de bas en haut, parvient jusqu'à l'énorme branche de gauche, bref jusqu'au Parlement, dont le titre même de cour souveraine indique bien qu'il est à la fois réceptacle et diffuseur de souveraineté. La sève redescend ensuite, à travers ce même Parlement vers diverses ramifications pendantes : elles se situent, sur le graphique de Figon, en bas à gauche, ou vers « l'ouest-sud-ouest », si l'on veut bien traiter ledit diagramme selon les coordonnées d'une carte géographique. Ces ramifications se distribuent entre des organismes divers, personnages et sous-commissions subordonnés au Parlement parisien. Au nombre des uns et des autres, figurent, parfaitement branchés, les requêtes du palais, la chambre du Trésor, les commissaires délégués ; ceux-ci sont mandatés par le haut tribunal parisien, pour accomplir telle ou telle besogne d'ordre local ou régional. Surtout la sève brute, dans le quart nord-ouest du cadran, continue d'autre part à monter vers les organismes moyens et subalternes de l'appareil judiciaire. Celui-ci s'incarne, bien sûr, dans les groupes d'officiers qui (en ajoutant à la justice proprement dite, les organismes de finance sis au quart nord-est du cadran, plus quelques autres activités), recensent 15 000 titulaires ou peut-être davantage dans la France de 1575-1580. (Au passage, on notera une fois de plus l'économie, l'élégance même de cet appareil d'État qui compte à peine un officier, nous dirions aujourd'hui un fonctionnaire, pour mille « Français ». La proportion s'est beaucoup accrue de nos jours, à l'avantage du fonctionnariat, par rapport à la population générale, sans qu'augmente proportionnellement, tant s'en faut, l'efficacité de l'administration.)

Restons-en à l'appareil de la justice proprement dit, dans sa figuration verticale : pour mieux comprendre le fonctionnement d'icelui, nous observerons maintenant les choses de haut en bas, à partir des « feuillages » supérieurs, en sens inverse du coup d'œil précédent. La « sève élaborée », comme diraient les botanistes actuels, descend en effet (à rebours de la sève brute), depuis les feuilles jusqu'aux branches, puis jusqu'au tronc et tout en bas vers la souche et les racines du végétal, où gît, divinement inspiré, le roi en personne. Cette sève descendante équivaut, comme l'a senti intuitivement Figon, aux demandes de justice, telles qu'elles sont formulées par les régnicoles. En termes plus techniques et qui néanmoins nous demeurent familiers, on est mis en présence de la chaîne des appels qui proviennent des justiciables : ces appels successifs effectuent de proche en proche un parcours graduel et déclive ; ils vont ainsi des tribunaux les plus modiques jusqu'aux sièges les plus prestigieux, à travers une concaténation de cours de justice. Par leur hiérarchie même, ils définissent d'aval en amont l'arborescence des tribunaux, du dérisoire à l'important, dans les limites de l'imagerie figonienne.

Parmi les juges mineurs perchés « sur les plus hauts rameaux » en haut et à gauche de l'arbre, se détachent (hors du cursus normal des offices strictement monarchiques), les échevins, capitouls, consuls et maires des villes, équivalents des « édiles » ou conseillers municipaux de nos récentes Républiques. Signe des temps, et grosse différence avec le XVIe siècle, notre époque n'envisagera guère ces responsables des villes quant à leurs fonctions justicières, alors que pour les hommes de la Renaissance, la chose allait de soi : un maire était aussi un juge, un magistrat mineur en matière de simple police, etc. Dans la catégorie des *minores*, Figon mentionne également les notaires dont il a pu, en un Midi qui est devenu pour lui terre d'adoption, apprécier toute l'importance. Il les considère, au premier chef, en tant que juristes ; autrement dit, une fois de plus, comme des hommes de justice, gardiens de la sainteté du contrat (ils incarnent en effet cette fonction particulière, mais à leur façon, et à temps partiel). Surgissent enfin au plafond nord-ouest du graphique, les juges seigneuriaux, *alias* « officiers des seigneurs hauts justiciers », dans le langage de l'époque. Ces juges très spéciaux sont plusieurs milliers en France, doublant les officiers de l'État, ou doublés par eux.

A partir de ces nombreux personnages logés « en haut et à gauche » de l'arbre, on descend progressivement au long des ramifications de ce que nous appellerons désormais, pour changer de métaphore, le réseau hydrographique des appels ; ils émanent originellement des justiciables, dès lors que ceux-ci se pourvoient contre les tribunaux de rang modeste : on se dirige, au long de la descente, vers des confluences plus importantes. On passe à divers juges royaux, dans des cités déjà non négligeables. Puis on accède à la

« rivière », déjà essentielle, des bailliages et sénéchaussées : leurs titulaires, baillis et sénéchaux, homologues géographiques de nos préfets ou quelquefois sous-préfets, sont eux aussi perçus, à l'époque, comme des juges et plus précisément comme des présidents de tribunaux. Les baillis et sénéchaux peuvent d'autre part procéder (tout comme les consuls ou capitouls des villes, mais sur un plan plus large) à des activités proprement administratives, sur le territoire de leur district. Enfin le gros affluent qu'on vient d'évoquer, la « rivière » des bailliages et sénéchaussées, se jette à son tour dans le fleuve majeur des Parlements, ceux-ci étant récepteurs, en queue de liste, de tous les appels et appels d'appels qui dérivent des juridictions susnommées aux divers niveaux, et de haut en bas. D'autres « rivières » analogues ou plutôt homologues à celles des bailliages correspondent aux présidiaux qui furent fondés par Henri II pendant les années 1550.

A ce propos, et s'agissant ainsi d'institutions bien datées, Figon, d'esprit plutôt moderne, souligne en son *Avis au lecteur* qu'il est intéressé non point par la « diachronie », par l'origine ou la date de fondation et de mutation des diverses entités institutionnelles qu'il mentionne ; mais bien par la synchronie, la manière dont ces segments s'engrènent dans les enchaînements administratifs, « sous l'autorité du roi et la souveraine majesté d'icelui ». Nous permettra-t-on, d'un tel point de vue, de comparer Figon aux structuralistes saussuriens et lévi-straussiens des années 1960-1970 ? Ceux-ci en effet délaisseront également, dans leurs savantes études, l'histoire et la genèse, en faveur de la structure et du système.

Elles (les rivières) figurent aussi les bourses et consuls des marchands, (celles-là et ceux-ci formant des juridictions commerciales) ; ainsi que les maîtres des ports et passages, ces « maîtres » s'occupant des barrières et tarifs douaniers, et des gens sans aveu ou suspects, repérés à la frontière ; au même niveau hiérarchique se situe, chez Figon, l'institution dite de la Table de Marbre[1] vers laquelle descendent pour leur propre compte les appels interjetés contre les juridictions de l'Amirauté, de la Connétablie, des Maréchaux de France et des Eaux et Forêts. Ces quatre rubriques à leur tour fonctionnent simultanément comme administrations et comme tribunaux, dans la grande tradition de l'Ancien Régime. Répétons, au risque de lasser, que les appels qui concernent et donc contredisent la Table de Marbre ou les présidiaux confluent eux aussi en fin de course vers le Parlement.

En haut du graphique, à droite de la branche des présidiaux, disons dans la direction nord-nord-ouest (si l'on assimile une fois de plus les arborescences de Figon à une carte géographique), on remarquera la branche importante enfourchée directement sur l'axe central de la chancellerie ; elle est formée par les « prévôts des maréchaux généraux et provinciaux », bref par la maréchaussée, modestement équivalente à notre actuelle police : l'institution ainsi mise en cause est liée à ces grands chefs militaires que sont les maréchaux. Elle est encore faible en cette époque, tout comme est minoré par ailleurs, l'État de finance. Elle ne commencera à prendre son essor (en direction de la police de type moderne) qu'avec l'instauration, au temps de Louis XIV, de la lieutenance générale de police, à Paris, en 1667, charge qui sera confiée au célèbre La Reynie. Une fois de plus, nous constatons que la rupture d'avec le schéma de Figon ne sera consommée que dans les années 1660 décidément

1. Dans l'île de la Cité, au Palais de Justice, les juridictions des Eaux et Forêts, de la Connétablie, de l'Amirauté, et des Maréchaux de France siègent, en principe, dans la grande salle commune, autour d'une longue table de marbre noir.

climatériques, soit quatre-vingt-deux ans après que l'« arbre de justice » eut été dessiné par notre auteur.

Avec le quart nord-est du cadran, nous abordons derechef le secteur des finances : il ne s'agit plus des « résultats » obtenus par l'appareil étatique, en d'autres termes des « sorties », productions ou sentences (essentiellement judiciaires) qui sont issues du quart nord-ouest, et qui s'effectuent, comme nous le vîmes, en contrepartie des demandes de justice que formule la population ; il s'agit cette fois des « entrées » monétaires, qui sont injectées dans l'appareil d'État grâce aux perceptions des impôts, auxquelles procède justement cet « appareil ». Lesdites « entrées » constituent simultanément des « soutiens » que les contribuables, surtout les ruraux, apportent bon gré mal gré à la monarchie. Insistons d'abord sur le fait que la chancellerie, en ces années 1570, conserve une très grande influence quant aux administrations financières. Elle ne perdra ce droit de regard que près d'un siècle plus tard, à l'époque de Colbert, et au profit, une fois de plus, du contrôle général des finances. En ce sens, le tronc de justice, au temps d'Henri III, demeure effectivement unique, central, axial ; il se subordonne, de façon assez étrange pour notre mentalité contemporaine, celles de ses branches qui sont proprement financières. (Imaginons à ce propos, aux fins de pédagogie vis-à-vis du lecteur, qu'aujourd'hui encore en 1987, le garde des Sceaux, par fonctionnaires interposés, soit placé, chose pour nous impensable, à la tête de l'administration des finances.) Les temps colbertiens, en séparant si l'on peut dire l'arbre de finance de l'arbre de justice, mettront fin à cette situation de dominance judiciaire qui, rétrospectivement, aux termes des usages actuels, pourrait apparaître comme anormale.

Passons vite sur quelques branchages de moindre importance qui s'inscrivent parmi les ramifications financières. Au nombre de celles-ci figure en effet la cour souveraine des monnaies (avec son prévôt) ainsi que les trésoriers de France et généraux des finances (au nord-nord-est sur la « cartographie » de Figon). Les uns et les autres sont nettement en perte de vitesse depuis la Renaissance et surtout depuis les réformes de François Ier. Incidemment, notons les phénomènes de dévalorisation qui frappent telle ou telle branche particulière : elle se racornit sur place ; néanmoins, même minorisée, elle ne meurt pas. Le phénomène de survie ainsi observé correspond bien aux tendances de longue durée qui caractérisent maintes fois l'administration française : on ne supprime pas une institution devenue éventuellement inadéquate ; on la laisse vivoter, mais on lui juxtapose une jeune et vigoureuse entité, toute neuve, qui par le jeu de la concurrence, achève de dévitaliser l'organisation précédente. C'est précisément ce qui se produit à partir de François Ier et d'Henri II, du fait de l'impérialisme juvénile d'institutions lourdes et dynamiques, comme sont la Trésorerie de l'Épargne et les recettes générales qu'il convient maintenant d'observer.

Laissons de côté, en effet, la pourtant non négligeable cour des aides, avec ses prolongements d'amont que sont les greniers à sel et les contrôleurs généraux des gabelles. Et venons-en à l'« épargne » et aux « recettes ». Sur l'axe nord-est, la grosse branche où s'inscrivent les nœuds « Trésorerie de l'Épargne » et « recette générale » triomphe effectivement dans la compétition quasi biologique qui l'oppose aux institutions plus anciennes, dont la compétence était analogue, et parmi lesquelles nous notâmes les trésoriers de France. La chambre des comptes (toujours au nord-est) est chère à Figon, lui-même officier de la chambre des comptes de Montpellier et féru des cours souveraines. Elle forme transition entre le « gros tronc » de la chancellerie et le « gros nœud » de l'épargne. Disons même, plus concrètement, les coffres de l'épargne. Et cependant, Figon, par les dimensions exceptionnelles qu'il donne aux deux gros nœuds précités (épargne et recettes), désigne de façon claire l'espace bien circonscrit où se déroulent maintenant les actes capitaux de la gestion financière.

Du reste, « épargne » et « recettes » sont de fondation récente, mises au point, disions-nous, sous François Ier. La première (dont découlent les dépenses ou nombre d'entre elles) date de 1523-1524. Les secondes, incarnées dans les diverses « recettes » des seize généralités, forment les chapelets de points terminaux où aboutit la rentrée fiscale. Les sommes ainsi collectées par le fisc comprennent sur l'arbre de notre auteur (rameau nord-est) l'imposition directe, sise à gauche dudit rameau (aides, octroi, crue, taillon, solde de 50 000 hommes : l'effectif humain et militaire qui est chiffré de la sorte, correspond bien, notons-le, à la dimension quantitative des armées françaises du XVIe siècle, nettement moins nombreuses ou « populeuses » que ne seront celles des Bourbons). Quant à l'imposition indirecte, elle se localise, par contrepartie logique, à droite du même rameau. Elle inclut la foraine, autrement dit le droit de sortie sur diverses marchandises qui s'exportent hors du royaume ; et puis les taxes sur le vin, et sur le sel (gabelles). Au nord-nord-est, on trouve encore le domaine royal (en tant que source de revenus, relativement minime). Il s'agit là bien sûr des propriétés terriennes, forestières, seigneuriales et autres, qui appartiennent à la monarchie. Une tradition vénérable (devenue fort utopique, en réalité) voudrait que le roi si possible « fonctionne » grâce à son seul domaine, ou comme on disait, qu'il « vive du sien ». *A priori*, Figon ne cherche point à récuser totalement cette idée toujours populaire à son époque. Mais dans les faits, il se borne, selon son habituel empirisme descriptif, à subdiviser de façon très précise les ressources domaniales du souverain en diverses ramifications, dans les secteurs nord-nord-est du haut de l'arbre : il s'agit donc des droits seigneuriaux (cens et rentes, lods et ventes), lesquels sont versés par les usufruitiers des tenures qui s'avèrent dépendantes de la seigneurie du roi. Il s'agit encore du produit des coupes de bois, effectuées dans les forêts royales, ou comme nous dirons aujourd'hui encore « domaniales ». Il s'agit enfin de la recette des amendes et confiscations, infligées par les officiers domaniaux ; et du revenu des greffes, sceaux, tabellionnages royaux, etc. En pratique, le domaine est souvent mal entretenu par ceux qui en ont la charge. Inefficacité trop fréquente, hélas de ce qu'on appellera de nos jours le « secteur d'État ». Henri IV (précurseur sans le savoir, sur ce point précis, d'Adam Smith et des théoriciens du libéralisme anti-étatique) dira volontiers « ceci est à moi » en chaque occasion qui lui fera voir, où que ce soit, quelque maison délabrée.

Beaucoup plus importantes sont les ressources « non domaniales »; le roi les tire des contributions directes et indirectes ou impôts proprement dits, au sens déjà moderne du terme, tels que nous les mentionnâmes. Ceux-ci font déjà plus de 80 % des recettes globales de l'État, le poids des recettes propres du domaine étant depuis Louis XI, extraordinairement minorisé. Il est vrai que ces impôts sont largement complétés, dans le train-train quotidien de l'État, par les emprunts, substantiels ; par les décimes et dons gratuits que verse le clergé ; enfin par les recettes des « parties casuelles », autrement dit par les ventes d'offices, en vertu desquelles le roi cède, contre argent comptant, les charges d'officiers, nouvelles ou anciennes. Tout ce branchage fiscal, qui est déjà fort ramifié, témoigne pour la sophistication croissante de l'appareil d'État. Les charges fiscales ont augmenté mais pas de façon écrasante, entre le règne de Louis XI et d'Henri III. Calculées en grain, elles apparaîtraient même comme assez stables. L'énorme tour de vis fiscal est encore à venir ; il attendra, pour accéder à l'être, l'époque de Richelieu et Mazarin. Ce qui frappe d'abord quand on considère l'organigramme des finances en 1579, c'est le perfectionnement surtout qualitatif et non pas simplement quantitatif dont il fait preuve, de par les initiatives créatrices en matière administrative qui furent prises par François Ier et par Henri II dans ce secteur ; elles furent léguées ensuite aux rois Valois qui suivront.

Nous en arrivons, pour terminer, au quart sud-est de l'« arbre ». Cette fois, il n'est plus question des recettes ou « entrées » fiscales qui irriguent l'appareil d'État. Nous avons maintenant affaire dans cette nouvelle zone aux « sorties » ou dépenses, bref aux effets qui, moyennant finances, sont induits dans et par l'appareil d'État. Les sorties sont alimentées, cela va de soi, par les entrées. La chaîne entrées-sorties descend très logiquement du quart nord-est au quart sud-est à travers le gros nœud stratégique de la Trésorerie de l'Épargne, qui fait pont entre la « recette » et les « dépenses ». Celles-ci se dirigent à leur tour verticalement, de haut en bas, vers deux secteurs de poids inégal, le long d'une paire de branches tombantes, qui font penser aux lourdes frondaisons d'un saule pleureur. Immédiatement à droite du tronc principal de l'arbre, on trouve en effet, au sud-est, la Cour ou Maison du roi, dont le rôle symbolique demeure considérable (il suffit de songer, sur ce point, à la Cour itinérante de Catherine de Médicis et Charles IX : près de 15 000 personnes en déplacement sur les routes françaises, ou sur ce qui tenait lieu de celles-ci, du Nord au Sud de la nation ; soit l'équivalent d'une bonne ville de ce temps-là, mais provisoirement nomadisée). Les « dépenses » faites pour cette Cour (qui n'est pas toujours ambulatoire, tant s'en faut) sont ventilées notamment en argenterie, cadeaux divers, vénerie, écurie (la charge capitale de grand écuyer est toujours confiée à un seigneur important). Enfin, puisqu'il faut bien assurer aux courtisans et à la famille royale une protection militaire, les dépenses curiales ou, comme dit Figon, les frais pour la « Maison du roi », incluent également une trésorerie des cent gentilshommes et des gardes (les capitaines des gardes qui détiennent le commandement de cette troupe d'élite sont de grands personnages : ils occupent, à la tête de leurs hommes, un poste convoité). A droite du grand tronc axial de l'arbre, du haut en bas de la figure qu'a proposée Figon, se dessine donc en chute libre, du nord-nord-est au sud-sud-est, un axe second, qu'on pourrait définir à partir du concept webérien de « monarchie patrimoniale ». Soit dans la portion supérieure (au nord-nord-est), le « domaine propre » de la monarchie, déjà décrit ici même et dont descendent à titre d'entrées ou *inputs* un certain volume de ressources, du reste minimes. Et dans la portion inférieure, au titre des sorties, dépenses ou *outputs*, la Cour : elle absorbe et bien au-delà, lesdites ressources domaniales pour les besoins de consommation et de représentation qui affectent la *familia* monarchique. Celle-ci, à vrai dire, est fort élargie, puisque renforcée de courtisans, de gardiens et de domestiques. Et puis sur la verticale qui tombe directement à l'extrême droite du schéma figonien, depuis le nord-est jusqu'au sud-est, apparaissent les structures d'un État au sein duquel nos contemporains se sentiraient déjà moins dépaysés : en haut, précédemment rencontrées, s'individualisent les recettes fiscales ; elles sont expressives, à quelques détails près, d'une fonction publique destinée à longue existence. Vers le bas, ces revenus dérivés de l'impôt s'engouffrent en direction des dépenses de l'État, qui s'identifient aux « sorties » typiques de celui-ci ; il s'agit, en particulier, des dépenses pour l'armée, cette grande mangeuse d'argent de l'Ancien Régime ; elle dévorera jusqu'à 50 % ou davantage des « budgets » royaux : les têtes de chapitre, dans ce secteur, s'appellent donc ordinaire de la guerre, extraordinaire des guerres, marine, artillerie, fortifications... Et puis viennent les dépenses en vue du service diplomatique (frais pour « ambassades et voyages ») ; les rentes et pensions (pour les courtisans et autres protégés ou clients du régime) ; les récompenses, dons et bienfaits (même remarque) ; enfin les « gages de gens de justice et de finance », bref le traitement des officiers ou fonctionnaires : il représente peu de choses à l'époque, car ceux-ci se salarient eux-mêmes, au moins en partie, grâce à leur fortune personnelle et aussi grâce aux épices qu'ils perçoivent de leurs administrés, sur le mode officiel ou officieux. Les gages qu'ils touchent du fait de l'État ne constituent donc qu'une partie de leur revenu, et pas forcément la plus importante. La description que propose Figon à propos des dépenses ou *outputs* de l'État offre par conséquent, quoique brève, un caractère exhaustif. Elle inclut en effet, la Cour, l'armée, la diplomatie, la bureaucratie judiciaire et financière, enfin les gratifications.

Il resterait à parler des « parties basses » du schéma de Figon : autrement dit tout le quart sud-ouest, et également la portion située « en bas à droite » (au sud-est). On y trouve les gouverneurs des provinces et les ambassadeurs (soit le roi présent à l'intérieur et à l'extérieur du royaume) ; le grand prévôt de l'hôtel (il est juge des affaires curiales) ; le Grand Conseil du roi, qui double et « coiffe » les Parlements, mais en attirant si possible à l'échelon national, les évocations ultimes et les appels suprêmes ; les secrétaires d'État, aïeux des ministres plus tardifs ; les intendants des finances, qu'on peut assimiler à des sous-secrétaires d'État aux finances, au gré de notre vocabulaire actuel ; les maîtres des requêtes, en outre : ceux-ci constituent la classe politique, ou la « technostructure » de l'État royal des années 1570 ; à partir de 1661, celle-ci se détachera du chancelier pour tomber davantage dans l'orbite du contrôle général des finances. Enfin, dans l'arbre de Figon, l'armée et la marine, celle-ci embryonnaire, sont à la fois partout et nulle part ; elles se trouvent représentées sur le mode périphérique et marginal par les tribunaux de l'Amirauté et de la Connétablie (au sud-ouest du schéma) ; et par les diverses dépenses militaires (au sud-est). Cela dit, à tout prendre, notre auteur n'inclut point, à part entière, les soldats professionnels dans son arbre « civil » et « laïque » des offices et états. Même remarque pour le clergé : le fait de l'Église est certes suggéré visuellement par les « décimes » dont elle est redevable au pouvoir laïque, mais sans plus. Néanmoins, les serviteurs de Dieu sont implicitement présents dans l'iconographie mise en cause : ils apportent en effet la caution ou médiation sacrée qui, lors du sacre et ultérieurement, donne légitimité religieuse à la souveraineté du roi de France. Figon du reste note cet état de chose en termes clairs au fil de la prose dont, en quelques dizaines de pages imprimées, il accompagne, dans son livre, la gravure qui reproduit l'arbre. Tel quel, celui-ci constitue la meilleure « photographie », même déformée, que nous puissions avoir de l'État de la Renaissance, matrice d'un très Ancien Régime, en société traditionnelle, dans les années semi-pacifiques qui courent de 1577 à 1584.

X

Guise et Guisards

Les guerres civiles reprennent, à partir de 1584, sur une base nouvelle ; trois groupes d'acteurs, et non plus deux, sont maintenant affrontés : protestants navarristes dans les Provinces Unies du Midi ; catholiques centristes, qui « politiques », qui « valoisiens[1] »; catholiques guisards, enfin, au premier plan ; qu'est-ce donc qu'être un guisard et tout simplement un Guise, dans cette France « fin de siècle » où se développe la surprenante révolution ligueuse, destinée dès 1588 à déployer tous ses effets ?

La première génération célèbre des Guise, celle du vainqueur de Metz et de Calais, et des omnipotents conseillers de François II, avait proposé, en vrac, quelques-uns des linéaments du modèle familial qui va s'épanouir dans la période ultérieure : catholicisme intransigeant, esprit chevaleresque, goût du pouvoir, compétence militaire, séduction vis-à-vis des foules.

1. En quelques moments des années 1584-1589, l'État des Valois, provisoirement affaibli, finit par n'apparaître plus que comme une faction parmi d'autres...

La seconde génération, celle d'Henri de Guise (assassiné en 1588) confère à cette esquisse un développement grandiose et une conclusion tragique, jamais absente, du reste, des destins de la *gens* : François de Guise, père d'Henri, était mort en 1563, sous les coups d'un assassin, Poltrot de Méré (celui-ci peut-être téléguidé, Dieu ou Coligny savait par qui).

La carrière d'Henri de Guise, une fois sorti de l'adolescence, revêt ses dimensions historiques à partir de 1575 (victoire sur les reîtres germaniques à Dormans). Dès 1584, elle connaît un nouvel essor : c'est en effet l'année du décès de François-Hercule, ex-duc d'Alençon, frère cadet d'Henri III. Trépas décisif ! Se trouvent posés, de façon désormais incontournable, les problèmes de la succession des Valois. Henri III dont le mariage demeure stérile n'a plus, aux normes de la loi salique, qu'un seul héritier légitime, celui-là même que tant de personnes redoutaient depuis longtemps : Henri de Navarre, descendant lointain de saint Louis... et prince huguenot. La France catholique est au rouet. Un dossier successoral presque aussi embrouillé avait déjà provoqué, deux siècles et demi plus tôt, rien moins que la guerre de Cent Ans. Quant aux tourments de conscience que crée la différence religieuse entre le prince et son peuple, on en trouvera l'équivalent approximatif, en sens inverse, cent années plus tard, chez les Britanniques, quand Jacques II, roi papiste, devra gouverner des sujets anglicans : une révolution pacifique certes, mais profonde et « glorieuse », s'ensuivra en l'an 1688. C'est dire le caractère épineux de l'alternative qui s'offre, à partir de 1584.

La première Ligue catholique, ce nonobstant, était née en 1576, autour de Péronne. Elle ne devait pas grand-chose à l'initiative des Guise : le mouvement était fomenté par le gouverneur de la ville, la noblesse locale et les trois ordres régionaux. Il s'agissait, pour ces ligueurs du début, d'empêcher l'instauration (légale) de Condé, prince huguenot, dans son gouvernement de Picardie. La seconde Ligue, la « vraie », cristallise en Lorraine, neuf ans plus tard, autour d'Henri de Guise, flanqué de son clan fraternel ; elle se développe aussi dans Paris, à quelques semaines de distance, parmi les robins, curés et marchands, attachés les uns et les autres au culte traditionnel. Cette double apparition prend place à la fin de 1584, en réaction logique à la mort récente de François-Hercule. L'union ainsi formée conduit dès 1585 aux actions de prise de pouvoir et de guerre civile, menées selon deux axes : il y a mainmise partielle des Guise et de leurs séides sur les villes, grandes ou petites, et sur les places fortes de la France du Nord ; il y a, d'autre part, lutte militaire contre les protestants et navarristes, regroupés plus au Sud dans les Provinces Unies du Midi. L'armée royale s'associe à cette seconde offensive, car Henri III, qui de toute manière est fort dévot, doit accepter par contrainte un traité de servile alliance avec la Ligue, en juillet 1585, pour des raisons essentiellement tactiques. « Je suis leur chef, catholique comme il se doit ; donc je les suis. » Hélas ! pour la circonstance, l'allié est plus dangereux que l'ennemi ; le souverain craint à chaque instant d'être débordé par l'encombrant « ami » qu'est devenu pour lui le duc de Guise. Qui plus est, l'armée royale est durement étrillée par Navarre à Coutras (octobre 1587). Cette défaite n'arrange pas les choses, malgré les funérailles quasi royales et hautement baroques dont Henri III honore la dépouille de son mignon Joyeuse, tué dans la bataille. Les contradictions s'aiguisent entre les deux Henri (Valois et Guise) au Nord, cependant que le troisième Henri (Navarre) au Sud demeure l'enjeu ou le prétexte du conflit.

A deux reprises (février 1586 et surtout mai 1588), Guise vient parader dans Paris, capitale catholique et déjà ligueuse, en laquelle, à défaut de consensus total, il suscite un enthousiasme maintes fois délirant. Il se sait du reste, ressource inattendue, à demi-conforté par quelque soutien qui lui vient de Catherine de Médicis ; la reine mère souffre en effet de se voir confisquer le pouvoir royal, en raison des prérogatives institutionnelles de son fils Henri III, qu'elle ne cesse pourtant d'aimer de tout cœur. Elle n'oublie pas d'autre part son lien familial, même distendu, avec les Guise : elle est la mère d'une princesse lorraine (sa fille s'est mariée ducalement à Nancy) ; et la belle-mère d'une autre Lorraine (la reine Louise, femme d'Henri III, naquit du lignage souverain de ce petit État). A tout prendre, le catholicisme outré des ligueurs lorrains n'a rien qui puisse effrayer *a priori* la pieuse Italienne qu'est encore de temps à autre Catherine, par simple souvenir de sa naissance et de son enfance.

En mai 1588, la seconde venue de Guise à Paris, muni de ces renforts symboliques, déclenche par contrecoup (puisque Henri III n'a pas, vis-à-vis du prince intégriste, les complaisances de sa mère) l'immédiate occupation de la ville par les troupes royales. Celles-ci, par réaction logique, provoquent en contrecoup la journée des Barricades (12 mai 1588). Elle est menée, sous les armes, par l'artisanat, les commerçants, les universitaires, les procureurs et même les magistrats, hostiles à la présence des militaires. Ces barricades sont les premières du genre, et feront l'objet d'imitations multiples durant les siècles suivants. Paris étant désormais dominé *de facto* par Guise, Henri III, plus astucieux en cela que ne sera Louis XVI, s'échappe le vendredi 13 mai de sa capitale en direction de l'Ouest par la porte Neuve, depuis les Tuileries mal encerclées par l'insurrection. Il couche à Rambouillet, première étape d'un parcours qui s'achèvera à Blois. Il est vite rejoint par l'un de ses mignons (d'O), par le chancelier, les ministres, les maréchaux de France. Il garde en main de nombreux et puissants atouts, même si lui a manqué, sur le moment, l'aide de son premier ministre officieux, Epernon, absent de Paris à l'époque.

Un recours demeure au souverain (et ce n'est pas le

seul puisque aussi bien la puissance monarchique, en 1588, est loin d'être totalement détruite). Henri III envisage donc, aux fins du renforcement nécessaire, de faire appel à la France profonde et de convoquer les États Généraux, qui se réuniront, en effet, au mois d'octobre 1588. Il prend à ce propos, préalablement, le risque d'une crise ministérielle (8 septembre 1588), la première du genre : il congédie ses secrétaires d'État et son chancelier, impopulaires, ou parfois complices de Guise[1] ; il les remplace par des personnalités moins compromises et moins usées. « Offensive de charme »? Elle n'est pas sotte, même si la victoire royale demeure problématique pour le moment, s'agissant de la convocation et surtout de la composition des États. Le comportement monarchique en la matière est-il si différent de celui d'un Guise ou d'un Navarre ? Au cours d'une décennie furieuse, où l'étoile est terrible contre les rois, et où les jeux sont loin d'être faits en faveur de l'absolutisme, on est bien obligé de faire appel à la représentation du pays, méridionale pour le Béarnais, septentrionale au gré du Lorrain, nationale au vouloir du Valois. D'où la réunion prévue de ce qui n'est pas encore tout à fait, certes, une assemblée pleinement représentative des régnicoles. Une chose cependant est de convoquer les États ; encore conviendrait-il, à ce propos, d'influencer ou de manipuler au préalable le processus électoral qui les prépare et les met en place. Henri s'est essayé de son mieux à ce jeu difficile. Lui manquait-il, en l'occurrence, le réseau des préfets et sous-préfets dont se serviront les Républiques aux XIXe et XXe siècles, en vue de gagner les élections ? Les baillis et sénéchaux en tout cas, n'étaient pas capables cette année-là de faire face. Les Guise, forts de l'assentiment des villes majoritairement catho-

1. Le congédiement vaut pour les titulaires de la chancellerie (Cheverny), des finances (Bellièvre), et des secrétariats d'État (Brûlart, Pinart, Villeroy).

liques, s'y prennent beaucoup mieux en la matière que ne le fait l'infortuné Henri III. Aidés par le réseau organisationnel et multicitadin de la Ligue, ils obtiennent, à l'ouverture des États (octobre 1588) un soutien assez général des députés, un appui que le pays « de base » dans son ensemble est bien loin d'accorder aux Lorrains dans les mêmes proportions. Les États Généraux sont donc dominés par le parti ligueur et guisard, du moins en ce qui concerne le Tiers État et (naturellement) les clercs. La noblesse est plus partagée. Dans l'ensemble, l'assemblée tri-étatique manifeste des tendances à une autogestion avant la lettre. Les trois ordres, surtout deux d'entre eux et principalement les villes, souhaitent de façon claire ou confuse contrôler quelque peu le pouvoir royal, faire la loi, tenir la main à l'impôt, jusqu'au point où les finances seraient contenues en un coffre à deux clés, l'une pour Sa Majesté tout court, l'autre pour Leurs Majestés les États. Il est question aussi, initiative assez révolutionnaire, que l'assemblée ou la nation ou le peuple (finalement la Ligue et les Guise) aient leur mot à dire dans la nomination des principaux officiers de la Couronne : chancelier, connétable, intendants des finances, secrétaires d'État. Étonnante audace ! Elle s'inspire de nombreux exemples européens (Suède, Pologne, Parlement anglais, Vatican, États de Languedoc, et pourquoi pas aussi Cortès d'Espagne... voire Constitution helvétique ou vénitienne). Henri III met un terme brutal à cette croissance pour lui périlleuse d'un principe représentatif, faut-il dire électif ou démocratique. Il coupe court aussi à la compétition des Guise, objectivement féroce. Le 23 décembre 1588, il supprime purement et simplement, lors du fameux guet-apens de Blois, le duc de Guise, et puis son frère le cardinal. Les connotations sociales et régionalistes ne sont même pas absentes de cet événement spectaculaire : la garde prétorienne des Quarante-cinq, aux soins de laquelle est confié l'assassinat du duc, se compose de Gascons, peu perméables aux influences ligueuses qui émanent de la capitale. Ils naquirent dans la « noblesse seconde » ou moyenne noblesse méridionale, qui se méfie parfois des grands aristocrates de type lorrain. La tuerie réaffirme, contre le principe ligueur à prétentions électives et représentatives, les volontés têtues d'un proto-absolutisme qui se voudra bientôt sans faiblesses. Henri III, malgré sa réelle impopularité, qui ne fait que croître après le meurtre, sort de là beaucoup moins affaibli qu'on ne l'a prétendu. Désormais discrédité sur le plan moral, il en tire du moins le bénéfice d'avoir décapité le parti adverse. « Avantage supplémentaire »: les haines ultra-papistes qui accablent le Valois l'incitent maintenant à l'alliance ouverte avec les politiques et réformés du Sud, seuls contrepoids possibles par rapport aux cités ligueuses du Septentrion. Fait frappant : la conseillère d'Henri III, qui le pousse dans les bras de Navarre, n'est autre que sa demi-sœur Diane de France, bâtarde d'Henri II et veuve d'un Montmorency. Le jeu des familles continue...

Par un vif retournement d'alliance, au cours d'une entrevue historique entre les deux souverains (Plessis-lès-Tours, 30 avril 1589), Henri III s'associe à Henri de Navarre et aux protestants : la légitimité successorale fait prime aux yeux du monarque français par rapport à l'orthodoxie catholique. Elle confère désormais au Valois, si détesté soit-il, de forts avantages en comparaison de la Ligue ; celle-ci est toujours puissante, mais privée de ses grands chefs. Elle ne peut plus compter que sur elle-même, faute d'alliés de poids dans le camp monarchique, *a fortiori* huguenot. Nouvelle tragédie : le 1er août 1589, Henri III est poignardé à son tour par le moine Jacques Clément, que poussent au régicide les certitudes de la foi romaine. De par cette mort, qu'il n'a pas souhaitée, Navarre est maître du jeu. Devenu Henri IV, il n'a plus qu'à clore la partie. Quelques années, fort rudes à passer, seront encore nécessaires pour que s'établisse enfin la synthèse henricienne, en route vers une ouverture absolutiste, à l'encontre des reliquats de monarchie constitutionnelle, ou du moins quasi contrôlée par les divers groupes de sujets. Celle-ci s'était néanmoins située, pour quelque durée, dans la ligne de but des actions qu'avaient menées respectivement sur le mode antagoniste les Provinces Unies du Midi, et les villes ligueuses du Nord, plus ou moins fédérées sous l'égide des Guise. Comme quoi de part et d'autre, on différait sur la religion, mais pas toujours sur les conceptions politiques, accordées à certaines tendances de l'époque, et brièvement favorables au régime semi-représentatif.

En deçà des événements qui se terminent mal, la personnalité des Guise, et principalement des deux chefs successifs de la famille, père et fils, François et Henri, est plus qu'attachante. Leur charme et leur générosité font contraste avec les froideurs ou lourdeurs répulsives du défunt chef de la famille concurrente, l'ancien connétable Montmorency. Chevaleresque, Henri de Guise sauve quelques protestants pendant la Saint-Barthélemy (ce qui ne l'empêche pas, certes, d'être l'un des fauteurs du massacre). Le père et le fils, François et Henri, arborent tour à tour au visage la célèbre balafre qui atteste la bravoure militaire. Double blessure ! Elle affermit les charismes du lignage. Au gré des traditions françaises, Guise senior et junior, par ailleurs peu aimés de l'historiographie, incarnent néanmoins, selon les cas, l'expansion conquérante ou la résistance nationale, sur les marches lorraines et champenoises, à l'encontre des reîtres d'Allemagne : François s'illustre ainsi lors de la défense de Metz (1552), et Henri à la bataille de Dormans (1575). Ils prennent place tous deux, malgré leur réputation réactionnaire, dans le panthéon patriotique : en celui-ci, les revendications, valables ou hypertrophiées, de défense contre le « germanisme » joueront en effet un rôle éminent. Henri de Guise est-il un Joffre avant la lettre ? Au plan strictement militaire, le génie stratégique de François et la simple habileté tactique d'Henri se donnent libre cours sous des formes variées dans la méthode de l'effet de surprise, communément utilisée par l'un ou par l'autre, aux combats de Calais, Dreux, Dormans, Vimory, Auneau. Très pieux, les deux hommes, et par contrecoup le tout-venant de leur famille, bénéficient d'une « aura messianique », colorée de qualités diverses : haute naissance princière, beauté, courage, manières libres et gracieuses, dévotion intense, celle-ci n'empêchant point Henri, jusqu'aux dernières nuits, d'aimer les dames. D'autres membres du lignage, cependant, adoptent des comportements plus contestables : l'hystérique duchesse de Montpensier, sœur d'Henri de Guise, s'est munie d'une paire de ciseaux d'or pour couper les cheveux du roi Valois et pour mieux le réduire ainsi à l'état de moine découronné.

Opulents, les Guise sont comblés de richesses, de clientèles, de charges, de gouvernements. Le duc Henri et les siens agissent en joueurs d'échecs. Leurs combinaisons débordent largement le cadre français ; elles s'étendent à l'Alsace et à Strasbourg ; elles se déploient jusqu'à fomenter telle intrigue complice avec des princes protestants (mais oui) d'Allemagne, à commencer par le célèbre Jean Casimir, fils de l'électeur palatin. Guise aurait même noué des négociations, en 1585, du côté d'Henri de Navarre, par l'intermédiaire d'un agent secret qui n'était autre que Michel de Montaigne en personne ! Les braves gens épris de religion catholique n'y voyaient que du feu puisque aussi bien nul ne les informait de ces tractations secrètes et plus qu'étranges. La Cour princière des Lorrains, à Nancy, fonctionne à cet égard comme plaque tournante et comme foyer de relations européennes, mi-publiques, mi-clandestines.

Les Guise dirigent une faction puissante, répandue

à plusieurs niveaux, parisien, provincial, aristocratique, citadin, multirégional... Cela dit, les contours de cette faction ne sont pas délimités une fois pour toutes : beaucoup de personnes déçues la rallient ; le mécontentement, comme en toute époque de crise pour les niveaux de vie ou les fortunes, joue un rôle essentiel dans la consolidation du parti guisard. Même certains amis d'Henri III, voire ex-mignons comme d'O, Epinay-Saint-Luc et aussi pour quelque temps le marquis de Beauvais-Nangis, aigri de voir Epernon occuper la place prépondérante qu'il avait guignée dans l'entourage royal, passent au camp des Lorrains : ceux-ci allèchent Beauvais-Nangis en lui promettant la charge de colonel général de l'infanterie..., mais ne tiendront point parole. D'où la défection ultérieure du marquis vis-à-vis de ce parti de Ligue qu'il n'embrasse que passagèrement.

Les ralliements ou les « arrivées » peuvent donc être compensés par des « départs ». La tentation ligueuse en effet n'empêche pas ensuite certains retours dans l'orbite du Valois : ainsi d'O est-il récupéré par son royal patron grâce à la prime d'une promotion dans l'Ordre du Saint-Esprit (janvier 1586). De même, le puissant duc de Nevers, après l'avortement d'un projet de noces pour ses enfants avec les Guise de la jeune couvée, se laisse aller à marier deux filles à de puissants fidèles du monarque : du coup, Nevers et son groupe seront dorénavant perdus pour les Lorrains.

Les sirènes guisardes sont cependant captieuses : même Catherine de Médicis par moments se laisse tenter, puisque aussi bien sa bru naquit Lorraine, et sa fille épousa un Lorrain ; à quoi s'ajoutent les rancœurs de la reine mère contre Epernon, qui lui a ravi une grosse portion de pouvoir et d'influence, dans le proche entourage d'Henri III. Enfin, doit-on rappeler que ce roi lui-même a jugé bon, en certain moment, de se mettre à la tête des mouvements initiaux de Ligue, afin de les mieux contrôler. Pure manœuvre, bien sûr ! Elle n'ouvre guère de perspectives. Et cependant, au mois de juillet 1585 encore, Henri III qui cède à la force, ou qui se prend pour un nouveau Machiavel, signe non sans regrets intimes le traité de Nemours : ce texte met le protestantisme hors la loi, et satisfait de la sorte les ligueurs, à vrai dire insatiables ! Il donne d'autre part aux troupes guisardes plusieurs places de sûreté ainsi qu'une généreuse promesse de subvention. Plaçons-nous donc, pour juger l'acte ainsi posé à Nemours, dans l'angle de visée des Lorrains eux-mêmes : pour Henri de Guise en 1585 (et aussi en 1588) comme pour les Condé en 1560, 1562, ou 1567, comme pour Catherine de Médicis en 1572, le problème est toujours de bien tenir, par écrit ou physiquement, de loin ou de près, la personne même du souverain. « Feu sur le quartier général », pourrait-on dire en paraphrasant (à contresens, certes !) la formule symbolique de certains révolutionnaires du XXe siècle.

Reste qu'on ne peut pas réduire le noyau guisard à un simple centre opportuniste d'intrigues et de cabales. Les Guise, et d'abord le duc Henri, sont profondément catholiques, sur le mode viscéral, tout comme la Ligue parisienne est extrêmement pieuse. Pour l'Église ils octroient des dons somptueux. Malgré quelques tentatives ratées en vue d'un rapprochement adventice avec la princerie protestante d'Allemagne ou de Béarn, ils ressentent, comme permanente obligation d'ordre spirituel, la nécessité d'un combat contre l'hérétique Henri de Navarre. Le Béarnais, en effet, a subi l'excommunication par bulle papale, qui visait aussi Condé, en septembre 1585. Autre motivation de même type, pour les princes lorrains : la souffrance des catholiques d'outre-Manche persécutés par la reine Elisabeth Ire, ainsi que l'exécution de Marie Stuart (février 1587). L'une et l'autre angoissent et désolent le catholicisme français ; elles inspirent le prône violent des prédicateurs, qui ont toujours le Saint-Esprit dans la bouche ; elles encouragent aussi les spectaculaires « processions blanches » qui défilent en Champagne guisarde, au nom d'une mystique collective voire baroque.

Au plan laïque, l'établissement des Guise réfère à une triple constellation : celle-ci est d'abord féodale. Les agitations guisardes ont en effet quelque chose d'archaïque, évoquant les batailles intestines du siècle antérieur, Praguerie, ligue du Bien public, guerre folle ; à ceci près que les problèmes religieux n'affleuraient pas encore aux luttes civiles des années 1460 ou 1480. Henri de Guise, comme jadis François, entraîne sous ses drapeaux une partie de la noblesse ; mais le second ordre, en général, où sont nombreux les gentilshommes de niveau modeste, a quelques raisons de s'effrayer des prétentions « super-féodales » du trublion lorrain ; toute une clientèle issue de la noblesse seconde est donc disponible pour Navarre et pour le roi de France ; celui-ci distribue sans pingrerie à des fidèles issus de ce deuxième groupe les titres de duc et pair, et les décorations du Saint-Esprit. La prestigieuse collectivité des ducs et pairs, dont Saint-Simon se fera le chantre génial, voit du reste poindre sous le dernier Valois ses revendications de vanité spécifique, hiérarchique.

En second lieu, le groupe guisard ne dédaigne pas de compter sur la triplicité traditionnelle des États Généraux : les trois ordres ! Au grand dam du souverain, Guise a su faire élire à grosse majorité ses partisans, parmi les représentants du Tiers et du clergé, sinon de la noblesse, aux États de 1588. Face à une monarchie valoisienne et bientôt bourbonienne qui cultive, sans avoir l'air d'y toucher, les premières semailles de l'absolutisme, les Lorrains, entre autres avatars, représentent paradoxalement, une espèce d'alternative constitutionnelle, on n'ose pas dire libérale ! Depuis le XIVe siècle, *grosso modo* depuis l'époque d'Étienne Marcel, le spectre d'une monarchie contrôlée par la représentation des corps qui constituaient à eux tous le royaume, hantait les élites dirigeantes et les agents du Pouvoir. Les Guise (quelquefois dépassés en l'occurrence par leurs supporters les plus ardents) donnent chair derechef à ce vieux rêve, lors des débats houleux qui opposent les trois ordres au roi ou à ses proches, durant les États de 1588.

De ce point de vue, répétons-le, la faction guisarde est-elle si éloignée des protestants et des politiques, dont la séparent en d'autres domaines l'infranchissable fossé de la divergence théologique et de la détestation mutuelle, ainsi que le flux torrentiel du sang versé ? Constatons simplement qu'autour de 1585-1589, deux grands réseaux de délégations régionales se dessinent sur le territoire français : ce sont les Provinces Unies du Midi, politico-protestantes ; et d'autre part les pouvoirs confédéraux, si mal jointoyés soient-ils, émanant des villes et corps qui, principalement dans la France septentrionale, reconnaissent l'autorité des Guise, comme de la Sainte Union catholique. Osons en ce sens une comparaison qui peut-être choquera : la France de 1588, ou partie d'entre elle, afin d'éviter l'impensable avènement d'un roi calviniste en la personne de Navarre, voudrait s'en remettre avec pleine confiance à la délégation catholique des groupements urbains, ecclésiastiques et régionaux de toute sorte, coalisés sous l'égide des Guise. Or, ce morceau de royaume est-il si différent, en cela du moins, de l'Angleterre de 1688 ? Celle-ci, pour écarter le « cauchemar » d'un souverain catholique (Jacques II) confiera sagement le dépôt du pouvoir légitime aux instances expressives des communautés régulières, Église anglicane, Lords, Communes... le tout sous les auspices d'un leader protestant, Guillaume d'Orange, appelé tout exprès, et qui en fin de compte occupera le trône londonien. Mais il est vrai qu'outre-Manche, la religion localement minoritaire (les catholiques) ne disposera, Irlande mise à part, que d'effectifs dérisoires ; les choses seront donc menées pacifiquement, et de main de maître. En France, par contre, les huguenots sont nombreux et les haines puissantes, au point que de durs combats sont nécessaires ; on n'en sortira, pour finir, qu'au moyen d'un recours au proto-absolutisme « ouvert », géré par un suprême arbitre, Henri IV, au-delà de 1589-1595.

Reste enfin, « sous » les Guise, mais pas totalement contrôlée par eux, la question de l'assise citadine, et nommément parisienne, du mouvement : en mai 1588, les ligueurs inventent la méthode et même la simple existence physique des barricades, dont la fortune ensuite sera prodigieuse pour la longue histoire des révolutions et soulèvements urbains, du XVIIe au XXe siècle. Lesdites barricades, en ce mai printanier de la fin du règne d'Henri III, sont du reste à double entente : en effet, la bourgeoisie qui fit dresser celles-ci les avait conçues aussi bien pour contenir la plèbe artisanale ou populacière en veine de pillage, que pour faire obstacle et blocage aux déplacements de la soldatesque royale, qui venait de s'installer indûment dans Paris.

La Ligue comme initiative communautaire est d'abord marquée par un catholicisme sans concessions. Elle incarne aussi certaines frustrations de la bourgeoisie seconde, celle du parti des Seize[1], des procureurs, maîtres des métiers, marchands, bas officiers, hommes de loi surtout dans le genre de Louchard, Crucé, Bussy-Leclerc ; et cela au détriment des « grandes robes » parlementaires, soupçonnées d'excessive affection envers la monarchie centralisante. Les ligueurs sont attachés aux franchises médiévales et corporatives de la ville que menace l'intrusion d'une armée aux ordres de l'État national. Ils ne dédaignent pas d'aller plus loin, jusqu'à verser dans le localisme ; chacune

1. Les Seize, en fait quelques centaines de cadres laïques de la Ligue, « tirent leur nom d'une référence aux seize quartiers qui se partagent le territoire parisien ».

de leurs troupes est enracinée de manière solide dans son quartier propre, et donc peu capable d'une démarche stratégique à l'échelle de l'entière agglomération (c'est la raison pour laquelle Henri III, le 13 mai 1588, n'a guère de difficulté à fuir Paris par une porte occidentale, hors de portée des gros pelotons de ligueurs qui sont postés en rive gauche, à la cité ou à l'hôtel-de-ville). Ce « parochialisme » exacerbé n'empêche pas qu'au niveau interurbain cette fois, les agents ligueurs, subventionnés par Paris et par les Guise, parcourent la Beauce, la Touraine, l'Anjou, le Maine ; ils s'efforcent d'articuler en réseau diverses villes, afin de renforcer la cause du parti à l'échelon multirégional.

Frappe, en toute cette histoire, l'ambiguïté profonde du phénomène de Ligue : à certains égards, il exhibe des caractères assez répulsifs. Michelet s'indignera du cléricalisme abject de la faction, exclusif de toute tolérance envers le protestantisme (mais les anglicans et Dissidents de l'Angleterre « glorieusement révolutionnaire » en 1688 seront-ils si ouverts et tolérants vis-à-vis de la communauté papiste, minoritaire dans les îles britanniques, mais majoritaire en Irlande ?). Le mélange de fanatisme bigot et de populisme surgi des masses qu'on détecte dans les manifestations de la Ligue fait penser par avance, simple analogie, aux défilés des mollahs de Téhéran, pendant les années 1970-1980, porteurs eux aussi de cette double caractéristique. Un tel rapprochement, certes, ne contribue point à rendre plus attrayantes les entreprises jumelées des Guise et de l'hôtel-de-ville tenu en main ligueuse. Sans qu'il faille aller nécessairement si loin dans les comparaisons avec notre temps, on a maintes fois noté que les pratiques de la Ligue parisienne (chasse aux suspects, délation, Terreur symbolique ou parfois réelle, organisation « sectionnaire » des quartiers, mise en condition des citadins) préfigurent les méthodes des jacobins, sans-culottes et membres de la commune de

Paris, lors des rudes années 1793-1794. De là à établir une filiation de l'une à l'autre, il n'y a qu'un pas, long à franchir !

Ces prolongements possibles ayant été dûment évoqués, on doit s'en tenir envers et contre tout à quelques données fiables. Et d'abord : les attaches traditionalistes de la Ligue (espace urbain légué par les siècles, habitudes anciennes de prise de contrôle par la ville, relativement à ses problèmes immédiats et locaux de subsistance, d'auto-administration et de religion) sont trop fortes pour qu'on puisse d'un seul coup de réflexion hâtive, projeter nos ligueurs hors d'eux-mêmes, vers les affres encore à naître du terrorisme robespierriste.

Et cela d'autant plus que doit être nuancée, atténuée même une prise en compte du phénomène guisard qui serait par trop péjorative. En réalité, la Ligue est très « française » dans les significations diverses de cet adjectif, bonnes et moins bonnes. Par le jeu des villes ralliées aux Guise, et par l'action des gouverneurs provinciaux qui sont leurs amis, elle s'appuie sur les régions du Nord et de l'Est qui se comportent, à un certain degré, en bastions de l'identité nationale et qui resteront (avec la mise en évidence ultérieure de la ligne Saint-Malo/Genève) les points forts du développement socio-économico-culturel dans le cadre français. Parmi ces zones préférentiellement ligueuses, et nord-orientales ou en tout cas d'oïl, citons la Champagne, la Brie, la Bourgogne, la Lorraine (qui ne touche encore à la France que grâce au langage commun, aux Guise et aux proximités frontalières), la Picardie, l'Ile-de-France, et puis, périphériques, le Berry, le Maine-Anjou ; et plus au Sud, un peu de Dauphiné, de Lyonnais, de Poitou, d'Auvergne, de Provence... La Ligue en revanche rencontre des difficultés plus nettes à s'épanouir dans le Midi languedocien et dans le Sud-Ouest, l'un et l'autre fortement contaminés par la huguenoterie comme par le modérantisme corrélatif des catholiques politiques. Il est vrai que les Joyeuse si forts à Toulouse affirment des sympathies croissantes envers la Ligue ; grâce au soutien inattendu que fournit cette grande famille, « ex-mignonne » d'Henri III, la Sainte Union bénéficie d'un utile point d'appui dans la ville rose, au cœur d'une Aquitaine plus généralement navarriste.

Mais laissons ce pseudopode méridional de la Ligue, et proposons brièvement une visée d'ensemble, à grande distance de temps et survol d'espace : disons que le jour où sonnera pour les populations septentrionales, en 1789, l'heure de l'émancipation, si difficile soit-elle, par rapport au pur et simple absolutisme monarchique, on se retrouvera quelque peu, sans trop le savoir, dans le cas de figure de 1588, au temps où les provinces de l'Est et du Nord, en majorité, affirmaient derrière les Guise une certaine volonté d'autodétermination, ou du moins de participation au processus gouvernemental, le tout contre la politique d'Henri III.

Et pourtant..., la Ligue n'est pas strictement nationale. Souvent désireuse, contre les vœux d'un gallicanisme enraciné, d'introduire en France les décrets du concile de Trente, elle a nécessairement quelque chose d'ultramontain ; ses regards se portent volontiers vers la Rome des souverains pontifes. Qui plus est, Guise est lourdement subventionné par Philippe II, en centaines de milliers d'écus sonnants et trébuchants. Faut-il penser que ceux-ci sont frais émoulus ou refondus des mines du Potosi ? Guise, que les correspondants diplomatiques du souverain madrilène désignent sous le nom codé de Mucius, n'en devient pas pour autant un pur et simple agent de la Couronne espagnole, à la solde des desseins hostiles que celle-ci cultive contre le protestantisme international, et d'abord contre l'Angleterre (l'expédition finalement désastreuse de l'« Invincible Armada » en direction des côtes britanniques date précisément de 1588). Féodal, solidement possessionné en France et en Lotharingie, Guise, dès l'année des barricades, peut compter fermement de surcroît sur la vaste popularité dont il bénéficie dans Paris, l'une des plus grandes villes d'Occident. Quand il traite avec Philippe, c'est de puissance à puissance, ou de pair à compagnon. Même minoré par rapport au Habsbourg d'Espagne, qui joue avantageusement (non sans notes discordantes) sur un clavier mondial (Europe, Amérique, Philippines...), François de Guise incarne lui aussi, à bien moindre échelle, un pouvoir quasi national et même modérément international ; il peut tenir tête à Sa Majesté catholique, dans le cadre d'une alliance commune, juchée sur l'intégrisme religieux. Le duc lorrain peut même aller jusqu'à faire monter les enchères, dans cette dangereuse partie où il tombera pour finir sous le coup des meurtriers.

Guise a-t-il voulu en toute sincérité s'identifier à Charlemagne, qui serait prétendument son ancêtre ? Ainsi eût été remplacée un beau jour la race déclinante des Capet, par le rameau verdoyant des Lorrains de Carolingie... En réalité, on doit se garder, sur ce point, de toute exagération rhétorique. Certes Guise a laissé la bride sur le cou aux propagandistes et généalogistes complaisants, qui faisaient descendre du grand empereur les princes de Lorraine, et qui remontaient dans cette recherche des origines familiales, jusqu'à Clodion le Chevelu, héritier en droite ligne de César et des Troyens ! Mais en fin de compte, et malgré ces débordements verbaux d'un entourage, Guise manifestait certain respect à la personne et à la fonction d'Henri III. Tout au plus aspirait-il à devenir connétable auprès du souverain. Le prince lorrain évita soigneusement de renverser le roi français, alors qu'en mai 1588, il aurait pu le culbuter tout à fait, s'il avait agi avec une détermination qui justement n'était pas la sienne en l'occurrence. Cette mansuétude ne fut pas payée de retour, et lui valut, sept mois plus tard, d'être assassiné. On n'est pas révolutionnaire à demi : le Valois n'épargnera donc point, en décembre 1588, l'homme qui l'avait laissé survivre physiquement et politiquement en mai de la même année.

Conclusion logique : comme jadis Louis XI coupant le fil des ambitions bourguignonnes, Henri III, puis Henri IV mettront un terme aux perspectives utopiques d'une Lotharingie sans frontière..., et parisianisée ; elles enchantaient depuis quelque temps les plus audacieux dans le clan des Guise. D'autre part, la Ligue ayant été défaite, le chemin sera dorénavant fermé en France, et même jusqu'au XXe siècle, à la durable carrière d'un grand parti politique d'obédience et de mouvance cléricale ou tout simplement catholique. L'ultime Valois, puis le premier Bourbon gagnent sur les Guise. Richelieu l'emportera lui aussi sur Marillac... Dorénavant, le patriotisme dans la longue durée fait prime sur le catholicisme, qui reste néanmoins religion de la vaste majorité des Français. Le pays ne s'en trouve pas plus mal. Même porteuse, à terme, d'institutions monarchiques devenues heureusement constitutionnelles et représentatives, la victoire des ligueurs, dans l'immédiat, aurait signifié l'emprise d'une intolérance bigote et monopoliste, à l'image de celle que faisaient régner respectivement Philippe II en Espagne, dans l'orbite catholique, et Elisabeth Ire au Nord du Channel, en territoire anglican. La victoire difficile d'Henri III, puis celle quasi totale du Vert Galant donneront à la huguenoterie française un répit fort positif de presque cent années (1589-1685) ; il jettera, nationalement, les bases du pluralisme confessionnel et de la diversité idéologique. Telle est en somme l'issue point trop insatisfaisante, obtenue à grands frais, des avatars du long XVIe siècle : s'y défait finalement le modèle sociopolitique à base urbaine et multicitadine, qui avait constitué l'un des fondements de la Ligue. Cette défaite est tout profit pour le système national-étatique. Ou du moins, voit-on passer la dominance du premier au second des deux systèmes ainsi mis en cause. Or, il se trouve que le modèle victorieux (national-étatique) produit en France une logique absolutiste en termes de pouvoir, mais engendre aussi, par chance, une configuration semi-libérale, s'agissant de la culture intellectuelle. Il n'est que de considérer à ce propos l'époque de Richelieu, issue en droite ligne, à trente ou quarante ans de distance, de l'abaissement des ligueurs. Les grands et même certains militaires protestants seront brimés par le cardinal. Mais les penseurs, les écrivains d'une époque devenue baroque, voire libertine, demeureront relativement libres tant d'écrire que de publier. La France ne deviendra pas de sitôt comparable à l'Angleterre ouverte et parlementaire du temps de Newton et de Locke. Du moins évitera-t-elle le triste sort de l'Espagne inquisitoriale.

TROISIÈME PARTIE

LA VERDEUR DU BOURBON

XI

L'ouverture

Henri IV qui (théoriquement) accède au trône ou à ce qu'il en reste, en l'an de disgrâce 1589, marque rupture et continuité par rapport à la ci-devant dynastie des Valois. Cousin très lointain d'Henri III, il appartient à cette famille des Bourbons, qui, pendant trois siècles, avait vécu à l'ombre du pouvoir, le servant souvent, le trahissant quelquefois, brusquement jetée à la fin du XVIe siècle aux avant-postes d'une actualité qui ne la lâchera plus. Béarnais, populiste, authentiquement proche des paysans qu'il a bien connus dans son enfance et qu'il aimera retrouver par la suite, Henri de Navarre conservera sinon la forfanterie, du moins « la ladrerie et la cordialité facile » qu'un stéréotype attribue à ses compatriotes du « petit pays ». Albret par sa mère, il hérite de l'humanisme érasmien et souriant qui caractérisait son aïeule Marguerite d'Angoulême, digne sœur de François Ier ; il participe aussi des idées calvinistes qu'adopte et que propage énergiquement Jeanne d'Albret qui l'engendra : la mère et le fils figurent en effet au tout premier rang des signataires de la Confession de La Rochelle, qui demeurera pendant des siècles, le *Credo* des protestants français[1].

Monarque de Navarre, Henri est en procès permanent avec l'Espagne. En 1512, celle-ci avait rattaché aux pays castillans les provinces navarraises d'outre-Pyrénées ; Madrid avait ainsi réduit ce qui restait de ce petit royaume à la surface d'un État-croupion, sis au Nord de la ligne de crête des Pyrénées. Néanmoins, Henri, dès la mort de sa mère, demeure mini-potentat régional, voire semi-national : outre sa royauté héréditaire, il dispose en effet du Béarn, du comté de Foix et de l'Armagnac ; il est enfin gouverneur de Guyenne pour le compte du roi de France[2].

Méridional, ou plutôt Gascon, comme on disait à l'époque, il est aussi Français, inséparablement. Les alliances ou les parentèles de ses ascendants le rattachent à François Ier (auquel il ressemble vaguement), à Louis XI ainsi qu'aux princes lorrains et savoyards ; du fait de ces liens et des cousinages qu'ils impliquent, il évolue aisément dans le réseau international de la haute « princerie » francophone. Bon gré, mal gré, il a passé une partie de son enfance et de son adolescence

---

1. « En avril 1571, Jeanne d'Albret assiste avec son fils Henri de Navarre, le futur Henri IV, au synode huguenot de La Rochelle, qui groupe les plus hautes autorités de la "Religion" calviniste, au premier rang desquels Théodore de Bèze (...). La confession de foi dite de La Rochelle y est élaborée, texte majeur qui demeure aujourd'hui encore le *Credo* de l'Église réformée de France. Le texte original de la confession porte dans l'ordre les signatures de Jeanne d'Albret, Henri de Navarre, Condé, Nassau, Coligny, puis les pasteurs... »

2. Plus précisément, il est souverain en Béarn, Navarre et comté de Foix ; il possède le duché d'Albret et des centaines de fiefs lui rendent hommage dans le comté d'Armagnac ; au Nord de la Loire, il est duc de Vermandois et Beaumont, comte de Marly, vicomte de Châteauneuf-en-Thimerais ; il régit d'autre part le gouvernement royal de Guyenne, en collaboration avec le lieutenant général François de Matignon.

à la Cour des Valois : il écrit donc à merveille la langue française, sans qu'un gasconisme affleure sous sa plume. À plusieurs reprises, il a changé de dogme, passant du protestantisme au catholicisme et vice versa : sa foi est multiple, mais d'autant plus profonde[1]. L'Ancien et le Nouveau Testament donnent forme et substance aux expériences plurielles qu'il a vécues dans le domaine du sacré. Il connaît et médite les Psaumes. Il se veut homme de dialogue et de tolérance, du seul fait d'une conscience exigeante et libre, éduquée dans le pur style de la Réforme. Sa culture classique, plus latine que grecque, est adéquate, sans plus : par définition, elle se situe à l'écart ou au-dessus des conflits religieux entre chrétiens. Elle le conforte dans la recherche d'une zone neutre, et d'une terre commune aux deux Églises. Quitte, après la conversion, à ce qu'Henri favorise davantage le côté catholique, sans pour autant cesser d'aimer les huguenots.

Moderne, Henri l'est à d'autres égards ; certes, il a des références archaïques : il s'identifie aux héros de Plutarque, et davantage encore aux chevaliers courtois que représentait Amadis de Gaule dont il fit volontiers ses délices. Après tout, la cavalerie en son temps

1. Il peut paraître paradoxal d'affirmer qu'une foi multiple (pluraliste ? œcuménisante ?) est d'autant plus profonde. C'est pourtant le cas en ce qui concerne beaucoup d'hommes du XVIe siècle et notamment Henri IV. Pourvu d'une excellente éducation religieuse dans l'enfance et à l'âge adulte, le Béarnais en effet a probablement pris « le meilleur » des dogmes concurrents qu'on lui inculqua sur le mode successif. Henri a été baptisé catholique en 1554, il passe sous l'influence protestante de 1559 à 1562 ; il est derechef catholique (à cause de son père) de juin à décembre 1562 ; puis protestant de 1563 à 1572 ; catholique encore, de force, après la Saint-Barthélemy (1572) ; il retourne une troisième fois à la huguenoterie après sa fuite de la Cour (1576) ; il se reconvertit enfin définitivement au catholicisme en 1593. Au XVIIIe siècle, de telles palinodies (à six ou sept reprises !) engendreraient le scepticisme pur et simple. Mais le XVIe siècle, avec son immense appétit du divin, n'est pas encore « négateur ».

demeure la reine des batailles, même si elle n'en fournit plus les gros bataillons. Mais on voit aussi le Navarrais à l'embuscade d'Eauze, distribuer à droite et à gauche les coups de pistolets qui lui sauveront la vie, dans le style des héros de western[1].

Un mariage raté l'a fait gendre de Catherine de Médicis, en l'unissant à la séduisante Marguerite de Valois, fille d'Henri II. L'incompatibilité d'humeur séparera pour toujours les deux époux, après quelques tentatives de boiteuse cohabitation. Henri va demeurer bien longtemps semi-célibataire de fait. Taillable et corvéable de l'amour, il monnaie l'échec conjugal en aventures et passades nombreuses, que provoque sa séduction personnelle, assortie d'un titre princier. La vigueur, au lit n'est pas sa qualité première : « Capitaine Bon Vouloir, il n'est pas grand abatteur de bois » (Tallemant des Réaux). Ses liaisons majeures jusqu'aux alentours de 1600 servent pourtant la politique d'union supra-confessionnelle qu'il préconise. La catholique Corisande, comtesse de Guiche, incite le jeune Navarre aux reconquêtes du royaume dont il est l'héritier légitime ; elle n'hésite pas, dans ce but, à envoyer par-dessus les moulins l'admonestation du confesseur qu'elle devrait pourtant écouter. Corisande-Chimène a trouvé son Rodrigue en la personne d'Henri. Gabrielle d'Estrées reprend le flambeau, dans les années 1590 ; elle soutient fidèlement la politique conciliatrice que signifie l'édit de Nantes. Les noces malheureuses de Navarre avec Marguerite avaient préfiguré, elles aussi, une certaine vocation henricienne : elles marquaient, au bénéfice douteux du conjoint, les débuts (avortés) d'une politique de syn-

1. En décembre 1577, Henri est pris au piège, avec quelques compagnons, dans la petite ville d'Eauze sur les terres d'Armagnac. Les dirigeants locaux en effet ont abattu la « herse » de la porte du rempart derrière eux, les coupant ainsi du gros de leur troupe. Henri, à coups et menaces de pistolets, parvient à tenir ses adversaires en respect, jusqu'à l'arrivée d'un renfort.

thèse nationale qui ne réussira pour de bon que vingt ans plus tard. Catherine de Médicis, en unissant sa fille Marguerite (catholique) à Navarre (huguenot) usait en effet des méthodes de compromis et de finasserie qui lui étaient familières depuis la décennie 1560 ; par un tel mariage, elle espérait aboutir sinon à la fusion, du moins à la réunification des deux partis qui divisaient le royaume : ce processus de synthèse devait s'effectuer, si l'on suivait les perspectives de la reine mère, au profit d'une hégémonie catholique que Catherine, après tout, ne souhaitait point tellement monopoliste. Il suffisait pour en arriver là, au gré de l'astucieuse Italienne, que deux chiquenaudes fussent données : la première aurait contraint Navarre, devenu l'époux de Margot, à se convertir ultérieurement au catholicisme. Ainsi la faction ci-devant huguenote aurait-elle dorénavant un chef papiste, façon comme une autre de la ramener dans le giron de l'unité du pays, ou du moins de la marginaliser. La seconde chiquenaude, nettement plus discutable, consistait pour mieux discipliner les protestants à « liquider » Coligny, de par les soins d'un tueur dont Catherine espérait qu'il ajusterait convenablement son arme à feu. On sait qu'il n'en fut rien ; Maurevert manqua la cible ; la simple blessure de Coligny déclencha par contre-coups successifs le massacre de la Saint-Barthélemy, qui mit fin pour près de deux décennies aux rêveries fusionnelles de Catherine. La visée stratégique de celle-ci n'était pourtant pas dépourvue d'intuitions d'avenir : elles prendront corps à la fin du siècle, sous les auspices de l'effective conversion d'Henri IV, génératrice de l'édit de Nantes.

Navarre, pendant sa « traversée du désert », s'appuie d'abord sur un parti, un réseau solide, parfois incommode. Il s'agit, en l'occurrence des Églises françaises réformées dont le polygone de sustentation s'est déplacé de plus en plus vers le Sud. En toute amitié, elles contestent assez régulièrement le Béarnais, surtout à la fin des années 1580 et jusqu'en 1593, quand devient net enfin son rapprochement avec l'Église catholique. Elles lui préféreraient éventuellement son cousin, Henri Ier de Bourbon, prince de Condé, beaucoup plus militant. Elles sont obligées néanmoins de s'accommoder du leadership navarrais, ne serait-ce qu'en raison des morts successives des autres grands ténors de la huguenoterie, Coligny, Condé senior, et Henri de Condé lui-même, trépassé des suites d'une grave blessure en 1588. Auprès de Navarre, elles délèguent Duplessis-Mornay, intellectuel calviniste, homme d'État et guerrier, devenu directeur de conscience du roi pyrénéen ; cette tâche directive s'avère souvent difficile, tant sont fréquentes les frasques de l'intéressé. Comme François Hotman, autre théoricien protestant, Duplessis-Mornay en est bien revenu de l'idéologie « démocratisante » qu'avaient brièvement professée les penseurs huguenots, au lendemain de la Saint-Barthélemy. Le ci-devant démocratisme des protestants monarchomaques, certes mêlé d'un recours à l'impulsion divine, va migrer pour une part dans le camp ultra-catholique et vers la Ligue. Mornay, dans la période 1580-1590, s'inspire désormais d'un royalisme plus pur, dont Jeanne d'Albret avait donné la première esquisse au cours des décennies antérieures, en son pieux royaume de Béarn ; elle avait placé l'État pyrénéen sous le regard et l'étendard de l'Éternel. Telle est donc la force du calvinisme de ce temps : il peut jouer sur deux ou trois tableaux, républicain (à Genève), monarchomaque après 1572, et puis royaliste au-delà de 1584.

Prince « hérétique », le chef des Bourbons fait partie, à titre français, de l'Internationale protestante. Il en dirige le détachement méridional, car elle est solidement ancrée (par ailleurs) dans le Nord du vieux continent ; elle inclut les principautés luthériennes d'Allemagne, l'Angleterre élisabéthaine, l'Écosse, les Provinces-Unies néerlandaises, la République genevoise, la Suède... Ce bloc septentrional doit-il se destiner à de plus larges conquêtes européennes vers le Sud et vers l'Ouest, vers le Midi latin qui, en règle générale, demeure réfractaire à l'hétérodoxie non catholique ? Les souhaits de Condé, fort activiste, s'orienteraient volontiers dans cette voie. Mais Navarre ne partage pas les désirs d'expansion de ce prince ; il envisage un statu quo des frontières, une coexistence pacifique à l'échelle continentale ; il ne veut pas de nouvelles conquêtes protestantes. En quoi une fois de plus il se distingue des éléments extrémistes et dogmatiques de son propre parti : la défaite des reîtres allemands à Auneau (1587), par les soins du duc de Guise, justifie l'orientation irénique du Béarnais, tout en constituant pour lui, dans le court terme, un grave échec. Même ambivalence de l'événement, du reste, en ce qui concerne la mort de Condé (1588) : désastre pour les huguenots... et délivrance pour leur chef Navarre, qui, par cette macabre chance, est amputé, enfin, de son partenaire le plus rétif, le plus intransigeant.

Au niveau strictement français, les institutions représentatives de la huguenoterie regroupent les délégués d'un certain nombre de villes, grandes et petites, principalement sudistes, qui furent gagnées à la propagande protestante, alors que la paysannerie, bien souvent, restait soudée au catholicisme traditionnel. Ces entités représentatives, du seul fait de leur fort recrutement citadin, pratiquent donc sans complexes le doublement du tiers (qui par contre engendrera tant de problèmes, à l'échelon national, en 1789). Elles sont assurées de l'amitié et de la complicité des catholiques « évolués » et modérés du Midi, que le mysticisme n'étouffe guère. Ainsi s'impose une double affirmation majoritairement méridionale : elle est simultanément démocratique (on parlera volontiers de la république des Provinces Unies du Midi) et monarchique (Henri est roi de Navarre, en attendant de l'être de France). Cette vocation jumelle souligne la vitalité d'un vaste parti « attrape-tout », rangé tant bien que mal sous les oriflammes du Béarnais ; on trouve en ce parti le chef protestant Lesdiguières, retranché en montagne dauphinoise ; le catholique Montmorency-Damville et son clan fraternel, en Languedoc ou ailleurs ; et enfin la clientèle particulière du protestant (et bientôt catholique) Navarre en personne, qui domine un archipel de territoires ; ils vont du Béarn à La Rochelle, en passant par la moyenne Garonne d'Agen et de Nérac.

A l'échelle nationale, une coalition de grands lignages aristocratiques et princiers soutient plus ou moins activement le Navarrais. Figurent parmi eux les divers chefs de la maison de Bourbon, dont Condé, Conti, Soissons, mais non pas le cardinal de Bourbon, gagné à la Ligue ; les Montmorency, encore eux ; et puis jusqu'à sa mort, au moins par intervalles, « Monsieur », *alias* François-Hercule, frère d'Henri III ; enfin, au cours des dernières années de la dynastie valoisienne, Henri III lui-même est devenu pro-navarriste *in partibus* ! Ainsi pourra surgir plus tard, à partir d'avril 1589, la miraculeuse alliance des deux souverains, contre l'extrémisme ligueur. Navarre compte, en outre, sur les sympathies prudentes d'un grand nombre d'officiers laïques, civils et gallicans ; ils désirent une certaine tolérance, et la persistance d'une dynastie temporelle, non soumise au caprice de Rome ; au premier rang d'entre eux s'individualise Michel de Montaigne. Les puissants robins du Conseil d'Henri III, soit Cheverny, Bellièvre, Villeroy, que les sirènes de Madrid et de la Ligue parfois séduisent, finiront eux aussi par basculer après un certain délai dans la faction grandissante de celui qui entre-temps va devenir Henri IV : ce ralliement des « hautes robes » s'explique par leur opportunisme, mais aussi par la méfiance que nourrissent traditionnellement les grands officiers envers l'Espagne jésuitique, antigallicane, antifrançaise... Henri de Navarre, en style gaullien, détient donc vocation à fédérer, car il constitue à lui tout seul un commun dénominateur contre la cabale ultramontaine, et plus généralement contre l'hydre du « parti de l'étranger » qui rassemble, aux yeux parfois paranoïaques des « bons Français », les Italiens, Espagnols, Savoyards, Lorrains. Les représentants de ces allogènes, en France et hors de France, sont en effet censés exploiter, parasiter, sucer les forces vives du royaume. Face au Navarrais, mâtiné de gallicanisme, s'inscrit *ipso facto*, par inévitable contrecoup, l'action résolument hostile, quoique fluctuante, de la papauté. L'impétueux Sixte-Quint excommunie Navarre le huguenot en 1585. Ses successeurs ne seront guère plus tendres jusqu'à ce qu'intervienne enfin le pardon papal octroyé à Henri par Clément VIII en septembre 1595.

Depuis la mort de « Monsieur » *alias* François-Hercule (1555-1584), le Béarnais est en situation de légitimité... et en crise d'icelle. Il apparaît en effet, dans la ligne dynastique, comme l'héritier normal du trône, dont l'excluent pourtant ses convictions calvinistes. On agite, par conséquent, d'autres solutions : Catherine de Médicis, moins antiligueuse que ne l'est Henri III, a quelques bontés pour les princes lorrains, auxquels le lient les noces de sa fille ; la reine mère envisagerait volontiers d'aller chercher parmi ses petits-enfants en ligne féminine un jeune et nouveau roi de France. Les ligueurs se rabattent, eux, sur la candidature d'un Guise, soi-disant descendu de Charlemagne ; ou bien, de façon moins déraisonnable, ils se tournent vers le cardinal de Bourbon, qui représente la branche papiste d'une puissante famille dont Navarre est le plus beau fleuron protestant. Mais la loi salique est nette ; elle constitue sans doute une construction purement française (car ailleurs, en pays « non saliques », Écosse, Angleterre, Espagne et même dans les grands fiefs intérieurs du royaume capétien, les femmes, à défaut de porter la culotte, peuvent certainement coiffer la couronne). Cette loi n'en désigne pas moins le Béarnais, descendant de saint Louis, comme devant un jour assumer au Louvre, en première position, la dignité souveraine..., à condition bien sûr qu'il daigne se convertir. En cette occurrence s'impose à l'élu généalogique la stratégie du crabe, à base de progrès latéraux ; on ne peut glisser que progressivement de la foi huguenote au dogme romain, serait-il tempéré de gallicanisme. Navarre, de toute manière, est déjà bien assuré de sa monarchie pyrénéenne. Il lui suffit donc initialement d'offrir le prototype personnel d'un nouveau David, certes fornicateur, comme le fut son modèle biblique, mais choisi de toute manière par Jehovah pour lutter à la huguenote contre les philistins ou ligueurs, et autres ennemis de la « vraie » foi huguenote. Homme d'épée, le Béarnais malgré des circonstances défavorables est vainqueur à Coutras (octobre 1587). Le passage à la foi romaine s'opérera ensuite par étapes, jusqu'au « saut » final de l'intéressé.

Dès cette époque, Navarre offre l'image du souverain juste : il tente (entre autres tâches) de protéger la liberté du labourage à l'encontre des soldats pillards ; il n'y réussit qu'assez peu, certes ! Il se montre prioritairement intéressé à la conservation de son futur royaume, hors de tout dogmatisme partial. Le personnage du Béarnais grandit en Majesté débonnaire et naturelle, au fur et à mesure que s'étend le rôle qui lui est dévolu par l'Histoire. Survient le violent décès d'Henri III ; seules manquent encore à « Henri IV » la foi catholique, et quelques victoires sur la Ligue pour devenir monarque présentable. Dès lors il sera de mieux en mieux accepté jusqu'à sa propre mort en 1610, et politiquement canonisé après celle-ci.

Les années qui suivent immédiatement la mort d'Henri III sont difficiles, pour celui qui désormais revendique le nom légitime d'Henri IV, que de nombreux Français lui dénient encore. Les ligueurs font passer la religion avant la nation ; à la limite, ils voudraient couronner un roi-prêtre, un nouveau Melchisédech entièrement soumis à l'Église de Rome... et à l'Espagne. Henri IV, par contre, peut se réclamer du sentiment national (en plein essor), à défaut de s'identifier tout à fait, les choses ne sont pas encore mûres, aux idées religieuses que professe la majorité des Français. Il faudrait, pour qu'une telle identification prenne place, que la « masse critique » des ralliements se matérialise autour de la personne royale. Or les plus grands seigneurs, comme Epernon et Nevers, ne se décident point à le rejoindre ; ils nourrissent encore en 1589 des pensées quelque peu vacillantes à son égard. Même La Trémoille, leader huguenot, décroche ostensiblement de la faction d'Henri, pour le punir de sa tiédeur vis-à-vis de « l'hérésie », et afin de poursuivre en Poitou des ambitions personnelles. A l'automne de 1589, le nouveau roi réussit pourtant à s'incruster dans les pays normands, de façon tenace. Il exorcise ainsi les malédictions antérieures qui paraissaient le vouer à ne jamais sortir des bastions méridionaux, aquitains, rochelais. La demi-victoire d'Arques (septembre 1589), concrétisée par le débarquement des renforts anglais à Dieppe, ouvrira-t-elle à notre homme la route du val de Seine et même celle de Paris ? En fait, le monarque se borne, en octobre 1589, à de brefs coups de main sur les faubourgs de la capitale rebelle. Ses bases les plus solides demeurent ancrées dans le Val de Loire. A la fin de 1589, malgré le jet de quelques pseudopodes en Normandie, il n'est au mieux que roi de Tours ; tout comme Charles VII, en situation pire encore, était roi de Bourges, à la veille de Jeanne d'Arc. Le rapprochement a valeur d'exemple : sans légitimité catholique, conférée jadis par la Pucelle, et bientôt à Henri par la conversion, il n'y a pas de royauté effective. La victoire d'Ivry (mars 1590) représente pour le nouveau souverain un succès sur le terrain ; mais la propagande henricienne, qui joue largement de la diffusion du texte imprimé, profite aussi de cet épisode pour mettre l'accent sur un œcuménisme de bon aloi ; le Dieu des armées, à Ivry-la-Bataille, a donné la victoire au David huguenot contre le Goliath de la Ligue. Mieux encore : Il octroie aussi des lauriers à un monarque chrétien, non officiellement re-catholicisé certes, mais susceptible déjà de rallier au fameux panache blanc les nobles français, dont la majorité non calviniste s'affirme progressivement sympathisante à son égard.

Pourtant, les choses traînent jusqu'au début de 1592 : prudent, ne voulant pas lâcher sans contrepartie les atouts huguenots qu'il tient solidement dans sa main, Henri ne se décide pas encore à la conversion. L'abominable siège de Paris ligueur mené par les soins du roi, et dont les horreurs culminent en août 1590, laisse 45 000 morts parmi la population citadine (pour 220 000 habitants environ). C'est beaucoup plus grave que la Saint-Barthélemy ! Un tel chiffre souligne jusqu'à la caricature l'état de détresse auquel se trouve réduite la France, ou partie d'entre elle, après trois décennies de guerres religieuses : « La Ligue nous a réduits non à la pauvreté, mais à la mendicité », note à cette époque l'historien Pasquier, sur le mode un peu partial qui est quelquefois le sien. Au cours des premiers mois de 1592, Henri n'a pas encore trouvé l'« embellie » : les soldats espagnols et accessoirement leurs alliés savoyards sont présents un peu partout dans le Midi, en Bretagne et jusque dans le Bassin parisien. Et puis la capitale reste à cette époque sous l'emprise des factions ligueuses, même en voie d'être isolées moralement et politiquement. Des robins comme Cheverny, des seigneurs importants comme Nevers se rallient néanmoins au sigle de blancheur d'Henri IV, symbolique de la pureté des fleurs de lys. L'atelier de propagande qui mène la campagne d'opinion en faveur du Béarnais ne se prive pas de vilipender sur le mode racial les Espagnols, complices de la Ligue ; les voilà accusés, quoique hyper-catholiques, d'être demi-musulmans et demi-juifs. Henri enfin ne reste pas en arrière de la main : il fourrage en terrain papiste, séduit des nonnes huppées, inaugure surtout sa grande affaire avec Gabrielle d'Estrées, dont se lève la tolérante fortune. Survient en 1591 le geste maladroit du pape Grégoire XIV renouvelant vis-à-vis du roi de France l'excommunication jadis fulminée contre le roi de Navarre par Sixte-Quint.

Cet acte fâcheux du pontife rallie par contrecoup à l'« excommunié » certaines sympathies gallicanes, prépondérantes dans les Parlements et dans l'Église de France. Mais tant que le roi n'a pas entamé le processus de sa conversion, c'est comme si presque rien n'était fait. Des catholiques qui jusqu'alors soutenaient Henri tendent même à se détacher de lui, en faveur d'un autre Bourbon, ou du bâtard de Charles IX. Alarmante évolution.

Enfin, en avril 1592, s'accomplit un premier pas : le Béarnais, poussé notamment par Villeroy, octroie des promesses destinées à fléchir Mayenne et ses ligueurs, parmi lesquelles figure un engagement royal à se faire instruire, en un délai déterminé, dans la doctrine de l'Église catholique. Cette démarche printanière reçoit le nom d'*expédient*. Un tournant radical s'amorce : l'adversaire mollit ; les chefs henriciens (qu'ils soient protestants comme Turenne en Lorraine et Lesdiguières en Dauphiné, ou catholiques, tels Damville en Languedoc et Epernon, maintenant rallié, en Provence), collectionnent les victoires sur tous les fronts des provinces périphériques. En octobre 1592, Henri IV, à partir dudit « expédient », peut même s'offrir le luxe d'envoyer une ambassade au pape. A Paris, le Parlement, la chambre des comptes, une portion du haut clergé et de la bourgeoisie, en octobre 1592, se placent sur des positions conciliatrices, face aux excités du parti ligueur. L'élite urbaine lâche ceux-ci ; pour mieux détruire leur réputation, elle les qualifie de plébéiens ou de petites gens. De fait, une décantation sociale s'opère, entre les gros ou les grands qui se découvrent une tendresse neuve pour le roi légitime, et les petits ou moyens dont beaucoup resteront longtemps fidèles à la Sainte Union. Les États Généraux de 1593, réunis par celle-ci, ne pourront éviter un début de négociation avec le souverain. Du côté protestant, Mornay maintient l'idéal (utopique, certes) d'une réunification des Églises, genevoise et romaine ; il est donc ouvert aux pourparlers de paix, dont il espère qu'incidemment ils conforteront l'espérance œcuménique, bien vaine en réalité ; il apporte de l'eau (même illusoire) au moulin conciliateur d'Henri IV. En mai 1593, celui-ci, qui a maintenant les coudées franches, peut donc annoncer formellement son intention d'abjurer. Il en informe d'abord, dans l'ordre hiérarchique, les princes du sang, dont les actions ne cessent de monter à la bourse des valeurs où sont classés les institutions et les rangs ; puis l'annonce tombe dans le domaine public. En juillet, il abjure à Saint-Denis, tombeau de tant de rois ; en l'occurrence sa sincérité n'est pas douteuse..., et son esprit d'opportunité paraît non moins évident ! En transitant vers le catholicisme, Henri conserve et même consolide la formation chrétienne qu'il avait reçue jadis des pasteurs et de Jeanne d'Albret ; il y ajoute simplement un « facteur plus »; il intègre en effet à son vieil acquis biblique et chrétien les fastes royaux qui sont chers à l'Église de Rome ; tout au plus maintient-il quelques réserves quant à l'existence du Purgatoire, qu'il appelle irrévérencieusement le « Pain des moines ». La tentative d'assassinat à répétition, mais toujours ratée jusqu'en 1610 exclusivement, va constituer désormais à son encontre l'ultime recours des ligueurs, ou de ceux qui leur succèdent[1]. La puissance territoriale de la Ligue demandera néanmoins quelques années encore pour être réduite. Cette réduction s'opérera grâce à la force nue, grâce aussi aux ralliements de conviction ou de résignation. Enfin et surtout, des pots de vin seront versés aux leaders du mouvement, Mayenne en tête, par le Trésor royal. Henri prétendra (dit-on) n'avoir laissé aux Guise, à l'issue désastreuse de la Ligue, que le pain et les putains. En vérité, les princes lorrains, ceux du moins qui survivent, se tirent de la guerre civile avec de substantielles rentrées d'argent, gros pourboires. Quant au haut clergé, il ne souhaite que d'être convaincu : dès 1594, Henri a pour lui 79 % des archevêques français et 86 % des évêques. Seul le pape, intimidé ou dissuadé par l'Espagne, se fait encore prier pour un raccommodage final avec le Béarnais, toujours frappé en principe par l'excommunication.

Un véritable pouvoir se marque d'abord... par des nominations. En désignant Montmorency-Damville au poste de connétable (1593), Henri affirme au compte de la monarchie, un renouveau de puissance et d'ambition militaire[2] ; il signale aussi une continuité : Montmorency père, qui fut l'un des arbitres des

1. On compterait au total vingt tentatives d'assassinat contre Henri IV, les plus célèbres étant celles de Jean Châtel (1594), et, réussie, de Ravaillac (1610). Statistiquement ces assassinats viennent de milieux sociaux divers, mais d'abord du monachisme et de la petite basoche. On est loin des rois français sacrés et « tabous » du Moyen Age. Dès 1589 (meurtre d'Henri III) et 1610 (mort d'Henri IV) on voit se préciser le thème du régicide, qui culminera avec la décapitation de Louis XVI en 1793.

2. Henri Ier de Montmorency, comte de Damville (1534-1614) est le fils cadet du vieux connétable Anne de Montmorency (1493-1567). Henri est gouverneur de Languedoc en 1563, maréchal en 1567, duc de Montmorency en 1579, connétable en 1593. Politicien habile, on a vu qu'il réalisa en pays d'oc, au profit d'Henri IV pour finir, l'union des catholiques modérés et des protestants, contre les ligueurs.

cabales de cour au temps d'Henri II, était resté titulaire de l'épée connétabliste, jusqu'à sa mort en 1567. Après un long intervalle, le fils reprend d'ordre du roi la fameuse rapière au point où le géniteur l'avait laissée un quart de siècle plus tôt. Au mois de février 1594 enfin, le sacre s'avère possible, dans la cathédrale de Chartres : n'est-elle pas dédiée à la Vierge, et voisine du domaine des Bourbon-Vendôme, si proches d'Henri IV ? Chartres supplée à Reims qui, pour quelques mois encore, demeure ville guisarde et ligueuse. Le chrême rémois manque-t-il, et pour cause ? On va puiser d'autre chrême, tout aussi valable, en l'abbaye de Marmoutier qu'illustrèrent saint Martin et le pape Urbain II, lequel avait consacré sur place l'église abbatiale en 1096. La cérémonie du sacre propose son lot usuel de symboles, adaptés quelquefois aux conjonctures du moment : en lieu et place des six pairs anciens, depuis longtemps disparus, qui évoquaient les points cardinaux du royaume (Bourgogne, Normandie, Guyenne, Toulouse, Flandre, Champagne), on utilise six pairs laïques de la plus haute seigneurie, soit trois princes du sang (il est bon en effet d'exalter le lignage nouvellement couronné des Bourbons, que contestent encore de nombreux Français) ; et puis trois ducs dont un Retz-Gondi, venu de la clientèle médicéenne. Les rites d'acclamation populaire dans la cathédrale avaient été tardivement introduits depuis Henri II dans les cérémonies du sacre ; ils ne sauraient faire illusion : dans les faits, le roi, aux termes du serment qu'il prête en ce jour, ne doit compte qu'à Dieu (et non au peuple) de ses actes gouvernementaux, même et surtout quand ceux-ci visent en principe le bien public des sujets. La remise des objets royaux (les *regalia*) s'opère selon les dispositions d'un ordre qui n'est nullement arbitraire : d'abord les éperons et l'épée, autrement dit les outils de la fonction guerrière. Puis les attributs de première fonction (sacralité et souveraineté) : soit l'onction sacrée de l'huile, que suivent les objets de souveraineté proprement dite : anneau, sceptre, main de justice, couronne ; la justice une fois de plus est mise en évidence, au moins dans le vocabulaire, par l'emplacement rituel qu'elle occupe juste avant l'imposition de la couronne, joyau royal par excellence.

Le sacre jalonne un nouveau départ, une relance vigoureuse. A partir de 1594, se définit pour seize années à venir la formulation centrale d'une politique ; à certains égards, au vu de celle-ci, on se croirait reporté à l'époque, plutôt détendue, des Beaujeu ou du premier François Ier (avant l'affaire des placards) ; ou bien aux mûres années du veuvage de Catherine de Médicis, sous l'égide du chancelier de L'Hospital ; ou à certaines phases, les moins intolérantes, de la période d'Henri III ; on assiste en effet, entre 1594 et 1610, à la mise en œuvre d'une stratégie de dégel-détente, ou tout simplement d'ouverture, au reste sélective.

La grande différence entre les réalisations d'Henri IV, et les velléités du faible Henri III ou de l'infortunée Catherine des années 1560-1567, c'est que le Vert Galant, lui, a les moyens de sa politique ; tout comme les aura plus tard, dans une même optique d'ouverture, le régent Philippe d'Orléans, autre stratège de la détente et du dégel entre 1715 et 1723.

L'ouverture s'opère au travers d'un triple seuil : il y a tolérance factuelle, sinon conceptuelle, pour les dissidents et pour les élites, notamment protestantes, ce qui n'empêche pas (bien au contraire !) que soit initié ou renforcé un certain absolutisme. Sur le plan diplomatique, l'ouverture, sous peine de contradictions internes, ne saurait bien sûr être universelle : tout pacifisme bêlant étant exclu, on voit donc sévir une rupture ou semi-rupture, en guerre chaude ou froide selon les années, avec l'Espagne des Habsbourg, qui symbolise en Europe l'ultracisme intolérant, la

« fermeture »; par contraste, une amicale politique de dialogue s'instaure envers les puissances protestantes du Nord, où déjà éclosent, en Hollande à tout le moins, les germes d'un libéralisme de type capitaliste ; enfin, et voilà qui facilitera les choses ou pacifiera les esprits plus encore, la tendance spontanée, après 1600, est à la reprise économique, encouragée de surcroît par la paix et par le volontarisme des gouvernants sous les auspices d'Henri IV et bientôt de Sully. Une certaine dose de bien-être (relatif, sans doute) adoucit les mœurs et contribue au relâchement modéré des tensions, à l'intérieur du système politique.
L'édit de Nantes (1598) constitue, de ce point de vue, la pierre angulaire du règne. Qui plus est, par-delà le proche décès d'Henri, ce texte est l'une des « masses de granite » dont la mise en place contribue à garantir les caractères originaux comme les libertés d'une certaine culture française, à l'âge classique ; grâce aux législations tolérantes ainsi consacrées, celle-ci évitera d'être serrée dans les structures monocratiques d'un catholicisme sans portes ni fenêtres, tel qu'il enferme au même moment l'Espagne voisine. La Révocation de l'édit de Nantes elle-même, en 1685, ne modifiera plus en profondeur cette donnée de base, devenue irréversible dans l'entre-temps.

Le texte « nantais », au départ, n'aurait pu s'imposer sans quelques victoires guerrières et territoriales : à Amiens (1597), en Bretagne (mars 1598), Espagnols et ligueurs, de gré ou de force, doivent accepter la défaite militaire ou simplement politique. Ainsi renforcé sur sa « droite », Henri IV peut obtenir à « gauche », en bonne logique, des concessions substantielles : impressionnés par l'affermissement du roi, les protestants durs renoncent à exiger de l'État des conditions de paix définitive qui leur seraient trop complaisantes (telles qu'illimitée liberté de conscience, etc.) ; elles eussent été inacceptables pour les catholiques intransigeants. Les bases d'un compromis vont pouvoir de la sorte être jetées. Le lobby qui favorise l'apaisement, Gabrielle en tête, est en mesure de soutenir Sa Majesté, fermement résolue à imposer les vouloirs étatiques.

L'édit organise, non pas l'émancipation totale des calvinistes, mais la simple contiguïté (légale) entre les deux variétés du christianisme, huguenote et papiste, minoritaire et majoritaire, cette contiguïté que quarante années de luttes fratricides avaient tout fait pour empêcher. Le texte lui-même, ses annexes et la jurisprudence qui en découle à bref délai assurent aux huguenots certaines localités, dans lesquelles leur culte est permis, cependant qu'il demeure interdit ailleurs. Ils reçoivent aussi des droits civils (accès largement assuré aux emplois publics), des juridictions spécifiques, des places militaires de sûreté, des privilèges corporatifs enfin, comme il sied à toute organisation ecclésiale et religieuse, dans une société d'Ancien Régime composée d'« Estats ». Les protestants français pourront procéder, sous peu, à la réunion régulière et nationale d'assemblées politiques.

L'heureuse situation ainsi créée n'est pas sans exemple, mais demeure exceptionnelle à l'échelle européenne et mondiale. Certes, il s'agit seulement d'une *praxis* qui, si géniale soit-elle, attendra longtemps son philosophe ou son théoricien. Trop longtemps même : Bayle n'écrira sur ce point ses textes décisifs, qui légitimeront les « droits de la conscience errante » qu'à partir des années 1680, assombries par la persécution[1]. L'oiseau de Minerve prendra son vol au crépuscule du classicisme, en attendant l'aurore des Lumières. Un bref excursus géographique dit bien le caractère original de la pratique socio-religieuse à tendance dualiste qui, pour moins d'un siècle, s'instaure en France, pendant la période de non-révocation, ou « d'irrévocation »

1. Pierre Bayle (1647-1706) s'exprimera avec force en faveur de la tolérance dans ses *Nouvelles de la République des Lettres* (juillet 1685).

postérieure à l'édit, cette période prenant son plein effet libérateur de 1598 jusque vers les années 1660.

Au premier tiers du XVIIe siècle, en effet, le Japon à l'ère d'Edo, qui est contemporaine, à longue distance, des débuts de la dynastie bourbonienne, se prépare à brimer les chrétiens ; ils formaient déjà dans le Sud de l'archipel nippon, une minorité importante. L'Espagne en 1611 chasse les Morisques ; dès 1492 l'expulsion des Juifs hors de la péninsule ibérique avait constitué un modèle pour les discriminations à venir en Europe occidentale et centrale. Les dirigeants russes, au milieu du XVIIe siècle, réprimeront Avakkum et les siens. L'Autriche maltraite les protestants tchèques et hongrois. En Angleterre, les quarante mille catholiques qui s'accrochent à leur foi sont soumis au régime strict et parfois mortel des lois pénales. L'Irlande papiste ne perd rien pour attendre. La Scandinavie est intolérante en bloc au catholicisme : il n'est plus que résiduel en Suède, Norvège, Islande ou Danemark. L'incontestable pluralisme polonais est géographiquement bien lointain. L'Allemagne exhibe depuis 1555 une multiplicité religieuse en peau de léopard *(cujus regio, ejus religio)* ; mais ce grand pays, nanti de nombreux États semi-indépendants et de villes libres, n'autorise qu'une comparaison peu pertinente avec le royaume des Bourbons, déjà proto-centralisé. Les Hollandais pratiquent une modeste tolérance *de facto*, mais ils ne veulent ni ne peuvent exporter l'usage de celle-ci.

Après 1598, la France combine donc, à dose originale, un polycentrisme religieux et la mainmise, encore laxiste, d'une monarchie unifiante. Ce mélange est instable et fécond : les réformés dans leur « croissant fertile » du Sud de la France forment d'importantes minorités paysannes et urbaines, depuis les Charentes jusqu'au Dauphiné en passant par la Guyenne et le Languedoc. Les dernières recherches de Philipp Benedict situent l'effectif total des huguenots de France à 903 000 personnes ; plus 112 000 Béarnais qui (en principe) sont tous réformés de gré ou de force. Beaucoup parmi les calvinistes appartiennent à l'élite urbaine, intellectuelle, capitaliste et même à la fonction publique. Leur prétention militaire, d'autre part, est gagée sur diverses places fortes (La Rochelle, Montauban, etc.) ; elle apparaîtra, passé le décès d'Henri, à tort ou à raison, comme peu digestible au pouvoir royal ; il se laissera dériver vers un penchant répressif ; du coup, les réformés se laisseront tenter, aux années 1620, par l'option de la guerre civile : leur mentalité, de toute manière, était volontiers belliqueuse, en particulier dans le Midi, où l'on avait la tête près du bonnet.

Mais de 1598 à 1610, on n'en est pas encore là. L'esprit de coexistence et de paix fructifie sans discontinuer : les assemblées générales des Églises réformées de France se réunissent à rythme triennal ou quinquennal. Le gouvernement n'y met point le holà. Du reste, Henri fait pression sur les Parlements, solidement catholiques, afin de les contraindre à enregistrer l'édit de Nantes. On trouve encore des protestants parmi les plus grands noms du pays : Lesdiguières, grand ami huguenot du Béarnais, devient ainsi lieutenant général dans la province du Dauphiné qui depuis longtemps était en sa main. Il est fait maréchal de France en 1609 ; il ne daignera se convertir au catholicisme que beaucoup plus tard, au temps de Louis XIII, quand la pression idéologique sera devenue plus insistante, et moyennant l'octroi d'une épée de connétable. Au plan des incidences doctrinales, un Louis Turquet de Mayerne, huguenot lyonnais, peut encore élaborer à la fin du règne d'Henri IV, dans sa *Monarchie aristo-démocratique* (à paraître en 1611), des théories qui font penser aux conceptions contestataires des monarchomaques protestants du XVIe siècle. Selon Turquet, la monarchie, quoique inscrite dans un plan divin, tient sa souveraineté « en fief du corps universel de son peuple ». Elle doit se subordonner à une pyramide de Conseils représentatifs, et à des États Généraux régulièrement convoqués. L'auteur entend même se prévaloir de certains contacts avec Henri lui-même. A tout le moins renoue-t-il fermement le lien qui, au cours des années 1570, avait uni le choix protestant aux premières aspirations démocratiques.

Bien entendu, il serait naïf de parler d'une idylle entre les « deux religions » au cours de l'initiale décennie du XVIIe siècle. L'Église catholique continue à exercer des pressions de tous ordres, y compris par la pure et simple corruption monétaire, pour que se convertissent les huguenots, bas ou haut placés. Vice versa, en Béarn, et même à Nîmes, l'intolérance protestante persiste à peser sur les « papistes » locaux ; ils sont refoulés dans une semi-clandestinité quant à l'exercice de leur culte.

L'époque, néanmoins, est suffisamment « cohabitante », pour mériter tout à fait le flot de nostalgie rétrospective dont l'inonderont un siècle plus tard les philosophes de la tolérance, en tête desquels s'inscrira Voltaire, auteur d'une laudative *Henriade*. Au surplus, l'esprit de convivialité multiconfessionnelle et intraconfessionnelle fonctionne comme un compas, ouvert au maximum de son « empattement »: il inclut dans une prise œcuménique non seulement les huguenots, mais aussi les chefs ligueurs, hier encore adversaires « irréconciliables » du Béarnais. Le ralliement des Guise, d'Henri de Joyeuse et de quelques autres leaders a probablement coûté plus de 10 millions de livres, en gratifications reçues par eux, soit la moitié du « budget » annuel de la monarchie, tel qu'il s'établissait *de facto* vers 1600... La paix civile est à ce prix. Henri manifeste en l'occurrence, à grands frais certes, une volonté générale d'intégration et de réconciliation des élites aristocratiques : désormais un Guise peut coudoyer un Sully sans que les deux hommes se sautent à la gorge. Louis XIV, sur un autre plan, agira de même quand il comblera de pensions les grands seigneurs courtisans, pour les encager. Une analyse purement sociologique de ces phénomènes serait néanmoins trop sèche. En fait, il y a chez le premier Bourbon un sens fin, personnel, de la justice et de l'opportunité, paradoxalement réunies. Le tract qu'il fit massivement distribuer lors de la reprise de Paris, en mars 1594, constituait de ce point de vue un modèle du genre : le royal signataire, en ce texte, promettait pardon et amnistie totale pour les personnes et pour les biens, à l'intention des partisans de la Ligue, y compris les plus excités, nommément les Seize (*cf. supra*, p. 364). Cet engagement grosso modo sera respecté. On eût souhaité qu'il inspirât jusqu'en notre temps, les leaders de diverses guerres civiles, en des nations variées, chefs trop souvent vindicatifs, sanguinaires, implacables...

Par-delà les textes législatifs, la mentalité même des classes dirigeantes est grosse de diversifications culturelles et de fécondes juxtapositions : l'Église catholique (gallicane) est stimulée par la compétition avec le concurrent huguenot ; elle bénéficie déjà des prémisses du prodigieux essor du siècle des saints ; surtout elle voit naître en son propre giron la divergence janséniste, paradoxalement cultivée par d'anciens ligueurs (la famille Acarie) et par d'anciens protestants (la famille Arnauld). Les premiers apportent à cette entreprise la touche de terrorisme intellectuel qui, de fait, caractérisera ensuite les disciples de Jansénius ; les seconds vont infuser au nouveau mouvement les théories ci-devant calviniennes de la grâce omnipotente, primitivement inspirées de saint Augustin.

La nouvelle donne d'« ouverture » s'avère fertile et positive dans le domaine de la diplomatie. Il y a disponibilité croissante de celle-ci, en direction du Nord et de l'Est : on note un basculement de l'entité française dans le sens des puissances protestantes ; elles sont éventuellement libérales et bientôt capitalistes, du moins dans le cas de la Hollande, de l'Angleterre, de Genève. Au Nord, Henri cultive « sa bonne sœur Elisabeth » à laquelle l'associe malgré quelques traverses une tendre amitié épistolaire ; il s'inspirera du reste d'un modèle typiquement élisabéthain, quand il lui faudra faire mettre à mort Biron, tout comme la reine-vierge avait ordonné la décapitation de son ex-favori le comte d'Essex (1601). Après le décès de celle-ci (1603), Jacques Ier Stuart, à sa manière, est un autre Henri IV — panache et intelligence en moins, certes — mais attentif également à la survie du protestantisme, comme à la consolidation d'un absolutisme monarchique, dont la mise en œuvre, à vrai dire, s'avère plus difficile en contexte londonien qu'en milieu parisien. De grands ambassadeurs itinérants (Mornay, Sully) viennent confirmer au-delà du Channel l'anglophilie du Béarnais. Au Nord-Est, l'indépendance de la Hollande, achetée au prix du sang par les indigènes, trouve dans le roi de France un défenseur vigilant : il est prêt à contribuer financièrement aux combats néerlandais contre l'Espagne. Henri maintient aussi de toutes ses forces, la très zwinglienne alliance helvétique, productrice de régiments soldés par l'État français ; il consolide les connexions familières avec la République de Genève, qui repousse sur ses remparts, en 1602, l'escalade que tente l'ennemi savoyard. S'agissant de ces quatre puissances (Londres, Amsterdam, Berne, Genève), comme aussi de l'Allemagne partiellement luthérienne, et des Scandinaves, tout se passe comme si Henri n'avait pas vraiment abjuré le protestantisme, en termes de rapports diplomatiques. Il est vrai que le cardinal de Richelieu, si catholique pour le reste, se conformera sur ce point précis à la politique henricienne, en vue d'un soutien aux princes protestants, considéré comme impératif national.

L'ouverture au Nord s'accompagne d'une fermeture au Sud-Ouest, pour le moins partielle : le conflit avec l'Espagne dont le catholicisme dur ne convient point, en France, aux mentalités dominantes, traverse comme un fil rouge la diplomatie du Béarnais et aussi le cas échéant, sa stratégie militaire.

La victoire de Fontaine-Française, issue de l'audace d'Henri IV (juin 1597), puis la reprise d'Amiens grâce aux lourds canons de Sully (septembre 1597) préludent, certes, à la totale libération du territoire, évacué par les forces militaires de l'Espagne. Ainsi en vient-on à la paix de Vervins (mai 1598), postérieure de quelques jours à l'édit de Nantes : le gouvernement de Madrid garde Cambrai. Pour le reste, sont rendus au royaume ses territoires septentrionaux et la Bretagne. A quarante années d'intervalle, rayées pour ainsi dire d'un trait de plume, cette paix de Vervins est comme un retour à l'accord du Cateau-Cambrésis (1559). Les Pyrénées, à nouveau, deviennent frontières de non-belligérance ; mais les sentiments d'hostilité, de part et d'autre de la ligne de crête, restent coutumiers autour de 1600, à la différence d'Henri II : au traité du Cateau, il avait espéré obtenir une authentique amitié avec le gouvernement de Madrid, sur la base commune d'un hyper-catholicisme antiprotestant.

En tout état de cause, Vervins demeure date capitale : cette fois, les guerres de Religion et les guerres civiles sont bien finies. Les premières refleuriront brièvement, mais dans le seul Midi[1] au temps de Louis XIII. Les secondes connaîtront une courte et meurtrière flambée à l'heure de la Fronde. En gros, néanmoins, l'espace national, entre 1598 et 1789, n'expérimentera plus, même sous la Fronde pourtant si rude, de désordre ni de désastre intérieur qui se situerait au niveau des interminables catastrophes

1. Un Midi largement dessiné bien sûr : il s'agira de ce que j'ai appelé le croissant de lune huguenot, ou croissant fertile huguenot, de La Rochelle au Vivarais en passant par Montauban, Montpellier et Alès.

guerrières de la période 1560-1598. Pendant le XVIIe siècle, la guerre demeure, pour la France, phénomène prédominant, sous Louis XIII comme sous Louis XIV, mais seulement aux frontières. En deçà de celles-ci, dans l'épaisseur même de la nation, la paix civile et militaire constitue pour près de deux siècles (1598-1792) une caractéristique heureuse et fondamentale. A quelques bavures près qui, certes, ne sont pas toujours négligeables... De cette longue tranquillité (relative), la reconstruction, et la construction économique tout court, pourront largement tirer profit.

Subsiste néanmoins, même après Vervins, une certaine tension avec le pouvoir espagnol. Elle est logiquement complémentaire de l'appréciable détente, enregistrée sur les fronts septentrionaux et protestants. Il n'est pas possible en effet d'obtenir simultanément l'affection anglaise et l'amitié hispanique, le beurre et l'argent du beurre.

Cette tension avec Madrid et aussi avec la Cour de Turin, alliée à l'Espagne, se manifeste d'abord, par personnes interposées, lors de l'affaire du maréchal de Biron. Grand seigneur, « fidèle » d'Henri IV, Biron est beau-frère de La Force, l'homme fort d'Aquitaine ; il est aussi *de facto* le généralissime français, aussi important à sa manière que l'était le connétable de Bourbon sous François Ier. Le maréchal intrigue du côté de l'Espagne, par le biais de Fuentes, gouverneur du Milanais, et aussi du côté de la Savoie, le tout en vue d'un « partage » (fantasmagorique) qui détacherait de la France les provinces lotharingiennes..., dont une partie reviendrait à Biron ; c'est au moins ce qu'imagine celui-ci. La cabale bironienne est princière ; elle est liée de près ou de loin au comte d'Auvergne, bâtard de Charles IX, qui lui-même est demi-frère d'Henriette d'Entragues, nouvelle maîtresse du Vert Galant. Henriette, à la différence de Corisande et de Gabrielle, est volontiers hispanophile, au désespoir de son royal amant. La cabale inclut aussi d'anciens ligueurs : elle représente à sa manière, une « Ligue » aristocratique ; mais elle est dénuée des soutiens populaires ou citadins qui firent la force du mouvement guisard. Un Bouillon, grand seigneur protestant, attaché d'autre part aux princes réformés d'Allemagne, cultive aussi quelque tendresse pour la faction de Biron, qui se développe donc sur deux ailes, ultra-catholique et discrètement huguenote. La dénonciation, l'arrestation et l'exécution du maréchal, décapité en 1602, donnent un coup d'arrêt aux complots pro-espagnols. Ils n'en finiront pas de renaître de leurs cendres.

La tendance hispanophile va rentrer en scène effectivement, dans le cadre français, pendant la seconde moitié des années 1600. Elle peut tabler sur certaine bonne volonté (sans plus) de la nouvelle femme du roi, Marie de Médicis ; celle-ci est soutenue en ce domaine par le père Coton, confesseur jésuite du souverain. L'« hispanisme » se heurte, par contre, aux grands seigneurs protestants, Sully, Lesdiguières, et finalement Bouillon. Les gros robins mous qui, quinze ou vingt années auparavant, furent parfois ligueurs modérés (Villeroy, Jeannin, Sillery) naviguent entre les deux groupes, jésuitique et huguenot. Les fous du roi, dont la fonction, en principe, est d'incarner le bon sens populaire, sont eux-mêmes divisés : maître Guillaume est pacifiste, donc « objectivement » pro-espagnol. La folle de cour, Mathurine, armée de pied en cap sur le Pont-Neuf, s'en prend vivement au Habsbourg (ibérique), à la grande joie des titis parisiens. A plus haut niveau, Henriette d'Entragues et le comte d'Auvergne (maintenant incarcéré) gardent l'Espagne au cœur. L'affaire de la succession des deux duchés germano-rhénans de Clèves et Juliers, clés de la Hollande, va-t-elle relancer un conflit ouvert ? Elle provoque en tout cas l'occupation de Juliers par les troupes de Philippe III en juillet 1609 : l'Espagne se manifeste ainsi en puissance européenne, capable de projeter une forte armée loin de ses bases. La France de son côté va voler au secours des puissances protestantes du Nord qui se sentent menacées par l'action du Roi Catholique. En mai 1610, à la veille d'être assassiné, Henri prend la tête d'une armée de près de 100 000 hommes (sans commune mesure avec les effectifs beaucoup plus faibles du XVIe siècle) dont un fort détachement se dispose à marcher en direction de Juliers, contre les troupes ibériques. L'affaire s'aggrave et la cabale Biron semble surgir derechef de la tombe, à l'heure où le jeune Condé, premier prince du sang, fuit la cour, échappé vers Bruxelles, invité ensuite par l'administration espagnole jusqu'à Milan. Condé a de bonnes raisons pour agir de la sorte : Henri IV courtise la jeune et ravissante épouse du prince, Charlotte de Montmorency, fille et petite-fille des deux connétables. Elle n'est pas insensible aux avances que lui prodigue le monarque. Ainsi se renoue, sous les trames d'une historiette d'amour assez ridicule, la vieille complicité des Montmorency au temps des Bourbons comme jadis des Valois, avec le parti des « bons Français », hostiles à l'ennemi héréditaire d'outre-Pyrénées. La tendre Charlotte préférera-t-elle à son époux hispanophile, un Bourbon-barbon royal et patriote ? Le coup de poignard de Ravaillac en mai 1610, interrompt ces regroupements de clientèles familiales, réactivées sur le tard. Admettons sans aucune certitude que Ravaillac n'a tué Henri IV que par l'effet d'une lubie individuelle. L'assassin, de toute manière, appartient affectivement à une tendance anti-henricienne (certes !) qui est ultra-catholique, pro-espagnole. Le geste mortel du régicide s'insère par conséquent dans la vaste logique des antagonismes qui opposent une certaine France à l'Espagne, de 1560 à 1610.

De ce point de vue, le déchiffrement du régime et des oppositions qui le traversent n'est-il pas à chercher en un célèbre tableau du Louvre : « Deux femmes nues dans une baignoire, une brune et une blonde. La blonde tient un anneau de la main droite, et la brune lui met la main au sein. Exégèse vraisemblable : Gabrielle, la blonde est morte sans avoir pu mettre l'anneau nuptial à son doigt ; Henriette d'Entragues, la brune, se prépare à lui succéder dans les faveurs royales, et dans l'ambition matrimoniale. Une servante au fond du tableau s'apprête à coudre la layette de l'enfant attendu. » De fait, l'épiphénomène final de Charlotte étant mis de côté, ce muet dialogue de dames évoque la comptabilité en partie double de la politique, de l'érotique et de la diplomatie du Béarnais : tolérance amicale aux huguenots, encouragée par Gabrielle d'un côté ; stratégies anti-espagnoles, combattues en sous-main par Henriette, alliée de Madrid, d'autre part.

Et pourtant, *tertia datur*. Il y en a bel et bien une « troisième » femme ; une tierce option fondamentale. A moins de se reconvertir à la huguenoterie, et d'annuler ainsi la cote mal taillée qui sous-tend le régime, Henri en effet, ne peut s'offrir le luxe d'être purement « pro-protestant » (en France, et vis-à-vis des pays de l'Est ou du Nord) ; ni en contrepartie, d'être hispanophobe unidimensionnel, obsessionnel, sans plus. Le roi doit trouver un moyen terme grâce auquel il posera sa catholicité propre, récemment affirmée lors de la conversion (1593), et sans que soit induit, pour autant, un fanatisme bigot de type madrilène. Le moyen terme ainsi mis en œuvre est dicté par la géographie, comme par les convenances religieuses et mondaines : il gît en Italie, dans la Rome des papes, et dans la Florence des Médicis.

Le mariage d'Henri IV avec Marie de Médicis (décembre 1600), peu après la mort de Gabrielle, confirme de manière explicite, en effet, le recentrage de la politique royale, qui fut, du reste, enregistré de longue date et bien avant ces noces médicéennes. Marie qui n'est pas totalement sotte, tant s'en faut, n'a pas les grands talents de sa tante Catherine, ni plus tard d'une Anne d'Autriche ; elle s'entoure, de toute façon, d'une camarilla péninsulaire où les Concini tiennent la vedette, et dans laquelle les huguenots par définition ne disposent d'aucune influence. Surtout elle joue le rôle d'un symbole ou d'un « marqueur » quant aux tendances vaticanophiles et toscanophiles[1] ; les unes et les autres sous-tendent nécessairement, partiellement, la politique française, par le seul fait des infléchissements du souverain, rallié depuis sept années à l'Église établie. Après l'abjuration du Béarnais et l'absolution romaine à lui décernée (1595), le royaume en effet se rapproche graduellement de la papauté, sans aller néanmoins jusqu'à recevoir de ce côté-ci des Alpes les canons du concile de Trente. Un parti français, largement financé grâce aux écus exportés par le Louvre, se forme au conclave, par les soins de l'ambassadeur du Louvre dans la Ville Éternelle. En 1605, le francophile Paul V reçoit la tiare. Comme on est loin décidément de l'époque du furieux Sixte-Quint qui avait excommunié Navarre en 1585.

Reste néanmoins le gros problème de la Compagnie de Jésus, cette autre puissance ultramontaine, si militante pour le compte de Sa Sainteté. A la fin de 1594, la tentative d'assassinat perpétrée par Jean Châtel sur la personne d'Henri IV avait irrité l'auguste victime et plus encore le Parlement, fort hostile aux pères ignaciens. Les jésuites, dont Châtel était l'ancien élève, furent rendus responsables de ce régicide avorté, au point d'être expulsés de France immédiatement. Sortis par la porte, ils allaient rentrer par la fenêtre. Les nations protestantes, l'Angleterre en particulier, les détestaient tellement qu'elles décidaient en tout état de cause de récuser leurs services, si précieux fussent-ils sur le plan culturel. Mais en France, où l'hostilité à leur égard était pourtant vive dans une partie des

1. Marie de Médicis (1573-1642) est la fille du grand-duc de Toscane, et de Jeanne, qui naquit archiduchesse d'Autriche.

élites, ils comptaient de nombreux amis au sein de la majorité catholique ; il était déraisonnable, après tout, de ne pas utiliser un jour ou l'autre leurs talents reconnus en matière de pédagogie. La Compagnie de Jésus revient donc en catimini, puis en force sur le territoire, dès 1602-1603, d'abord par l'intermédiaire de la Lorraine mussipontaine, puis grâce au collège de haut niveau de La Flèche. Enfin, toutes autorisations légales étant désormais octroyées, la Compagnie investit le confessional même du Vert-Galant, lourde tâche bientôt dévolue au père Coton S.J. Exclusive d'une hispanité trop virulente, mais inclusive des jésuites en titre d'office, la Contre-Réforme baroque à la française délimite déjà, au cours de l'ultime décennie henricienne, les frontières de ses investissements culturels. Le jésuitisme autochtone a des introducteurs bien placés : la robe du Conseil (Hurault, Villeroy, Bellièvre) soutient les entreprises des pères. Les réticences demeurent fortes par contre du côté de la robe du Parlement (presque unanimement gallicane) ; du côté aussi de beaucoup d'intellectuels : ils sont robins *in partibus* ; ils se situent de toute manière en début de mutation janséniste. Harlay, l'historien Pasquier, Arnauld senior et bientôt junior s'en prennent donc aux amis de saint Ignace... qui de ce fait garderont ferme rancune au lignage des arnaldiens.

Devenue à des degrés divers pro-romaine et projésuitique, à tout bien réfléchir pro-italienne (en toute hispanophobie !), la politique royale doit également se modifier, s'incurver quant à la Savoie cisalpine et transalpine ; Henri avait longtemps battu froid au duc de Savoie qu'il jugeait, non sans motifs, trop proche des thèses espagnoles. Les choses s'étaient tellement gâtées qu'en 1600-1601 se produisait, d'initiative française, une courte et forte expédition poussée jusqu'à Chambéry, et préalablement pourvue de quarante canons par les soins de Sully. A la suite de quoi, lors du traité de Lyon (1601), le Béarnais arrache au

Savoyard quelques menus morceaux : Bresse, Bugey, Valroney, Gex. Ce quatuor formera de nos jours, avec la Dombes, le département de l'Ain. Mais il ne s'agit point, en vérité, de détruire la Savoie pour autant. Les Français veulent plutôt, par des bourrades amicales et bourrues, la repousser vers ses terres italiennes ; on lui fait donc miroiter (tout comme, avec succès, Napoléon III) l'acquisition du Milanais espagnol ; on prend grand soin, au passage, de garantir contre l'État turinois et chambérien, l'indépendance de Genève, ville aussi huguenote que francophile. Le temps des guerres d'Italie, menées de Charles VIII à Henri II, est en tout cas interrompu. La France subit certes, avec jouissance ou patience, les rayonnements italiens, dans le domaine religieux, dynastique, culturel. Elle les absorbe en toute homéopathie comme elle ferait d'un antidote, à l'encontre de l'indigestible ultracisme que proposent les Castillans. Catholicisme pour catholicisme, autant vaut avaler la potion d'au-delà des Alpes, plutôt que d'au-delà des Pyrénées. Mais il n'est plus question pour Paris d'annexer la botte italienne (ne serait-ce que par fragments, tige, talonnette ou cuissard) comme l'avaient souhaité bien en vain les Valois de la Renaissance. Le cuir en est décidément trop rêche : l'Espagne a maintenant d'inexpugnables points d'appui dans la Méditerranée centrale, péninsulaire, insulaire. La France peut bien y taquiner le Habsbourg de Madrid ; elle n'a plus la volonté ni peut-être le pouvoir de l'en débusquer.

XII

La terre et le sang bleu

Reste à envisager un dernier aspect de la démarche d'ouverture, constitutive du règne henricien et menée avec l'assentiment d'une forte partie des élites. Étant bien entendu, certes, qu'il s'agit d'une patiente stratégie des « petits pas », beaucoup plus empirique que dogmatique. Cet ultime aspect concerne l'économie ; il s'agit d'abord pour les dirigeants de tabler sur un essor conjoncturel et spontané de celle-ci, essor typique d'une longue période de reconstruction d'après-guerre (par-delà le terme des combats de religion). Cette phase positive, les historiens l'ont décorée métaphoriquement du nom de « poule au pot », expression forgée dit-on par Henri IV, et significative d'une assez jolie période de prospérité paysanne et urbaine ; ladite période a dû probablement commencer vers 1593-1594 ; la « poule au pot » s'est ensuite prolongée, « mitonnée » jusque bien après la mort du Béarnais ; peut-être même a-t-elle duré jusqu'au grand virage des années 1624-1635, où le tour de vis fiscal de Richelieu et l'entrée dans la guerre ouverte provoquent à nouveau d'assez rudes souffrances parmi les masses populaires. Sur cette chronologie conjoncturelle, nous serons plus précis dans les paragraphes ultérieurs du présent ouvrage, consacrés à un bilan économique, social, étatique de la France henricienne. Pour l'heure, nous évoquerons strictement (sur la base implicite de ces tendances à l'essor spontané) les problèmes d'une politique de volontarisme économique et financier, comme partie prenante des stratégies d'ouverture, initiées par le pouvoir central et régional. La figure ministérielle de Sully, représentative d'une culture et d'un groupe élitaire, polarisera nos réflexions à ce propos.

Né en 1559, Maximilien de Béthune, baron de Rosny, duc de Sully en 1606, protestant de famille et de conviction, représente à lui tout seul une synthèse de l'aristocratie et plus largement des hautes classes dirigeantes en son époque. Est-ce là l'une des raisons de son succès, qu'expliquent aisément par ailleurs sa vaste intelligence, ses facultés d'initiative sans cesse déployées, son savoir immense et sa capacité polytechnique : il est à la fois agriculteur, commerçant, agent secret, soldat, courtisan, artificier, ingénieur, comptable, mémorialiste... bref, l'un de ces personnages calvinistes à la fois efficaces et multivalents dont Max Weber donnera l'inoubliable portrait dans son Essai sur l'éthique protestante et l'esprit du capitalisme. J'ai parlé de synthèse sociale. Effectivement, la généalogie et les alliances de Sully sont parlantes : il est de haute naissance puisque descendu directement (non sans appauvrissement matériel dans l'entre-temps) de l'illustre famille des comtes de Flandre ; en premières noces, il épouse une sympathique Courtenay, qui sort d'un incontestable rameau, quoique mineur et lointain, de la famille royale française, Mais, d'autre part, du fait des lignages de sa mère et de sa seconde femme, Sully tient par toutes ses fibres, même s'il ne s'en vante point, à la caste officière qui colonisa d'abord petitement puis graduellement les structures de l'État, dès la seconde moitié du XVe siècle. Sully, malgré sa foi huguenote, n'a jamais rompu les liens, simultanément cordes affectives et relations utiles, qui le rattachent aux autres fils de son père, demeurés ou redevenus catholiques. Survivant miraculé de la Saint-Barthélemy, le jeune Rosny en 1575-1576 s'est donné à Navarre, aux côtés duquel il fait le coup de feu pendant quinze ans. A partir de 1594-1598, son patron Henri lui confère dans l'entourage royal, puis au Conseil des finances et finalement à la surintendance d'icelles, les éléments de pouvoir indispensables pour que soient prises les mesures économiques et financières, qui s'avèrent conformes à la nouvelle conjoncture comme à l'esprit du règne. Sully diminue donc les impôts directs : la taille s'abaisse en moyenne annuelle de plus de 10 % pour la période qui va de 1599 à la mort du roi, au moment même où monte le revenu national. C'est autant de pris pour les paysans. L'État n'est pourtant pas lésé dans l'affaire, puisque la bonne tenue de l'économie permet la hausse des impositions indirectes (traites, aides, gabelles), du reste mieux gérées par le ministre ; leurs plus-values compensent, et au-delà, le manque à gagner des contribution directes. D'autres dispositions, légales ou administratives, accompagnent et du même coup encouragent la vague d'essor ou de reprise de la production : le ministre s'arrange pour faire annuler une partie des dettes de l'État, et pour décréter la baisse des taux d'intérêt de la rente constituée. Comme plus tard au temps de Colbert et de Law, le déclin de ces taux, qui stimule l'investissement, est à la fois un symptôme et un excitant, quant à l'expansion conjoncturelle.

Particulièrement novatrice est l'action de Sully en matière de routes et de désenclavement du territoire, grâce à la construction de ponts, phares, canaux, etc. Certes, les tendances « mercantilistes », au nom desquelles l'État pour ses fins propres, notamment fiscales, veut stimuler l'économie et faire rentrer l'argent, sont anciennes ; elles datent de Louis XI ou de François Ier. Mais jamais auparavant la royauté et le ministère n'avaient affirmé jusqu'à ce point leurs responsabilités quant au remodelage des voies de communication. Cet interventionnisme inédit est lié aux possibilités nouvelles qui s'offrent à l'administration, dans la mesure où celle-ci n'est plus entièrement obnubilée, comme c'était le cas auparavant, par la guerre extérieure et par la guerre civile. L'une et l'autre avaient, en effet, absorbé, respectivement, les énergies des Valois de la Renaissance, et des Valois des conflits religieux. D'autre part, les cartes géographiques du royaume ont fait d'immenses progrès, au cours des deux derniers tiers du XVIe siècle. Or, qui dit vision spatiale du territoire dit aussi cartes routières, et non plus conception purement féodale des agrégats provinciaux. Grand voyer de France à partir de 1599, et premier personnage à porter ce titre, Sully, à la fin du règne d'Henri IV, ira jusqu'à consacrer 5 % des recettes annuelles de l'État à la construction ou à la réfection des voies et balises, pour les transports aquatiques et surtout terrestres (phare de Cordouan, routes et ponts poitevins, commencement du canal de Briare entre Loire et Seine). Un tel effort, dans notre histoire, est sans précédent. Sully de ce point de vue est une manière de mutant, beaucoup plus proche de Colbert (grand « routier » lui aussi) ou même de l'administration des Ponts et Chaussées sous Louis XV, que des ministres traditionnels de l'ancienne monarchie valoisienne. Mais être protestant, pour Sully (comme jadis pour l'exceptionnel Coligny), n'est-ce pas une fois de plus, se situer dans une avant-garde ? La croissance (certes modeste encore) de la voirie s'opère, Sully en tête, par les soins d'une phalange, semi-héréditaire déjà, de géographes, cartographes, mathématiciens, chefs de chantiers, maîtres-maçons, ingénieurs ; elle est recrutée, sélectionnée, « bichonnée » par les soins du ministre. Il astreint les travaux de ce groupe à des règles comptables extrêmement sévères. Du coup, les trésoriers de France, jaloux de leur autorité, qui jusqu'alors avaient traditionnellement « géré » les grands chemins, bien souvent de façon léthargique, tiennent Sully à l'œil. Cela n'empêche point ce maître entreprenant d'associer certains d'entre eux, sans rancune, à la création et à l'administration du réseau routier. Après la mort d'Henri IV, les trésoriers de France en tant que corps constitué, finiront par prendre leur revanche sur Sully ; ils feront supprimer sa charge de grand voyer, dont la substance ne renaîtra que sous Colbert. Au total, et quels que soient ces tardifs avatars, le collaborateur du Béarnais avait œuvré magistralement pour la spécialisation des fonctionnaires (routiers et autres) qui constitue à elle seule un symptôme de modernité.

En matière d'urbanisme, dans la capitale ou ailleurs, le surintendant des finances est tout aussi actif et pleinement original. Certes, pendant la Renaissance parisienne, dans les années 1540, on avait procédé à des lotissements spéculatifs du domaine royal dans l'Est de la grande ville (sur les emplacements des ex-hôtels royaux de Saint-Paul, de Bourgogne, etc.). Mais les entreprises « sullyiennes » (construction de la place Dauphine, de la place Royale[1], voire de la « place de France[2] ») ne visent pas simplement à débiter la ville en tranches constructibles, au bénéfice primordial du Trésor... et des financiers ou spéculateurs ; elles proposent le modèle, neuf en France, d'une monarchie qui veut pourvoir la cité de places à caractère monu-

1. Aujourd'hui place des Vosges.

2. La place de France, enfantée dans l'imagination d'Henri, de Sully et du promoteur Claude Charlot, aurait dû s'installer, en hémicycle, à l'intersection des actuelles rues Vieille-du-Temple et de Turenne. La mort d'Henri IV interrompt l'accomplissement du projet.

mental et de promenades. Tout le Paris « moderne », celui du marquis de Marigny sinon d'Haussmann, est déjà en germe (certes bien lointain) dans ce projet. Ajoutons que les carrosses parisiens qui se comptaient par unités sous François II, mais déjà par centaines sous Henri IV, imposent eux aussi une logique inédite de la circulation, les rues devant si possible être élargies à l'intention de ces véhicules.

Les initiatives de Sully sont essentiellement empiriques. *A priori*, elles ne récusent nullement l'interventionnisme étatique ni l'encouragement aux manufactures. Le ministre n'est pas, comme l'ont prétendu quelques chroniqueurs, un agrarien libéral, qui serait, en principe, opposé à l'industrialisme volontariste de son contemporain Barthélemy de Laffemas[1]. En fait, les deux hommes sont assez proches l'un de l'autre, Sully refusant tout au plus le dogmatisme abusif de Laffemas en matière de primauté des fabriques par rapport aux échanges commerciaux et à l'agriculture. De toute façon, l'essor économique de la première décennie du XVIIe siècle, né entre autres raisons de la paix henricienne et de la reconstruction corrélative, n'a pas eu besoin des entreprises de Sully pour avoir lieu ; on ne peut même pas dire que celles-ci aient exercé quant audit essor un effet de stimulation qui serait autre qu'ultra-marginal ; Sully, en ce domaine, est d'abord et avant tout un grand témoin, un « marqueur » lui aussi. Il est significatif du « frisson nouveau » que ressentent maintenant les décideurs administratifs ou politiques, davantage tournés vers la production, la circulation et l'échange des richesses que ce n'était le cas pour leurs devanciers. Ce « frisson

1. Barthélemy de Laffemas (1545-1612). Originaire du Dauphiné, valet de chambre (de haut niveau !) d'Henri IV, Laffemas est au point de départ d'initiatives manufacturières et commerciales, concrétisées en 1601 par la création d'un Conseil du commerce, dont l'action, certes admirablement anticipatrice, s'avère plus symbolique qu'effective.

nouveau » deviendra chez les intendants de l'époque colbertienne, une tendance générale, universellement assumée, finalement féconde quoique subordonnée, dans le long terme et même dans l'immédiat, aux besoins fiscaux de la monarchie.

L'ouverture la plus imaginative dans les domaines idéologique, diplomatique, économique (serait-elle simplement modérée ou momentanée), ne se conçoit pas, du moins à l'époque, sans un État vigoureux et qui même se renforce encore, cette montée en puissance étant susceptible d'empêcher toute évolution incontrôlée du système, évolution qui pourrait, à force d'ouverture précisément ou de concessions excessives, le briser, le désintégrer : le règne henricien, qui fut imaginatif et fécond quant aux mesures de tolérance ou de coexistence entre dogmes divers, passe aussi à juste titre, sans qu'il y faille voir un paradoxe, pour une étape décisive sur la voie des consolidations du proto-absolutisme centralisé, quoique ouvert, même et surtout si celui-ci n'atteint pas encore au rayonnement insoutenable qui caractérisera l'âge de Louis XIV.

De ce centralisme incomplet, mais croissant, Sully encore lui, est l'agent responsable, actif : il se situe bien sûr dans l'amicale zone d'influence de Sa Majesté. L'homme d'État constitue sa propre équipe de conseillers (les Arnauld, Noël Regnouart, etc.) ; ils forment aux alentours de sa personne un authentique cabinet ministériel. Sully désigne dans les secteurs qu'il contrôle (impôts et dépenses, ponts et chaussées, bâtiments, canons) des intendants de finance, des lieutenants royaux de voirie et d'artillerie, ils sont à sa dévotion ou même à sa botte, en tant que créatures dévouées, mais d'autant plus compétentes. C'est bien la spécialisation dont il était question précédemment. Frotté d'histoire romaine, Sully fait valoir l'imperium royal, jusque dans le fond des provinces. Il brise ou il bride les bureaux de finances bas-normands, par le biais d'une correspondance autoritaire. Il reprend à son compte les tentatives qui, de François Ier à Henri II, visèrent à imposer des « élections » (circonscriptions fiscales directement contrôlées par le pouvoir monarchique) dans les zones en principe autodéterminées que sont les pays d'États, ceux de Guyenne et d'ailleurs. Il réussit dans cette tâche au temps d'Henri IV, puis échoue (une fois de plus) après la mort de celui-ci. Mais le succès couronnera enfin ces efforts, au-delà de la chute de Sully : les élections de Guyenne seront définitivement remises en vigueur sous Louis XIII par des mesures légales qui donneront raison une fois pour toutes aux initiatives du précurseur.

Vis-à-vis des créditeurs, financiers, Parlements et autres cours d'officiers, les deux compères Henri et Sully usent et abusent entre 1597 et 1607 du système des chambres de justice. Colbert, Louis XIV et Philippe d'Orléans utiliseront celles-ci à leur tour ; mais non pas le malheureux Louis XVI, incapable de faire rendre gorge à la « Ferme » progressivement devenue aristocratique et respectable au XVIIe siècle. Ce sera l'une des multiples causes de la chute de l'ultime « Capet ». Manipulées fort officiellement par le Pouvoir, les chambres de justice permettent de court-circuiter la trop autonome et même indépendante chambre des comptes, préposée normalement à l'épluchage des chiffres de la finance ; elles facilitent la banqueroute partielle des dettes — capital et intérêts — qu'avait contractées le Trésor public. Sully rembourse du reste une honorable portion de ces dettes, particulièrement aux prêteurs protestants (anglais, hollandais, germaniques, helvétiques). Simple geste de gratitude : ils avaient contribué à mettre en selle Henri IV dans ses commencements difficiles.

La remise en ordre préconisée par le ministre concerne aussi la portion du domaine royal (terres, seigneuries, bâtiments, larges fiefs, offices, droits fiscaux) qui fut aliénée pendant les guerres de Religion aux fins de financer le Pouvoir et l'armée ; le gouvernement d'Henri essaie d'en récupérer les plus belles pièces. Colbert agira de même, mais de façon plus efficace puisqu'il disposera d'une grosse vingtaine d'années pour agir, et non pas de dix ou douze ans tout court comme ce fut le cas pour Sully.

Enfin des commissaires, issus de la robe du Conseil (maîtres des requêtes, conseillers d'État) et de la robe proprement dite (conseillers des cours des aides, trésoriers de France) procèdent au « régalement » des tailles (vérification vigilante des abus, des exemptions, des répartitions géographiques de l'impôt). Henri III avait déjà entrepris cette opération ; mais Henri IV plus assuré de ses pouvoirs est davantage en mesure de la réaliser, au moins pour une part. Les impôts indirects, affermés à des capitalistes, sont regroupés en cinq grosses fermes, initiées par le roi prédécesseur en 1584, concrétisées définitivement en 1604. Un premier grand « trust » mi-privé, mi-public est donc formé autour des gabelles, aides et traites, proposant de la sorte un exemple que le secteur spécifiquement industriel ou commercial, fourmillant de petites entreprises, n'est pas près d'imiter autrement qu'à dose minime. Dans ce secteur des finances, Sully réalise, momentanément il est vrai, le vieux rêve de François Iᵉʳ : disposer de réserves monétaires, de surplus budgétaires empilés dans une caisse centralisée, un Trésor de l'Épargne, comme disait le souverain Valois ; et des « coffres à la Bastille », dans le cas de notre surintendant des finances. Sully entasse ainsi 5 millions de livres dans la forteresse, plus 11,5 millions à l'Épargne même ; au total, presque une annuité de recettes budgétaires. Marie de Médicis devenue régente s'empressera de dissiper ces 16 millions de livres, notamment en pensions, en dépenses de cour, en paiements de préparatifs militaires qui furent engagés par feu Henri IV juste avant sa mort... Ce sera une façon comme une autre, s'agissant des pensions versées aux grands, d'empêcher la guerre civile qui menace les pouvoirs de la veuve du roi. Celui-ci n'avait pas agi autrement vis-à-vis des Guise ; il les avait gavés, pour avoir la paix, des recettes fiscales qu'engendrait déjà un premier retour à la prospérité.

Jouant sur le velours d'une bonne conjoncture, Sully qui n'est pas toujours un ladre vert, peut aussi accroître le rayonnement du centre politique du royaume par les constructions et surtout reconstructions de palais royaux (Louvre, Tuileries, Saint-Germain-en-Laye, Villers-Cotterêts) ; elles vont de pair, au nom des exigences de la capitale, avec les remodelages très parisiens de la place Royale et du quartier du Pont-Neuf. Pour Sully cependant, le concept de royaume doit s'accompagner de la notion plus moderne, plus générale, moins personnalisée, de patrie ; cette prise de conscience simultanément affective et géographique met en cause une réflexion sur le liséré des frontières, matérialisé au Nord comme à l'Est par la construction dispendieuse de forteresses. Entouré à ce propos d'une escouade d'ingénieurs, Sully préfigure, pour le coup, Richelieu et plus encore Vauban. Les directorats nationaux et régionaux qu'il a mis au point quant aux finances et aux fortifications, font également florès dans le domaine du « matériel » militaire (chevaux, armes à feu, canons surtout). On entrepose l'artillerie à l'Arsenal dans la résidence même du surintendant, lieu géométrique de ses pouvoirs, de ses plaisirs et de ses pensées. Contre l'Espagne, les galères se déploient à Marseille et à Toulon. L'unité de base, sur les fronts divers de la centralisation et de la modernisation étatique (routes, artilleries, fortifications), se situe à chaque fois au million de livres tournois de dépenses engagées, soit 5 à 6 % des recettes budgétaires de l'État. C'est peu dans l'absolu, beaucoup dans le relatif. A titre de comparaison, notons que la fortune de Sully, accrue de spéculations plus ou moins légales, s'élève à

5 millions de livres en fin de carrière, contre 2 ou 3 millions de livres pour un gros financier, mais 20 millions pour Richelieu et plus de 35 millions pour Mazarin (l'ami d'Anne d'Autriche restera le recordman absolu de l'enrichissement ministériel sous l'Ancien Régime). Premier ministre, ayant déjà court-circuité le chancelier comme principal personnage de l'État, Sully se veut grand seigneur, duc richissime, entouré d'une cour qui reproduit en miniature celle de son maître et souverain Henri IV. Pour accéder à un pouvoir plus considérable encore, et pour donner tout à fait au royaume l'unité de roi, de foi, de loi qui ferait l'absolutisme à part entière, il ne manque à Sully, pourtant partisan de la monarchie de droit divin, que de se faire catholique. On doit dire à l'honneur de ce huguenot pourtant « papophile » qu'il n'y consentira jamais : c'eût été ramer à contre-courant de ses convictions ; elles demeuraient calvinistes ; c'eût été aussi, du moins pendant la vie d'Henri IV, saper le compromis fertile sur lequel s'édifiaient le règne et sa vocation à l'ouverture.

Au total, la France sous Henri IV et Sully bénéficie d'une favorable phase stratégique. Les Habsbourg, spécialement d'Espagne, sont toujours hostiles au Bourbon, mais ils cessent de représenter un gros danger à l'intérieur même du cadre français, où leurs amis ligueurs sont neutralisés. D'autre part, les souverains austro-madrilènes ne font pas l'objet, en sens inverse, d'une ruineuse offensive contre eux dirigée par la France : l'année 1590 s'éloigne et l'on n'est pas encore en 1635, quand Richelieu déclarera la « guerre ouverte » aux Habsbourg. La paix, même incomplète, permet donc, d'Amiens à Marseille, le déploiement d'une monarchie et d'une administration dynamiques ; elles vont plus loin qu'elles n'allèrent jamais dans l'ambition centralisatrice, voire absolutiste. Ambition d'autant plus gloutonne qu'un vaste espace de libertés locales, régionales, sociales, s'offre aux appétits du pouvoir. Celui-ci engendre au passage, fort heureusement, ses propres contrepoids : en 1604, la Paulette ou droit annuel, expédient rentable cautionné par Sully, légitime les ventes et surtout les transmissions héréditaires des offices ; elle rapporte un million de livres par an à l'État, soit l'équivalent d'un solide parc de canons lourds ; elle ratifie la mise en place d'un fonctionnariat d'officiers de père en fils, susceptibles de freiner l'arbitraire du pouvoir central, et qui sont souvent anoblis. La noblesse d'épée, de cour ou immémoriale, pour sa part, est invitée à prendre une certaine part de gouvernement dans des « Conseils » peut-être utopiques ou fumeux, puisqu'en fait ils ne verront jamais le jour — sauf au temps (lui-même fort bref) de la Polysynodie, cent dix ans plus tard ! La gentilhommerie militaire n'est pourtant pas inapte au gouvernement du royaume (voyez de ce point de vue les belles performances de Sully, Richelieu, et même dans un âge plus tardif, celles de Vauban et Choiseul). Mais la France n'est pas l'Angleterre, où la noblesse de gentilité pourra prendre sa large portion de puissance par le biais des représentations législatives aux Communes, par le biais aussi de l'administration décentralisée et autodéterminée des régions (c'est le système des *justices of the peace*). Au sud du Channel, l'occurrence d'un système souverain, proto-centralisé, donne toute sa chance à la fonction publique de robe dont la qualité se veut souvent nobiliaire, mais dont l'origine plus ou moins lointaine est généralement bourgeoise. Sans robe il n'y aurait pas d'État sous Henri IV et Louis XIII ; et pas même de ministère sous Louis XIV ! En tout cas cette « absence de robe » eût été incompatible avec les structures propres de l'État de justice et de finance (sous Henri IV), de l'État militaire (sous Richelieu et Mazarin) et de la monarchie administrative (au temps de Colbert et de ses successeurs).

Nous avons procédé jusqu'ici à un parcours événementiel du règne où l'évocation des deux figures charismatiques, Henri IV et Sully, autorisait d'ores et déjà quelques sondages en eau plus profonde, aux niveaux de l'État, des stratégies, des conjonctures. Envisageons donc, fondamentales aussi pour la compréhension des succès de l'époque, les infrastructures rurales, économiques, les groupes sociaux, les appareils socio-politiques.

Le bilan de l'époque henricienne, en termes économiques, ne saurait en effet se borner à l'action personnelle de Sully. Ce bilan exige aussi un retour en arrière : la masse rurale, de ce point de vue (masse démographique, économique, productive...) fournira un bon terrain d'expérience ou de réflexion. Il est certain que la production agricole avait puissamment chuté pendant les trente-cinq ou quarante années des guerres de Religion : les destructions, la paralysie du commerce et donc du marché, la disparition d'une partie du bétail, tant pour la traction que la fumure, contribuaient alors à faire tomber le produit des moissons et des dîmes (voir *supra* pp. 257, 258).

Qui plus est, le bref exposé que nous donnâmes à ce propos dans le chapitre VI, relatif à la baisse de production céréalière des ultimes années d'Henri III et des premières années d'Henri IV, baisse reflétée par l'évolution de la dîme et du fermage, laisse de côté certains secteurs : la dîme qui concernait fort peu ceux-ci, n'a pas suscité en effet d'importante documentation à leur propos. Je pense par exemple, s'agissant de ces zones périphériques de l'agriculture, au pastel toulousain, aux vins charentais ou bordelais. Le comportement de ces diverses denrées, pendant le long conflit de religion, les situe dans une conjoncture assez analogue à celle des grands produits déprimés, comme sont les grains ou l'élevage. Le pastel toulousain inaugure en effet sa décadence entre 1560 et 1600. La viticulture charentaise s'effondre après 1572. Celle de Bordeaux ne vaudra guère mieux.

La population rurale (et globale), de son côté, n'est pas en reste : un creux démographique très net est enregistré dans les campagnes françaises au cours des deux dernières décennies du XVIe siècle, l'épicentre de ces désastres se situant autour de la décennie « proto-henricienne » qui va de 1590 à 1599. Inutile d'insister sur le rôle déterminant du complexe guerres-destructions-disettes-épidémies-pestes, comme facteur d'explication essentiel, quant à ces processus de dépopulation. Resterait à chiffrer le phénomène. Comme l'écrit Jean Jacquart, « une baisse sensible des peuplements est à peu près certaine, mais dans quelles proportions : 5 %, 10 %, 20 % ? Qui pourrait l'affirmer ? ». Suggérons donc avec les réserves d'usage une chute jusqu'à 16 millions d'habitants mais probablement pas plus bas (le chiffre est déjà bien pessimiste) et cela dans le cadre actuel de l'hexagone, vers 1590-1594, années terribles. La reprise ultérieure n'en apparaît que plus remarquable : par un fort mouvement de « bascule », on a dû remonter à 19 millions d'habitants, pour le moins, vers la fin du règne d'Henri IV et pendant la première décennie de Louis XIII, dans le cadre des limites géographiques précitées. Ces chiffres, si vagues soient-ils, nous parlent déjà, par eux-mêmes, d'une nette remontée d'après-guerre : une fois passés les conflits religieux, une fois écoulées surtout les années saignantes de Ligue et contre-Ligue, l'écosystème rural se cicatrise et se reconstitue graduellement. En ce qui concerne, encore une fois la population : dans le Languedoc, en Anjou, dans le Bassin parisien, au pays de Montbéliard, la récupération du temps de paix traverse tout le règne d'Henri IV et paraît bien avoir duré jusqu'au milieu ou à la fin des années 1630. Dès lors, les hauts plafonds démographiques « anciens » du milieu du XVIe siècle sont approchés, atteints, parfois dépassés ; le niveau de la vingtaine de millions de Français est probablement rencontré, ou retrouvé au terme d'une lente réascension vers 1636. Et puis autour de cette date, les pestes, bientôt les guerres et autres catastrophes accompagnent la mise en place d'un régime d'équilibre ou parfois de déclin démographique (après 1640 notamment) ; cet équilibre est fondé sur la trilogie classique : forte mortalité, forte natalité, mariage tardif.

Quoi qu'il en soit jusque vers 1625, la marée ascendante (ou réascendante) du peuplement s'est accompagnée, de façon logique, d'une reprise des productions et des consommations : la « débite » nationale du sel taxé, en pays d'oc et d'oïl, s'est accrue (par récupération plus ou moins réussie du niveau d'avant-Ligue ou d'avant-guerre) d'au moins 15 % pendant le premier quart XVIIe siècle. Vers 1624-1632 cependant, cette consommation saline va plafonner ou même baisser (elle ne retrouvera son haut niveau post-henricien qu'à partir de... 1720 !). C'est la faute notamment du tour de vis fiscal de Richelieu à partir de 1624-1625. Ainsi sont tracées les limites chronologiques finales ou terminales de la « poule au pot » d'Henri IV. Elle n'aura survécu que d'une quinzaine d'années à peine au roi qui proposait la métaphore.

Faisons retour maintenant quant à cette période faste, au produit des grains (tel que derechef il est reflété ou réfracté par les dîmes et, accessoirement, par les comptes de fermage et d'exploitation) ; en ce secteur, on voit s'individualiser, comme pour le peuplement et comme pour la consommation du sel, une période henricienne qui est tout à fait favorable après 1595-1600 : c'est le premier quart ou le premier tiers du XVIIe siècle. Nous tombons là, derechef, sur d'intéressants phénomènes d'unanimité « nationale ». Il y a montée-récupération générale du produit net des dîmes et fermages (en nature et déflaté). Une fois de plus, la « poule au pot » est bel et bien réalisée. La cuisson à feux doux de ce sympathique volatile étant prolongée jusque bien après la mort d'Henri IV. Unanimité « nationale », et conclusion d'ensemble : dans toute la zone (agraire) touchée par les ci-devant guerres religieuses, de Cambrai-Namur à Montpellier-Arles, en passant par Paris et Clermont-Ferrand, on assiste entre 1600 et 1640 à un épisode de récupération positive. Mettons à part, avec un prix d'excellence, dans ce bilan d'ensemble, la région parisienne ; le dynamisme entraînant qui anime (et que répand autour d'elle) la capitale, autorise localement après 1620 une véritable croissance céréalière qui bat les records désormais périmés du siècle précédent. Cette zone étant exceptée, il n'est pas question, ailleurs, de dépassement, tout au plus de rattrapage par rapport au florissant mi-temps du XVIe siècle. Les courbes « décimales » se bornent vers 1620-1630 à récupérer (Lyonnais, Cambrésis), en comparaison de cet ancien plafond. Dans d'autres cas (Namurois, Bourgogne, Auvergne et même Midi méditerranéen) elles s'en tiennent, aux mêmes dates, à des plafonds inférieurs de 5 à 10 %, par rapport aux niveaux records du siècle passé. Vers 1625 (Ile-de-France exceptée), quand Richelieu prend définitivement le pouvoir, le produit net des dîmes et fermages (en nature ou déflaté), disons grosso modo le produit céréalier dans la France connue, semble tout au plus égal à ce qu'il était sous Henri II et Charles IX. Il est en état de récupération par rapport à la période intermédiaire, en d'autres termes par rapport aux dures années ligueuses. C'est déjà quelque chose.

Les blés, bien sûr, ne sont pas seuls au monde : Olivier de Serres l'a senti, dans son *Théâtre d'agriculture et mesnage des champs* (1600). Cet auteur à lui tout seul est un symptôme (culturel) de la reprise des productions végétales et animales à l'époque du Vert-Galant. L'innovation proprement dite, dans le domaine agricole, est loin d'être inexistante au cours de cette période : le maïs, venu d'Amérique via l'Espagne, apparaît dans les Pyrénées occidentales dès la fin du XVIe siècle ou dès le commencement du XVIIe siècle. Il y devient un produit du terroir, basco-béarnais... comme l'est aussi son contemporain Henri IV ! Cette plante nouvelle est parvenue en France méridionale par Bayonne. En 1637, elle sera déjà implantée près de Toulouse, à Castelnaudary et à Verfeil. Elle remplacera sur place le presque défunt pastel. Elle sera employée pour les subsistances du pays et stimulera incidemment le grand négoce régional, du fait des surplus de froment qu'elle rendra disponibles.

En Bas-Languedoc se produisent aussi quelques phénomènes exemplaires de renouveau et d'essor sectoriels : mûriers pour la soie (ces arbres qu'Olivier de Serres et Henri IV auraient voulu, au mépris du climat, planter jusqu'en France du Nord) ; vigne... A l'échelon français, la viticulture est fortement stimulée par les productions d'eau-de-vie, fabriquée en Saintonge dès la seconde moitié du XVIe siècle, à l'intention des négociants hollandais. L'eau-de-vie dont la teneur en alcool est six ou sept fois supérieure à celle du vin représente en effet un produit à forte valeur ajoutée dont l'exportation, notamment par mer, est rentable. Globalement, on peut admettre que le volume moyen des vendanges françaises s'est accru du tiers à la moitié entre 1550 et 1665 : croissance spécialement marquée pendant les règnes d'Henri IV et du premier Louis XIII.

Les prospérités henriciennes et post-henriciennes bénéficient aux laboureurs, aux propriétaires, aux seigneurs. Les salaires agricoles eux-mêmes, à cette époque, tirent leur épingle du jeu, dans des limites certes modestes. Les gages ruraux réels (payés en argent, mais recalculés par nous en grain) dans la région parisienne avaient culminé à l'indice 557,1 vers 1495, quand sévissait encore « l'intervalle doré des rémunérations salariales » aux dernières lueurs d'un bas Moyen

Age finissant. Par la suite, la paupérisation des classes laborieuses, contemporaine de la Renaissance et du premier XVIe siècle, avait déprimé ce salaire (qui constituait surtout un « argent de poche », ou un revenu complémentaire) jusqu'à l'indice 161,1 en 1550 : les guerres de Religion et de Ligue enfin le faisaient tomber au plus bas, à l'indice 69,3 en 1590-1595. Les fastes de la première phase de paix henricienne le rehaussaient modérément mais sûrement jusqu'à 102,6 en 1601-1606, puis sur la lancée, à 110,5 en 1615-1619 ; par la suite, ledit salaire oscille entre les indices 90 et 123 de 1625 à 1666. Les gages agricoles, tout comme les revenus des manœuvres du bâtiment parisien, n'ont certes pas retrouvé, comme on peut voir, les hauts niveaux de vie du bon vieux temps de Charles VIII et Louis XII. Du moins les salariés ont-ils pu avoir l'impression, sous Henri IV et partiellement grâce à la paix henricienne, d'une récupération, d'une certaine amélioration de leur sort. Ce sentiment authentique contribuera parmi bien d'autres facteurs à la popularité posthume du Béarnais, soigneusement entretenue après 1610. La conscience d'un léger (très léger !) bien-être, mieux-être ou « moins-mal-être » est d'autant plus fondée, à sa manière, que l'inflation des prix du long XVIe siècle, si pernicieuse au niveau de vie des personnes gagées, vient de prendre fin. Elle se termine très exactement autour de 1595 ; dès lors, elle fait place à une longue stabilité des prix qui, grosses crises exceptées, dure jusque vers 1690 (en prix nominaux) et même jusqu'en 1735 (en prix-argent). Libre à chacun de voir dans cette phase prolongée de stabilisation des prix, le signe d'une période de dépression ou en tout cas de normalisation économique, la si discutée « crise générale du XVIIe siècle ». Les salariés de l'époque d'Henri IV n'y entendent pas malice : ils ne peuvent que se réjouir, eux, d'un processus de désinflation qui maintient *ipso facto* ou même revalorise quelque peu leurs rémunérations sans pour autant ramener celles-ci aux altitudes élevées qu'elles connurent à la fin du Moyen Age.

La récupération, voire la croissance des activités agricoles et du niveau de vie des paysans s'accompagne d'une détente ou d'une relaxation dans l'expression des consciences villageoises. Le règne d'Henri IV, de ce point de vue, avait « mal » commencé, par une série de révoltes agraires, contemporaines des derniers soubresauts de la guerre ligueuse ou religieuse. Le soulèvement des Croquants *alias* « Chasse-voleurs » ou « Tard-avisés » avait éclaté en Limousin, dans la vicomté de Turenne, pays de bois, de haies, d'absence de grosses villes, de contestation encouragée en sous-main par les puissantes seigneuries régionales. Au départ, avant l'irruption du mouvement de révolte proprement dit, les paysans du cru ne partaient en guerre contre les bandits, écume des soldats combattants, qu'avec l'autorisation des seigneurs. Puis, vers 1593, ils décident de s'assembler par paroisses, de s'armer sans demander permission à qui que ce soit. Le dimanche, ils tiennent de vastes meetings, au milieu des tonneaux de vin qu'on a roulés pour l'occasion. Les syndics (représentants municipaux) vont de groupe en groupe, et de barrique à barrique pour débattre les décisions des buveurs : elles sont adoptées démocratiquement. A partir d'avril 1594, le mouvement gagne le Périgord voisin.

La rébellion est scandée, en juin 1594, par un premier massacre, au cours duquel la noblesse limousine taille en pièces un gros parti de Croquants. En septembre 1595, après un nouveau combat (indécis) contre la gentilhommerie, les Croquants rentrent définitivement dans leurs fermes pour y effectuer les prosaïques et indispensables labours d'automne. Pendant une génération, ils ne font plus parler d'eux : c'est bien l'apaisement henricien et post-henricien, corrélé avec la modération des impôts à l'époque de Sully.

Par ailleurs, divers épisodes de contestation rurale ont pris place, en d'autres provinces, pendant les années du règne d'Henri de 1589 à 1594 : particulièrement dans la Bourgogne viticole des « Bonnets rouges » (pro-royalistes) et en Bretagne bretonnante (pro-ligueuse). Ultérieurement, le régime et le monarque, une fois la paix revenue, sauront désamorcer les rébellions agraires. Cet assagissement tient à la croissance du consensus inter-confessionnel, à la restauration de l'ordre, à la moindre présence des brigands et des soldats pillards, à l'amélioration des revenus rustiques enfin, qui rend moins douloureuse la pression fiscale, elle-même diminuée. Cela dit, on aurait tort de peindre en idylle la situation des masses paysannes, y compris pendant les belles années de « poule au pot » de la fin d'Henri IV et du début de Louis XIII : aux États Généraux de 1614, le président du bailliage d'Auvergne, Savaron, mandaté par le Tiers État, n'hésite point à décrire publiquement la misère des ruraux de sa région, en présence du petit Louis XIII : « Que diriez-vous, Sire, si vous aviez vu dans vos pays de Guyenne et d'Auvergne, les hommes paître à la manière des bêtes. » Par-delà l'exagération littéraire, une telle notation pourrait bien être pertinente quant au bas niveau de vie des provinces d'oc, au Centre et au Sud-Ouest, volontiers remuantes. Il suffira du reste que Richelieu appesantisse à nouveau le pressoir fiscal pour qu'aux années 1630 s'exprime encore une fois, vendange amère, le cycle du croquandage des Gascons.

La prospérité de l'époque « d'après-guerre », au temps d'Henri IV et au début de Louis XIII, fait donc contraste avec les malheurs des décennies précédentes ; elle est évidemment pain bénit pour les gros laboureurs, receveurs de seigneuries, coqs de village, fermiers à grosses bottes ou « matadors » (comme on dira au XVIIIe siècle), qui sont l'élite roturière et déjà entreprenante, voire semi-capitaliste du monde rural. Ce bonheur (relatif) des paysans aisés manifeste une capacité capillaire : il « remonte » jusqu'aux bailleurs du sol qui contractent avec ces fermiers, en d'autres termes, jusqu'à la noblesse seigneuriale et foncière ; elle tient un quart ou un cinquième du sol français, côte à côte avec l'Église et la bourgeoisie (un autre quart à elles deux ; la paysannerie tenancière ou parcellaire contrôle la moitié restante des biens-fonds). Les destinées majeures des grands aristocrates, Sully, Condé, Richelieu, Guise ne doivent pas en effet créer illusion. Comptons 200 000 nobles au très grand maximum (hommes, femmes, enfants) dans le royaume d'Henri IV, pour 19 millions d'habitants. Là-dessus un tiers environ se rattache à des familles d'officiers, récemment anoblies. Le reste qui compose la noblesse native ou de gentilité, se compose à 70 % de terriens, plus ou moins pur sang ; 20 % de militaires (généralement propriétaires de domaines eux aussi) : le reste, un petit dixième, jouit du prestige maximal, grâce à des contacts permanents, fréquents ou occasionnels avec la Cour du monarque. Les agrariens ou hobereaux à sang bleu, qui représentent par conséquent la majorité de l'ordre nobiliaire, font valoir par eux-mêmes forêts, vignes, prairies et surtout labours céréaliers, à raison de trois ou quatre charrues par famille noble, soit 70 à 80 hectares ; ils y surveillent la récolte des grains et des grappes ; ils vendent leurs cocons, greffent les pommiers ; ou bien, solution qui n'est pas exclusive de la précédente, ils vivent de la rente foncière en écus ou céréales, expansive et gonflée depuis la fin des guerres religieuses. Ces fermages, et aussi « parts de fruits » leur sont versés, en provenance d'autres terres du bien familial, par des fermiers ou métayers, ceux-ci étant surveillés, dirigés, subventionnés de fort près par les gentilshommes-bailleurs. Des « produits du terroir » assez différents, de nature industrielle cette fois, à savoir le verre et le fer, sont également contrôlés à 80 % ou 90 % de leur production nationale par des nobles, qualifiés de gentilshommes verriers ou maîtres de forges ; les uns et les autres sont portés en avant, eux aussi, par la conjoncture henricienne, qui met des vitres aux fenêtres et des canons aux arsenaux. La maison campagnarde du gentilhomme — château ou plus souvent grosse ferme cossue — peut abriter famille et domestiques, treize à quatorze personnes, régentées par le *paterfamilias* et par son épouse (ou sa veuve). Maîtresse femme, gestionnaire avisée, elle veille à la vie de travail et de loisir (chasse, chant, festins) du vaste ménage. Les hobereaux sont volontiers chaleureux, ce qui n'empêche pas certains d'entre eux d'exercer une assez considérable violence sur le monde paysan. Seule saura les mettre enfin à la raison, plus tard, l'intendance provinciale, déléguée par Louis XIV. Au temps des derniers Valois et des premiers Bourbons, la classe nobiliaire est encore relativement ouverte ; les ci-devants roturiers y pénètrent grâce à la prestation officière ou militaire, effectuée au service du roi : ce deuxième mode d'accès est de haute fréquence au temps des guerres de Religion. On entre aussi dans la noblesse de façon plus simple, en menant le genre de vie d'un gentilhomme campagnard. Ainsi, au bout de deux ou trois générations d'« usance », est lavée la roture et transformé le gentilhomme de fait en noble de droit. A l'époque d'Henri IV, cependant, les guerres sont finies, le prestige encore informel de la Cour n'a pas l'intense rayonnement que projettera Versailles. Cette période intermédiaire, à la fois pacifique et rustique, est donc l'âge d'or des gentilshommes campagnards, qui prennent tranquillement leur part des richesses rustiques créées en quantité croissante. Ils cultivent les vertus, occupations et valeurs qui forment à elles toutes le point d'honneur de la vie privée. Ils mettent en forme des mariages si possible bien assortis, mais qui n'excluent pas nécessairement la tendresse conjugale. Ils sont attentifs et même attentionnés à leur parenté nombreuse, branchue. De pair à compagnon, ou de supérieur à inférieur, ils pratiquent le clientélisme, l'hospitalité généreuse, et surtout l'amitié, contrebalancée pourtant par d'inexpiables vendettas. Ils cristallisent en vastes groupes endogamiques, à l'exemple des ducs et pairs, tout en haut de la hiérarchie ; à l'instar également de la noblesse protestante, dans les provinces méridionales. La conduite dissolue de certains nobles, plutôt minoritaires, tranche sur la profonde piété de l'ensemble du groupe : l'aristocratie « libertine », en route vers l'athéisme, ne fait timide apparition qu'à partir de 1620. Un certain nombre de cadets, dont la formation intellectuelle et sportive est du reste excellente, prennent la tangente vers l'armée royale, cependant que les aînés continuent à s'occuper du bien de famille.

Dans l'ensemble, les quelques dizaines de milliers de lignages nobles, même violents quant aux relations avec leurs inférieurs, ne sont plus on ne sont pas encore un casse-tête pour le gouvernement. Les révoltes nobiliaires furent guisardes jusque dans la décennie 1590 ; elles seront condéennes sous Louis XIII et Mazarin. Dans l'entre-deux, sous Henri IV, elles s'apaisent provisoirement, grâce à la paix ou à la prospérité assez générale, et malgré les tentatives (avortées) de Biron. Les désirs, purement réformistes, de participation nobiliaire au pouvoir n'émergent guère, en un « second ordre, qui demeure viscéralement monarchiste »; ils ne prendront forme consistante qu'au XVIIIe siècle, avec la sédimentation définitive du libéralisme aristocratique, que stimule l'exemple anglais. Qui plus est, s'agissant de la première décennie du XVIIe siècle, l'époque de la Ligue, que chacun gardait en mémoire, avait surabondamment prouvé que la « démocratie », en tout cas l'esprit de participation représentative à l'État central, profitait surtout au fanatisme catholique le plus réactionnaire et par moments le plus sot. Les solutions pour la noblesse paraissent donc se situer ailleurs : elle se jette dans les bras d'un monarque, somme toute éclairé. Au surplus, il ne demande qu'à se laisser faire. Il peut ainsi déployer les ressources d'un paternalisme autoritaire, par-dessus la tête de sa chère gentilhommerie ; il la traite avec plus d'amical respect que ne fera Louis XIV. En guise de consolation, le second ordre lui-même a toujours la possibilité de se crisper sur ses propres valeurs, étroitement conçues : elles « tendent à la volonté d'auto-fermeture du groupe, par tarissement des anoblissements ; à un monopole non pas de représentativité mais de nomination, pour les plus importantes charges de l'État et de l'Église ; à une séparation franche et lisible entre nobles et roturiers », au tout entier bénéfice de ceux-là.

XIII

Cité, finance, office

S'agissant maintenant de l'économie et de la société non agricole (industrielle, commerciale, urbaine), la reprise henricienne (et post-henricienne) dès l'après-guerre est également nette. La chose va de soi pour Paris, délivré des troubles de la Ligue : l'effectif humain y passe de 275 000 habitants vers 1571 à moins de 200 000 au lendemain du siège de 1590 ; mais on y comptera (hauteurs jamais vues encore dans la capitale) 415 000 âmes en 1637 et plus de 500 000 vers 1680. La grande ville, centre collecteur d'une partie au moins des impôts soutirés de tout le royaume, n'a évidemment aucune peine à récupérer puis à croître, dès le règne devenu pacifique du Béarnais, suivi par son fils. Mais le dynamisme urbain se retrouve ailleurs, en un essor où se mêlent inextricablement, une fois de plus, récupération et véritable croissance. A Lyon, les revenus du péage de Roche-taillée, indicateurs de l'intensification du négoce, croissent de 18 % entre 1600 et 1607 ; puis à nouveau de 45 % entre 1607 et 1621 (sur la base des niveaux de 1607). Le péage de l'archevêque d'Arles est lui aussi indexé sur les trafics lyonnais : son produit grandit de 84 % entre le minimum de « sortie de guerre » de 1596, et l'an 1605 ; puis à nouveau de 21 % en deux années seulement (1605 à 1607). Même s'il n'y eut en l'occurrence que récupération (dans les faits incomplète, par rapport aux splendeurs desdits péages sous François Ier), on comprend que l'époque d'Henri IV ait été rétrospectivement tenue pour un âge d'or par les naturels du confluent Saône-Rhône. La fabrique des soieries lyonnaises, évinçant les productions italiennes, voit presque tripler le nombre des métiers entre 1575-1595 et 1621. La ville amorce une transition depuis le stade commercial et bancaire jusqu'à l'étape manufacturière. La bonne tenue des salaires réels lyonnais entre 1597 et 1625 (par comparaison avec leur grave « déprime » de 1569 à 1596) confirme la vigueur de cette reprise rhodanienne.

Elle concerne aussi le bas Rhône... et son pseudopode marseillais ; le démarrage puis l'essor henricien et post-henricien à Marseille, mesurés par la gabelle du port, sont d'abord lents : + 15 % de 1595-1599 à 1600-1604 ; mais il y a ensuite accélération (+ 81 % de 1600-1604 à 1605-1609) ; et enfin rythme de croisière, puis réaccélération au cours des deux quinquennats suivants, jusqu'en 1619 (respectivement + 23 % et 30 %). Ensuite plafonnement au cours de la décennie 1620. Dans l'ensemble l'excellente conjoncture commerciale des années qui courent de 1600 à 1620 est bien confirmée sur le liséré méditerranéen. Quant à la façade atlantique, les indices divers n'y manquent pas : « décollage » des exportations de vins et d'eaux-de-vie à partir de La Rochelle ou de Nantes ; puissance des frappes monétaires... Un témoignage majeur, et plus précis, vient des exportations de sel charentais vers la Baltique : elles s'écroulent, après 1570, mais ensuite elles décollent puissamment, sans doute à partir de 1595-1596, et certainement de 1601 à 1610.

(Il y a là un parallélisme remarquable avec la consommation proprement française du sel.) Cette prospérité trouve un appui dans le négoce hollandais, dont les navires et les marchands s'installent à Bordeaux, Nantes, Rouen, La Rochelle surtout : dès 1605-1615, la plus forte partie du sel français à destination de la Baltique est chargée sur des bateaux néerlandais. Une telle présence des Pays-Bas, enrichissante en réalité pour la France, suscite néanmoins chez les sujets des Bourbons le classique réflexe mercantiliste et même chauvin. Au nationalisme économique de crise, typique de la seconde moitié du XVIe siècle, si tempétueuse, succède pendant l'époque henricienne et la suivante, un nationalisme de reconstruction productive. Montchrétien, l'un des fondateurs de l'économie politique, en définit les grandes lignes dans son *Traité* de 1615 : politique manufacturière et maritime, protectionnisme... L'étonnant Laffemas, au Conseil du commerce, à partir de 1601, se veut le chef d'une faction industrialiste. Des résultats sont obtenus qui s'expliquent également ou surtout, cela va de soi, grâce aux facilités d'une belle et bonne conjoncture. Les principales réalisations se situent dans la manufacture de soieries, accessoirement dans la fabrication des tapisseries et toiles fines. Sur un plan d'ensemble, il n'y a pas encore de quoi pavoiser : le royaume reste avant tout un vaste entrepôt de productions à faible valeur ajoutée : blé, vin, sels, draps et toiles grossières. Cette masse produite, quoique un peu « sous-développée », fait cumulativement l'immense richesse de la France. Et pourtant les Hollandais, au centre de la nouvelle Europe capitaliste, réussissent mieux avec une population plus faible. Les grandes entreprises maritimes françaises, depuis l'Atlantique et la Manche sont un échec, dans l'ensemble, aux Indes orientales ; mais elles commencent à réussir au Canada sur la piste des pêcheurs de morue et des premiers missionnaires.

Québec est fondé par Champlain en 1608. Création d'avenir !

Dans les villes, la double montée d'une bonne conjoncture économique, et des dîmes, celles-ci par définition cléricales, profite *ipso facto* à l'organisme qui en est, de soi-même, bénéficiaire et récipiendaire : l'Église catholique. Parcourue par les processions, sur la lancée du siècle précédent, la cité henricienne voit se multiplier à grands frais les séminaires, les couvents et monastères, aux faubourgs et hors des remparts. Ces pieuses bâtisses connotent la militance des laïcs : les confréries du Saint-Sacrement, ainsi que celles, baroques et « cagoulardes » des Pénitents (noirs, gris, bleus), qui sont plus spécifiquement méridionaux, encadrent l'élite et même le menu peuple ou le menu fretin des quartiers de la plèbe. La ville, en général, produit les nombreux jeunes prêtres d'origine noble, bourgeoise et petite-bourgeoise ; elle les fournit aux paroisses rurales du plat pays, qui accueillent volontiers ces pasteurs et même en redemandent. Le nombre des messes rétribuées par le peuple dévot s'enfle jusqu'au ciel dans les villes aux cent clochers.

A côté des sanctuaires catholiques et des bâtiments conventuels, l'hôtel-de-ville, hors du domaine spirituel, préserve, accroît, modifie ses fonctions. Les délibérations édilitaires, note Roger Chartier, traitent en priorité des charges fiscales, des problèmes frumentaires et de la conservation des remparts. Les conseillers municipaux sont aussi, ne l'oublions pas, officiers de police judiciaire : ils concurrencent la juridiction royale, seigneuriale, parlementaire sur son propre terrain. Le corps de ville veille à maintenir les prestiges d'une histoire du lieu, politico-corporative et chargée de symboles, à laquelle s'intéressent de plus en plus, dans les années 1600, les érudits locaux et autres amateurs d'antiquités. Les querelles intestines qui sont propres à la communauté d'habitants, *intra muros*, demeurent classiques : gros personnages des beaux quartiers contre menu peuple ; officiers royaux contre marchands du « secteur privé »; élite « enracinée » contre grands serviteurs du souverain « parachutés ». En matière électorale, ou pseudo-électorale, la cooptation au sommet l'emporte sur le libre choix ; celui-ci théoriquement devrait faire désigner les élus locaux par de nombreuses personnes qui en principe sont pourvues du droit de vote à cet effet. En réalité, les petites gens sont progressivement éliminés de la politique du cru, ne serait-ce que par suite de leur fréquent absentéisme aux assemblées générales. Les officiers royaux, générateurs ou géniteurs d'une noblesse de cloche, tendent à s'arroger le pouvoir officiel dans la cité, à l'encontre des négociants qui, au XVIe siècle encore, tenaient souvent le haut du pavé. La Ligue, dans son propre intérêt, avait tenté d'imposer sur place des candidats authentiquement venus de la base ou de la classe moyenne et moyenne-inférieure. Mais le pouvoir royal a d'autres visées. Il continue certes à respecter le décorum fictif qui environne les élections (quel système autoritaire n'en fera pas autant, même au XXe siècle !). Dans la réalité, cependant, à l'encontre du projet objectivement décentralisateur des militants de la Ligue, la monarchie tâche de se débarrasser, en partie au moins, de la bourgeoisie seconde, afin d'introniser des pères de la cité qui seront mieux agréés par l'appareil d'État. Le militarisme municipal est lui-même tenu à l'œil par une monarchie d'autorité ; elle se méfie des prérogatives que les villes de province veulent préserver dans le domaine de l'armement civique. Les milices urbaines connaissent donc un début de décadence. Elle est facilitée par la relative passivité du monde cidatin, au cours de la calme embellie des années 1600-1620, qui s'intercale elle-même entre deux grands cycles de révolte urbaine, à caractère ligueur vers 1590, à tonalité antifiscale dès 1630-1640. Ainsi coexistent, en espèce d'harmonie provisoire, du haut en bas de la hiérarchie communautaire, depuis les riches jusqu'aux misérables, les « plus puissants en faculté », les « gens honnêtes de petite famille », enfin les « nécessiteux et indignes ».

L'enrichissement et même l'épanouissement urbain qui se font jour pendant la première décennie, voire le premier quart du XVIIe siècle, déteignent aussi sur l'aspect purement physique de la ville. Le torchis et le bois font place, en mainte occasion, à la pierre de taille, même si Rouen, par exception, reste fidèle aux vieux colombages, plus tard beurrés de plâtre. Les conditions de logement demeurent précaires, mais les façades et les éléments extérieurs, « remparts, ponts, quais, fontaines, places », font l'objet de constructions ou de reconstructions originales. Cloches, horloges, statues embellissent les maisons communes, et pas seulement les cathédrales.

L'esthétique périssable et coûteuse de la fête vient animer les paysages minéraux de la nouvelle architectonique, qui sont dorénavant juxtaposés ou collés au cœur médiéval et traditionnel de l'agglomération. Là aussi, dans le domaine festif, les changements sont nets : la fête des fous et le mystère religieux auxquels participaient assez massivement la population ecclésiastique ou laïque, régressent et même disparaissent... La fête tend à être non plus un spectacle que la ville se donne à elle-même, mais une représentation que les autorités locales octroient aux citoyens. Le feu de joie bientôt deviendra feu d'artifice. Le théâtre, en puissante rupture culturelle, prend la suite ou vient en renfort des vieilles et vulgaires exhibitions de toujours (montreurs d'ours, exécutions capitales...). Il fait son apparition dans la seconde moitié du XVIe siècle et dans la première génération du XVIIe, comme œuvre littéraire à fortes racines autochtones. Ainsi à Aix-en-Provence, les dramaturges du cru, non dénués de talent, comme Brueys et Zerbin, donnent au public local, attentif et mêlé, leurs comédies d'oc, carnavalesques, rabelaisiennes et dialectales. Qui dit théâtre présuppose évidemment acculturation, autrement dit un minimum d'enseignement primaire et secondaire, financé lui aussi par le flux raisonnable de l'expansion urbaine et par l'enrichissement global du XVIe siècle, ce flux interrompu certes pendant les guerres civiles, mais relancé jusque bien après 1600 par l'heureuse conclusion de celles-ci. A un niveau distingué, les collèges se sont donc développés sous contrôle municipal avant, pendant et après le conflit religieux. L'échevinage, qui en cela exprimait assez fidèlement le souhait de ses mandataires, représentatifs de l'élite urbaine, désirait en effet que les enfants de la ville, nés dans les classes moyennes et même, pour les plus doués d'entre eux, sortis du peuple, fussent en mesure de bénéficier de l'instruction qui rendrait ces jeunes gens, par la suite, aptes aux carrières d'offices, de négoce, d'Église. Le résultat devait du reste dépasser les espérances, puisqu'un fort pourcentage de garçons nés dans la noblesse rurale et dans les couches villageoises aisées s'en venaient à leur tour effectuer des études au collège de la ville circonvoisine la plus proche. L'exemple initial avait surgi des établissements scolaires de la capitale qui, à la suite de diverses réformes, étaient devenus depuis 1500 les plus « à la page » sur le plan pédagogique. Beaucoup de cités purent donc envisager avec succès d'établir des collèges « en style parisien ». Vers 1600-1610, au terme d'un gros siècle d'efforts à la fois spasmodiques et (dans le long terme) continus, le réseau des établissements d'enseignement secondaire (avec ouverture sur le supérieur) couvre ainsi la France. Sur le mode minoritaire, mais dynamique, ce réseau est d'abord protestant, et dominé dans ce cas par des « académies » de haut niveau, dans le Midi surtout, mais aussi à Saumur et à Sedan. Il s'agit en l'occurrence de former des pasteurs et, outre ceux-ci, l'usuel encadrement élitiste et laïque qui dirigera la « contre-société » huguenote. Le réseau des collèges, d'autre part, dans les cités catholiques, se donne un fondement et un financement municipaux. Enfin, toujours du côté catholique, en corrélation avec ce vouloir « édilitaire », le système scolaire est également jésuitique, en attendant d'être oratorien : les bourgeoisies urbaines et les bons pères se donnent plus ou moins amicalement la main dans les cités de quelques milliers d'habitants, définies (entre autres) par leurs structures administratives, grâce à la présence locale d'un bailliage, d'une élection, d'un évêché. Ainsi, en moins de cent années, s'est trouvé mis en place un semis de près de 200 collèges de tous bords, déjà bien vivant à la mort d'Henri IV, et qui comptera sous Louis XIII, chiffre record pour l'Ancien Régime, 80 000 élèves ; effectif à rapprocher de la cinquantaine de milliers d'officiers — bien souvent d'anciens élèves — que dénombrera la France peu après l'avènement de Louis XIV. Les offices, qu'on achète, et les collèges, dans lesquels on paie pension, représentent deux investissements corrélatifs, massifs, volontiers consentis par la bourgeoisie française et par la noblesse de dignité qui sort de ses rangs ou de ses flancs. Cette rage d'investir dans la robe officière et dans la férule collégiale fait contraste avec le médiocre intérêt que cette même classe moyenne porte aux entreprises proprement industrielles, bancaires, capitalistes, dans lesquelles toute une historiographie verra, à tort peut-être, le fin du fin de la vocation bourgeoise.

Au niveau du « primaire », la ville henricienne, du moins dans le Nord de la France, comptait probablement une majorité, ou une forte minorité d'habitants capables de signer leur nom, sur la base d'une formation pédagogique aux sources variées : les petites écoles, les « manécanteries » des chanoines, les écrivains publics, et enfin les maîtres clandestins, non reconnus par les autorités citadines donnaient ainsi le « pli » de l'écriture et de la lecture à des phalanges de petits garçons, qui y gagnaient aussi, incidemment, de ne point traîner dans la rue à bélitrer et ne rien faire. Les communautés d'ursulines, nées de la Réforme catholique, vont également tenter avec zèle, de diffuser les éléments essentiels de l'instruction après des petites filles qui, bien sûr, accusent un grop retard, en masse, par rapport au « sexe fort ». Dans l'ensemble, la progression graduelle du nombre des lisants permet la diffusion des *canards*, brochures ou livrets sensationnalistes, consacrés aux catastrophes (inondations, etc.) et aux crimes spécialement remarquables (infanticides...). En période politiquement chaude, telle que la Ligue, on assiste à l'édition multiple de libelles et de tracts, tel celui, fort irénique, que fit distribuer ou placarder Henri IV à l'occasion de sa rentrée dans la capitale (1594).

Reste ce qu'on pourrait appeler, d'un terme enveloppant, le « sanitaire » de la ville. Santé médicale et sociale, interprétée selon les normes ou préjugés de l'époque, et symbolisée par les institutions hospitalières ou d'assistance. Santé plus étroitement physique ou biologique, centrée sur l'adduction d'eau ou sur l'évacuation des boues et ordures.

A la belle époque d'Henri IV, l'assistance aux pauvres est pour ainsi dire routinisée. On est une fois de plus dans un « entre-deux » qui n'est pas trop désagréable : la crise majeure de subsistance est grosso modo du passé, contemporaine des malheurs de la Ligue ; ou bien elle sera d'avenir, coïncidant avec les années Richelieu. La paupérisation salariale demeure un fait, mais cesse d'accroître ses ravages, ou même s'inverse en léger mieux-être. Dans ces conditions, les grands acquis d'un XVIe siècle urbain, qui fut décidément innovateur quant à la problématique des pauvres, sinon toujours compatissant à l'égard de ceux-ci, demeurent en place. On s'en tient aux laïcisations partielles du système d'assistance, intervenues depuis belle lurette et qui s'exprimaient par la décléricalisation de certains hôpitaux et par la création édilitaire d'aumônes générales et de bureaux des pauvres. Avec des moyens qu'ont sans doute accrus les facilités économiques des années 1600, ces organismes distribuent des secours qui répondent tant bien que mal aux besoins minimaux de 5 à 7 % de la population d'une grande ville, Lyon par exemple ; il s'agit bien sûr de la couche sociale la plus défavorisée. Cette aide est restreinte aux pauvres du lieu. Le misérable qui a la malchance d'être forain, n'a plus qu'à se faire aumôner ou pendre ailleurs ; œil suscite les mêmes sentiments négatifs qu'aujourd'hui le Tamoul ou le Zaïrois fraîchement débarqué de son « Sud ». En général, les mesures caritatives, qui n'ont pas l'ampleur des *Poor Laws* anglaises[1], dépendent de recettes monétaires ou alimentaires, qui sont assignés sur « les biens ecclésiastiques et sur les impôts, ou sur des loteries, des dons, des taxes spéciales ». Quant à l'enfermement des pauvres, il s'agit d'une solution radicale, déjà largement envisagée : mais elle ne sera mise en pratique de façon sérieuse (et partielle) qu'au cours des règnes suivants.

La fourniture hydrique, le nettoyage et l'éclairage des villes font l'objet de mesures où l'inefficace le dispute haut la main à une bonne volonté touchante. La construction des fontaines, incontestablement décoratives, l'évacuation des ordures parisiennes, par tombereaux, en vertu du bail général de 1601, et enfin les taxes pour les lanternes obtiennent d'assez maigres résultats sur le plan pratique et hygiénique. Il faudra attendre l'époque colbertienne pour que Paris soit honorablement illuminé ; attendre enfin le XIXe siècle pour que canaux et égouts creusés ou reconstruits

1. Les *Poor Laws* d'Angleterre correspondent à une série de textes législatifs, promulgués de 1531 à 1601 (et au-delà). Elles prévoient une taxe sur tous les foyers pour venir en aide aux personnes les plus défavorisées.

apportent l'eau et emportent la multiple saleté de façon satisfaisante.

S'agissant des cités, le présent livre est néanmoins centré sur le devenir du politique ou de l'État souverain ; et à un moindre degré sur l'histoire proprement économique et sociale des villes (et campagnes), que nous avons généralement considérée dans des ouvrages antérieurs. Prenons donc l'État robin, factuellement citadin dans une acception assez large. Elle inclut deux appareils sociologiques qui au centre du système se juxtaposent : la finance et la robe sont à la fois substructures de la machine monarchique, et bénéficiaires elles aussi de la prospérité henricienne en temps de paix : à partir de 1598 prend forme définitive un groupe de financiers à la fois publics et privés. Ils sont Italiens venus de Lyon ou directement de la péninsule comme Louis Dadiacéto et Sébastien Zamet « seigneur de dix huit cent mille écus ». Surtout ils s'avèrent de plus en plus souvent Français, huguenots quelquefois, et bientôt majoritairement catholiques, comme Jean de Moisset, Denis Feydeau, Pierre Longuet... Une historienne de notre temps, Françoise Bayard, a bien démonté le mécanisme de leur action : les « fermiers, traitants ou prêteurs », utilisent couramment des prête-noms, tel cet Henri de la Ruelle, qui fut en 1605 l'homme de paille de Feydeau au bail des gabelles de France ; les financiers s'entourent de secret et se consolident par l'association. Leurs fonds propres étant largement insuffisants pour les besoins de l'État qu'ils doivent satisfaire, ils empruntent tant et plus, par le biais d'un membre de leur équipe, spécialisé dans ce genre d'opération. Bref, « ils captent l'épargne » gonflée par l'enrichissement des débuts du XVIIᵉ siècle. Quelle épargne ? L'argent est à prendre où il se trouve. Les prêteurs auxquels les financiers emprunteurs inspirent ainsi confiance se recrutent dans ce que le physiocrate Quesnay appellera beaucoup plus tard, au

XVIIIe siècle, la « classe propriétaire », celle qui possède la moitié des terres du royaume et qui détient l'or, l'argent, les titres, les offices, les rangs cléricaux, le trafic des marchandises ; elle se compose, en d'autres termes, des « nobles de sang et de robe, des dignitaires ecclésiastiques et des grands bourgeois ». Exemptés d'impôts, pour la grande majorité d'entre eux, les uns et les autres n'en apportent pas moins, par cette fonction prêteuse, leur (grosse) obole à l'État ; ils sont amenés à le « sponsoriser », bref à le subventionner en beaux deniers comptants, non sans contreparties ultérieures et juteuses. La monarchie peut donc compter à la fois sur l'argent des non-privilégiés (contribuables) et sur les gisements de numéraire qui sont contrôlés par l'élite, en principe franche de tailles, lesdits « gisements » étant mis en perce ou médiatisés par la finance : « La base financière de l'État est beaucoup moins étroite que ne l'imagineront, à tort, de nombreux historiens. » C'est toute la nation, terre paysanne (taillable) et terre distinguée (théoriquement non taillable, mais bailleuse d'argent) qui contribue aux recettes du souverain ! Ainsi s'expliquent les formidables capacités d'encaissement ou d'« encaisser » (à tous les sens du terme) qui caractérisent la monarchie française, sous Henri IV, et plus encore sous Richelieu et Louis XIV, alors même qu'on suppose cette royauté, à tort, empêtrée dans les déboires financiers et militaires les plus aigus. Elle est toujours beaucoup moins pauvre, ou beaucoup plus riche qu'elle n'en a l'air.

Mais tout se paie ! Les riches prêteurs n'investissent pas leurs liquidités dans le secteur public, simplement pour les beaux yeux du roi. Les créditeurs et financiers attendent de leurs placements « étatiques » un dividende pour le moins équivalent ou supérieur à celui que donnerait, toutes choses égales d'autre part, un domaine terrien. Outre ces avantages somme toute normaux, de tels personnages espèrent de Sa Majesté, ou de son administration (comme récompense du bon et loyal service qu'ils rendent ainsi en espèces sonnantes et trébuchantes) des « grâces, dons, pensions, profits illégaux, dispenses extra-légales, et nominations d'officiers amis ». Une symbiose s'établit entre la finance et la monarchie, par circulation réciproque et continue de flux monétaires et de faveurs. L'État en cette affaire fonctionne simultanément à la façon d'une très grande firme, de loin la plus importante de ce temps-là, et dans le style d'une entité mafieuse, un cercle fermé comme une couronne, où s'entrelacent gens de finance et de pouvoir. La cour, comme robinet des grâces et lieu géométrique des pensions, est au centre du complexe monarcho-financier.

Il y a donc, dans la première moitié du XVIIe siècle quelques milliers de financiers pour quelques dizaines de milliers d'officiers. Les premiers, pour la plupart d'entre eux, viennent des seconds. Disons que ceux-là naissent en règle générale, dans un milieu de robe et de basoche à niveau moyen. Les historiens ont réfuté la fable de l'homme d'argent « fils de laquais »; cette filiation, si tant est qu'elle existe, n'est absolument pas représentative de l'origine sociale du groupe des publicains dans son ensemble ; il se compose en effet d'enfants de bonne famille — mais pas de très haute famille. Méprisés néanmoins pour leurs activités « maltôtières[1] », ils tâchent de compenser, du mieux qu'ils peuvent, tant de dédain qui les accable. Donc, « ils en remettent », par le luxe de leurs châteaux, de leurs hôtels particuliers, au premier rang desquels on citera la belle maison parisienne du financier Zamet (rue de la Cerisaie) où fréquente Henri IV pour ses bonnes et mauvaises fortunes. Quelles que soient les tentatives ostentatoires, le blocus matrimonial demeure efficace : il empêche presque toujours les filles de financiers, quoique superbement dotées, d'épouser dans

1. La maltôte ou imposition maltôtière est une taxe injuste, arbitraire, non consentie.

la princerie ou dans la haute aristocratie. Ces jeunes personnes accèdent pourtant, lors de la noce, à un niveau décent des hiérarchies sociales, légèrement supérieur à leur étage d'origine. Dot en main, elles redorent le blason parfois désargenté des jeunes et grands nobles de la robe la plus distinguée. Le mépris social qui, de toute manière, accable les financiers, donne occasion de les transformer, quand l'État manque de fonds, en boucs émissaires auxquels on soutire de gré ou de force quelques centaines de milliers de livres, par le moyen d'une chambre de justice, composée pour la circonstance : quatre chambres de ce genre sont ainsi établies de 1597 à 1607, qui font rendre gorge bien incomplètement aux hommes d'argent les plus malhonnêtes, mais épargnent certains trésoriers pourtant fort compromis, quand ceux-ci sont bien en cour auprès du roi et des siens.

Les finances, fermes de traites ou gabelles sont les parties honteuses, mais nécessaires de l'« État français ». La robe, par contre, passe pour honorable texture de notre système monarchique. Elle tient de très près à la finance, ne serait-ce que par les communes origines familiales, et par la dot des filles de financiers, vouée à « remplumer » les jeunes magistrats qui convolent. La robe coûte à l'État certes, car il faut salarier (à modestes frais) les robins. Mais elle rapporte probablement davantage : elle verse en effet au Trésor la célèbre Paulette, ce droit annuel qui garantit l'hérédité et la vénalité des offices ; et puis, revenu plus massif encore, les achats d'offices sont réglés par les acquéreurs aux « parties casuelles »; or celles-ci représentent en moyenne 7,4 % de la recette de l'Épargne, entre 1600 et 1610 ; par la suite, elles compteront davantage encore, quand s'alourdira sous Richelieu la charge fiscale. L'État s'enrichit, se construit, se développe et se ramifie grâce à la cession vénale des offices. En période « henricienne » de prospérité, où s'accroissent le produit brut et le revenu national, la demande d'offices, formulée par des postulants aisés, décolle vivement. Signe qui ne trompe pas : le prix nominal des charges fait plus que tripler au cours des quinze années, pas inflationnistes pourtant, qui s'écoulent entre l'entrée d'Henri IV dans la capitale, et le coup de poignard de Ravaillac. Les « parties casuelles », aux deux premières décennies du XVIIe siècle, opèrent sur un marché de vendeurs.

Avec 25 000 officiers, peut-être, en 1610, le royaume n'est pas encore solidement tenu en main, cadenassé même, comme il le sera en 1665 sous Colbert, qui lui-même dominera 46 047 officiers (chiffre minimum) ; mais ce royaume n'est plus tout à fait sous-administré, comme c'était encore le cas vers 1515 avec les 4 041 officiers (chiffre minimum également) aux destinées desquels présidait le jeune François Ier. Les officiers juxtaposent une stratification des commandements légaux à l'archaïque hiérarchie du statut qu'avaient instaurée depuis des centaines d'années les noblesses d'ancienne origine. Ils forment une élite du contrôle d'État, de la fortune terrienne ou seigneuriale, du prestige et de l'instruction. Beaucoup d'entre eux, dans les sommets du groupe, viennent étoffer les rangs d'une « noblesse de dignité » qui concurrence en favorable position la classique aristocratie de gentilité. Noblesse dative juxtaposée à noblesse native, dit Loyseau. Éléments premiers ou seconds de la « technostructure » et de la classe politique, les officiers disposent, qui plus est, d'un fort rayonnement culturel ; ils constituent la « pépinière » d'une intelligentsia. La culture française au XVIIe siècle est considérable en Occident. Elle le doit pour une bonne part à la collectivité officière, solidement formée à l'humanisme dans les collèges de jésuites et d'oratoriens que multiplient un peu partout la Réforme catholique, la demande bourgeoise et la faveur du Prince.

L'excellente réflexion sur l'office, ou sur la robe,

pour les premières années du XVIIe siècle, provient des écrits de Charles Loyseau, idéologue de la fonction publique, au temps d'Henri IV. A la base du système des charges, tel que l'envisage cet auteur, il y a l'ordre, social et moral, dans l'ensemble ; et les ordres ou « Estats » autrement dit une ou plusieurs couches ou strates supérieures peuplées de familles distinguées, que la vertu, la naissance, l'éducation et la richesse mettent à portée d'être investies éventuellement de la puissance publique ; les membres de ces groupes sont susceptibles d'accéder par nomination royale à tel ou tel office, ou à ce que Loyseau appelle déjà précisément la fonction publique. Les mêmes personnages, en compétition avec la noblesse d'ancienne race, peuvent avoir aussi accès à l'autre forme du pouvoir, la seigneurie, qui a pour elle la tradition médiévale, tout comme l'office détient la nouveauté séculaire. L'office comporte seulement l'exercice d'une puissance publique. L'autre entité (la seigneurie) implique la propriété d'une parcelle de puissance publique, mais pour le coup, usurpée de longue date ; elle consiste en effet à promouvoir localement justice et police, par le biais d'officiers seigneuriaux (encore et toujours les offices, mais non plus royaux) sur la base territoriale d'une possession généralement campagnarde de terre ou de fief. Au sommet de ce système à double commande, officière et seigneuriale, rajeunie et vieillote, siège le roi. Il tient de Dieu la souveraineté « bodinienne », droit gouvernement de plusieurs ménages, puissance absolue et perpétuelle d'un État (ou, comme on disait alors, d'une « République »). Cette souveraineté néanmoins n'est absolue qu'en apparence, ou en première analyse. Elle s'inscrit en fait dans des limites bien précises, et d'autant plus bénéfiques aux sujets du monarque : les frontières ainsi définies sont tracées sur le terrain par les impératifs divins et surtout moraux de la religion ; elles sont dessinées aussi par la loi naturelle, qui ordonne de respecter ces droits de l'homme que sont la liberté, l'utilité publique et la propriété ; car la monarchie ne saurait en aucun cas se confondre avec un despotisme esclavagiste. Lesdites limites enfin sont définies par les lois fondamentales du royaume et notamment par la loi salique, instaurée jadis au gré d'une légitimité coutumière.

L'officier se trouve pris de la sorte « en sandwich » entre le Bourbon et la société d'ordres, entre la puissance publique et l'aptitude à la puissance publique. L'officier, dira-t-on, n'a qu'à bien se tenir ! De fait, la mince parcelle de souveraineté qu'il détient n'est qu'un éclat de la souveraineté royale, qui n'est elle-même qu'un rayon de la souveraineté divine. Mais l'officier prend sa revanche, puisque, depuis 1604 et même bien auparavant, œil se trouve être ou devenir propriétaire de son office. Il peut le vendre et le léguer librement, moyennant certaines restrictions qui n'ont rien d'abusif: œil dispose vis-à-vis du roi d'une marge de manœuvre incontestable, en simple raison de cette patrimonialité officière. La souveraineté « absolue » à la Bodin ne doit pas faire illusion : le système est en effet de proto-absolutisme, mais puissamment tempéré par les pesanteurs sociologiques. Le roi certes, en partielle mesure, peut mettre bon ordre à tout cela. Il lui suffit de passer par-dessus la tête de certains officiers récalcitrants ou passifs en désignant des « commissaires » dont le mandat est à la fois limité dans le temps et extraordinaire dans le principe.

L'administration française comptera bientôt 50 000 officiers au fur et à mesure que s'avanceront les règnes personnels de Louis XIII et surtout Louis XIV. Elle préfigure en quelque degré la nôtre : ses membres détiennent déjà (comme l'auront les fonctionnaires de 1987) la sécurité de l'emploi, la bien-aimée titularisation... et mêmes ils ont davantage : ils disposent eux, de l'hérédité et des vénalités d'emploi ! La fonction publique, au temps d'Henri IV, combine un niveau modéré mais indéniable d'efficacité (quelques dizaines de milliers de personnes suffisent, tant bien que mal, à tenir le pays) avec de fortes garanties contre une dégénérescence de la monarchie en satrapie tyrannique ; et cela du seul fait (entre autres) de ce frein puissant qu'est la titularisation à vie et outre-vie des fonctionnaires.

Dans son ensemble, robe et non-robe, le système royal, au temps d'Henri IV, est ouvert, comme il l'était déjà dans des conditions plus difficiles sous Catherine de Médicis et Henri III. Cette ouverture lui vient d'une certaine autonomie des administrations officières ; elle lui vient aussi du caractère libéral de la personnalité du souverain, forgée au compromis qui termina les guerres civiles. Le Béarnais a su imposer aux cours de justice l'édit de Nantes, malgré les réticences des officiers parlementaires ; le franc-parler de ceux-ci constituant de façon paradoxale l'autre garantie du maintien de certaines libertés. Malgré cette double ouverture, officière et souveraine, se fait déjà sentir la forte dérive en direction d'un « absolutisme » même et surtout limité ; celui-ci demeurant sagement encadré tout à la fois par le droit divin, la loi naturelle et les lois fondamentales.

Simultanément ouverte et autoritaire, la monarchie proto-bourbonienne est donc à double visage : dans la pratique du pouvoir, et surtout dans les théories *ad hoc* des grands juristes, le système d'Henri le débonnaire annonce déjà celui de Louis XIV. Sans aller si loin, le régime, à moyen terme, est disponible éventuellement pour des options dures. Elles prévaudront quinze ou vingt ans après le coup de poignard de Ravaillac, quinze ou vingt ans après la fin meurtrière de la phase de dégel bonifiant qu'avait incarnée Henri IV. Elles interviendront par affirmation concomitante et contradictoire des tendances anti-huguenotes... et anti-espagnoles. On se battra sur deux fronts : à La Rochelle, mais aussi contre les Habsbourg. Cela impliquera (dans le prolongement, du reste, de certaines intentions d'Henri IV) le choix délibéré ou imposé d'une politique de guerre, à base d'impôts énormément accrus. Tout cela se déroulant désormais et consécutivement sur l'arrière-fond, plus ou moins induit, des crises fréquentes, des misères et mortalités du menu peuple, des difficultés économiques à répétition, et des révoltes plébéiennes par contrecoup. La prospérité henricienne, même idéalisée de manière nostalgique et rétrospective, sera dorénavant hors d'atteinte. Bien disparue, la poule au pot ! A ce prix, fort élevé, s'enfleront au temps des cardinaux-ministres, la grandeur française, la gloire dynastique, et la croissance poursuivie, accélérée d'un État intégrateur, civilisateur, centralisateur. De tels coûts, même pour des enjeux aussi vastes, ne seront pas au gré de tout le monde. On comprend que se soit cristallisée, *a posteriori*, la légende dorée du sympathique Henri, antérieur au foudroyant Richelieu, comme avait fleuri la légende dorée de Louis XII, bien après l'écrasant Louis XI. C'est une façon comme une autre de souligner la continuité qui mène des Valois ou de certains d'entre eux jusqu'au premier Bourbon. Il y a chez ces divers rois (et aussi chez les deux régentes, Anne de Beaujeu et Catherine de Médicis) permanence d'une certaine politique d'ouverture à l'exception néanmoins de Louis XI, de l'ultime François Ier et d'Henri II. On note aussi en contrepoint, à travers des flux et reflux, les continuelles exigences de la construction et de l'essor d'un État de gouvernement de justice, de finance et de guerre ; Henri IV a trouvé ces exigences dans sa corbeille de noce avec l'entité française. Il leur concède, en s'aidant des neuves idéologies de la souveraineté (Bodin, Loyseau...) un coup d'accélération décisif. Par-delà les transitions d'une seconde Régence médicéenne[1], Louis XIII devenu majeur et surtout Richelieu donneront, eux, un mouvement d'abrupte impulsion qui sera simultanément fiscale, catholique, gallicane, administrative, militaire : cette impulsion fera passer l'État de façon définitive à la puissance supérieure (pleinement absolutiste). Au total, fréquente ouverture et croissance substantielle demeurent les maîtres mots des quinze décennies d'histoire de l'État qui courent de 1460 à 1610.

Au long de ce siècle et demi, le déploiement répétitif d'une souple stratégie d'ouverture passe par la voie difficile des coexistences religieuses acceptées ou forcées ; il passe aussi par l'essor d'une robe titularisée, par la séparation des voies temporelles et spirituelles, par l'usage occasionnel des vieilles institutions représentatives telles qu'États Généraux et provinciaux. Le processus du renforcement étatique implique, lui, l'accroissement graduel des volumes fiscaux et des effectifs militaires, mais davantage encore la sophistication plus poussée quant à l'emploi de l'autorité centrale et régionale. Les chemins de cette première modernité ne furent pas semés ni bordés de roses : à commencer par Péronne et Pavie, le bruit, la fureur et la bêtise en toute époque, spécialement de 1560 à 1598, occupent autant et davantage d'espace que l'irénisme et l'intelligence des progrès ininterrompus.

1. Marie de Médicis, veuve d'Henri IV, tiendra la Régence *de jure* de 1610 à 1614, et *de facto* de 1614 à 1617. Marie ne sera entièrement et définitivement expulsée du pouvoir qu'à partir de 1630.

XIV

Le sens national

Reste à prendre en compte la nation, ou plus précisément l'évolution du sentiment national. Deux coupes, deux bilans, l'un arrêté aux années 1460-1500, l'autre bloqué vers 1600-1610 rendent possible, sur ce point, une réflexion comparative, à distance d'un long siècle, dans le cadre exact de la chronologie du présent volume.

Pour les cercles cultivés, vers 1500, la France était d'abord une galerie d'ancêtres, Troyens et Gaulois tous ensemble, mêlés de quelque nostalgie franque. Ces vieux pseudo-Troyens bâtissent un mythe aussi erroné que coriace : ils servent à justifier un retour aux sources, et la croisade vers l'Orient (même confinée en Italie, comme dans le cas de Charles VIII, qui fut le dernier roi croisé). Ils servent aussi à propager le dédain pour les Anglais car ceux-ci ne prétendent pas, eux, chercher leurs origines à Troie, ni dans l'*Iliade*. De surcroît les mêmes Troyens, en style parfaitement arbitraire, sont tenus par les « bons » auteurs, pendant la première Renaissance pour d'anciens Gaulois ! De quoi conforter le concept d'un indigénat français, comme source de légitimation pour le royaume.

Une nation a besoin de héros fondateurs : Clovis perpétue ce rôle pour la France médiévale, puis pré-absolutiste. Le chef mérovingien, dans la vie réelle, était fourbe et barbare. Il reçoit néanmoins, à neuf ou dix siècles de distance, de la part d'une historiographie complaisante, les dons du courage chevaleresque et de la piété monacale. Une colombe lui a porté la sainte ampoule ; un ange (inventé plus tard) l'oriflamme et les lys. Roi saint et juste, on le montre aimable aux pauvres, se passant d'impôts et guérissant les écrouelles. Comme saint Étienne en Hongrie, Olaf en Norvège, il fait l'objet d'un culte, non reconnu par l'Église, mais officialisé par Louis XI. La célébration de ses rites s'occitanise à Moissac et à Tarascon, en fonction des nécessités d'une frontière, et du déplacement de la monarchie, dont le centre de gravité, au XVe siècle, s'est fait de plus en plus méridional.

La religion royale, par le fait, est culte national ; elle ne saurait pourtant se contenter des douteuses vénérations, offertes à un Mérovingien sans scrupules. L'ascendance sacrée de la monarchie va chercher ses sources, de préférence, du côté de David qui fut le premier roi oint ; les Français, avec un peu de chance, peuvent même aspirer comme les Juifs (encore des ancêtres au gré de certains) au statut de peuple élu ou messianique. Lors du dernier siècle du Moyen Age, on s'habitue, au moins dans les classes supérieures et cultivées, à prier pour le roi qui devient ainsi un membre périphérique et supérieur de la famille, un oncle *in partibus*, à ranger sur la même étagère que les aïeux troyens, gaulois, francs, voire israélites. Dans l'hagiographie hiéro-politique qui se constitue de la sorte, saint Denis, au giron parisien des origines capétiennes, demeure valeur sûre quoique apocryphe (son identité comme individu haut-médiéval est pour le moins discutable). Il sera cependant accusé, par la force des choses, de s'être montré, en sa grande abbaye banlieusarde, collaborateur des Anglo-Bourguignons, pendant la seconde moitié de la guerre de Cent Ans ; il devra donc se pousser un peu, pour faire place dans le panthéon de la sainteté proprement française, à des éléments plus jeunes et plus dynamiques.

Parmi ceux-ci, saint Louis fait un candidat très présentable. Prototype du renoncement et des vertus chrétiennes, revêtu du scapulaire sous ses habits de croisé, adversaire du blasphème, protecteur des clercs et des aristocrates, garant d'une bonne monnaie (comme plus tard Poincaré et Pinay), patron des libertés et des confréries d'artisans de luxe, Louis IX rétrospectivement fonctionne en saint polyvalent, dont le culte sous la prime Renaissance descendra depuis le Bassin parisien jusque vers le Sud-Ouest et la Bretagne fraîchement récupérée. Il souffre pourtant d'avoir eu lui aussi (ou du moins les zélateurs de sa dévotion), en sa carrière posthume, quelques complaisances pour les Anglais, aux XIVe et XVe siècles ; son apogée sera donc beaucoup plus tardif et contemporain des Bourbons : dès Henri IV et *a fortiori* avec les quatre derniers rois Louis, on insiste sur le rattachement dynastique du lignage royal aux vieilles souches ludoviciennes.

Saint Denis est figure du passé ou dépassée, trop anglophile et bourguignonne au gré des derniers Valois. Saint Louis est voué au futur, et assuré d'une puissante carrière bourbonique. Notre période, dans l'intervalle, est donc meublée par saint Michel, personnage hautement patriotique. Son mont normand et son monastère « au péril de la mer » ne furent jamais occupés par les Anglais : il est vierge de tout reproche de collaboration. Et puis il a parlé à Jeanne d'Arc, parmi d'autres voix. Gardiennes des frontières, les églises à lui consacrées sont normandes, mais se font aussi pyrénéennes, bourguignonnes... Personnage hiérarchique, il est membre du réseau stratifié des archanges et des anges, dont la délicate cascade de mépris fonctionne comme modèle pour une société amoureuse d'aristocratisme et fondée sur les rangs, célestes et terrestres. Louis XI fonde même, en l'honneur de ce saint ailé, l'Ordre de Saint-Michel, rassembleur de la chevalerie des temps nouveaux. La devise de celle-ci n'est plus féodalité, mais fidélité, au roi naturellement. Henri III, en une époque où la Réforme dévalue quelque peu le culte des saints, rajeunit et met « à la page » cette mentalité néo-chevaleresque : il crée l'Ordre du Saint-Esprit.

Par-delà les personnes particulières des saints protecteurs, s'impose la notion collective de royaume très chrétien, elle-même centrée, tout naturellement, sur l'être propre et sur le lignage sacré du roi, « très chrétien » lui aussi. Certes en 1987, la Pologne et l'Irlande avec leur vitalité religieuse, peuvent donner l'idée lointaine de ce que fut une France qui se voulait dans ses profondeurs « toute catholique ». Le puissant redémarrage de l'Église de France, au sens large de ce complexe ecclésial et national, après 1600, évoque, en un tout autre contexte, d'anciennes réalités assez analogues à la vocation irlandaise ou polonaise, tempérée cependant *in situ* par l'émergence d'un État bourbonien où se font sentir les premiers rudiments du laïcisme. Les assises d'un royaume couramment qualifié de « très chrétien » sont multiséculaires. Depuis Philippe le Bel, la nation gallicane se croit tenue de Dieu seul, sans l'intermédiaire du pape, ce qui accroît d'autant, au cours d'une première phase pour le moins, les responsabilités religieuses du pays entier, bien loin de diminuer celles-ci. Depuis la fin des cathares et l'expulsion médiévale des Juifs, la France se définit de façon simplificatrice comme un pays sans groupes hérétiques, ni communautés spécifiquement israélites ; cette définition fait fi, du reste, de tout un passé antérieur au XIVe siècle, au cours duquel cet Être sans tache, ni juive ni hétérodoxe, était beaucoup moins évident que ne le prétendront les apologistes.

En France, par ailleurs, dans d'innombrables sanctuaires, ou ailleurs, pullulent les reliques des saints..., et d'abord la plus active d'entre elles, le sang royal ; par sa simple transmission, il rend la cérémonie du sacre sinon superflue, du moins essentiellement déclarative : l'excellence « sanguine » s'affirme lors de la naissance d'un enfant du miracle comme Charles VIII, né sur le tard de parents royaux longtemps dénués de descendance masculine. Autour du sang (ou des princes du sang) et de cette liqueur mâle dont la prégnance n'a cessé de s'accroître du seul fait des progressives émergences de la loi salique, s'organisent en cortège les signes privilégiés de ce roi-ci et de ce royaume-là : onction sainte, guérison des écrouelles, don angélique de l'insigne des trois lys de France, oriflamme, immunité contre l'excommunication papale, loi salique, droit d'être empereur en son royaume, fonctionnement connexe de l'institution du Parlement et des douze pairs... A force de s'affirmer ainsi, la descendance génétique des souverains, garantie par Dieu, anémie sans la détruire entièrement l'indépendance conceptuelle et purement juridique de la dignité royale. Le sang capétien, en principe, ne devrait être nullement propriétaire de ladite dignité, mais (dans le meilleur des cas) usufruitier d'icelle ; c'est justement cette modeste qualification d'usufruitier qu'on tendra de plus en plus à négliger au XVIIe siècle, pour mieux exalter la race élue des Capétiens et plus précisément des Bourbons. Qui plus est, le principe essentiellement héréditaire, sous le signe du Ciel, tend toujours davantage à l'emporter sur le principe représentatif, que concrétise néanmoins assez régulièrement jusqu'au *terminus ad quem* de 1614, a réunion, en pointillé, des États Généraux.

Des privilèges ou signes divers de la nation dans ses stades initiaux, Colette Beaune propose un classement sociologique, au niveau des principales élites du royaume : la France des héraldistes, des nobles et des clercs est celle des trois fleurs de lys, qu'un ange avait octroyées à Clovis et qui en viennent à symboliser justice, honnêteté et paix, équivalents du trinôme plus ancien et plus sacré encore que formaient sapience, chevalerie et foi. La France des intellectuels et des universitaires souligne, elle, l'importance de la culture et de la langue nationale (d'oïl), dont la compétition savante avec le latin est encore loin d'être triomphale. Enfin le royaume des hommes de loi et des officiers insiste sur la loi salique, d'origine théoriquement mérovingienne, mais tardivement épanouie dans sa totalité conquérante au temps de Charles VII ; elle n'est pas seulement le garde-fou d'un système successoral ; elle est aussi le point d'honneur d'un roi législatif, qui ne se borne plus à consacrer les coutumes, mais s'arroge, en l'absence trop souvent coutumière, elle aussi, de représentants qualifiés et permanents du royaume, le droit de faire les lois, dans l'intérêt bien sûr de tous les sujets, c'est du moins ce qu'espèrent ou affirment les apologistes du principe de « salicité ». Enfin globalement, la France pour laquelle à partir de 1477 (premier texte) il est de bon ton de mourir, la France, disais-je, est un jardin fertile ; elle est représentée, typifiée ou personnalisée comme un verger, un arbre toujours vert, ou encore comme une voix, une femme... De ces symboles, plusieurs disparaîtront des mémoires par la suite ; certains néanmoins surnagent aujourd'hui, et d'abord l'importance de la langue, de la culture ; et puis la personnification de la patrie en gracieuse et tutélaire figure féminine ; enfin l'honneur de mourir pour la France.

Priez pour moi bonnes gens
Pour les sires de Bueil occis à la grant guerre
En bataillant pour la France et pour vous

ou tout simplement, dans deux textes de peu antérieurs à l'avènement de Louis XI, on parlera de l'amour de la France :

Quand serai poudre devenu
Encore France demeurera
Et quant par l'ordonnance de Dieu définerai,
Es cieux : « C'est ma France »
Mon esprit l'aimera....

Par rapport à cette situation bas-médiévale, ou pré-renaissante, les bases du nationalisme français au XVIe siècle et jusqu'à l'époque d'Henri IV vont s'élargissant, s'étoffant ; elles incorporent une substance neuve, qui se juxtapose au tuf traditionnel. On note d'abord, difficile à chiffrer, un pur et simple accroissement démographique du nombre de personnes, ou du pourcentage de la population qui s'intéresse existentiellement, affectivement au fait national. Certes, il y eut de longue date des paysans patriotes et bien avant notre âge contemporain au cours duquel Eugen Weber notera la multiplication de leurs effectifs : il n'est que de voir, à ce propos, les maquis anti-anglais de Normandie à la fin des guerres de Cent Ans ; on doit admettre, au vu de leurs actions, que dès cette époque, maint villageois manifestait des sentiments « nationaux ». Mais il demeure vrai que la pulsion « française », durant le très Ancien Régime, est davantage le fait des couches plus instruites ou moins ignorantes : elle fleurit dans des minorités populaires en voie d'alphabétisation, et surtout parmi les élites, dont l'acculturation devient plus poussée au fil du long XVIe siècle. Et par exemple, les régions méridionales du pays voient se répandre à grande allure, depuis la fin du XVe siècle, l'usage écrit, imprimé surtout, voire oral, de la langue française, qu'elles avaient ignorée précédemment. De ce fait, les idées protestantes, mais aussi les nouvelles mentalités patriotiques gagnent les provinces du Midi. Le gascon Monluc, le dauphinois Bayard en portent témoignage. A un plan beaucoup plus général, le concept de France vers 1550, demeure lié, comme c'était déjà le cas pendant le XVe siècle, à l'influence directe d'un Dieu tout-puissant, à des idées théocentriques et quelque peu chauvines (*Gesta Dei per Francos*[1]).

Pourtant, de façon parallèle, une certaine laïcisation des idées nationales se fait jour à la fin des Valois et au temps du premier Bourbon. Elle s'exprime en particulier dans l'historiographie des institutions, puissamment renouvelée par Étienne Pasquier, au point qu'on peut parler, non sans quelque exagération, d'une « naissance de l'histoire » au XVIe siècle ; une histoire nationale bien sûr, mais plus attentive au fait véridique qu'au mythe élaboré. Pasquier certes croit Jeanne d'Arc envoyée par Dieu ; mais à niveau purement humain, il souligne l'importance laïque des États et Parlements, qui l'intéressent davantage que les héros et les grands hommes. La charge religieuse de l'idée de patrie n'est pas diminuée par de telles recherches, mais elle est complétée par l'adjonction d'opérateurs collectifs (les assemblées représentatives, les cours souveraines), qui ne sont pas d'ordre surnaturel. Enfin, dans le domaine des symboles, les trois lys de France se chargent de significations neuves et précises ; elles sont en rapport avec la croissance de l'État, tel qu'il change et tel qu'il fonctionne. Le trio des lys, sous la première Renaissance, disait, nous le notâmes, la justice, l'honnêteté et la paix (ou précédemment la sapience, la chevalerie et la foi). Loyseau, sous Henri IV, parle tout simplement, à propos des trois fleurs nationales de « justice, finances et gouvernement », ou encore, synonymes à l'en croire, de justice, finances, et armes (guerrières). Le premier terme (justice) reste

1. « Les hauts faits de Dieu, accomplis par les Francs, ou par les Français. »

le même, d'une période à l'autre ; le second (armes) avec un considérable effort d'imagination, peut encore évoquer d'assez loin la chevalerie. Le troisième en revanche (finances) est inédit par rapport aux anciennes interprétations « liliales ». Ce tiers inclus connote la montée, dans la nation comme dans l'administration, d'un État de finance : Louis XI en assura l'essor quantitatif, et François Ier le développement sectoriel, poursuivi par les rois successeurs sans que soit remise en cause, néanmoins, la prééminence longtemps maintenue de l'État de justice.

Sur ces thèmes rajeunis, consolidés, l'événementiel de la Réforme et des guerres de Religion procède à une réécriture dramatique du nationalisme français. Catherine de Médicis qui de ce point de vue court en flèche, puis le chancelier de L'Hospital et bientôt Henri III affirment, non sans variantes, l'autonomie relative de l'État par rapport aux croyances sacrées, et cela du seul fait des divisions sans précédent qui départagent catholiques et huguenots. L'État et la patrie, au gré de L'Hospital et de ses émules, doivent même, à la limite, être nationalement ouverts aux excommuniés, aux païens, aux Juifs, aux Turcs, et pas seulement aux chrétiens des deux tendances romaine et genevoise. Puis vient en 1572 la Saint-Barthélemy ; par contrecoup imprévu, elle oblige les intellectuels, notamment huguenots, à pousser plus loin leurs analyses. Parmi les idéologues protestants que révulse l'événement meurtrier, naît en effet, sous l'égide notamment de François Hotman, le courant monarchomaque. Il sévit surtout pendant la décennie 1570, la plus « saignante »: y sont séparées de façon radicale la notion de royaume (ou de patrie), qui est légitime, et l'image du roi, personnel et lignager, lequel peut éventuellement se conduire en insupportable despote : on ne confondra donc plus un Prince avec la collectivité au gré de laquelle il ne vaut que s'il respecte ses devoirs envers tous. Certes cette éruption d'un patriotisme à possibilités tyrannicides est de courte durée, du moins en France. Mais elle est grosse d'un puissant avenir démocratique, à l'échelle des deux ou trois siècles qui suivront.

Le retour des protestants au royalisme navarrais, dans le giron duquel ils s'allient aux catholiques politiques, s'opère graduellement de 1575 à 1588. Et pourtant il ne s'agit point, pour ces deux groupes, calviniste et politique, de faire simplement revivre l'ancienne union du trône et de l'autel, au bénéfice théologique et idéologique de ce dernier. Un Bodin, crypto-judaïsant, détache de façon nette la notion de souveraineté (qui certes est d'origine divine) du tronc ecclésial et clérical sur lequel d'aucuns souhaiteraient volontiers la greffer. Les éléments les plus représentatifs de la noblesse native et de la robe, autour du Béarnais, se dévouent à la France et à l'État.
Cette dédication, sans doute, coule de source largement chrétienne. Néanmoins les robins et les aristocrates ainsi mis en scène reprennent avec force, contre Rome et plus encore contre l'Espagne, la vieille antienne gallicane : elle souligne l'indépendantisme français en matière de religion. Qu'ils soient catholiques politiques, ou huguenots, les uns et les autres s'élèvent en outre jusqu'aux considérations stratégiques d'un œcuménisme sans le mot, sinon sans le savoir.

Par contre, la Ligue, malheureusement pour elle, est prise à contre-pied, délogée de la justification nationale, du simple fait de ses attitudes pro-madrilènes et de la préférence nette, explicite, qu'elle accorde à la religion par rapport à la patrie. Les ligueurs sont ainsi intellectuellement marginalisés, faisant figure parfois de traîtres à l'unité du pays. Les monarchomaques avaient séparé la nation du roi. Face aux ligueurs déchaînés, l'intelligentsia henricienne va jusqu'à couper la nation, dans son propre intérêt, des racines catholiques. Celle-ci commence donc à prendre discrètement sa physionomie contemporaine, à l'écart des sacralités issues du Ciel, et parfois même à l'écart de la dynastie. La nation s'efforce à devenir sa propre fin, même si de ce point de vue, vers 1600, on est encore loin du compte.

Tenue pour antinationale par les « bons Français » navarristes, la propagande pro-espagnole des ligueurs est d'autant plus aisément neutralisée que pour sa propre cause, elle table ouvertement (à tort ou à raison) sur l'adhésion du menu peuple dévot et des classes inférieures, contre les élites nobiliaires et robines accusées par les ligueurs de trahir le papisme ; autant dire contre la partie la plus saine ou *sanior pars* de l'ensemble français. Malgré de grands succès initiaux, l'agitation ligueuse, à terme, se condamne ainsi à l'isolement plébéien, sous le feu de la grosse artillerie idéologique des classes supérieures. Elles continuent en effet, malgré quelques ruptures et remous, à tenir solidement en main les groupes sociaux, du haut en bas de la hiérarchie des rangs et des classes. Henri IV est donc fort du soutien d'une grande partie des secteurs élitaires ; mais il est aussi, sans forcer son talent, le plus populiste des rois de France à l'époque moderne : il peut arracher enfin la plèbe à la Ligue, refaire l'unité française autour de sa personne et restituer à la royauté, métaphore étonnante, ce « front populaire » qu'un écrivain d'Ancien Régime attribuera en effet au régime monarchique, en termes précis et littéraux. Non que la royauté soit *par* le peuple. Mais venue de Dieu (quoique soigneusement campée, nous venons de la voir, hors des structures spécifiques de l'Église), elle est ou du moins elle se voudrait, réellement ou nostalgiquement, *pour* le peuple dont elle fait profession de protéger les libertés civiles (sinon politiques) et les biens matériels ou fonciers.

Incontestablement, la synthèse nationale est en marche, en état de développement rapide, autour des années 1580-1610. Le cri prémonitoire de « Vive la France » (plus précisément « Vive Roi, vive France ») est poussé pour la première fois dans notre histoire à Marseille, en 1585, contre la Ligue débutante. Les grands intellectuels ou juristes du temps, Coquille, Arnauld, Pasquier (mais non Bodin) rallient ou stimulent le patriotisme gallican ; il ébranle d'autant mieux les puissantes positions de l'intégrisme ligueur, à la longue intenables, puisque coupées de la justification nationale, et rangées aux décrets d'une foi ultramontaine : car celle-ci refuse, en style suicidaire, les concessions à l'opportunité politique ou patriotique, toujours plus urgente au gré des prises de conscience de ce temps-là.

La vieille formule de saint Paul dans l'épître aux Éphésiens (4,4) « un seul corps et un seul esprit, une espérance, un Dieu, un père... » et surtout « *un seul seigneur, une seule foi, un seul baptême* » avait été reprise par Guillaume Postel et popularisée par le pouvoir catholique au début des guerres de Religion, sous une forme légèrement, quoique significativement modifiée : « Un roi, une foi, une loi. » Postel avait simplement substitué le seigneur royal au Seigneur divin, et la « loi » au « baptême ». Timide début de laïcisation certes, mais largement compensé par le rigoureux et religieux monisme ternaire, bientôt purement catholique et anti-huguenot, de « Foi, loi, roi » au bénéfice évident du terme initial. Pourtant la longue épreuve des quatre décennies du conflit religieux, et puis l'allègre perspective de l'hégémonie pacifique du Béarnais, fort des énergies d'une France depuis longtemps renaissante, écrêtées mais nullement détruites par la tornade guerrière, contraint les bons esprits, après 1595, à des appréciations moins uniment dévotes, plus exactes et plus réalistes, quant à la situation ou même à la structure nationale. Le protestant modéré Jean de Serres, en 1597, peut donc tirer, à l'échelle du royaume, les leçons, parfois amères, d'un siècle et demi d'essor puissant et de consolidation difficultueuse, y compris trente-huit ultimes années de tueries pour cause idéologique. Dès lors, il propose implicitement de modifier ou d'adoucir la vieille triade verbale, en la rendant plus prosaïque, plus acceptable, moins unitaire. Ainsi cet auteur écrit-il dorénavant : « *Un roi, une Loi d'État, une Patrie* », à quoi il ajoute aussitôt « une terre, un air, une naissance, un intérêt commun et de bien et de mal, de paix et de guerre ». Dans la trilogie fameuse où loi et roi évinçaient baptême et Seigneur céleste, la patrie maintenant remplace la foi. L'ancien apophtegme de saint Paul est désormais triplement laïcisé. Est-ce définitif ? Par rapport aux sommets laïques de la puissance institutionnelle et de la richesse nationale, le fait religieux, tout en demeurant intense et même plus vif que dans l'époque antérieure, se trouve quelque peu décentré. On cherchera, au cours des cent années qui vont suivre, à lui faire retrouver sa position dominante. Ce sera l'un des objectifs, pas toujours accompli, de la période communément appelée, entre 1600 et 1700, « siècle des saints »: le temps des prières n'exclut point cependant, hors de soi, au plan temporel et royal, la Recherche d'un Absolu.

CHRONOLOGIE

1461. Mort de Charles VII. Louis XI devient roi de France.

1465. Révolte déclarée, contre Louis XI, de la ligue du Bien public ; elle est menée par les grandes maisons féodales du royaume.

Juillet 1465. A Montlhéry, bataille indécise entre les forces royales et les ligueurs du Bien public.

1467. Reprise de la guerre civile contre Louis XI à partir des trois duchés de Bretagne, Normandie et surtout Bourgogne.

Septembre 1468. Paix d'Ancenis entre France et Bretagne.

Octobre 1468. Louis XI est humilié à Péronne par Charles le Téméraire.

1472. Le concordat d'Amboise, comme on l'appellera, établit une commune hégémonie, royale et papale, sur l'Église de France.

1472. Échec de Charles le Téméraire devant Beauvais.

1472-1473. Mort des grands féodaux du Midi, Charles de Guyenne, frère du roi, et Jean d'Armagnac.

Juillet 1475. Edouard IV d'Angleterre, allié de Bourgogne, débarque à Calais.

Août 1475. Négociations réussies entre la France et l'Angleterre pour le départ des troupes britanniques.

Janvier 1477. Charles le Téméraire est tué à Nancy.

Août 1477. Marie de Bourgogne, fille du défunt Téméraire, épouse Maximilien d'Autriche malgré l'opposition de la France.

1477. Nemours, « pauvre Jacques », dernier des grands Armagnacs, est exécuté comme complice du connétable « félon » Saint-Pol.

1480. Mort de René d'Anjou, « le bon roi René », dont les domaines provençaux vont revenir à la France.

Août 1483. Mort de Louis XI. Son fils Charles VIII, âgé de treize ans, lui succède. Le pouvoir de fait appartient à la fille de Louis, Anne, et à son époux Pierre de Beaujeu, frère cadet du duc de Bourbon.

1484. Réunion à Tours des états généraux. Baisse nationale des prélèvements fiscaux. Discours « démocratique » de Philippe Pot.

1486-1488. Guerre folle. La Dame de Beaujeu, qui s'appellera plus tard Bourbon, s'oppose, au nom du gouvernement légitime, à la faction du duc d'Orléans, futur Louis XII, allié au duc François II de Bretagne.

Juillet 1488. Défaite militaire de Louis d'Orléans, et de ses alliés bretons.

Mai-juin 1491. Arrivée définitive de Charles VIII « aux affaires ».

Décembre 1491. Anne de Bretagne, non sans subir quelques contraintes, doit épouser Charles VIII, à l'encontre du rêve indépendantiste de ses sujets armoricains.

1492. Traité d'Étaples. La France achète à prix d'argent la non-intervention du souverain d'Angleterre sur le territoire septentrional du royaume.

1492. Christophe Colomb, pour le compte du roi d'Espagne, inaugure la « découverte de l'Amérique » (pour employer une expression qui ne vaut qu'*a posteriori*). La péninsule ibérique participe ainsi à la grande histoire, en contraste avec une France qui demeure plus provinciale.

1493. Pour apaiser l'Empire comme l'Espagne, et

pour avoir les mains libres en Italie, Charles VIII restitue aux précédents propriétaires les conquêtes récentes qu'avait opérées Louis XI (Franche-Comté, Artois, Roussillon).

1494. En Italie, première expédition, menée par Charles VIII avec une armée de 40 000 hommes.

Septembre 1494. Débarquement français à Rapallo, soutenu par l'artillerie de marine.

1494. Le traité de Tordesillas, conclu entre l'Espagne et le Portugal, délimite les zones d'influence au Nouveau Monde.

Février 1495. Charles VIII est à Naples.

Mars-avril 1495. Une ligue hostile aux Français, regroupant Venise, le pape, Milan, l'Espagne et l'Empire, est préparée, signée, déclarée. Charles VIII doit quitter la péninsule, après avoir défait ses adversaires à Fornoue.

7 avril 1498. Mort accidentelle de Charles VIII, sans héritier direct. Son oncle Louis XII (duc d'Orléans) lui succède, qui fut l'enfant tardif du poète Charles d'Orléans et de Marie de Clèves.

Décembre 1498. Louis XII peut enfin répudier Jeanne de France (fille de Louis XI) pour épouser Anne de Bretagne (1499).

1498. Louis XII organise définitivement le Grand Conseil, sorte de tribunal d'appel, d'évocation ou de cassation, établi à l'échelle nationale.

Septembre 1499. L'armée royale (28 000 hommes, dont 5 000 mercenaires) s'empare une première fois de Milan, dont Louis XII revendiquait le duché, en tant que petit-fils de Valentine Visconti.

Avril 1500. Ludovic Sforza, qui avait récupéré en mars sa cité de Milan, est fait prisonnier par l'armée royale, avec la complicité des Suisses : la capitale lombarde tombe de nouveau en main française.

1501-1509. Les « hérétiques » vaudois de Provence sont défendus, soutenus par Louis XII contre les autorités religieuses et papales. C'est l'indice d'une tendance monarchique à « l'ouverture », sinon à l'authentique esprit tolérant.

1501. Les Français s'emparent du royaume de Naples, avec l'aide des troupes espagnoles, que dirige Gonzalve de Cordoue, *el gran Capitan*.

1503. Gonzalve de Cordoue expulse l'armée française hors de l'Italie méridionale, à la suite de quelques batailles (Cerignole, Garigliano).

1504. Aux termes de l'étonnant traité de Blois (qui ne sera point appliqué), le futur Charles Quint et Claude de France (fille de Louis XII) qu'on envisage d'unir en mariage, recevront pour la circonstance le Blésois, la Bourgogne, la Bretagne...

1506. Les « états de Tours » (en fait une assemblée de notables), suggèrent à Louis XII, qui ne demande pas mieux, la solution franco-française : on fera s'épouser Claude de France avec François d'Angoulême. Ainsi est annulé l'encombrant traité de Blois.

1510. Le pape Jules II regroupe contre la France une ligue où se rencontrent les Suisses, les Aragonais, Venise, et même l'Angleterre.

1511. Jean Lemaire de Belges, dévoué à Louis XII, publie à Lyon une *Prééminence de l'Église gallicane*, offensante pour le Vatican.

Avril 1512. A Ravenne, les Royaux gagnent la bataille, et perdent la guerre. La présence française s'effondre en Italie du Nord.

1512. Ouverture du concile de Latran, dont les thèses résolument pro-papales vont faire échec *ipso facto*, du moins en principe, au gallicanisme.

1513. Retour en force de l'armée du roi Valois en Italie. Elle est battue à Novare par les Helvètes ; l'échec militaire de la France au-delà des Alpes semble répétitif.

Août 1513. Henri VIII d'Angleterre, débarqué à Calais, ridiculise les « foudres d'escampette » de l'armée française au combat de Guinegatte.

1er janvier 1515. Mort de Louis XII, sans progéniture mâle. Lui succède, sur le trône, François Ier, descendant de Charles V, neveu par alliance de Louis XI, et gendre du roi défunt.

Juillet 1515. L'armée royale, forte de 40 000 hommes et d'une puissante artillerie, défait les Suisses à Marignan. François Ier, triomphal, entre dans Milan.

1516. En vertu du concordat de Bologne, les évêques échappent désormais à l'élection par les chanoines et « chapitres » diocésains ; il reviendra désormais au roi de nommer les prélats, et au pape de les instituer.

1516. Signature à Fribourg d'une paix perpétuelle avec l'ex-ennemi helvétique, qui dorénavant fournira la France en mercenaires... jusqu'à la fin du règne de Louis XVI.

1516. Le grand humaniste Érasme, d'origine néerlandaise, rédige pour le futur Charles Quint une *Institution du prince chrétien.*

Juin 1519. Le petit-fils de feu l'empereur Maximilien est élu empereur par les grands électeurs germaniques sous le nom de Charles V (« Charles Quint »). François Ier, qui espérait emporter cette élection pour son propre compte, doit s'incliner.

1519. Arrivent à Paris, l'imprimerie aidant, les premières brochures de Luther, ficelées par colis de centaines d'exemplaires.

1521. En novembre, Lautrec, chef militaire français et frère d'une bonne amie de François Ier, est expulsé de Milan par les troupes impériales, que soutiennent les citadins locaux.

1522. L'émission des premières « rentes sur l'hôtel de ville » à Paris marque les progrès encore modestes du « crédit public », en France.

1523. Première condamnation en France, de « l'hérésie » luthérienne.

1523. « Trahison du connétable de Bourbon. L'échec des tentatives de ce grand seigneur marque la décadence d'un certain « féodalisme » de guerre civile, lequel ne retrouvera vigueur après 1560 qu'en se parant des prestiges de la religion protestante, ou catholique.

1524. Le Florentin Verazzano, mandaté par François Ier, longe et cartographie les côtes atlantiques de l'Amérique du Nord.

1525. François Ier qui a passé de nouveau les Alpes est battu et fait prisonnier à Pavie. Il ne sortira de sa geôle espagnole en 1526 qu'au prix d'un humiliant accord dont il est décidé, du reste, à ne pas respecter les clauses.

1528. Le centre du pouvoir royal se déplace du val de Loire (qui n'est point abandonné pour autant) vers la région parisienne.

Avril 1529. *Grande Rebeyne* (émeute de subsistances) à Lyon contre la vie chère et le pain rare.

Août 1529. Aux termes de la paix des Dames, conclue grâce aux bons offices de la mère de François Ier et de la tante de l'empereur, le Valois renonce, encore une fois (mais momentanément...), à ses ambitions italiennes, décidément malheureuses.

1530. La confession d'Augsbourg, qui résume, à l'intention de Charles Quint, les articles de la foi luthérienne, est récusée par les théologiens catholiques.

1531. Fondation de *l'aumône générale* de Lyon, institution charitable, subventionnée et gérée par les marchands locaux : elle doit fournir aux pauvres, aux enfants malheureux, aux assistés, le pain et le travail.

Septembre 1531. Mort de Louise de Savoie (mère de François Ier), dont les vastes possessions, dans la France du Centre, vont être absorbées dans le domaine royal.

1532. L'édit d'union, publié à Nantes après négociation avec les états provinciaux, consacre l'intégration de la Bretagne au royaume, commencée dès 1491 lors du mariage de la duchesse Anne avec Charles VIII.

Octobre 1533. Catherine de Médicis, princesse florentine, nièce du pape Clément VII, épouse Henri, duc d'Orléans, fils de François Ier, qui règnera sous le nom d'Henri II. Cette union scelle un rapprochement précaire entre la Cour de France et le Vatican.

Octobre 1534. L'affaire des placards affichés à Paris, et très hostiles à la messe comme au dogme de la présence réelle du Christ dans l'Eucharistie, va mettre fin, non sans hésitations, à la période de coexistence relativement pacifique entre l'humanisme (royal) et la Réforme (protestante).

1534-1536. Le Malouin Jacques Cartier, « commissionné » par François Ier, explore les côtes de Terre-Neuve et l'aval du fleuve Saint-Laurent, au Canada.

1534. Ignace de Loyola forme à Paris, avec quelques disciples, le noyau de ce qui deviendra la Compagnie de Jésus, autrement dit l'ordre des Jésuites.

1535. La mort de Francesco Sforza, duc de Milan, ranime en François Ier l'espérance italienne.

1536. Le roi de France envahit la Savoie et provoque de la sorte, par contrecoup, l'irruption de Charles Quint en Provence.

Juillet 1538. Aimable entrevue au sommet entre François Ier et Charles Quint, à Aigues-Mortes. Le gouvernement français, sous la direction de Montmorency, va s'efforcer ensuite de faire respecter « l'esprit d'Aigues-Mortes ».

Avril 1539. Grève des compagnons imprimeurs à Lyon.

Août 1539. Promulgation de l'ordonnance de Villers-Cotterêts ; en principe, elle rend obligatoire l'usage de la langue « maternelle française » au lieu du latin dans les actes publics ; obligatoires aussi les registres paroissiaux des baptêmes, mariages, sépultures. L'application réelle de ce texte est loin d'intervenir immédiatement.

Juillet 1542. François Ier déclare la guerre à l'empereur, puis lance une double offensive sur les fronts septentrionaux et méridionaux.

Décembre 1542. Par l'édit de Cognac, seize recettes générales voient le jour ; elles sont, fiscalement, les matrices des généralités régionales où s'illustreront plus tard les intendants provinciaux.

Avril 1545. Massacre (par centaines, ou par milliers ?) des « hérétiques » vaudois en Provence.

Décembre 1545. Ouverture du concile de Trente : il donnera à l'Église romaine son style caractéristique qui durera pratiquement jusqu'au concile de Vatican II, réuni quatre siècles plus tard.

Mars 1547. Mort de François Ier, dont le corps sera inhumé en mai à l'abbaye de Saint-Denis ; son fils Henri II lui succède.

1548. Soulèvement populaire contre la gabelle en Aquitaine. Montmorency le réprime vivement. Mais les révoltés l'emportent *de facto* : les provinces rebelles demeureront exemptes de l'impôt du sel jusqu'à la fin de l'Ancien Régime.

1550. Les Anglais, contraints et forcés, restituent Boulogne à la France. Du coup, la ville de Rouen est choisie comme site pour une entrée triomphale d'Henri II.

1552. Fort d'une alliance avec les princes protestants du monde germanique, Henri II (par ailleurs si anti-huguenot, en France même) entreprend, avec une grosse armée, le « voyage d'Allemagne ». Metz est occupé, puis conservé par François de Guise, malgré la puissante contre-offensive d'un Charles Quint vieillissant.

1552. Charles Estienne, qui fut médecin puis imprimeur, publie le *Guide des chemins de France*.

1555. Élection du pape Paul V, quasi octogénaire.

Hostile à l'Empire et à l'Espagne, il va vainement tenter, avec le soutien français, de délivrer du joug castillan sa bonne ville de Naples.

Février 1556. La trêve de Vaucelles marque l'apogée militaire, puis brièvement pacifique, d'Henri II. Metz, Corse, Savoie, Piémont sont reconnus, parfois pour peu de temps, comme appendices territoriaux du royaume.

Septembre 1556. L'Espagne envahit les États du pape. La France, en la personne de François de Guise, va voler au secours de Sa Sainteté, enlisant ainsi une fois de plus la fine fleur de l'armée royale dans les profondeurs de la « botte ».

Août 1557. Montmorency est battu par l'Espagne à Saint-Quentin. Henri II sort de là étrillé, mais point anéanti. Guise rentre dare-dare de la péninsule ; en 1558, il reprend Calais à l'Angleterre.

Septembre 1557. Dans la foulée de l'édit royal de Compiègne (juillet 1557) qui en principe punit de mort l'hérésie, une émeute antihuguenote, à Paris, aboutit ultérieurement à l'incarcération puis à l'exécution de six dames nobles, pour cause de protestantisme.

Mai 1558. Pendant quatre soirées consécutives, des milliers de protestants, conduits par le roi de Navarre, chantent leurs psaumes au Pré-aux-clercs, non loin du Louvre et des Tuileries.

Avril 1559. Le traité du Cateau-Cambrésis est signé avec l'Espagne. L'aventure italienne, comme telle, est terminée. La France se dessaisit de Savoie, Corse, et Piémont. Le conflit entre Valois et Habsbourg est renvoyé aux calendes grecques. Le rapprochement avec l'intégrisme du royaume madrilène s'opère aux dépens de la huguenoterie française, que frappera dorénavant la répression (qui fera boomerang).

Juillet 1559. Henri II est mortellement blessé dans un tournoi. Cet événement fortuit marque, quant à la France, le passage du « beau XVIe siècle » à la difficile et sanglante période des guerres de Religion. Le jeune François II succède au roi défunt : les Guise, oncles par alliance du nouveau monarque, donnent dans l'anti-protestantisme obsessionnel.

1559-1561. Jean Nicot est ambassadeur de France au Portugal, pays dont il rapportera en « métropole » l'usage du tabac.

Décembre 1560. Mort de François II. Catherine de Médicis, veuve d'Henri II, gouvernante de France, exerce le pouvoir réel au nom de son fils Charles IX, âgé de dix ans et frère du défunt. Contre les Guise, elle préconise (avec un succès mitigé) une certaine tolérance religieuse.

Décembre 1560-janvier 1561. Réunion des états généraux d'Orléans. A l'encontre du clergé guisard, la reine-mère, le chancelier de L'Hospital, la noblesse et le tiers état se montrent ouverts à une coexistence effective avec « l'hérésie ».

Septembre-octobre 1561. Au colloque de Poissy, s'instaure une tentative de dialogue entre théologiens protestants et cardinaux catholiques. Tout achoppe sur le problème de la présence réelle du Christ dans l'Eucharistie.

Mars 1562. L'étonnant replâtrage en vertu duquel les ultra-catholiques (Guise), les modérés (L'Hospital) et les protestants (Coligny) cohabitent au Conseil d'en haut de la régente ne résiste point au massacre de Wassy (mars 1562), espèce de pogrom antiprotestant mené par les soldats du duc de Guise, en sa présence et sur ses propres terres.

Mars 1563. Les succès militaires des catholiques mais aussi la mort violente ou la captivité des Triumvirs intégristes (Guise, Montmorency, Saint-André) permettent le rétablissement provisoire de la paix religieuse (édit d'Amboise, mars 1563). Les chefs protestants viennent reprendre leur place au Conseil d'en haut à côté des deux factions catholiques, la dure et la douce.

Janvier 1564. Début du « tour de France » de vingt-sept mois, au cours duquel Catherine présente le royaume à son fils Charles IX et réciproquement. On est encore (politiquement) en situation précopernicienne, c'est le Soleil (royal) qui tourne autour de la Terre (nationale). Beaucoup plus tard, sous Louis XIV mûrissant, les choses changeront...

1564. La reine mère « coupe l'omelette aux deux bouts ». Elle éloigne du Conseil d'en haut les Guise intégristes, et les Châtillon-Coligny, huguenots. Mais où est la force du centre ?

Automne 1567. Les protestants, inquiets des menaces que constituent à leur égard les troupes espagnoles et royales, relancent la guerre civile jusqu'en 1568. Pour la première fois aussi, ils émettent le vœu d'une monarchie contrôlée par les états généraux. Revendication « paradémocratique » qui sera d'immense portée pour la décennie ultérieure, et même pour les siècles suivants.

Août 1568-août 1570. Troisième guerre de Religion. Longue marche de Coligny par la Garonne, le Languedoc, l'axe Rhône-Saône. Le croissant de lune huguenot, de La Rochelle à Genève en passant par Montpellier, prend forme définitive. Il est stratégiquement isolé, coupé par le néo-catholicisme du bassin Parisien, des grandes masses septentrionales du protestantisme d'Europe (Allemagne, Pays-Bas, Angleterre...).

Août 1570. La « paix boiteuse et mal assise » de Saint-Germain remet les horloges à l'heure habituelle d'un compromis récurrent : liberté de conscience (théorique) dans le royaume ; places de culte et places de sûreté pour les huguenots ; relative égalité des droits entre confessions rivales. L'élite gouvernementale est de ce fait réunifiée cahin-caha ; Coligny va pouvoir s'y loger derechef, et brièvement.

Août 1572. Attentat manqué contre Coligny. Par une série de « déclics et de gâchettes » où la responsabilité de Catherine est fortement engagée du moins dans les débuts, l'affaire tourne au pogrom populaire et au massacre antiprotestant (peut-être 3 500 morts à Paris, dont Coligny).

1574. Édition française du *Droit des magistrats sur les sujets* de Théodore de Bèze. L'éminent théologien protestant y esquisse, contre l'horreur « saint-barthélemienne », les linéaments d'une pensée « monarchomaque » qui renforcerait les droits du peuple (et de Dieu) vis-à-vis du roi.

Mai 1574. Mort de Charles IX. Avènement, sous le nom d'Henri III, du frère cadet du roi disparu. Henri, qui fut au départ une espèce de godelureau papiste, ne tarde point à mûrir, et à reprendre à son compte les flexibles idées de relative tolérance qui avaient marqué les débuts de la « gouvernance » de Catherine, dès 1560.

Fin de 1575. Mort de François de Béthune, père du jeune protestant Sully. Celui-ci, dès l'année suivante, fera le coup de feu près d'Henri de Navarre (futur Henri IV) auquel, selon l'expression de l'époque, il s'est « donné ».

Mai 1576. La rebondissante guerre de Religion se clot, une fois de plus, par la paix de Monsieur, celle-ci très favorable aux huguenots.

1576. Un embryon de Ligue catholique apparaît autour de Péronne (Picardie). Les vrais « ligueurs », au sens plein du terme, ne se manifesteront pourtant que neuf ans plus tard.

1576. Jean Bodin publie les six livres de la *Répu-*

blique. Sa théorie de la souveraineté marque conceptuellement le passage de l'État royal à l'absolutisme, celui-ci néanmoins ne devant s'imposer tout à fait comme tel qu'au temps de Richelieu.

1577. Nouvelle interruption des combats religieux, grâce à l'édit de Poitiers, porteur, vis-à-vis des huguenots, d'une assez modeste tolérance. La phrase désabusée d'Henri III se vérifie selon laquelle « les gens des trois états ne vont que d'une fesse à l'unité de religion ».

Février 1579. Catherine de Médicis en personne, au nom de l'État (ou de ce qui en reste), vient négocier avec son gendre protestant Henri de Navarre, à la petite cour huguenote de Nérac, autour de laquelle commencent à cristalliser les « Provinces-Unies du Midi », partiellement protestantes, partiellement catholiques-modérées.

1579. Publication par Charles Figon du *Discours des États et Offices tant du gouvernement que de la justice et des finances*, premier exemple d'une étude par « organigramme » de l'État d'offices, appelé encore « arbre de justice ».

1579-1580. Le carnaval de Romans, dans la ville de ce nom, en Dauphiné, mêle les rites folkloriques aux affrontements mortels entre groupes sociaux, dans le cadre urbain et dans l'environnement campagnard.

Novembre 1580. La paix de Fleix (négociée par François-Hercule, frère cadet d'Henri III) entre le roi de France et Henri de Navarre met fin aux combats de religion pour quelques années, moyennant les concessions usuelles qui sont faites aux huguenots.

Septembre 1585. Sixte Quint, le pape de fer, qui naquit d'une famille d'ouvriers agricoles, excommunie Henri de Navarre, que néanmoins il ménagera un peu plus tard quand se préciseront les perspectives d'une conversion de l'intéressé au catholicisme.

1585. Épanouissement, à Paris et en Lorraine, de la seconde Ligue catholique, la « vraie », autour d'Henri de Guise et des robins, curés ou marchands de la capitale, attachés à la religion traditionnelle comme à l'identité citadine.

1586. Grosse famine dans la moitié Sud de la France, notamment dans le Massif central.

Octobre 1587. L'armée d'Henri III (déjà menacé « sur sa droite » par les Ligueurs de Guise) est battue par Henri de Navarre à Coutras. Joyeuse, « mignon » du Valois, y trouve la mort.

Mai 1588. Invention à Paris des « barricades », dont la haute fortune en toute agitation citadine se fera pluriséculaire. Henri III, plus heureux que ne sera de ce point de vue Louis XVI, parvient à quitter la capitale dont l'atmosphère lui devenait irrespirable.

Été 1588. Échec sur les côtes britanniques, de la flotte espagnole, « Invincible Armada ». Cette défaite marque un certain recul du parti catholique, à l'échelle européenne, en attendant que se produise en France une évolution analogue.

Décembre 1588. Assassinat du duc de Guise et de son frère le cardinal, sur ordre d'Henri III.

Avril 1589. Réconciliation spectaculaire (contre la Ligue) d'Henri III et d'Henri IV, autrement dit du chef des catholiques modérés et du leader protestant (celui-ci en voie de conversion plus ou moins prochaine à l'Église dominante).

Août 1589. Assassinat d'Henri III par un moine fanatique. Navarre lui succède (en principe...) sous le nom d'Henri IV.

1590. Siège de Paris ligueur par Henri IV encore protestant. On dénombre 45 000 morts dans la capitale, soit treize fois plus qu'il n'y eut de victimes lors de la Saint-Barthélemy.

Mars 1591. Le pieux Grégoire XIV, pape hispanophile, renouvelle l'excommunication contre Henri IV, ce qui a pour effet de rallier à celui-ci nombre de catholiques gallicans, spécialement dans les milieux parlementaires.

Juillet 1593. Henri IV abjure le protestantisme à Saint-Denis, tombeau de tant de rois ; la même année, Montmorency-Damville, « prince des Politiques », autrement dit des catholiques modérés, est nommé connétable, en lointaine succession de son père, Anne de Montmorency, mort en 1567.

Février 1594. Le sacre d'Henri IV a lieu dans la cathédrale de Chartres, puisque la ville de Reims, normalement prévue à cet effet, est encore contrôlée par les Ligueurs.

Mars 1594. Henri IV fait sa rentrée dans Paris, avec la complicité de Brissac, gouverneur local pour la Ligue. Le roi promet et fait respecter une amnistie ; elle concerne les personnes et les biens de ses adversaires.

Mars 1594. Manifeste des Croquants, paysans périgourdins en rébellion, hostiles aux villes et au fisc.

Janvier 1595. Henri IV déclare la guerre à l'Espagne ; il stigmatise ainsi l'intervention *de facto* de Madrid dans les affaires françaises comme agression caractérisée, désormais justiciable d'une légitime riposte nationale.

Mai 1595. Sully est nommé membre du Conseil (royal) de direction des affaires et finances.

Avril 1598. L'édit de Nantes organise enfin de façon durable la contiguïté légale entre les deux variétés du christianisme, huguenote et catholique. Aux protestants il octroie des localités de culte, des droits civils, des juridictions spécifiques, des places militaires de sûreté, des privilèges corporatifs.

Mai 1598. La paix de Vervins est signée avec l'Espagne, qui rétrocède les villes qu'elle détient encore en Bretagne et dans le Nord, excepté Cambrai. C'est la fin des guerres de Religion, en ce qui concerne la France : elles n'y reprendront, au cours des années 1620, que sur un mode purement régional et surtout méridional.

Avril 1599. Mort de Gabrielle d'Estrées, maîtresse royale, et championne de la tolérance religieuse. La voie est libre pour le mariage d'Henri avec Marie de Médicis, célébré à Florence par procuration en octobre 1600, non sans qu'au préalable (octobre 1599) ait été annulée en cour de Rome l'ancienne et malheureuse union du « Vert Galant » avec la reine Margot, fille d'Henri II.

Janvier 1601. Le traité de Lyon met fin au récent conflit guerrier avec la Savoie : le royaume d'Henri est augmenté des territoires qui correspondent à l'actuel département de l'Ain. La France du premier XVIIe siècle renonce d'un cœur léger à cette Italie que, pour des raisons essentiellement successorales, fort étrangères au lignage des Bourbons, avaient tant lorgnée les Valois.

Décembre 1604. Le paiement d'un droit annuel appelé *paulette* permet aux officiers (civils) qui forment l'élite dirigeante du royaume de vendre légalement ou léguer héréditairement leur office. C'est une titularisation non seulement à vie (comme aujourd'hui pour les fonctionnaires) mais à plusieurs vies. L'absolutisme s'en trouve quelque peu paralysé, ce qui est heureux ; la paulette joue néanmoins au détriment de l'efficacité du pouvoir.

Juillet 1608. Champlain, marin de Brouage, fonde, avec privilège royal, la colonie de Québec.

Mai 1610. Henri IV est assassiné par Ravaillac, extrémiste catholique. « Ce Ravaillac avoit la barbe rousse et les cheveux tant soit peu dorez. C'estoit une espèce de fainéant qu'on remarquait à cause qu'il estoit habillé à la flamande plutost qu'à la françoise. Il traisnoit tousjours une espée. Il estoit mélancolique, mais d'assez douce conversation » (Tallemant, *Historiettes*, chapitre I).

INDEX DES LIEUX

D - E - F

G - H - I - J

L - M - N - O - P

Q - R - S - T

U - V - W - Z

INDEX DES PERSONNAGES

D - E - F

G

H - I - J

N - O - P

Q - R - S

T

U - V - Z

BIBLIOGRAPHIE ET LISTE DES OUVRAGES UTILISÉS OU CITÉS

Actes du colloque interdisciplinaire consacré à Jean Bodin, Presses de l'université d'Angers, 1985.

Albums de Croÿ, sous la dir. de Jean-Marie DUVOSQUEL, Comté de Hainaut, Bruxelles, Crédit communal de Belgique, 1986, t. IV.

ANTOINE, Michel, *Le dur métier de roi,* Paris, P.U.F., 1986.

AUDISIO, Gabriel, *Les Vaudois, naissance, vie et mort d'une dissidence (XIIe-XVIe siècles),* Turin, Albert Meynier, 1989.

BABELON, Jean-Pierre, *Henri IV,* Paris, Fayard, 1982.

BARBICHE, Bernard, *Sully,* Paris, Albin Michel, 1978.

BARDET, Jean-Pierre, *Rouen aux XVIIe et XVIIIe siècles, les mutations d'un espace social,* Paris, S.E.D.E.S., 1983.

BARNAVI, Elie, *Le parti de Dieu. Étude sociale et politique des chefs de la Ligue parisienne, 1585-1594,* Louvain, Nauwelaerts, 1980.

BASDEVANT-GAUDEMER, Brigitte, *Charles Loyseau, 1564-1627, théoricien de la puissance publique,* Paris, Economica, 1977.

BATIFOL, Louis, *Le siècle de la Renaissance,* Paris, Hachette, 1828.

BAULANT, Micheline, « Le salaire des ouvriers du bâtiment à Paris de 1400 à 1726 », *Annales E.S.C.*, mars-avril 1971.

BORMGARTNER, Frédéric J., *Henri II King of France 1547-1559,* Durham N.C., Duke University Press, 1988.

BAYARD, Françoise, « Finances et financiers en France dans la première moitié du XVIIe siècle », *Bulletin d'histoire économique et sociale de la région Lyonnaise*, 1, 1985, pp. 49-56.

BAYARD, Françoise, *Le monde des financiers au XVIIe siècle,* Paris, Flammarion, 1988.

BEAUME, Colette, *Le miroir du pouvoir,* Paris, éd. Hervas, 1989.

BEAUME, Colette, *Naissance de la nation française,* Paris, Gallimard, 1985.

BENEDICT, Philip, *Rouen During the Wars of Religion,* Cambridge University Press, 1981.

BENEDICT, Philip, « La population réformée française de 1600 à 1685 », *Annales E.S.C.,* nov.-déc. 1987.

BENNASSAR, Bartholomé, *Recherches sur les grandes épidémies dans le Nord de l'Espagne à la fin du XVIe siècle,* Paris, S.E.V.P.E.N., 1969.

BENNASSAR, Bartholomé, *Le siècle d'or espagnol,* Paris, Laffont, 1982.

B???, Yves-Marie, *Histoire des croquants. Étude des soulèvements populaires aux XVIIe et XVIIIe siècles dans le Sud-Ouest de la France,* Paris-Genèse, Droz, 1984.

B???, Jacques, *Navires et gens de mer à Bordeaux (vers 1400-vers 1550),* vol. III, Paris, S.E.V.P.E.N., 1968.

BLUCHE, François et SOLNON, Jean-François, *La véritable hiérarchie sociale de l'ancienne France. Le tarif de la première capitation (1695),* Genève, Droz, 1983.

BODIN, Jean, voir *Actes du colloque...*

BODIN, Jean, *Les six livres de la République,* Paris, Fayard, 1986.

BOSHER, John, *French Finances,* Cambridge University Press, 1970.

BOUDON, Raymond et BOURRICAUD, François, *Dictionnaire critique de la sociologie,* Paris, P.U.F., 1982.

BOUTIER, Jean et DEWERPE, Alain, *Le tour de France royal : le voyage de Charles IX (1564-1566),* Paris, Aubier, 1984.

BRAUDEL, Fernand, *Écrits sur l'Histoire,* t. II, Paris, éd. Arthaud, 1990.

BRAUDEL, Fernand, *La Méditerranée et le monde méditerranéen à l'époque de Philippe II,* 4e éd., Paris, A. Colin, 1979.

BRAUDEL, Fernand et LABROUSSE, Ernest, (sous la dir. de), *Histoire économique et sociale de la France,* t. I, vol. 2, *1450-1660 : Paysannerie et croissance,* par Emmanuel LE ROY LADURIE et Michel MORINEAU, Paris P.U.F., 1977.

BRUN, A., *Recherches historiques sur l'introduction du français dans les provinces du Midi,* Paris, 1923.

BRYANT, Laurence M., *The king and the City in the Parisian Royal Entry Ceremony : Politics, Ritual and Art in the Renaissance,* Genève, Droz, 1986.

BUISSERET, David, *Sully and the Growth of Centralized Government in France, 1598-1610,* London, 1968.

BUISSON, Albert, *Michel de l'Hospital (1503-1573),* Paris, Hachette, 1950.

CALMETTE, Joseph, *Les grands Ducs de Bourgogne,* Paris, Albin Michel, 1949.

CARRÉ, Henry, *Sully, sa vie et son œuvre, 1559-1641,* Paris, Payot, 1980.

CHAMPION, Pierre, *Paris au temps des guerres de Religion, fin du règne de Henri II, régence de Catherine de Médicis, Charles IX,* Paris, Calmann-Lévy, 1938.

CHARTIER, Roger et RICHET, Denis, *Représentation et*

vouloir politique : autour des États Généraux de 1614, Paris, éd. de l'E.H.E.S.S., 1982.

CHASTEL, André, *Culture et demeures en France,* Conférences, essais et leçons du Collège de France, Paris, Julliard, 1989.

CHAUNU, Pierre, *L'Espagne de Charles V,* Paris, S.E.D.E.S., 1973.

CHEVALIER, Bernard, *Les bonnes villes de France du XIVe au XVIe siècle,* Paris, Aubier-Montaigne, 1982.

CHEVALIER, Bernard et CONTAMINE, Philippe, (sous la dir. de), *La France à la fin du XVe siècle : renouveau et apogée,* Paris, éd. du CNRS, 1985.

CHEVALLIER, Pierre, *Henri III,* Paris, Fayard, 1985.

CHEVALLIER, Pierre, *Louis XIII,* Paris, Fayard, 1979, et Marabout, 1980.

Christianisme et Révolution dans l'Allemagne du XVIe siècle, Thomas Müntzer (1490-1525), écrits théologiques et politiques, lettres choisies, traduction et introduction de Joël LEFEBVRE, Lyon, Presses Universitaires de Lyon, 1982.

CLOULAS, Yvan, *Catherine de Médicis,* Paris, Fayard, 1979.

CLOULAS, Yvan, *Henri II,* Paris, Fayard, 1985.

COLLOMP, A., *La maison du père,* Paris, P.U.F., 1983.

CONSTANT, Jean-Marie, *Les Guise,* Paris, Hachette, 1985.

CONSTANT, Jean-Marie, *La vie quotidienne de la noblesse française aux XVIe et XVIIe siècles,* Paris, Hachette, 1985.

CRÉTÉ, Liliane, *Coligny*, Paris, Fayard, 1985.

CROIX, Alain, *La Bretagne aux XVIe et XVIIe siècles : la vie, la mort, la foi,* Paris, Maloine, 1980.

CROIX, Alain, *Nantes et le pays Nantais au XVIe siècle, étude démographique,* Paris, S.E.V.P.E.N., 1974.

Dal Verrazzano al Cartier alla Scoperta del Canada, Verona, Cassa di Risparmio di Verona, 1988.

DAVIS, Nathalie, *Les cultures du peuple, rituels, savoirs*

et résistances au XVIe siècle, Paris, Aubier-Montaigne, 1979.

DELUMEAU, Jean, *Le catholicisme entre Luther et Voltaire,* Paris, P.U.F., 1979.

DELUMEAU, Jean, *Naissance et affirmation de la Réforme,* 2e éd., Paris, P.U.F., 1983.

DELUMEAU, Jean, *Le péché et la peur. La culpabilisation en Occident, XIIIe-XVIIIe siècles,* Paris, Fayard, 1983.

DE MADDALENA, Aldo, *Moneta e mercato nel' 500. La revoluzione dei prezzi,* Firenze, Sansoni, 1973.

DESCIMON, Robert, *Qui étaient les Seize ? : mythes et réalités de la Ligue parisienne : 1585-1594,* t. 34, « Extrait des Mémoires de la Fédération des sociétés historiques et archéologiques de Paris et île de France », Paris, Klinckieck, 1983.

DESSERT, Daniel, *Argent, pouvoir et société au Grand Siècle,* Paris, Fayard, 1984.

DE VIC, Claude et VAISSETTE, Joseph, *Histoire générale de Languedoc,* Toulouse, Privat, 1872-1892, 15 vol.

DEYON, Solange et LOTTIN, Alain, *Les casseurs de l'été 1566 : l'iconoclasme dans le Nord,* Presses Universitaires de Lille, Westhoek, 1986.

DOLAN, Claire, *Entre tours et clochers, des gens d'Église à Aix-en-Provence au XVIe siècle,* Aix-en-Provence, Edisud, 1981.

DOUCET, R., *Les institutions de la France au XVIe siècle,* Paris, A. et J. Picard, 1948, 2 vol.

DUBY, Georges, (sous la dir. de), *Histoire de la France urbaine,* t. II, *La ville médiévale,* par André CHÉDEVILLE, Jacques LE GOFF, Jacques ROSSIAUD, t. III, *La ville classique,* par Roger CHARTIER, Guy CHAUSSINAND-NOGARET, Hugues NEVEUX, Emmanuel LE ROY LADURIE, Paris, Le Seuil, 1980 et 1981.

DUBY, Georges et WALLON, Armand (sous la dir. de), *Histoire de la France rurale,* t. II, *L'Age classique des paysans, 1340-1789,* Par Hugues NEVEUX, Jean JACQUART et Emmanuel LE ROY LADURIE, Paris, Le Seuil, 1975.

DUPAQUIER, Jacques, *La population française aux XVIIe et XVIIIe siècles,* Paris, P.U.F., coll. « Que sais-je ? », 1979.

EHALT, Hubert Ch., *Ausdruckformen absolutistischer Herrschaft. Der Wiener Hof im 17. und 18. Jahrhundert,* Vienne, Verlag für Geschichte und Politik, 1980.

ÉLIAS, Norbert, *La société de cour,* Paris, Calmann-Lévy, 1974.

FEBVRE, Lucien, *Le problème de l'incroyance au XVIe siècle : la religion de Rabelais,* Paris, Albin Michel, rééd. 1988.

FEBVRE, Lucien, *Philippe II et la Franche-Comté,* Paris, Flammarion, Coll. « Champs », rééd. 1970.

FLANDRIN, Jean-Louis, *Familles,* 2e éd., Paris, Le Seuil, 1984.

FOISIL, Madeleine, *Journal de Jean Héroard,* préf. de P. Chaunu, Paris, Fayard, 1989.

FOISIL, Madeleine, *Le sire de Gouberville, un gentilhomme normand au XVIe siècle,* Paris, Flammarion, 1986.

FUNCK-BRENTANO, Franck, *L'ancienne France, le roi,* Paris, Hachette, 1912.

GARRISSON-ESTEBE, Janine, *Les protestants au XVIe siècle,* Paris, Fayard, 1988.

GARRISSON-ESTEBE, Janine, *Protestants du midi au XVIe siècle,* Toulouse, Privat, coll. « Le Midi et son histoire », 1980.

GARRISSON-ESTEBE, Janine, *Tocsin pour un massacre ou la saison des Saint-Barthélemy,* Paris, Centurion, 1968.

GARRISSON-ESTEBE, Janine, *Henri IV,* Paris, Le Seuil, 1984.

GASCON, Richard, *Grand commerce et vie urbaine à*

Lyon au XVIe siècle, Paris-La Haye, Mouton, 1971, 2 vol.

GAUSSIN, P.R., *Louis XI,* Paris, Nizet, 1976.

GIESEY, Ralph E., *Cérémonial et puissance souveraine : la France du XVe au XVIIe siècle,* Paris, A. Colin, 1987.

GIESEY, Ralph E., *Le roi ne meurt jamais : les obsèques royales dans la France de la Renaissance,* Paris, Flammarion, 1987.

GOUBERT, Pierre, *L'Ancien Régime,* Paris, A. Colin, 1969 et 1973, 2 vol.

GOUBERT, Pierre et ROCHE, Daniel, *Les Français et l'Ancien Régime,* Paris, A. Colin, 1984.

GOUBERT, Pierre, *Clio parmi les hommes,* Paris-La Haye, Mouton, 1976.

GOUBERT, Pierre, *Initiation à l'histoire de France,* Paris, Tallandier, 1984.

GOY, Joseph et LE ROY LADURIE, Emmanuel, (sous la dir. de), *Prestations paysannes, dîmes, rente foncière et mouvement de la production agricole à l'époque préindustrielle,* Paris-La Haye-New York, Mouton, 1982, 2 vol.

GRIMMER, Claude, *La femme et le bâtard,* Paris, Presses de la Renaissance, 1983 (avec une préf. d'Emmanuel Le Roy Ladurie).

GUENÉE, Bernard, *L'Occident aux XIVe et XVe siècles,* Paris, P.U.F., coll. « Nouvelle Clio », 1971.

GUÉRY, Alain, « Les finances de la monarchie française sous l'Ancien Régime », *Annales E.S.C.,* mars-avril 1978.

HARSGOR, Mikhaël, *Recherches sur le personnel du Conseil du Roi sous Charles VIII et Louis XII,* Lille, Champion, 1980, 4 vol.

« Histoire des provinces et des villes », voir le catalogue Civilisations, 1989, coll. « Univers de la France et des pays francophones » des éd. Privat, Toulouse.

HUPPERT, George, *Bourgeois et gentilshommes. La*

réussite sociale en France au XVIe siècle, Paris, Flammarion, 1983.

HUYSMANS, Joris-Karl, *Les Grünewald du musée de Colmar. Des primitifs au retable d'Issenheim,* édition critique par Pierre Brunel, André Guyaux et Christian Keck, Paris, Hermann, 1988.

JACQUART, Jean, *La crise rurale en Ile-de-France,* Paris, A. Colin, 1974.

JACQUART, Jean, *François Ier,* Paris, Fayard, 1981.

JACQUART, Jean et BENNASSAR, Bartholomé, *Le XVIe siècle,* Paris, A. Colin, coll. « U », 1972.

KINGDON, Robert M., *Myths about the Saint Bartholomew's Day Massacre, 1572-1576,* Cambridge (Mass.), Harvard University Press, 1988.

KNECHT, R.J., *French Renaissance Monarchy : François I and Henri II,* London-New York, Longman, 1984.

KNECHT, R.J., *François I,* London-New York-Melbourne, Cambridge University Press, 1982.

LABANDE-MAILFERT, Yvonne, *Charles VIII,* Paris, Fayard, 1986.

LAFON, Jacques, *Régimes matrimoniaux et mutations sociales, les époux bordelais, 1450-1550,* Paris, S.E.V.P.E.N., 1972.

LECOQ, Anne-Marie, *François Ier imaginaire : symbolique et politique à l'aube de la Renaissance,* Paris, Macula, 1987.

LEONARD, Émile, *Histoire générale du protestantisme,* t. I, *La Réformation (des origines à 1564),* t. II, *L'établissement (fin XVIe-XVIIe siècles),* Paris, P.U.F., 1961.

LE ROY LADURIE, Emmanuel, *Les paysans de Languedoc,* Paris, S.E.V.P.E.N., 1966, 2 vol.

LE ROY LADURIE, Emannuel, *Le territoire de l'historien,* Paris, Gallimard, 1973 et 1978, 2 vol.

LEWIS PETER SCHEZVEY, *La France à la fin du Moyen Age, la société politique,* Paris, Hachette, 1977.

LYMAN-ROELKER, Nancy, *Jeanne d'Albret, reine de*

Navarre : 1528-1572, Paris, Imprimerie nationale, 1979.

MACHIAVEL, *Le Prince,* dans *Œuvres complètes,* Paris, Gallimard, « Bibliothèque de la Pléiade », 1984.

MARGOLIN, Jean-Claude, *L'avènement des temps modernes,* Paris, P.U.F., 1977.

Mémoires de Jean BUREL, *Journal d'un bourgeois du Puy à l'époque des guerres de religion,* publiées et annotées par Augustin CHASSAING, Saint-Vidal, centre d'études de la vallée de la Borne, 1983.

MEUVRET, Jean et BAULANT, Micheline, *Les prix des céréales extraits de la mercuriale de Paris (1520-1698),* Paris, S.E.V.P.E.N., 1960.

MIOLO, Gerolamo, *Historia breve e vera de l'affari de i Valdesi delle Valli,* Turin, Claudiana, 1971.

MOLLAT, Michel, *Le commerce maritime normand à la fin du Moyen Age,* Paris, Plon, 1952.

MORE, Thomas, *Utopia,* Paris, éd. Sociales, 1982.

MOSSER, Françoise, *Les intendants des finances au XVIIIe siècle,* (avec un paragraphe initial sur le XVIe siècle), Genève-Paris, Droz, 1978.

MOUSNIER, Roland, *Le Conseil du Roi,* Paris, P.U.F., 1971.

MOUSNIER, Roland, *Institutions de la France sous la monarchie absolue,* Paris, P.U.F., 1974, vol. 1.

MOUSNIER, Roland, *14 mai 1610, l'assassinat d'Henri IV (trente journées qui ont fait la France),* Paris, Gallimard, 1964.

MOUSNIER, Roland, *La vénalité des offices sous Henri IV et Louis XIII,* Paris, P.U.F., 1971.

MOUSNIER, Roland, *La plume, la faucille et le marteau,* Paris, P.U.F., 1970.

Mouvements populaires et conscience sociale, XVIe-XIXe siècles, Anvers, actes de colloque de Paris, VII-CNRS, 1984, Paris, Maloine, 1985.

MUCHEMBLED, Robert, *La violence au village (XVe-XVIIe siècles),* Belgique, S.A. Brépols, 1989.

NEVEUX, Hugues, *Vie et déclin d'une structure écono-*

mique. Les grains du Cambrésis fin du XIVe, début du XVIIe siècle, Paris, Mouton, EHESS, 1980.

Paris et Catherine de Médicis, sous la direction de M. N. BAUDOIN-MATUSZEK, Paris, Délégation à l'action artistique de la Ville de Paris, s. d.

Pratiques et discours alimentaires à la Renaissance, acte du colloque de Tours, 1979, sous la direction de J.C. MARGOLIN et R. SAUZET, Paris, Maisonneuve et Larose, 1982.

QUILLIET, Bernard, *Louis XII,* Paris, Fayard, 1986.

RAMSEY, Peter H., *The Price Revolution in Sixteenth-Century England,* London, Methuen and Co, 1971.

REINHARD, Marcel, ARMENGAUD, André et DUPAQUIER, Jacques, *Histoire générale de la population mondiale,* Paris, Domat-Montchrestien, 1968.

REISCHAUER, E., *Japan, The Story of a Nation,* Tokyo, 1981.

ROOVER, Raymond de, *L'évolution de la lettre de change,* Paris, 1951.

SAINT-SIMON, Louis de Rouvroy, duc de, *Mémoires,* éd. A. DE BOISLISLE, Paris, Hachette, 1879-1928, 41 vol.

SEYSSEL, Claude de, *La monarchie de France et deux autres fragments politiques,* textes présentés par Jacques Poujul, Paris, Librairie d'Aigences, 1961.

SIMON, Gérard, *Kepler astronome astrologue,* Paris, Gallimard, « Bibliothèque des sciences humaines », 1979.

STOUFF, Louis, *Ravitaillement et alimentation en Provence aux XIVe et XVe siècles,* Paris-La Haye, Mouton, 1970.

SUTHERLAND, Nicolas-Mary, *The French Secretaries of State in the Age of Catherine de Medici,* London, 1962.

SUTHERLAND, Nicolas-Mary, *Princes, Politics and Religion, 1547-1589,* London, Hambledon Press, 1984.

SUTHERLAND, Nicolas-Mary, *Catherine de Medici and*

the Ancient Regime, London, Historical Association, 1966.

TALLEMANT DES RÉAUX, *Historiettes,* Paris, Gallimard, « Bibliothèque de la Pléiade », 1980, 2 vol.

TERRASSE, Charles, *François Ier, le roi et le règne,* Paris, Grasset, 1943, vol. I, 1948, vol. II, 1970, vol. III.

VAISSIÈRE, Pierre de, *Gentilshommes campagnards de l'ancienne France,* Genève, Slatkine, 1975.

Villages désertés et histoire économique, XIe-XVIIIe siècles, Paris, S.E.V.P.E.N., 1965.

WEBER, Max, *Éthique protestante et esprit du capitalisme,* Paris, Plon, 1964.

WOLFF, Philippe, (sous la dir. de), *Histoire des protestants en France,* Toulouse, Privat, 1977.

YARDENI, Myriam, *La conscience nationale en France pendant les guerres de religion, 1559-1598,* Paris, B. Nauwelaerts, 1971.

YARDENI, Myriam, *Le refuge protestant,* Paris, P.U.F., 1985.

YATES, Frances A., *L'Art de la mémoire,* Paris, Gallimard, 1975.

YATES, Frances A., *Astrée : le symbolisme impérial au XVIe siècle,* Paris, Belin, 1989.

SOMMAIRE

TROISIÈME PARTIE

La verdeur du bourbon

Cartes et généalogies

Composition réalisée par C.M.L., Montrouge.

IMPRIMÉ EN FRANCE PAR BRODARD ET TAUPIN
Usine de La Flèche (Sarthe).
HACHETTE/PLURIEL - 79, bd Saint-Germain - Paris.
27-24-8548-01
ISBN : 2-01-016607-8
ISSN : 0296-2063

27.8548.3